"十四五"时期国家重点出版物出版专项规划项目

高速铁路基础研究与技术创新丛书

基础理论与基础技术系列

# 高速铁路智能选线理论与方法


本丛书编委会　总主编

蒲　浩　宋陶然　李　伟　张　洪　著

王　杰　主　审



中国铁道出版社有限公司

2024年·北　京

## 内容简介

本书为“高速铁路基础研究与技术创新丛书”之分册。本书基于作者团队深耕于智能选线新技术方面的研究成果，包括综合地理信息模型、智能选线基础优化模型、线路典型地质灾害风险优化模型、线路廊带智能搜索方法、线路平纵断面整体方案智能搜索方法、既有线智能重构与改建优化等内容，为高速铁路智能选线设计解决了大量的关键技术难题，为高速铁路建设和可持续发展提供重要技术支撑。

本书适合于从事高速铁路智能选线研究、设计等人员参考，也可供高等院校铁道工程专业师生参考。

**图书在版编目(CIP)数据**

高速铁路智能选线理论与方法 / 蒲浩等著. -- 北京 ：中国铁道出版社有限公司，2024. 12. --（高速铁路基础研究与技术创新丛书）. -- ISBN 978-7-113-31670-9

Ⅰ. U212. 32-39

中国国家版本馆 CIP 数据核字第 20246AX922 号

**书　　名**：高速铁路智能选线理论与方法
**作　　者**：蒲　浩　宋陶然　李　伟　张　洪

**策　　划**：刘　霞
**责任编辑**：胡娟娟　　**编辑部电话**：(010)51873405　　**电子邮箱**：604105550@qq. com
**封面设计**：高博越　　**封面摄影**：王明柱　　**丛书标识设计**：崔丽芳
**责任校对**：刘　畅
**责任印制**：樊启鹏

**出版发行**：中国铁道出版社有限公司(100054，北京市西城区右安门西街 8 号)
**网　　址**：https://www. tdpress. com
**印　　刷**：北京联兴盛业印刷股份有限公司
**版　　次**：2024 年 12 月第 1 版　2024 年 12 月第 1 次印刷
**开　　本**：787 mm×1 092 mm 1/16　**印张**：16. 75　**字数**：326 千
**书　　号**：ISBN 978-7-113-31670-9
**定　　价**：128. 00 元

高速铁路基础研究与技术创新丛书

# 编　辑　组

# 序

我国高速铁路起步晚、发展快、后劲足，经过几代人的不懈努力，通过原始创新、集成创新、引进消化吸收再创新，成功地走出了一条符合中国国情路情、具有中国特色的自主创新之路。我国已系统掌握各种复杂地质和气候条件下高速铁路建造成套技术；在工务工程、列车运行控制、牵引供电、动车组等高速铁路核心技术方面实现自主化；形成了复杂路网条件下处理跨线运行的运营管理成套技术，构建了人防、物防、技防三位一体的主动安全保障机制。我国已成为全球高速铁路运营里程最长、在建规模最大、运营速度最快、技术体系最全、运营和管理经验最丰富的国家。我国高速铁路技术已走在世界前列，成为推动世界高速铁路发展的重要力量。

为贯彻落实中共中央、国务院《交通强国建设纲要》，推进国铁集团《新时代交通强国铁路先行规划纲要》的落地，系统总结、梳理我国高速铁路各领域前沿理论和技术，向我国乃至世界高速铁路科研工作者和工程技术人员提供一套前沿性的参考书，中国国家铁路集团有限公司铁道出版社公司特组织编著出版“高速铁路基础研究与技术创新丛书”。

丛书以习近平新时代中国特色社会主义思想为指导，以国家自然科学基金课题、国家基金委-国铁集团高铁联合基金课题、国家“973”课题、国家重点研发计划课题等科研成果为支撑，从高速铁路前沿研究、补短板技术、核心技术、技术发展趋势等方向组织选题，涵盖动车组、供电、通信与信号、列控与检测、工程勘察与设计、智能建造、运营与管理、现代信息技术、安全和维护等领域，规模为100册，是全面系统论述我国高速铁路基础研究与技术创新成就的大型系列原创性科技著作。

丛书力求突出制高点、原创性、权威性、全覆盖特色。丛书各册内容以作者团队长期从事高速铁路科学研究的成果为依托，多数成果居于国内领先水平甚至世界先进水平，多种成果荣获国家科学技术奖一等奖、二等奖，国家技术发明奖一等奖、二等奖，茅以升科学技术奖，詹天佑铁道科学技术奖，铁道科技进步奖等奖项，丛书内容体现了我国当今最新、最前沿以及展现未来发展趋势的高速铁路相关研究成果和应用技术。丛书包括动车组、供电、工程施工与组织等十个系列，基本实现高速铁路各领域全覆盖。

丛书由编委会总负责。编委会阵容强大，认真负责。编委会各成员都是长期从事我国高速铁路科研、技术、生产和管理的一流专家学者，是所从事领域的翘楚，其中包括高速铁路及其相关领域的四位院士。编委会多次开会商讨丛书的体系、内容特色、作者条件及质量保障机制；分工负责，精心审订和修改各册编写提纲；多次遴选选题，先从 150 多个选题意向中遴选出 100 个选题，后又剔除了内容特色不太鲜明的 8 个选题，还对 10 多个选题提出了较大的改进意见，补充了 8 个关键技术和弥补技术空白的选题；最后邀请专人对各册内容进行审定，从而保证了各册内容的正确性和先进性。

2021 年年底，国家新闻出版署经过严格评审，"高速铁路基础研究与技术创新丛书"(100 册)成功入选"'十四五'时期国家重点出版物出版专项规划——重大出版工程"。这是对本丛书项目的认可，也是对编委会、作者和编辑等人员前期工作的认可，更是一种鞭策。我们相信，本丛书的出版，将助力于《交通强国建设纲要》的贯彻落实，推动我国乃至世界高速铁路事业的发展，也将为铁路领域的科研工作者、工程技术人员、管理人员，以及高校相关专业师生提供一套高水平、原创性、权威性、全覆盖的大型高铁科技精品著作。

中国工程院院士
"高速铁路基础研究与技术创新丛书"编委会主任

2022 年 2 月

# 前　言

本书为“高速铁路基础研究与技术创新丛书”之分册，按丛书要求，力图体现当今高速铁路智能选线理论与方法的最新成果，突出前沿性、原创性等特色。

选线设计是高速铁路建设总揽全局的核心工作，受到所经地区的自然、社会和经济环境等多种因素的影响和制约，面临着多维复杂环境、多重耦合约束和多元评价目标的“三多”难题，以及三者之间在复杂环境下形成的叠加效应，使得铁路线路设计成为世界公认的NP难题。目前，尽管计算机辅助选线技术的广泛应用使得设计效率得到了显著提升，但方案的生成和决策仍依赖于人工经验。且从理论上来说，作为三维空间中的带状结构，线路起终点间可能存在的线路方案有无穷多个，基于对各种复杂因素的考虑，决策出起终点之间的最优方案需要耗费大量的时间和精力，且极易遗漏某些优质方案。因此，借助先进的智能优化理论与技术，提升选线设计效率及质量，是推动国家高速铁路建设持续高质量发展的重要条件。

为解决以上问题，40余年来，笔者带领的中南大学数智选线研究团队联合国内各铁路勘测设计单位和高校，结合国家自然科学基金面上项目“复杂环境铁路线路-大临工程耦合网络演进机理及协同优化”(52078497)、“线路-结构物-环境耦合约束下的铁路点线协同优化理论与方法”(51378512)、“多维动态耦合特征下铁路主要技术标准深度学习优选”(51778640)，国家重点研发计划“陆路交通基础设施智能化设计共性关键技术”课题“多维环境因素多目标智能选线技术”(2021YFB2600403)，国铁集团科技研究开发计划系统性重大项目“数字川藏关键技术研究”(P2019G003)以及中国中铁股份有限公司科技研究开发计划重大项目“复杂环境类脑智能选线技术研究”(2022-重大-20)等科研课题，针对铁路选线专业面临的综合地理信息模型、智能选线基础优化模型、线路典型地质灾害风险优化模型、线路廊带智能搜索方法、线路平纵断面整体方案智能搜索方法、既有线智能重构与改建优化等重点难点问题，开展了全方面的铁路智能选线研究，取得了一些理论方法研究成果。并以西成高铁、沪渝蓉高铁、川藏铁路、新藏铁路等重大铁路项目为背景，开发了“高速铁路线路多目标智能优化系统”，通过大量工程应用验证了理论与方法的有效性。

在相关科研工作中，美国马里兰大学 Paul Schonfeld 教授，西南交通大学姚令侃教授，中国中铁首席设计大师、全国工程勘察设计大师朱颖，中铁二院工程集团有限责任公司胡建平、胡光常、魏永幸、何娘者、刘江涛等正高级工程师，中铁第四勘察设计院集团有限公司郑洪、宋文祥、张鹏、彭先宝、彭利辉等正高级工程师，中铁第一勘察设计院集团有限公司正高级工程师、全国工程勘察设计大师王争鸣，以及冯威、任晓春、张明、孟存喜等正高级工程师，中国铁路设计集团有限公司正高级工程师、全国工程勘察设计大师王长进，正高级工程师齐春雨，中铁上海设计院集团有限公司正高级工程师、全国工程勘察设计大师薛新功，以及课题组的宋占峰、李军、张伟等老师和作者指导的研究生做出了重要的贡献。

此外，特别感谢笔者的恩师詹振炎教授！詹教授是我国计算机智能选线设计技术主要开拓者，在数字地面模型、铁路线路平面纵断面整体优化设计、线路的三维可视化设计等技术和实践方面做了大量基础性及开拓性工作，他带领课题组开发的多项选线 CAD 软件广泛应用于我国铁路和公路设计部门，培养了众多选线设计行业的优秀人才，也为本团队的研究奠定了坚实的理论和实践基础。

本书由中国铁路经济规划研究院有限公司（国铁集团鉴定中心）副总经理、正高级工程师王杰主审。

本书编写过程中得到中南大学土木工程学院、中国铁道出版社有限公司的大力支持与帮助。课题组胡婷、王光辉、万昕洁、蔡玲、符慧丹、卢成、王佳琪、曾庆新、赵航宇等给予了热情帮助，笔者在此对各方的支持表示由衷的感谢。

本书的出版得到了国家自然科学基金(52078497)、中国中铁股份有限公司科技研究开发计划重大项目“复杂环境类脑智能选线技术研究”(2022-重大-20)的大力支持。

受笔者水平和实践经验所限，书中难免有不足及疏漏，敬请读者批评指正。

著　者

2024 年 10 月

# 目　　录

# 第1章 绪　论

高速铁路作为国家重要基础设施和国民经济大动脉，在国民社会经济发展中起着不可替代的全局性支撑作用。当前，我国高速铁路建设正处于飞速发展时期，截至2024年9月，我国铁路营业里程突破16万公里，其中高铁超4.6万公里，高居世界第一。根据《国家综合立体交通网规划纲要》，并参照《中长期铁路网规划》的最新修编成果，到2035年，"我国铁路网规模预计将达到20万公里，其中高铁7万公里"。因此，我国未来仍面临巨量的新建高速铁路设计与既有铁路提速改造等建设任务。本章主要介绍铁路选线理论、数字选线及智能选线的发展概况，对相关研究成果进行总结。

## 1.1 研究背景

高速铁路设计是一项庞大的系统工程，涉及包含测绘、地质、线路、站场、桥梁、隧道等站前专业和通信、信号、电气化、车辆等站后专业在内的20多个专业。选线设计是高速铁路建设的先行和基础，也是整个高铁建设中事关全局的总体性工作，是高铁设计各专业的"龙头"，其基本任务主要包括"定标准、定走向、定线位、定工点"四项重要内容，即根据项目功能需求，结合所经地区的自然、社会和经济环境，规划线路基本走向，决策主要技术标准，确定线路空间位置，协调布设各种结构物。

选线设计面临着多维复杂环境、多重耦合约束、多元评价目标的"三多"难题。

第一，影响选线决策的环境因素是多维的，既包含地形、地质、地表覆盖、水文、气候等自然环境因素，也包含经济、社会、政治、军事等人文环境因素，这些因素互相之间关联耦合且动态变化。选线设计的最终目标是在多维环境因素影响下寻求与之形成最佳匹配关系的线路，即实现线路与多维环境因素之间的全面协调统一，全面协调统一需要充分考虑多维环境的时空动态特征，在空间上适应地形、地质、水文、气候、经济据点、路网规划等多维影响因素的分布特征，在时间上充分考虑自然环境与人文环境的动态变化（如地质灾害演变、经济据点的规划建设、经济与社会未来的发展趋势等）。

第二，选线设计需要在大时空跨度的海量研究区域内，克服线路-结构物（如路基、桥梁、隧道）-环境（如自然、人文环境因素）间的多重耦合复杂约束。同时，这种约束耦合关系还呈现动态特征，会随着线路方案的生成动态创建或更新，需实时解算并处置上述动态约束。线路-结构物-环境间的耦合约束关系如图 1-1 所示。

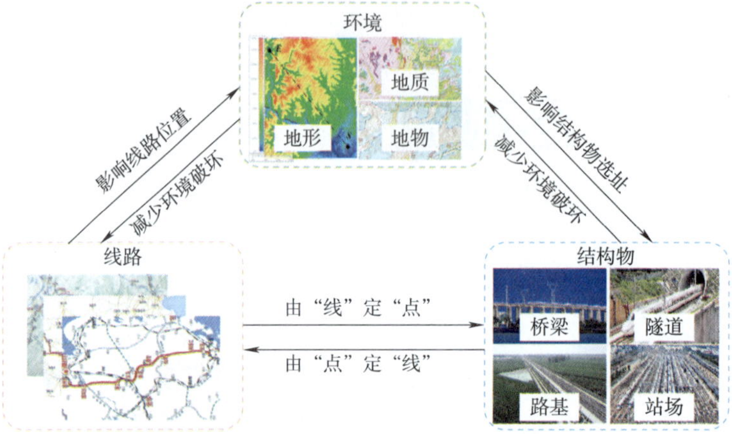

图 1-1　线路-结构物-环境耦合约束关系

第三，评价什么是“优质”的线路方案，需要综合考虑经济、安全、环保、舒适等多元评价目标，实现线路设计与自然和经济社会的可持续发展相统一。然而，上述大部分评价目标通常难以量化，且相互冲突，因此多元评价目标的量化计算以及多目标之间矛盾冲突的消解与平衡是亟待解决的难题。

可见，如何在多维环境中快速搜索出满足多重耦合约束且多目标综合最优的线路方案，是选线设计面临的巨大挑战。特别是复杂环境下，上述“三多”问题将形成叠加效应，已成为世界公认的难题。

为解决上述问题，选线设计历经了“人工选线-数字化选线设计-智能化选线设计”三个重要发展阶段。选线设计的理论奠定了人工选线、数字化与智能化选线技术的基础，数字化与智能化选线技术是选线基础理论发展与时俱进的重要成果。

## 1.2　铁路选线理论与技术发展概况

### 1.2.1　国外发展概况

1877 年，美国工程师 Arthur M. Wellington 出版了《铁路选线经济理论》(*The Economic Theory of the Location of Railways*)的第一版，首次将成本分析法应用于铁路的最优长度和线路的曲线半径选择方面，并形成了工程利息的概念，开创了美国铁路选线设计的经济评价理论体系。

1884 年，法国颁布了有关铁路线路与站场设计与施工的指南，详细叙述了选线与车站的调研、设计以及工程量的设计方案并在 1897 年发表了集铁路选线、轨道、结构和车场设施、财务预算在内的铁路设计、施工和维修的综合指南。

20 世纪以来，针对铁路选线领域的新问题，各国不断完善铁路选线基础理论研究，取得了一系列突出成果。

1900 年，基于多年来从事运河和道路工程的经验，德国 Franz Kreuter 教授综合性地阐述了有代表性的铁路、道路和运河选线原理，并将机车车辆阻力和牵引力纳入选线设计的考虑范畴。同年，美国铁路工程协会发布的第 1 期年报中第一次提出了“线路坡度改善”问题，并对曲线坡度折减给出 0.03%～0.05%的参考值。

1907 年，美国铁路工程经济学著作《铁路建设经济学》(*The Economics of Railroad Construction*)出版，详细阐述了车站分布、线路长度、曲率和坡度相关的经济学问题，并提出了基于经济学原理的选线主要技术参数设计原理。

1910 年起，各国开始广泛开展列车牵引特性研究，美国通过试验确定了货物列车车辆重量、列车速度和阻力之间的关系，绘制了 20～70 t 货物列车 10～40 英里(1 英里约为 1.6 km)时速范围内的速度-阻力曲线。

1911 年和 1913 年，德俄两国工程师基于原有的机车性能和列车阻力研究，推导形成了列车运行速度-距离($v$-$s$)和时间-距离($t$-$s$)曲线的图解法。

1917 年，美国出版了《铁路选址设计》(*The Design of Railway Location*)，此书主要介绍了如何研究控制铁路选址的自然和经济条件，以便其运营能够达到最大的安全和效率，具体涵盖铁路经济学和法律、影响选址的工作条件、铁路选址的特殊问题、实地位置调查四大部分。此后，作者于 1924 年的修订版中增加了电力牵引、改线设计、最大坡度折减、增建二线和城市间选线等内容。

铁路的线形设计受到铁路机车牵引力的直接影响，且与之相关的工程建设成本问题成为铁路设计早期面临的重要问题，换言之，在线形几何设计影响工程建设及运营费用的同时，工程经济决策也在影响线路的几何设计。1927 年，法国《线路与土方工程项目课程》(*Cours de Projet de Tracé et de Terrassements*)一书第一次系统提出了铁路选线经济与技术的理论，后期在运量预测、地铁网和工业铁路等方面又进行了完善。

1949 年，法国《铁路课程》(*Cours de Chemins de Fer*)一书出版，文中论述了铁路线路结构物建设的特点，介绍了轨道的安装与维护技术，提供了铁路电气化信号设备和电气化铁路的资料。

1953 年，德国在列车阻力分析、牵引特性图、列车力学性能、能量消耗与时间消耗等方面进行了深入论述，给出了更为精确的机车车辆投资和运营支出估算方法，为铁路选线的技术决策提供了经济合理的基础。同年，美国伊利诺伊大学厄巴纳-香槟分校的 William Walter Hay 教授出版了教科书《铁路工程》(*Railroad Engineering*)，该书由铁路选线原理和铁路建设与维护技术两部分内容构成。

1965 年，美国开发了能够绘制 $v$-$s$ 曲线、列车运行图和性能图的牵引计算程序(Train

Performance Simulator)。

1974 年,美国中西部研究所开发了 AAR 铁路网络仿真分析系统,为铁路的规划与建设提供了参考。

1982 年,美国基于 1953 年出版的《铁路工程》(*Railroad Engineering*)一书,修订增加了电气化铁路牵引计算、高密度和重载铁路线路设计原理、既有线改建和增建二线的选线设计原理和方法,并在绳正法的基础上,介绍了正矢法用于曲线改建的拨距计算原理。

20 世纪 60 年代计算机技术的兴起和广泛应用,推动着铁路选线进入数字化和智能化时代,本章 1.3 节和 1.4 节将分述数字选线与智能选线发展概况。

2006 年, Manoj K. Jha,Paul Schonfeld,Jyh-Cherng Jong 与 Eungcheol Kim 编写的《智能道路设计》(*Intelligent Road Design*)一书出版,此书阐述了其他教科书中没有的道路设计的智能概念,全书共涵盖三大章节,分别为智能道路设计的理论基础与技术,智能道路选线模型与智能交叉口及道路结构设计。

### 1.2.2 国内发展概况

1905—1909 年间,在铁路工程奠基人詹天佑的带领下,我国完成了京张铁路的修建工作,在八达岭越岭段创造性运用"折返线"原理,采用人字形展线,减少了隧道的开挖,大大降低了工程费用,其对于中国而言意义重大,是中国人民智慧的结晶也是中国人民尊严的象征。

我国从建国初期就开始探寻全国统一的铁路线路设计标准。1950 年 11 月 11 日,铁道部发布《中华人民共和国铁路建筑规范(草案)》,1952 年 5 月 26 日发布《蒸汽机车单线铁路设计规程(草案)》,1956 年 6 月 29 日发布《标准轨距新建铁路设计技术规范》。在这个阶段,我国铁路线路设计的相关规范经历了从无到有的过程,但也是单一的、简单的,基本沿用了苏联的相关标准。例如只侧重制定了新建铁路设计规范,一些主要的设计参数、标准、数据只是搬用或者引用经验数值,没有实验资料和理论数据,也没有明确划分设计年度。

1953 年,我国高校院系调整后,唐山铁道学院成立选线设计教研室,开始引进苏联教材。

1954 年,王竹亭以《铁路选线手册》作为第五册,整合出版了《铁路选线及计划学》这一著作。这是用中文出版的我国铁路选线设计学科的第一部系统、全面的专著。

1958 年与 1962 年,唐山铁道学院选线设计教研组分别编写出版了《铁路设计》上、下册;直至 1977 年,全国铁道高校均采用此教材。

1958 年 6 月,第三批修正《标准轨距新建铁路设计技术规范》的颁布标志着我国对于铁路线路规范的探索进入了新的阶段。此后,1961 年颁布了《标准轨距铁路设计规范》,1974 年以"交铁基字 2960 号"文颁布《铁路工程技术规范》,这些规范的颁布说明了我国科技人员试图在实践经验的基础之上,编制能适合我国具体条件的、具有中国国情特色的、自己的规范,譬如在主要技术标准问题、线路等级划分、设计年度、选线原则等方面在实践和理论上都进行了尝试。

我国在1975年7月1日试行了《铁路工程技术规范》,1986年7月1日施行了《铁路线路设计规范》(GBJ 90—1985)。这个阶段规范的特点是新线和旧线合并为了一个综合规范,使用简便,设计年度划分较合理,在内容上充实了我国的实践资料和理论数据,加强了选线原则规定,重视了地质问题等。《铁路线路设计规范》分别于1999年(GB 50090—1999)、2006年(GB 50090—2006)、2017年(TB 10098—2017)进行了修订,贯彻了国家“创新、协调、绿色、开放、共享”的发展理念,强化安全优先原则,总结吸纳了各时期我国铁路设计、施工和运营实践经验及相关科研成果,符合安全可靠、先进成熟和经济适用的总体要求。

1976年,中国铁道出版社出版了铁路工程设计技术手册《线路》,1999年在此基础上,根据1985年以来颁发施行的各种有关规范以及近年来铁路设计工作中推广的新技术和总结出的经验,铁道部第一勘测院对原书进行了大规模的修改。全书共分六篇,包括铁路选线与主要技术标准、牵引计算及行车组织、线路的平面和纵断面、方案比选、轨道、线路附属工程等。

1979年,为了适应新教学计划的需要,在第三次统编教材研讨会上,选线设计课正式定名为“铁路选线设计”,并由西南交通大学郝瀛教授主编出版了铁路选线课程统编教材《铁路选线设计》,该教材主要阐述铁路选线设计的基本理论和方法,并首先编入了用渐伸线计算拨距、用三角解析法计算线距的方法。全书分八章,内容包括铁路通过能力计算,牵引计算,铁路平纵断面设计,铁路定线和方案比较,中间站的设计方法以及既有线改建和第二线的修建等基本知识。1987年郝瀛教授任主编对1979版教材进行了完善和修订,由中国铁道出版社出版了第四本统编教材《铁路选线设计》。这些统编教材为全国六所铁路土建类高校所采用,也成为现场铁路设计人员的主要参考书。2001年,为了适应土木工程专业铁道方向、工程测量专业及交通运输专业选线设计课程教学的需要,由西南交通大学易思蓉教授主编出版了新版《铁路选线设计》教材,该书于2005年、2009年、2017年、2022年分别进行了修订,主要阐述了铁路选线设计的基本理论和方法,并且为适应铁路发展方向和城市轨道交通发展的需要,此书还介绍了城市轨道交通规划与线路设计等内容。

2001年,中国铁道出版社出版了中南大学詹振炎教授所著的《铁路选线设计的现代理论和方法》,该书阐述了铁路选线设计的若干现代理论及实现技术,内容包括:离散点及三角网数字地面模型的建立;铁路线路的平面、纵断面和横断面计算辅助设计;线路纵断优化设计;线路平、纵面整体优化设计;铁路线路三维可视化设计及铁路建设项目经济评价与决策分析方法等。书中内容反映了有关领域的国内外发展动态及中南大学道路与铁道工程研究所近20年来的研究成果。该书可供高等院校交通土建工程专业高年级学生及研究生选读,也可供铁路选线设技术人员及道路工程CAD应用系统软件开发和使用人员参考。2002年,王柢教授所著的《工程决策中的综合优化:以铁路为例》一书出版,全书共包含铁路系统及其设计控制因素的优化、经济评价、铁路运营支出数学模型、地形条件和投资的数学模型化、铁路设计的综合优化、相邻工程的协调规划、技术革新与工程建设政策等方面的内容。2004年，詹振炎教授为"道路与铁道工程"学科的硕士研究生编写的《道路规划与设计原理》专业教材出版，书籍将铁路与公路勘测设计中一些共性的问题合并讲授，对两者之间由于载运工具和行车组织方式不同而带来的设计上的特点则分别论述。书籍涵盖了道路规划概要、数字地面模型、道路线路的计算机辅助设计、道路线路的三维可视化设计、铁路线路纵断面优化设计、铁路线路纵断面优化设计、铁路线路平、纵面整体优化设计、高速铁路建设与既有线提速改造、几种轨道交通线路设计的特点等内容。

2012年，魏庆朝教授主编的《铁路线路设计》贯彻了由面到带、由带到线、由线到段、由段到点的线路设计理念，并依此组织教材章节。此书重点介绍铁路选线、铁路定线、铁路线形、铁路车站，简要介绍了铁路能力及加强措施，最后介绍了磁浮铁路、直线电机地铁、直线电机独轨等新型轨道交通及其线路设计特点。

2021年，由易思蓉教授和全国勘察设计大师朱颖主编的《高速铁路选线》一书出版，主要阐述了高速铁路选线的基本理论、基本方法和关键技术；阐明了高速铁路的等级划分、速度目标值决策、高速铁路主要技术标准选择等总体设计关键问题；围绕高速铁路空间线形参数设计，介绍了高速铁路平面曲线半径、缓和曲线、线路优选坡度、竖曲线设置、空间线形组合设计、线间距离、车站内外平纵断面技术条件等主要技术参数的设计原理与方法；介绍了凝练于工程实例的高速铁路综合选线、高速铁路车站与段所布设。同时，为适应高速铁路发展需要，本书还介绍了高速铁路动力学选线技术、铁路线路 BIM 与数字化选线技术等内容。

## 1.3 数字化选线设计

百余年来，选线设计基础理论的发展与人工选线设计技术相辅相成，为人工选线技术的进步做出了卓越贡献。然而，选线设计面临广域搜索空间下的多维环境因素、多重耦合复杂约束条件、难以量化且相互矛盾的多元评价目标，以及无穷多潜在可行方案等复杂问题，使得人工选线不仅耗时费力，且极易遗漏可行方案。为了解决人工选线面临的上述难题，数字化选线应运而生。自20世纪中叶之后，得益于计算机的快速发展和信息工业革命，信息化时代浪潮推动着铁路选线技术进入了一个新的高度。最短路径算法、启发式算法、人工智能等新兴理论方法被广泛运用至铁路选线中，多种学科交叉形成了铁路选线技术新的知识框架，数字化、智能化选线设计正成为新趋势。航空勘测、遥感技术和计算机辅助设计技术的发展，数字地理模型、虚拟现实环境模型、计算机及其辅助设备的勘测设计一体化的实现，都在逐步推动和促进数字化铁路选线技术蓬勃发展。

20世纪60年代初期，电子计算机最早被运用到铁路和公路的设计中，节省了大量的计算时间，创造了可以进行多个方案比较的条件。70年代，数字地形模型(DTM)开始应用，计算机辅助绘图技术可直接提供设计和施工图纸，替代手工制图，为选线设计带来了便利。80年代，多国已建立了由航测设备、计算机(包括绘图机、数字化仪等外部设备)和专用软件包形成的，能够实现数据采集、建立数字地形模型、优化技术、进行计算机计算、绘图和报表的组合系统。例如，CANDID系统、SICAD土地信息和图形处理系统等。90年代，铁路与公路CAD技术已发展成集数据采集与处理、设计、分析、优化于一体的集成化、系统化技术。比较典型的铁(公)路CAD系统包括：突出公路几何设计与排水设计的CARD/1系统，以数据采集、处理和图像输出为一体的芬兰ROADCAD道路系统，具有先进图像处理、交互设计技术的美国INROADS系统，以及可用于铁路、公路、矿山、排水、机场、港口及其他土木工程设计的英国MXRoad系统。

21世纪以来，随着铁路建设需求的不断增大，铁路沿线的地理、地质环境愈加复杂，人们越来越重视环境选线、景观选线和地质选线。因此，基于“建筑信息模型”技术(BIM)的BIM设计软件兴起，在数字化线路设计领域发挥着举足轻重的作用。应用较为广泛的线路设计相关BIM软件主要是OpenRoads Designer和OpenRail Designer。OpenRoads Designer是一款道路三维设计软件，在数据采集方面具有出众的一体化解决方案，适用于勘测、排水、地下设施和公路设计；OpenRail Designer是一款适用于轻轨、地铁、重轨、高速铁路和磁悬浮铁路项目的三维设计软件，可在从概念到试运行和完工的过程中统一设计和施工，并能将成果以视觉和动画效果进行展示。此外，Civil 3D也是土木工程道路设计常用软件，其三维动态工程模型有助于快速完成道路工程、场地、雨水/污水排放系统以及场地规划设计，能快速评估多种设计方案，进行决策并生成图纸。

我国铁路和公路CAD系统的研究始于20世纪70年代后期，虽然起步较晚但发展迅速。20世纪80年代中期，我国开始自主开发或引进CAD系统，其中有些投入到实际的工程设计中，如公路微机辅助设计系统、铁路辅助设计软件，这期间的研究成果以数值分析和计算为主。随着计算机图形学和AutoCAD等图形支撑软件的发展，数字化选线设计技术也从单纯的数值计算分析发展为图形交互式自动设计，开发出了集地形资料处理、工程费计算、图形交互设计、纵断面自动设计以及绘制线路平、纵断面图为一体的一套完整的数字化选线设计系统。通过在用户界面下简单的菜单操作，就可以实现线路纵断面优化、平、纵、横断面设计、工程费计算、图形显示、数据修改和图形自动绘制。在此时期，随着现代勘测设计技术的迅速发展和测量仪器的现代化，地形信息数字化的困难也基本得以解决；空间地形学的理论和应用研究也有了实用型成果。

到20世纪90年代中期，国内已经能方便地获得数字化选线设计所需的数字地形信息，现场设计部门在航测技术的研究与应用、计算机辅助勘测与设计以及计算机辅助成图方面均做了大量的研究与开发工作，研制了一批实用软件。例如，我国自主研发的纬地系列软件，经过20余年的发展，已经在世界许多发展中国家和地区的公路建设项目中得到了广泛应用。中南大学开发的“新建单、双线铁路线路机助设计系统”不仅适应了新建单线的计算机辅助设计的要求，而且在国内首次解决了新建双线或预留二线的计算机辅助设计问题，已用于西安—南京、包头—西安等多条铁路干线的设计。道路集成 CAD 系统、微机互通式立交 IN-CAD 系统也达到了新的高度。可见，推广数字化选线设计技术的条件已经具备。

20 世纪 90 年代中期至 20 世纪末，我国铁路数字化选线技术进入蓬勃发展和广泛使用时期。铁道部科技司按照工程项目管理模式组织国内各大设计院和高等院校联合攻关，开展铁路勘测设计计算机辅助设计技术的应用研究。按照“铁路勘测设计一体化和智能化系统”要实现网络化、数字化、数据库化、集成化、智能化的基本要求，对各专业现有的设计软件进行修改和功能扩充；同时按照“甩掉图板”的目标，完成勘察设计技术手段从传统的手工方法向现代化 CAD 技术转变的要求，大力开发新的软件，全面地向工程化、综合化、系统化推进，形成专业覆盖面大、可适用于不同设计阶段和设计要求的、功能强大的专业集成化 CAD 系统。经过 5 年多的努力，铁路勘测设计一体化项目的研究目标已基本实现，铁路勘测设计工程数据库、工程地质数据自动采集系统及计算机档案管理系统等研究成果，在铁路数字化选线设计的研究方面解决了大量理论难点和关键技术。

进入 21 世纪以来，我国铁路进入了飞速发展阶段，为实现铁路各阶段各设计内容的全数字化选线设计，对铁路数字选线关键技术开展了系统、深入的研究。例如，中南大学开发了“铁路数字地球选线系统”“新建铁路数字选线系统”“既有铁路改建与增建二线数字选线系统”“铁路枢纽数字选线系统”“地铁数字选线系统”等数字化选线系列软件系统。软件的使用大约可以提高工效 8 倍以上，节约投资 5%～10%，并已在国内 80%以上的铁路勘测设计单位推广应用。

尽管数字化选线设计较人工选线在设计效率上有了大幅度提升，但在方案形成、评估、调整与决策的重要阶段，仍然依赖于人类经验，设计效率较低，仍需要耗费大量的人力、物力，方案质量难以保证。同时，多维复杂环境、多重耦合约束和多元评价目标的耦合效应进一步加剧了选线难度，设计师普遍面临劳动强度大、设计周期长、方案缺乏有效论证等困境，并且受时间、精力和设备及主观性等条件限制，线路工程师通常仅能对少量方案进行详细研究，极易遗漏潜在有价值的线路方案。这对后续的结构设计、施工建造及运营维护可能带来诸多难以估量、甚至无法消除的负面影响。

为了解决数字化铁路选线设计面临的上述难题，线路智能优化成为国内外研究热点的前沿问题，吸引了研究人员的大量关注。

## 1.4 智能化选线设计

人工智能是研究如何应用计算机模拟人类某些智能行为的基本理论、方法和技术。1956 年达特茅斯会议上，约翰·麦卡锡等人首次提出了“人工智能”这一概念，标志着人工智能的诞生。人工智能主要分为三大学派：以专家系统、知识工程为代表的符号主义，以人工神经网络、深度学习为代表的连接主义，以及以仿生智能算法（遗传算法、粒子群算法）为代表的进化主义。经过60余年的发展，人工智能算法发挥着越来越重要的作用，也昭示着智能化是未来各领域发展的一个必然趋势。

选线设计需要在特定的自然、经济、社会环境下，设计出满足各类约束，且安全、经济、舒适、环保的三维空间线位并协调布设桥梁、隧道、车站等结构物，其本质上是一个最优化问题。智能算法被引入线路设计领域用于线路优化，最早可追溯到20世纪60年代。

线路智能优化问题的求解思路基本可概括为：结合地形、地质、生态等环境因素，建立线路优化模型，包括以空间控制点位信息为主的自变量集合，综合考虑工程费、运营费和环境影响代价等的优化目标函数，以及由设计规范和环境因素等构成的约束条件，之后采用人工智能或解析数学算法解算该优化模型，基于智能搜索策略生成线路方案，最后依据目标函数进行方案评价与优选。随着研究者们认知水平的不断提高和计算机科技的不断进步，线路智能优化的对象从二维的线路平面优化或纵断面优化，发展为三维空间的平纵断面整体优化；优化模型由早期以建造费为主的单目标优化，拓展为综合建造费、运营费、环境保护等多目标优化；搜索算法从早期的解析数学算法，逐渐发展成为以粒子群、遗传算法等为突出代表的智能启发式搜索；研究重点也由早期的人工模拟数值案例，过渡到真实平原微丘案例，并在近几年开始积极探索复杂环境线路优化问题。

### 1.4.1 选线智能优化模型

在智能选线领域，线路优化模型通常采用数学公式等手段来描述和刻画实际的选线工程问题。智能选线大都遵循先建立优化模型，再自动求解的研究思路。智能选线领域的优化模型可根据考虑的目标数量，分为仅考虑工程建设、运营和维护费用等经济目标的单目标优化模型，以及在此基础上引入安全、生态类目标的多目标优化模型。

#### 1. 单目标优化模型

工程建设投资对于每个选线设计问题来说都尤为重要，任何公路、铁路项目在进行选线设计时都必须合理控制造价费用。迄今，造价投资类的优化研究已成为本领域较为成熟的研究方向，各种费用相关的目标函数都已被提出，包括以下方面：

(1)建设投资，主要包括桥隧造价、立交通道造价、路基造价、征地费用以及铺轨费用；

(2)运营费用，主要包括能耗费用、旅行时间费用、燃油费用以及管理费用；

(3)维修费用，主要包括轨道维修费用、日常维修费用、预防性维修费用以及路面翻修费用；

(4)惩罚费用，主要指线路方案穿越环境敏感区、历史古迹保护区等区域时的额外开销。

除以上投资及运输支出费用因素以外，少数研究也将铁路营业收入因素进行了分析，并将其量化后作为一类经济性目标函数用于线路优化。

### 2. 多目标优化模型

在实际的线路设计过程中，除了需要保证建设和运营阶段的经济效益，更重要的是保证建设施工人员，运营维护人员以及乘客的生命安全。此外，随着社会的发展和进步，人们对生态环境的保护日益重视，因此在线路设计过程中，需要尽可能地减小对生态环境的影响。然而，经济、安全及生态等目标之间往往会相互矛盾，因此如何在优化模型构建过程中综合考虑、消解平衡各个目标间的矛盾冲突，决策最优线路方案，是多目标优化模型构建的重难点问题。

铁路、公路的安全施工、运营与线路状况密切相关。最初，安全因素通常被转化为事故费用融入造价函数之中，用于优化线形参数。在后续研究中，安全因素逐渐发展成为独立的目标函数。例如，Easa 和 Mehmood[1]通过分析高速公路的线形几何特征，构建了车辆碰撞频率模型，并用于平面路线智能优化；Li 等[2]基于 AASTHO 建立了安全功能函数，提出了交通事故率预测模型，用于高速公路三维路线优化；Zhang 等[3]同样基于安全功能函数，建立了隧道线路方案的智能优化数学模型。

结构物稳定性也是影响交通基础设施安全性的重要工程因素，路基工程的边坡稳定性是当前研究最多的方向[4,5]。对于这些研究，与地形相关的坡度、坡向等因素常常与线路的设计高程、走向等相结合，从而分析地形、地质的变化对于填挖方路段安全性的影响，进而评估线路方案质量。

地质灾害风险是影响线路建设和运营过程安全的重大隐患，铁路沿线一旦发生地质灾害，往往会造成重大生命财产损失。因此，在选线设计阶段，地质灾害风险也是安全评价目标的一个重要研究方面。中南大学针对地质灾害风险评估问题开展了系统深入的研究。中南大学数智化选线研究团队（以下简称本团队）针对泥石流、滑坡和落石三种典型地质灾害，建立了一种包括空间地质约束和地质灾害评价的成本-风险双目标优化模型，将多标准锦标赛决策方法（MTD）和拥挤距离计算（CDC）相结合进行线路平纵断面的三维优化[6]。后续在此基础上，将潜在的地质灾害也考虑在内，提出了一种综合能量坡度模型的地质灾害危险区分类方法，建立了三种典型地质灾害易发性和铁路结构物易损性相结合的空间地质灾害评价模型[7]。此外，对于位于强震多发区的项目，地震也是威胁铁路线路建设及运营安全的重要风险因素。对此，本团队[8]构建了结合结构物概率地震易损性分析和空间线位概率地震损失分析相结合的地震时空风险量化评估模型，提出了地震风险-经济成本双目标优化模型，并针对评价目标之间相互冲突的问题，进一步将鲁棒优化方法与 MTD 相结合，用于解决优化过程中决策偏好不确定性问题，以平衡成本-风险目标之间的矛盾[9]。

在当今气候变化的时代背景之下，生态因素日益成为交通规划和设计领域的重点研究课题。有多项研究建立了专门的生态影响评估模型，用于指导智能选线过程。例如，Mishra 等[10]提出了三层次高速公路路线优化框架：在最上层和最下层，建设费用和交通流被作为目标函数进行优化；在中间层，Mishra 等对与选线相关的各类环境排放指标（如空气污染物、噪声量、水资源污染物）进行了量化分析。Davey 等[11]考虑了道路路线选址与动物迁徙路径之间的耦合关系，预测了不同路线方案所导致的潜在动物死亡率，进而通过权衡建设费用和动物种群数量建立了相应的智能选线优化模型，并基于遗传算法进行了模型求解。本团队构建了建设费用-植被损失-水土流失三目标优化模型，用于山区铁路线路方案的智能优化[12]。Gao 等[13]分析了与路基施工相关的碳排放影响因素，作为相应的目标函数应用于高速公路路线优化。

### 1.4.2 选线智能搜索算法

为了求解上述线路优化数学模型，国内外学者已提出了一系列代表性的智能优化方法，相关研究也一直是本领域最受欢迎的热点方向。目前线路智能优化领域的代表性搜索算法列举见表 1-1。

表 1-1 线路智能搜索代表性算法

| 代性表算法 | 平面优化 | 纵面优化 | 平纵整体优化 |
| --- | --- | --- | --- |
| 变分法 | Howard，1968；<br>Shaw，1981，1982；<br>Thomson，1988 | | |
| 梯度投影法 | | 詹振炎，1979；<br>詹振炎等，1982，1988 | 詹振炎等，1990，1995 |
| 数值搜索法 | | Hayman，1970 | Chew，1989 |
| 枚举法 | | Easa，1988 | |
| 线性规划法 | | ReVelle，1997 | |
| 网格优化法 | Turer，1971；<br>Parker，1977<br>Trietsch，1987 | | |
| 动态规划法 | | Murchland，1973<br>Goh，1988；<br>Fwa. 1989 | Li，2013 |
| 距离变换法 | | | Mandow，2004；<br>De-Smith，2006<br>Li，2016，2017；<br>Song，2018，2020；<br>Pu，2019，2021 |
| 混合整数规划 | Lee，2009 | Cheng，2006；<br>Beiranvand，2017 | |
| 知识工程 | | | 易思蓉，2003，2004，2006；<br>朱颖，2021 |

续上表

| 代性表算法 | 平面优化 | 纵面优化 | 平纵整体优化 |
|---|---|---|---|
| 遗传算法 | Li,2019 | Kim,2019 | Jong,1998;<br>Kim,2005,2007;<br>Jong,200,2003;<br>Jha,2003,2004;<br>Kang,2007,2009;<br>Kang,2012;<br>Lai,2016;<br>Yang,2014;<br>Davey,2017;<br>Babapour,2018;<br>Isler,2020 |
| 群智能搜索 | Roy,2022 | Mahanpoor,2019<br>Sushma,2020 | 缪鹍,2011;<br>Shafahi,2013;<br>Hasany,2017;<br>Babapour,2018;<br>Choreishi,2019 |
| 网格自适应直接搜索 | | | Mondal,2017 |
| 距离变换+遗传算法 | | | Li,2017 |
| 距离变换+粒子群 | | | Zhang,2018 |
| 遗传算法+粒子群 | | | Pu,2019 |
| 运动规划法 | Sushma,2020 | | |
| 深度强化学习 | | | Gao,2021 |

最初,线路领域应用的搜索算法主要是解析法,其思想是采用解析式表达出线路智能优化的目标函数、约束条件,然后通过数学理论与方法求解目标函数的极小值来解决线路智能优化问题。变分法是世界上最早的线路优化方法,1968 年 Howard 将平面线路优化视为在起终点范围内寻找一空间曲线使函数积分值最小的变分问题,并提出了最佳曲率原则进行线形的搜索。Shaw 在其基础上建立了两种数值积分方法,并对线路的拟合进行了研究。变分法虽然在理论上来说是最优的,但要求目标函数连续,与实际不符。

数值搜索算法是解析法的另一典型算法,1970 年 Hayman 提出了一种数值搜索算法来解决线路纵断面优化问题。1988 年 Goh 提出了面向离散和连续搜索空间的动态规划法和数值搜索算法,随后 Chew 在其基础上于 1989 年提出了一种三维空间线形智能优化模型。

1979 年,中南大学詹振炎教授提出了梯度投影法求解最优线路,这是国内最早的线路智能优化方法。该方法以线路平面交点坐标、曲线半径、纵面变坡点里程及高程为自变量,工程运营费最小为目标,线路几何规范为约束,建立优化模型,并采用梯度投影算法不断寻找目标函数下降方向,最终得到优化线路方案。该方法不要求目标函数可导,但必须给定初始线路方案,只能基于初始线路方案进行局部搜索,难以求出全局优化解。此外,枚举法和线性规划法也是在线路优化领域有所应用的解析式算法。

尽管解析式算法理论上可得到目标函数的最优解，但通常要求函数连续、可微，而真实的选线环境及约束条件难以满足其要求，导致在求解过程中不得不引入一系列假设，或是进行简化，使得到的优化结果往往与实际情况存在差异。因此，启发式算法开始走进研究者们的视野。

启发式算法是一类基于直观或经验构造的算法，在可接受的计算时间和空间下给出待解决组合优化问题的一个近似最优可行解，该可行解与最优解的偏离程度一般无法预计。现阶段，启发式算法以仿自然体算法为主，典型的启发式算法有蚁群算法、遗传算法、模拟退火法、神经网络等。目前，已经有多种启发式算法和最短路径算法被运用到了线路设计领域，其中，具有代表性包括网格优化法、动态规划法，距离变换法、混合整数规划法、遗传算法、群智能算法和网格自适应直接搜索算法。

网格优化法是将整个研究区域划分为一系列网格，各网格被赋予不同的地理信息属性及费用信息，采用最短路径算法等成熟方法搜索出连接起、终点的最优网格连接，并采用圆弧连接网格形成最终线路的方法。该方法最早由 Turner 提出并用于平面线路智能优化，而后，许多学者在此基础上对该方法进行了改进。然而，网格优化法生成的线路是一系列相互连接的圆弧，这样描述线路的平面线形是不准确的，并且对于较长的线路需要消耗巨大的空间来存储网格数据。

动态规划法在 20 世纪 50 年代初由美国数学家 R. E. Bellman 等在研究多阶段决策过程(multistep decision process)的优化问题时提出。1973 年，Murchland 将动态规划法引入线路智能优化问题，以土石方工程费最省为目标建立动态规划模型进行纵断面线路优化。此后，研究者们对此方法进行了多次改良，但无法保证根据最优折线路径拟合所生成线路的最优性，且搜索范围被限定在划分路径阶段的各结点上，无法实现连续空间的搜索。对此，本团队提出了三维动态规划法[14]，在平面和纵面两个方向将整个搜索空间划分为一系列三维网格，以三维网格的顶点为结点，采用动态规划生成三维走廊线，最后采用方向加速法对线路拟合出一条与最优走廊线最接近的线路方案，使线路位置不再受限于固定的网格点。但由于网格数据量极大，运算时间过长，不适用于广域空间铁路选线。

2006 年，Cheng 和 Lee 以工程建造费最省为目标首次采用了邻域启发式搜索来寻找最优平面线形，然后基于混合整数规划方法进行纵断面线形智能优化。该方法可生成满足平曲线约束的平面线形，并加入了缓和曲线。但该方法将平面和纵断面分开进行考虑，并非整体优化。此外，为了提高现有混合整数线性规划模型的精度和可靠性，Beiranvand 等提出了一种新的用于纵断面线路优化的多运输费准网络流模型(MH-QNF)，实验证明该方法具有较高的准确性和鲁棒性。

遗传算法(genetic algorithm，GA)是一种基于“适者生存，不适者淘汰”思想的元启发式随机搜索算法。线路优化领域的首个 GA 由 Jong 于 1998 年在其博士论文中所创。相比于早期的解析式算法，GA 的启发式搜索策略有助于更加真实、有效地进行智能选线问题的建模与求解。科研人员由此大受启发，后续又不断开发、完善了多项基于 GA 的智能选线方法。除去一些基于特定优化流程的 GA 以外，本领域最为典型的 GA 搜索策略首先会在连接线路起终点的航空线上设置一系列均匀分布的垂直切割面，并将线路交点（即决策变量）随机生成于切割面上，确定初始线路方案群。而后，特定的遗传算子（包括选择、交叉、变异算子）将通过更新切割面上交点位置的方式来实现线路方案的迭代进化。目前，GA 已经成为本领域应用最为广泛的搜索算法。

粒子群优化（particle swarm optimization，PSO）算法是一种模仿昆虫、鱼群、鸟群等生物社交行为的群智能算法。作为 GA 的替代方法，2011 年中南大学缪鹍在其博士论文中将群智能算法用于铁路线路优化，建立了以土方工程费用为目标函数的优化模型并提出了基于蚁群算法[15]的纵断面线路优化方法，用于解决变坡点自动确定难题。同时，论文针对铁路三维空间线路优化问题，提出了基于 Rosenbrock 方法的粒子群算法，提高了粒子群算法在多维变量、多约束条件下的全局搜索能力。Shafahi 等将 PSO 和蚁群算法用于解决高速公路三维路线优化问题，针对公路设计变量多、约束复杂的特点，设计了改进算子提高其优化效率。此外，Babapour 等将 PSO 应用于森林道路纵断面线路智能优化，并与 GA 进行了对比分析。受该研究的启发，本团队提出了一种 PSO 和 GA 相结合的方法[16]，在山区铁路线路优化中进行了运用。近年来，基于粒子群算法的启发式方法已在多种线路优化领域进行了运用，如本团队提出的多目标粒子群优化[12]以及线-站协同粒子群优化[17]。

上述基于 GA 和 PSO 的启发式算法多将线路交点与变坡点设置在一系列沿起终点航空线均匀布设的切割面上。然而，在复杂山区，为克服剧烈起伏的地形高差，线路方案通常需要进行迂回展线，其交点位置难以在一系列固定的切割面上进行搜索，制约了上述算法的应用。为此，距离变换（distance transform，DT）算法吸引了研究人员的目光。DT 是一种确定性最短路径算法，最早应用于数字图像识别领域。英国伦敦大学学院 De Smith 教授于 2006 年首次将 DT 引入智能选线[18]，用于解决坡度和曲线约束下的路径优化问题。针对山区铁路线路优化问题，本团队考虑了更为复杂的多维耦合约束条件，提出了二维双向扫描 DT 算法[19]，并将这种方法的搜索空间扩大到三维空间形成 3D-DT 算法[20]，且实现了并行化程序架构[21]。值得注意的是，DT 路径群为一系列多段线，需要进一步拟合方可形成圆顺的线路方案。但是拟合过程会导致线路方案与 DT 路径产生偏离从而造成误差，尤其在复杂艰险山区，这种偏离甚至会导致线路方案不可行。为了解决这一问题，一类以 DT 路径作为选线过程"由面到带"阶段的铁路廊带中线，进而基于 DT 路径采用 GA[22]或 PSO[23]实现"由带及线"阶段的精细线位搜索方法被提出。如今，DT 已成为解决复杂山区铁路智能选线问题的典型算法。

2015 年，Mondal、Lucet 等建立了以平面交点坐标、圆曲线半径为自变量、填挖方工程费为目标函数的线路智能优化模型，并将网格自适应直接搜索算法引入线路优化领域，实现了给定线路走廊带内的平面线路智能优化。然而，该方法的缺点在于需预设合理的初始线位，且初始线位对优化结果影响极大。因此，该算法适用于对已有线路的进一步优化。

随着计算机科学的飞速发展，“人工智能”领域的优化算法层出不穷，为现代社会智能化发展奠定了基础，也为智能选线设计的进步创造了机遇。易思蓉等将人工智能的知识工程引入的铁路选线设计。该方法对铁路选线领域知识进行了系统深入的研究，提出了面向对象类规则知识表达模式，实现了铁路选线知识的有效灵活表达；建立了面向铁路选线的多方案综合评价模型；并综合利用地理信息系统、工程数据库等技术构建了铁路线路智能优化系统，可生成经济合理的线路方案。朱颖等基于本体理论实现了智能选线区域内各种地形、地质、水文、人文地理等设计资料的快速获取与利用，研发了铁路智能选线辅助设计系统，研究成果在中铁二院多个铁路项目中得到了应用。

运动规划算法来源于机器人领域，用于为机器人在给定起终点间寻找可行路径。Sushma 等将其进行适当修改，使其能够成功应用于高速公路的平面线形设计。此方法不需要基于任何初始线形进行优化，而是有效利用低差异点样本探索搜索空间来生成平面最优线形。

深度强化学习是一种机器学习方法，其智能体通过和环境交互来学习如何执行动作，最早在 2013 年被提出。2021 年，Gao 等将深度强化学习引入线路优化领域[24]，通过人类经验自学习来引导线路优化过程，实现了铁路线形的自动探索和优化。

综上所述，线路智能优化一直是国内外交通土建工程领域的热点、难点及前沿问题。经过半个多世纪的发展，线路智能优化方法不断推陈出新，已经取得了重大的理论突破，并得到了广泛的实践应用，研究对象愈发多元化，优化模型愈发全面化，搜索算法愈加具有问题导向，解决的问题愈加复杂并贴近工程实际。

## 1.5 本书主要内容与特色

### 1.5.1 主要内容

本书针对我国高速铁路智能选线设计过程中亟待解决的关键技术难题，基于作者团队 40 余年的科研传承与学术积累，与中铁第一勘察设计院集团有限公司、中铁二院工程集团有限责任公司、中铁第四勘察设计院集团有限公司、中铁工程设计咨询集团有限公司、西南交通大学、北京交通大学、华东交通大学等单位的工程技术人员和有关专业教师友好合作，在智能选线新技术上进行多方面的开发研究而取得的成果，包括综合地理信息模型、智能选线基础优化模型、线路典型地质灾害风险性优化模型、线路廊带智能搜索方法、线路平纵断面整体方案智能搜索方法、既有线智能重构与改建优化、系统开发及应用等。这些成果解决了大量智能选线设计的关键技术问题。

编写本书的目的，是将既有研究成果中所提出的理论和方法加以总结，以此与国内外同行交流，以期为我国高速铁路智能选线提供参考。

本书共分 9 章，各章内容见表 1-2。

**表 1-2 高速铁路智能选线理论与方法章节概要**

| 章节序号 | 章节标题 | 内容概要 |
| --- | --- | --- |
| 第 1 章 | 绪论 | 介绍本书编写背景与主要研究内容，对相关的既有研究成果进行详细总结与综述 |
| 第 2 章 | 综合地理信息模型 | 阐释智能选线数字地面、地质、地表模型以及综合地理信息模型的构建方法 |
| 第 3 章 | 智能选线基础优化模型 | 介绍三维线路的数学刻画方法，构建以线路建设成本与运营费用为目标函数，综合几何、结构物及区域约束条件的新建线路基础优化数学模型 |
| 第 4 章 | 线路典型地质灾害风险优化模型 | 介绍线路崩塌、滑坡、泥石流等典型地质灾害风险的量化评估模型及约束表达与处治方法 |
| 第 5 章 | 线路廊带智能搜索方法 | 介绍“由面到带及线”的多层次智能搜索框架，系统阐释“由面到带”阶段的动态规划算法、二维距离变换和三维距离变换走向搜索算法 |
| 第 6 章 | 线路平纵断面整体方案智能搜索方法 | 介绍线路“由带及线”的智能搜索方法，系统阐述梯度投影法、改进遗传算法和粒子群优化方法的智能优化方法 |
| 第 7 章 | 既有线智能重构与改建优化 | 重点介绍既有线重构优化模型、既有线震荡迭代和平纵断面线形自适应整体重构方法，系统阐释既有线三维改建优化模型和方法 |
| 第 8 章 | 系统开发及应用 | 基于上述理论成果，系统介绍高速铁路线路智能优化软件系统及其在实际工程案例中的示范应用情况 |
| 第 9 章 | 研究展望 | 探讨未来智能选线需解决的关键问题 |

## 1.5.2 主要特色

中南大学数智化选线课题组自 20 世纪 70 年代末至今，针对智能选线、线路 CAD、三维 GIS 及可视化等数字选线关键技术开展了长期深入的研究，是国内最早开展该领域研究的科研团队之一，主持完成了包括国家自然科学基金、铁道部科技开发项目、中国中铁重大科研项目等多项研究课题(表 1-3)，开发了国内目前铁路行业推广应用最广、产品最齐全的数字选线设计软件系统。

**表 1-3 中南大学数智选线研究团队智能选线研究项目**

| 项目来源 | 项目名称 | 研究年限 | 获奖情况 |
| --- | --- | --- | --- |
| 铁道部科技发展计划项目 | 铁路线路纵断面优化设计系统 | 1984—1986 | 1987 年铁道部科技进步奖二等奖 |
| 铁道部科技发展计划项目 | 人机交互铁路线路平纵面整体优化设计研究 | 1988—1992 | 1993 年铁道部科技进步奖二等奖<br>1994 年全国工程设计优秀软件奖金奖 |
| 国家自然科学基金(51378512) | 线路-结构物-环境耦合约束下的铁路点线协同优化理论与方法 | 2014—2017 | 2022 年四川省科技进步奖一等奖 |

续上表

| 项目来源 | 项目名称 | 研究年限 | 获奖情况 |
|---|---|---|---|
| 中铁二院科研项目 | 铁路三维空间智能选线技术研究及系统开发 | 2014—2016 | 2021 年四川省科技进步奖二等奖 |
| 中铁二院科研项目 | 复杂环境铁路智慧选线系统研究 | 2016—2018 | 2019 年中国中铁科技进步奖一等奖 |
| 中铁四院科研项目 | 山区铁路自动选线设计系统 | 2017—2019 | |
| 中铁二院科研项目 | 山区铁路减灾选线理论、方法与技术 | 2017—2019 | 2019 年交通运输协会科技进步奖特等奖 |
| 国家自然科学基金(51778640) | 多维动态耦合特征下铁路主要技术标准深度学习优选 | 2018—2021 | |
| 国家铁路集团科技研究开发计划 | 数字川藏关键技术研究 | 2019—2021 | |
| 中铁一院科研项目 | 高速铁路点线协同智能优化方法及系统研发 | 2019—2021 | |
| 国家自然科学基金(52078497) | 复杂环境铁路线路-大临工程耦合网络演进机理及协同优化 | 2021—2024 | 2023 年重庆市科技进步奖二等奖 |
| 国家重点研发计划(2021YFB2600403) | 多维环境因素多目标智能选线技术 | 2021—2024 | |
| 中国中铁股份有限公司科技研究开发计划项目 | 复杂环境类脑智能选线技术研究 | 2022—2025 | |

## 参考文献

[1] EASA, S M, MEHMOOD, A. Optimizing design of highway horizontal alignments: new substantive safety approach [J]. Computer-Aided Civil and Infrastructure Engineering, 2008, 23(7): 560-573.

[2] LI C, DING L, ZHONG B. Highway planning and design in the Qinghai-Tibet Plateau of China: a cost-safety balance perspective [J]. Engineering, 2019, 5(2): 337-349.

[3] ZHANG Z, LU L, ZHU L, et al. Preference information incorporation for decision making in the biobjective alignment optimization problem of river-crossing tunnels [J]. Journal of Transportation Engineering, Part A: Systems, 2020, 146(10): 04020121.

[4] SADEK S, BEDRAN M, KAYSI I. GIS platform for multicriteria evaluation of route alignments [J]. Journal of Transportation Engineering, 1999, 125(2): 144-151.

[5] KARLSON M, KARLSSON C, MORTBERG U, et al. Design and evaluation of railway corridors based on spatial ecological and geological criteria [J]. Transportation Research Part D: Transport and Environment, 2016, 46: 207-228.

[6] SONG T, PU H, SCHONFELD P, et al. Mountain railway alignment optimization considering geological impacts: A cost-hazard bi-objective model [J]. Computer-Aided Civil and Infrastructure Engineering, 2020, 35(12): 1365-1386.

[7] PU H, XIE J, SCHONFELD P, et al. Railway alignment optimization in mountainous regions considering spatial geological hazards: A sustainable safety perspective [J]. Sustainability, 2021, 13(4): 1661.

[8] SONG T, PU H, SCHONFELD P, et al. Bi-objective mountain railway alignment optimization incorporating seismic risk assessment [J]. Computer-Aided Civil and Infrastructure Engineering, 2020, 36(2): 143-163.

[9] SONG T, PU H, SCHONFELD P, et al. Robust optimization method for mountain railway alignments considering preference uncertainty for costs and seismic risks [J]. ASCE-ASME Journal of Risk and Uncertainty in Engineering Systems, Part A: Civil Engineering, 2022, 8(1): 04021077.

[10] MISHRA S, KANG M-W, JHA, M K. Empirical model with environmental considerations in highway alignment optimization [J]. Journal of Infrastructure Systems, 2014, 20(4): 04014017.

[11] DAVEY N, DUNSTALL S, HALGAMUGE S K. Optimal road design through ecologically sensitive areas considering animal migration dynamics [J]. Transportation Research Part C: Emerging Technologies, 2017, 77: 478-494.

[12] ZHANG H, PU H, SCHONFELD P, et al. Multi-objective railway alignment optimization considering costs and environmental impacts [J]. Applied Soft Computing, 2020, 89: 106105.

[13] GAO Y, GAO T, WU Y, et al. Low-construction-emission cross-section optimization for mountainous highway alignment designs [J]. Transportation Research Part D: Transport and Environment, 2022, 105: 103249.

[14] LI W, PU H, ZHAO H, et al. Approach for optimizing 3D highway alignments based on two-stage dynamic programming [J]. Journal of Software, 2013, 8(11): 2967-2973.

[15] 缪鹍. 公(铁)工程三维选线的群智能算法研究 [D]. 长沙: 中南大学, 2011.

[16] PU H, SONG T, SCHONFELD P, et al. Mountain railway alignment optimization using stepwise & hybrid particle swarm optimization incorporating genetic operators [J]. Applied Soft Computing, 2019, 78: 41-57.

[17] PU H, SONG T, SCHONFELD P, et al. Simultaneous optimization of 3D alignments and station locations for dedicated high-speed railways [J]. Computer-Aided Civil and Infrastructure Engineering, 2021, 37(4): 405-426.

[18] MICHAEL J, SMITH D. Determination of gradient and curvature constrained optimal Paths [J]. Computer-Aided Civil and Infrastructure Engineering, 2006, 21(1): 24-38.

[19] LI W, PU H, SCHONFELD P, et al. Methodology for optimizing constrained 3-dimensional railway alignments in mountainous terrain [J]. Transportation Research Part C: Emerging Technologies, 2016, 68: 549-565.

[20] PU H, SONG T, SCHONFELD P, et al. A three -dimensional distance transform for optimizing constrained mountain railway alignments [J]. Computer-Aided Civil and Infrastructure Engineering, 2019, 34(11): 972-990.

[21] SONG T, PU H, SCHONFELD P, et al. Parallel three-dimensional distance transform for railway alignment optimization using OpenMP [J]. Journal of Transportation Engineering, Part A: Systems, 2020, 146(5): 04020029.

[22] LI W, PU H, SCHONFELD P, et al. Mountain railway alignment optimization with bidirectional distance transform and genetic algorithm [J]. Computer-Aided Civil and Infrastructure Engineering, 2017,32(8):691-709.

[23] SONG T, PU H, SCHONFELD P, et al. Mountain railway alignment optimization integrating layouts of large-scale auxiliary construction projects [J]. Computer-Aided Civil and Infrastructure Engineering, 2023, 38 (4):433-453.

[24] GAO T, LI Z, GAO Y, et al. A deep reinforcement learning approach to mountain railway alignment optimization [J]. Computer-Aided Civil and Infrastructure Engineering, 2021, 37(1):73-92.

# 第2章 综合地理信息模型

研究区域内的地形、地质、生态等综合环境信息数据，是选线的基础性设计资料。对于传统的人工选线设计来说，研究区域内的地形、地质等地理信息，需要依靠设计人员的知识和经验进行解读。因此，智能选线研究的第一步就是要教会计算机读懂地质地形图，进而自动提取与组织综合地理信息数据。为满足智能选线的基础地理信息需求，本章提出Delaunay三角网创建与修改算法，构建了数字地面模型，设计了数字地质模型的数据结构与构建方法，并提出了体素划分-格网插值-编码存储这一构建综合地理信息模型的一般方法，涵盖了地形类、地质类、地表覆盖类、控制因素类、经济类、设计标准类等智能选线所需的地理信息，为线路智能优化奠定了数据基础。

## 2.1 选线相关地理信息

地理信息系统(GIS)应用于智能选线已有20余年的历史[1]，为存储、管理智能选线过程中所需的海量数据提供了强大、高效和灵活的手段。

在20世纪末至21世纪初期，GIS模型(图2-1)主要用于提供线路优化过程中造价评估的计算依据，例如估算土石方填挖量。在这一阶段，数字高程模型(digital elevation model，DEM)逐渐发展成为一种成熟的技术，用于刻画选线研究区域的地形特征。

此后，智能选线过程中所考虑的地理信息多样性逐渐增加。举例来说，环境敏感性信息，如征地类型、洪泛区、动物栖息地和植被覆盖度；社会发展因素，如户籍人口位置、人口密度分布；以及地质影响因素，如岩溶灾害、土层类别及厚度、岩性分布、泥石流区域等众多综合地理信息数据，都被融入GIS模型中。对于这些研究来说，不同类型的数据均可被整合进基于格网的GIS模型之中。因此，多项综合性的线路方案评价工作(如环境影响评价和地质风险评估)可以基于这些地理信息数据而开展。

基于上述智能选线研究领域GIS的建模与应用相关研究，本章将重点总结地形、地质、地物等综合地理信息的数字化表达、计算与集成管理方法，介绍智能选线综合地理信息模型的构建原理。

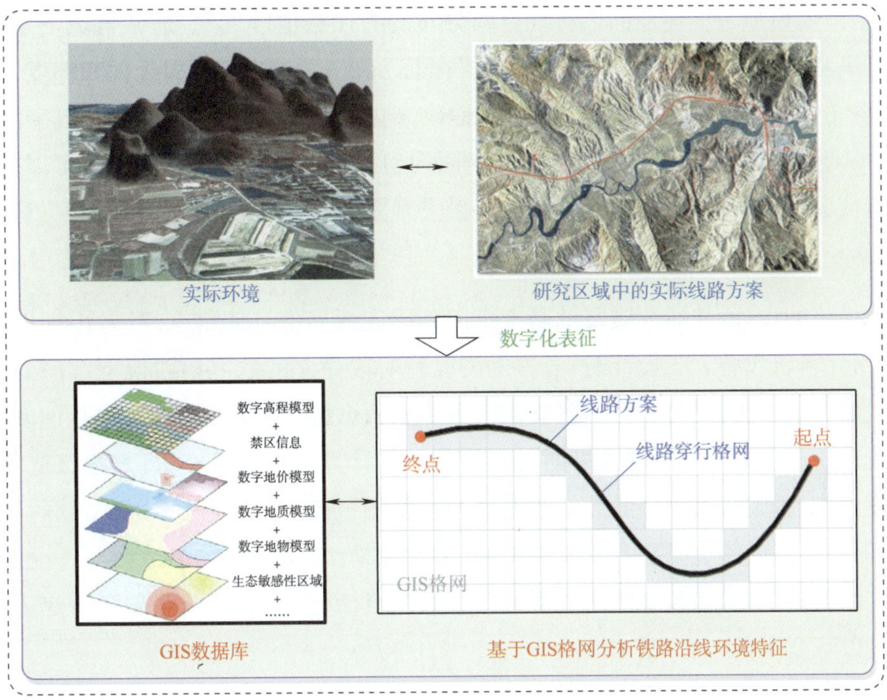


图 2-1 智能选线格网化 GIS 模型

# 2.2 数字地面模型

## 2.2.1 概述

### 1. 基本概念

20 世纪 50 年代中期，美国麻省理工学院摄影测量室主任米勒(Miller)首次将计算机与摄影测量技术结合在一起，成功地解决了铁(公)路工程计算机辅助设计中的地形数字表达问题。在用立体测图仪建立的光学立体模型上，量取沿铁(公)路两侧规则分布的大量样点的三维空间坐标，输入计算机，用计算机取代人工执行土石方估算、分析比较、选线等繁重的手工作业，大量缩减了工时和费用，取得了明显的经济效益。由于计算机只识别数字，唯有将直观描述地表形态的光学立体模型或地形图实现数字化，才能借助计算机解决铁(公)工程的设计问题。米勒的重要贡献在于解决铁(公)路计算机辅助设计这一特殊工程课题的同时，提出了一个一般性的概念——数字地面模型(digital terrain model，DTM)。四十多年来，DTM 在测绘和遥感、农林规划、土木水利工程、地学分析，以及地理信息系统等各个领域得到了广泛深入的研究，且发展迅速。1978 年，多伊尔(Doyle)在《数字地面模型综述》一文中对数字地面模型下了定义，意译如下：

“数字地面模型是描述地面诸特性空间分布的有序数值阵列”。通常情况下，所记的地面特征是高程 $Z$，它的空间分布由 $x$、$y$ 水平坐标系统来描述，也可用经度和纬度来描述海拔 $H$ 的分布。在新近的文献中，称上述高程或海拔分布的数字地面模型为数字高程模型(DEM)，以便与描述其他地面特性的数字地面模型有所区别。数字地面模型可以是每三个三维坐标值为一组元的散点结构，也可以是由多项式或傅里叶级数确定的曲面方程。

### 2. 选线设计对数字地面模型的基本要求

一条线路的设计，从研究线路的基本走向到确定线路的具体位置，都要用到地形资料。因此，在用计算机代替人工设计时，为各勘测设计阶段建立的数字地面模型，首先要起到相应精度地形图的作用；同时要使一次获取的数字地面模型原始数据能满足设计的多种用途，这包括自动绘制各种比例尺的地形图、工程设计图、计算工程数量、进行方案比选和平纵断面优化设计等；否则将大大降低数字地面模型的使用范围和技术经济效果。欲达到上述目的，建立的数字地面模型既要有相应的长度、宽度和精度，又要使数字地形与各设计方案间没有固定的从属关系，使数字地面模型具有较大的灵活性，以适应设计方案的变化。此外，还应满足以下要求：

(1)呈带状的不规则区域；

(2)铁(公)路里程一般较长，为保证地表重建和工程设计的精度，要求采集足够的数据点，数据量一般呈海量，特别是基于航测方法获得的地形数据，数据量都很大；

(3)DTM 是工程设计人员进行平面定线，纵断面拉坡等交互设计的基础，要求 DTM 能实时响应设计人员的几何查询，特别是高程插值，并且具有较高的插值速度和精度；

(4)地表模型需做到整体、连续、无缝，以满足设计人员进行平纵交互或三维可视化设计的要求。

### 3. 数字地面模型的分类

由于数字地面模型原始数据点的分布形式不同，数据采集的方式不同，数据处理、内插的方法不同，以及最后的输入格式不同等原因。数字地面模型的种类较多，归纳起来，大致可分为规则数字地面模型、半规则数字地面模型和不规则数字地面模型三大类。

规则数字地面模型是指原始数据点间有固定的联系，一般通过数据内插的方法构建，内插方法很多，如移动曲面法、有限元法、多面函数法等。这种数字地面模型的特点是拓扑关系简单，算法容易实现，但精度不高，且不规则的地面特征与规则的数据表示不协调。

半规则数字地面模型是指原始数据点间有一定联系，如用地形断面或等高线串表示的数字地面模型。其特点是能较好地适应地形变化，内插精度高，但数据采集不能实现自动化，原始数据的分布与密度易受操作人的主观影响，建立数字地面模型过程中的程序处理较规则数字地面模型更为复杂。

不规则数字地面模型是指原始数据点之间无任何联系，点的分布是随机的。以不规则三角网(triangular irregular network,TIN)数字地面模型为主,其基本思想是将地形点作为拟建数字地面模型区域内不重叠的三角形顶点,将地表面看成是由许多这样的小三角形平面,即用许多平面三角形逼近地形表面,待定点的高程由该点所处的三角形平面来确定。该类数字地面模型的优点是不改变原始数据点,精度高,与不规则的地面特征和谐一致,可以表示线性特征和叠加任意形状的区域边界,易于更新,可适应各种分布密度的数据等。在地学领域,如地理信息系统、铁(公)路勘测设计一体化中,不规则三角网应用最为广泛。

### 2.2.2 空间索引

空间对象索引是依据空间对象所在位置及分布特征,按一定顺序编排的数据结构,该结构中包含空间对象的标识和定位该对象的内容信息。而空间对象检索则是依据所设计的空间对象索引在数据库中找出符合条件的一种数据操作。空间对象检索方式很多,但对DTM而言,主要是空间位置信息的查找,如快速查找给定点周围的空间点分布,查找点所在三角形等,建立基于空间对象的网格-散点-三角形的三级索引机制是非常合适的。试验研究表明,其检索效率同格网数字地面模型相当。

网格-散点-三角形三级索引机制,是指在三角网数字地面模型的构建中,其主要空间对象是地形点及三角形。为此,建立了网格-散点-三角形的三级索引机制。定义以下数据结构:

```
* 散点数据
struct POINT{
double x,y,z; //三维坐标
int NextPtNo; //指向下一个落入同一网格的散点号
char attribute; //点的属性信息
int TriNo; //指向以该点为顶点的任意一个三角形号,将随着网形的变化动态更新
} Ptdata[];
* 三角形数据
struct Triangle{
int vertex[3]; //按逆时针方向记录的顶点号
int Ajt[3]; //按逆时针方向记录的邻接三角形号
char attribute;//三角形的属性信息
char EdgeInf[3];//标识三边是否为约束边,'N'为非约束边,'Y'为约束边
} Tridata[];
* 网格索引
int GridArray [][] //指向落在该网格内的首点号,若为空则值为-1
```

### 1. 为地形点建立网格索引

设点集为 Ptdata，Ptdata 可按平面位置范围划分成 $m\times n$ 个方格块，每一块称为子块，用 Bin 表示，属于该子块的点则放入该块中，如图 2-2 所示。子块的单元大小可按需要确定。

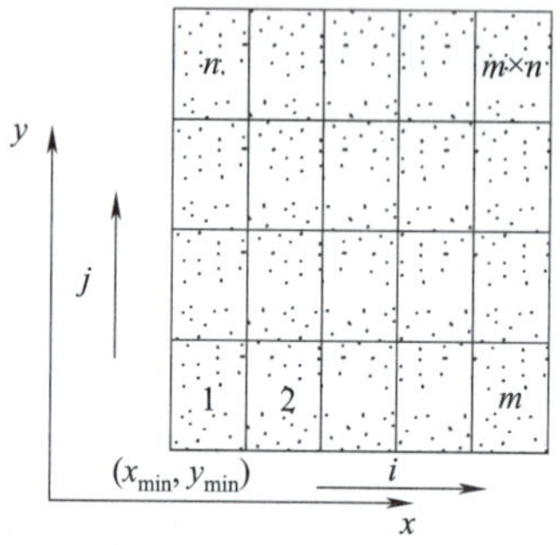


图 2-2　地形点的网格索引

若按行列表示，则每一子块可表示为

GridArray $[i][j]$ $i=1,2,\cdots,m;j=1,2,\cdots,n;$

若对子块按行(或列)编号表示，则可用 Bin[$k$]一维数组表示，即

Bin[$k$] $k=1,2,\cdots,m\times n;$

设网格宽为 GridWidth，($x_{min}$，$y_{min}$)为矩形区域左下角坐标，将点“投入”格网中定义如下：

```
列号:NCol= (Ptdata[k].x- xmin)/GridWidth
行号:NRow= (Ptdata[k].y- ymin)/GridWidth
```

Ptdata 的网格空间索引由表示子块的数组 Bin[$k$]及每一子块的单向或双向链表组成，如图 2-3 所示，每一子块数组中记录了第一个落入该块中的数据点号，而其余落在该块的数据点通过点结构中的“NextPtNo”指针以链表方式连接。

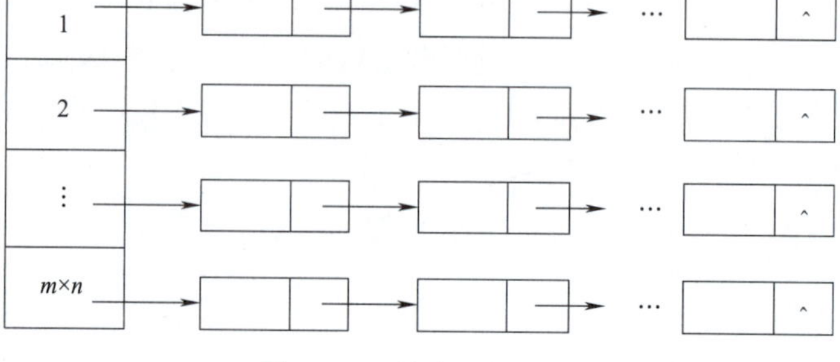


图 2-3　网格索引数据链

### 2. 为三角形建立点索引

在将地形点投入相应网格，建立网格索引的同时，每个数据点通过点结构中“TriNo”指针分别记录一个以该点为顶点的三角形，这些记录在逐点插入的过程中，随着网形的变化，会动态更新。该方法与通常采用的依据三角形重心坐标建立栅格索引的方式相比，在计算量和稳健性等方面，更具优势。

通过这一索引系统，可建立起网格-散点-三角形之间的空间映射关系，如图 2-4 所示。借助这种映射可方便快捷地检索出给定点附近的散点集及三角形集合等拓扑信息，为快速完成三角形的定位及影响域的确定和重构等算法中的关键步骤奠定了基础。

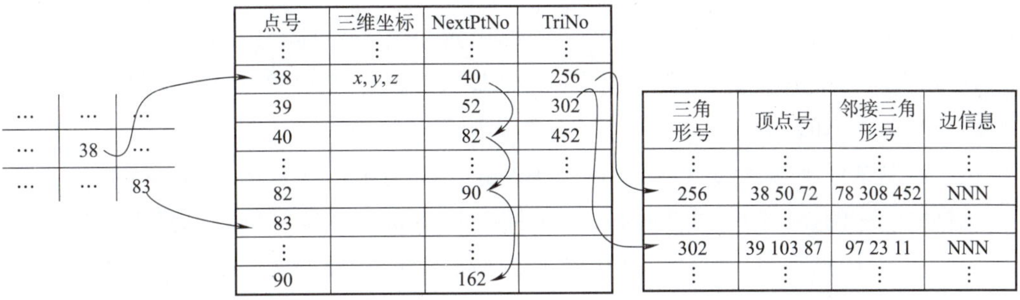


(a)网格索引　　(b)散点数据集　　(c)三角形数据集

图 2-4　网格-散点-三角形三级索引

## 2.2.3　Delaunay 三角网快速构建算法

生成不规则三角网的关键是构网技术，目前已提出许多构网算法。理论证明，在所有的构网原则中，Delaunay 三角网(delaunay triangulation，DT)是最优的。

### 1. Delaunay 三角网的定义及其特性

1908 年，M. G. Voronoi 首先在数学上限定了每个离散点数据的有效作用范围，即其有效反映区域信息的范围，并定义了二维平面上的 Voronoi 图。1911 年，A. H. Thiessen 应用 Voronoi 图进行了大区域内的平均降水量研究。1934 年，B. Delaunay 由 Voronoi 图演化出了更易于分析应用的 Delaunay 三角网。从此，Voronoi 图和 Delaunay 三角网成为分析研究区域离散点数据的常用工具。

Delaunay 三角网是 Voronoi 图(也称 Thiessen 图、Dirichlet 图、Vigner-Seithz 图)的伴生图形，因此研究 Delaunay 三角网必须要从 Voronoi 图的研究着手。

Voronoi 图定义：假设 $V=\{V_1,V_2,\cdots,V_N\}$，$N\geqslant 3$ 是欧几里得平面上的一个点集，并且这些点不共线，任意四点不共圆。用 $d(V_i,V_j)$ 表示点 $V_i$，$V_j$ 间的欧几里得距离，$E^2$ 表示欧几里得平面，$x$ 为欧氏平面上的任意点。设 $P$ 为平面上的点，则 Voronoi 多边形为

$$V_{(l)}=\{x\in E^2 \mid d(x,V_i)\leqslant d(P,V_j),j=1,2,\cdots,n,j\neq i\}$$

各点的 Voronoi 多边形共同组成 Voronoi 图。

平面上的 Voronoi 图可以看作是点集 $V$ 中的每个点作为生长核，以相同的速率向外扩张，直到彼此相遇为止而在平面上形成的图形。除最外层的点形成开放的区域外，其余每个点都形成一个凸多边形。

Delaunay 三角网定义：有公共边的 Voronoi 多边形称为相邻的 Voronoi 多边形，连接所有相邻的 Voronoi 多边形的生长中心所形成的三角网称为 Delaunay 三角网。

Delaunay 三角网的外边界是一个凸多边形，它由连接 $V$ 中的凸集形成，通常称为凸壳。Delaunay 三角网具有两个非常重要的性质：

(1)空外接圆性质：在由点集 $V$ 所形成的 Delaunay 三角网中，其每个三角形的外接圆均不包含点集 $V$ 中的其他任意点；

(2)最大的最小角度性质：在由点集 $V$ 所能形成的三角网中，Delaunay 三角网中三角形的最小角度是最大的。

由于这两个性质，决定了 Delaunay 三角网具有极大的应用价值。同时，它也是二维平面三角网中唯一的、最好的三角网，如 Miles 证明 Delaunay 三角网是“好的”三角网；Sibson 认定“在一个有限点集中，只存在一个局部等角的三角网，这就是 Delaunay 三角网”；Lingas 进一步论证了“在一般情况下，Delaunay 三角网是最优的”；Tsai 认为“在不多于 3 个相邻点共圆的欧几里得平面中，Delaunay 三角网是唯一的”。鉴于此，Delaunay 三角网成为最主要的 DTM 表示法。

### 2. Delaunay 三角网生成算法回顾

在不规则三角网(TIN)的生成算法中，有三种算法被普遍接受和采用。根据构建三角网实现过程的不同，可将生成 Delaunay 三角网的各种算法分为分治算法、逐点插入算法和三角网生长算法，这三种算法的基本原理如下。

1)分治算法

Shamos 和 Hoey 提出了分治算法思想，并给出了一个生成 Voronoi 图的分治算法。Lewis 和 Robinson 将分治算法思想应用于 Delaunay 三角网的生成。他们给出了一个“问题简化”算法，递归地分割点集，直至子集中只包含三个点而形成三角形，然后自下而上地逐级合并生成最终的三角网。之后 Lee 和 Schachter 又对 Lewis 和 Robinson 的算法进行了改进和完善。

Lee 和 Schachter 算法的基本步骤是：

①把点集 $V$ 以横坐标为主，纵坐标为辅按升序排序，然后递归地执行以下步骤；

②把点集 $V$ 分为近似相等的两个子集 $V_L$ 和 $V_R$；

③在 $V_L$ 和 $V_R$ 中生成三角网；

④用 Lawson 提出的局部优化算法(LOP)优化所生成的三角网，使之成为 Delaunay 三角网；

⑤找出连接 $V_L$ 和 $V_R$ 中两个凸包的底支撑线和顶支撑线；

⑥由底支撑线至顶支撑线合并 $V_L$ 和 $V_R$ 中的两个三角网。

从以上步骤可以看出，分治算法的基本思路是使问题简化，把点集划分到足够小，使其易于生成三角网，然后把子集中的三角网合并生成最终的三角网，用 LOP 算法保证其成为 Delaunay 三角网。

下面介绍支撑线的生成、两个子三角网的合并及局部优化算法。

(1)支撑线的生成

在阐述支撑线的生成方法之前，先给出支撑线的概念。

**定义 1：**凸多边形 $P$ 的一条支撑线是通过 $P$ 的一个顶点的一条直线，且使得 $P$ 的内部完全在该直线的一侧(类似于凸曲线的切线)，该顶点称为支撑点。

**定义 2：**设 $P$、$Q$ 是两个凸多边形，且一个不完全包含在另一个之中，则它们有相同的支撑线，称之为公共支撑线。

在合并如图 2-5 所示的两个凸包 $H_l$ 和 $H_r$ 时，首先寻找连接 $H_l$ 和 $H_r$ 的底支撑线，找出连接 $P_r$($H_l$ 中最右边的点)和 $P_l$($H_r$ 中最左边的点)的有向线段 $P_lP_r$，如果 $H_r$ 上 $P_l$ 的逆时针方向相邻点 $Q$ 位于 $P_lP_r$ 的左侧，则用 $Q$ 替换 $P_l$，直至 $H_r$ 上的所有的点都在 $P_lP_r$ 的右侧；接着考察 $H_l$，如果 $H_l$ 上 $P_r$ 的顺时针方向相邻点 $R$ 位于 $P_lP_r$ 的左侧，则用 $R$ 替换 $P_r$，此时如果 $H_l$ 和 $H_r$ 上所有的点都在 $P_lP_r$ 的右侧，则 $P_lP_r$ 就是所要求的底支撑线，否则再重复上述步骤，直至 $H_l$ 和 $H_r$ 上所有的点都在 $P_lP_r$ 的右侧为止。按类似方法可找出顶支撑线。

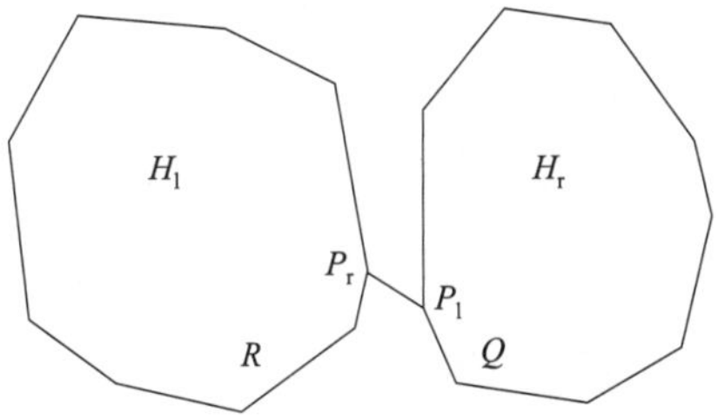


图 2-5 寻找支撑线

(2)两个子三角网的合并算法

两个子三角网的合并要解决的主要问题有两个，其一是要确定合并后新三角网的边界；其二是找出因合并而产生的新三角形，并记录这些三角形的邻接信息。由于在子三角网合并以前，已找出这两个三角网边界所围成凸包的两条公共支撑线，将这两条支撑线所夹的凸包边界删除，然后再将余下的边界顺序相连即可得到新三角网的边界。

在构建因合并而产生的新三角网时，先找出支撑线所夹的多边形边界与支撑线围成的多边形，然后将其离散为若干个三角形。设两个子三角网的两条公共支撑线所夹凸包的边

界为 $H_l$ 和 $H_r$，从底支撑线开始，以底支撑线上的两个支撑点作为新生成三角形的两个顶点，然后分别在 $H_l$ 和 $H_r$ 上取一与底线相邻的点。在选取该点时，先要做“空外接圆特性”检测，即检测其中任一子三角网的边界三角形的外接圆，是否包含另一子三角网的边界点，若包含，则删除该三角形构成新的 $H_l$ 或 $H_r$ 边界，重复上述过程，直至满足“空外接圆特性”为止，如图 2-6 所示。接着在 $H_l$ 和 $H_r$ 上找到与底线相邻的两点，与底线构成两个三角形，其中外接圆半径较小的一个符合“空外接圆特性”，将该三角形加到既有三角网中，将新生成的连接两个既有子三角网的边作为新的底支撑线，如图 2-7 所示。重复上述步骤，直到底支撑线上推到与顶支撑线重合为止。按上述方法合并所有网格内的子三角网，合并完成则生成总体三角网。

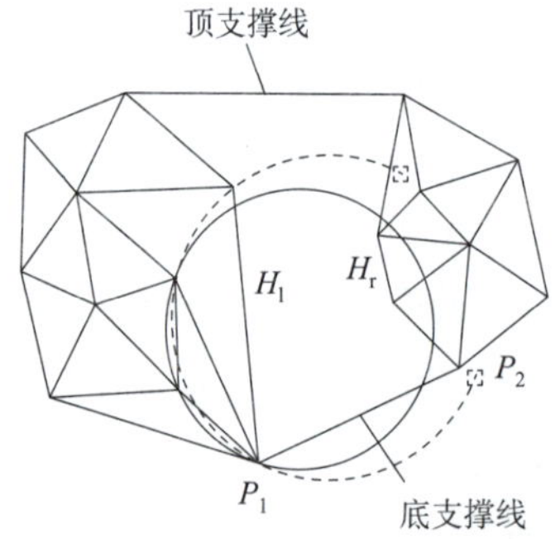


图 2-6 “空外接圆特性”检测与边界调整

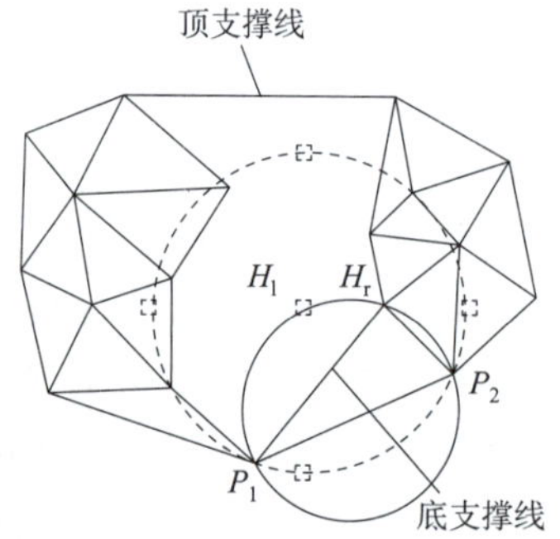


图 2-7 合并中生成新的 Delaunay 三角形

(3)局部优化算法

设 $AB$ 边是三角网中的一条内边，为 $\triangle ABC$ 和 $\triangle ABE$ 所共有，如图 2-8 所示。如果 $\triangle ABC$ 的外接圆内部不包含 $E$ 点，则称 $AB$ 边是局部优化的，此时称这个三角形具有空外接圆特性。当共有一条边的两个三角形不具备空外接圆特性时，通过交换对角线可以生成这四个点的另一种三角划分，这个过程称为用空外接圆特性进行对角线的交换，它使得新的对角线是局部优化的，故也称为局部优化操作。

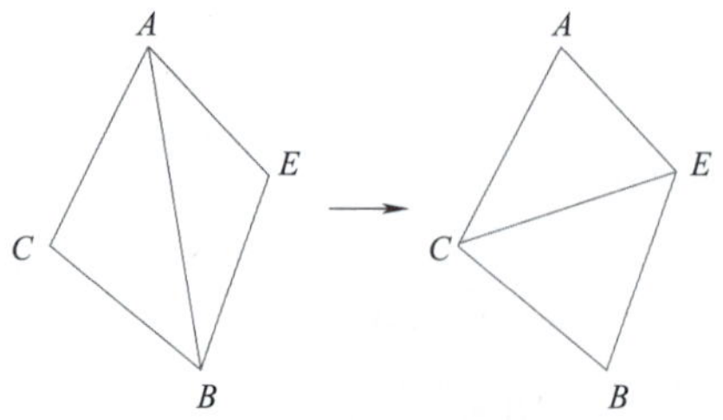


图 2-8 局部优化算法

2)逐点插入法

逐点插入算法的基本步骤如下：

(1)定义一个包含所有数据点的初始多边形，在初始多边形中建立初始三角网。

在平面点集中求取一个包含所有点的多边形(通常是形成一个凸多边形，已有成熟算法)，由于参加构建数字地面模型的数据量通常都很大，因此在构建初始多边形时将耗费较多的时间和内存。基于这种情况，目前一般并不采用原始数据点来生成初始多边形，而仅根据原始数据所在的大致区域，生成一个包含所有原始数据点的三角形，作为初始多边形和初始三角形。

(2)在三角网中逐个插入数据点。

首先在三角网中找出要加入点 $P$ 所在的△$RST$(图 2-9)，如点 $P$ 落在△$RST$ 中，则将 $P$ 点与 $R$、$S$、$T$ 三点相连即可；而当点 $P$ 落在△$RST$ 中的某一边上时(设该边为 $RS$)，再找出与 $RS$ 相邻的△$RSW$，连接 $PT$、$PW$ 即可。

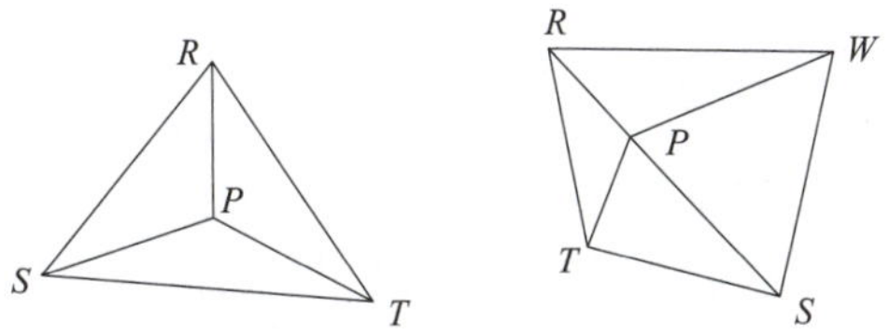


(a)点 $P$ 落在△$RST$ 中　(b)点 $P$ 落在△$RST$ 的边 $RS$ 上

图 2-9　插入点与既有三角形重新构建三角网

(3)用 LOP 算法优化三角网。

从上述步骤可以看出，逐点插入算法的思路非常简单，先在包含所有数据点的一个多边形中建立初始三角网，然后将余下的点逐一插入，用 LOP 算法确保其成为 Delaunay 三角网。各种实现方法的差别，在于其初始多边形的不同以及建立初始三角网的方法不同。

3)三角网生长算法

三角网生长算法的基本步骤是：

(1)以任意一点为起始点；

(2)找出与起始点最近的数据点相互连接形成 Delaunay 三角形的一条边作为基线，按 Delaunay 三角网的判别法则(即它的两个基本性质)，找出与基线构成 Delaunay 三角形的第三点；

(3)基线的两个端点与第三点相连，构成 Delaunay 三角形，并生成新的基线；

(4)迭代以上两步直至所有基线都被处理。

上述过程表明，三角网生长算法的思路是，先找出点集中相距最短的两点连接成为一条 Delaunay 边，然后按 Delaunay 三角网的判别法找出包含此边的 Delaunay 三角形的另一端点，依次处理所有新生成的边，直至最终完成。各种不同的实现方法多在搜寻“第三点”上做文章。

在三类算法中，三角网生长算法目前较少采用，较多的是分治算法和逐点插入算法。而后两类算法又各有其长处及短处。逐点插入算法虽然实现较简单，占用内存较小，但它的时间复杂度差，运行速度慢。Shamos 和 Hoey 已证明在 $N$ 个数据点中建立任何三角网的时间复杂度至少为 $O(N\log H)$。所以从时间复杂度方面看，分治算法最好，其缺点主要表现为：需要占用较大的内存空间，其原因主要是该算法需一次读入所有参加构网的数据；由于在构建三角网前要对数据进行排序，故预处理工作量较大；优化工作量较大。

由于分治算法的基本思路是使问题简化，把点集划分到足够小，使其易于生成三角网，然后把子集中的三角网合并生成最终的三角网，而子集是按横坐标（或纵坐标）来划分的，当子集已划分到足够小时，这时子集中点的横坐标相差不大，但是点的纵坐标有可能相差较大，尤其是当构网区域很大时，这种情况更容易发生。这时在子集中生成的三角形就可能很狭长，形状很差，要经过很多次优化才能形成 Delaunay 三角形，这样也使得计算工作量大增。

### 3. 快速构建 Delaunay 三角网算法选择

空间数据点的三角剖分算法是数字地面模型建立的核心。三角剖分算法应能满足高铁设计对它的要求，即对不规则域数据点适应能力强，三角形结构良好，占用系统资源少和运行效率高等特点。前已述及，当前存在着分治算法、逐点插入算法和三角形生长算法三种主流算法，其中三角形生长算法已较少采用，分治算法执行速度快 $O(N\log_2 N)$，但由于是递归执行，占用系统资源较多，而逐点插入算法为一迭代执行过程，虽占用系统资源较少，但只有 $O(N^{3/4})$ 的执行效率。在综合分析了各算法优劣的基础上，本章重点介绍逐点插入算法，其原因有以下几点：

（1）线路里程长，比较方案多，加之大多数情况下，为了保证精确性，所取的离散点数很多，地形数据往往具有海量特征，采用内存占用最小的逐点插入算法较适合；

（2）逐点插入算法是动态剖分过程，便于后期 DTM 的维护和更新；

（3）逐点插入算法虽然运行速度慢，但是通过改进和优化，完全可以达到或超过分治算法的执行效率。

### 4. 算法基本步骤及关键问题

逐点插入算法的基本步骤可归纳为以下几方面：

（1）建立初始三角网：求出给定点集的包容盒 BOX($x_{\min}$, $y_{\min}$, $x_{\max}$, $y_{\max}$)，将包容盒沿对角线剖分为两个初始三角形，然后按以下步骤迭代，直到所有的数据点被处理，如图 2-10 所示。

（2）定位三角形：从点集中取出一点，在已建立的三角网中找到包含该点的三角形，如图 2-11(a)所示。

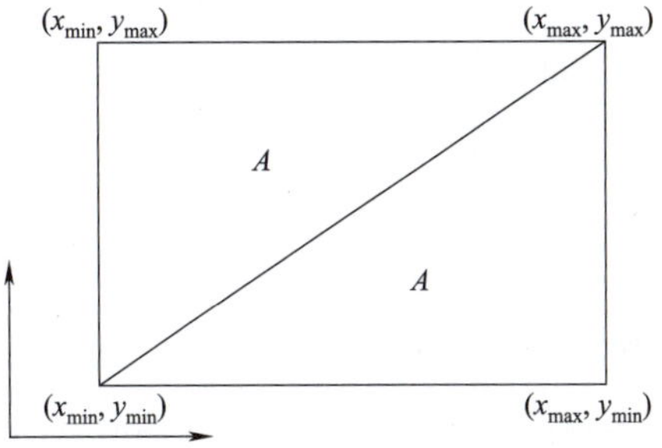


图 2-10　初始三角形的生成

(3)确定影响域:从包含该点的三角形开始,依据三角形记录的拓扑信息利用空外接圆检测,找出外接圆包含当前插入点的三角形集,三角形集的外边界即是要寻找的影响域,如图 2-11(b)所示。其中空外接圆检测可按式(2-1)进行(图 2-12):设$\triangle abc$ 三顶点按逆时针方向排列,依据式(2-1)计算结果($<0$,$>0$ 或$=0$)可判断出 $d$ 在$\triangle abc$ 外接圆的内侧、外侧或圆上。

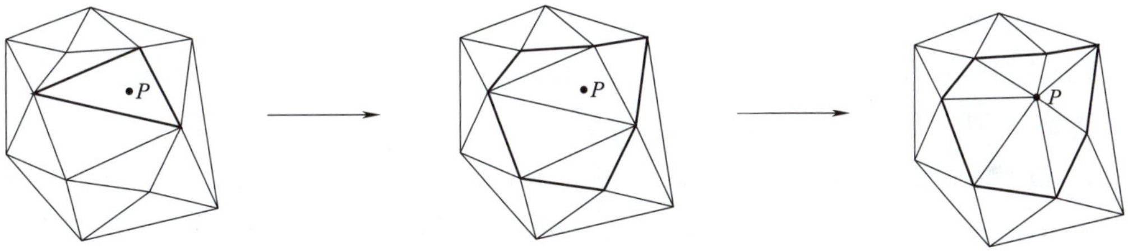


(a)三角形的定位　　(b)影响域的确定　　(c)影响域内三角网重构

图 2-11　逐点插入过程

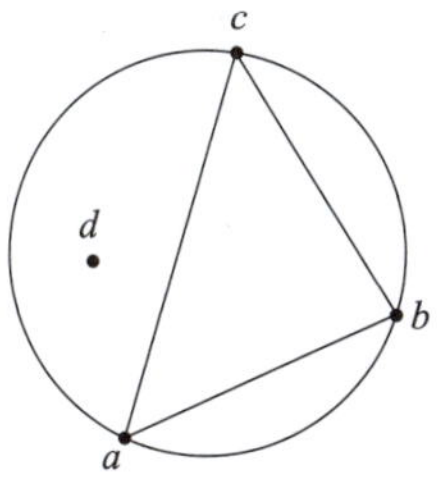


图 2-12　空外接圆检测

$$\text{InCircle}(d,a,b,c)=\begin{vmatrix} a_x & a_y & a_x^2+a_y^2 & 1 \\ b_x & b_y & b_x^2+b_y^2 & 1 \\ c_x & c_y & c_x^2+c_y^2 & 1 \\ d_x & d_y & d_x^2+d_y^2 & 1 \end{vmatrix} \tag{2-1}$$

(4)影响域内的三角网重构：删除影响域内的三角形，依据 Delaunay 准则，在影响域内重新联网。方法很简单，以当前插入点为公共顶点，将影响域的各边界点与当前插入点顺次连接，如图 2-11(c)所示，所得三角化结果即为 Delaunay 三角网。

(5)当所有点插入完毕，最后将边界上的冗余三角形删除。

在上述步骤中，三角形的定位、影响域的确定及重构是需要反复执行的。因此，逐点插入算法的时间复杂度主要取决于上述步骤的执行效率，尤其是随着逐点插入的进行，点数在增加，三角形数更是成倍增加，如何缩短上述步骤的计算时间，成为提高整个算法效率的关键问题。

### 5. 三角形的快速定位算法

任意地面点所在三角形的定位计算，无论是在三角网的建网过程中，还是在建网完成后，利用 DTM 进行地面点高程插值时，都将会反复执行。因此，研究这一过程的算法具有极其重要的意义。一般做法是遍历整个或局部三角网，利用点在多边形中的原理判断计算。当三角形数目很大时，这是一个很费时的过程。本节介绍一种快速定位三角形的算法，分两步完成：

(1)在给定点附近快速地找到一个三角形，作为初始三角形；

(2)从初始三角形开始，采用方向搜索技术，快速定位包含给定点的三角形。

初始三角形的定位可借助前述网格-散点-三角形的映射机制，将给定点的平面坐标代入式(2-2)计算出该点所在的网格，依据网格记录的首点号在点集中取点，依据首点记录的三角形号在三角形集合中取出首三角形。按这种方法定位的首三角形能够保证足够接近目标三角形，且定位方便快捷。

方向搜索是从首三角形开始，针对三角形的三边，利用点在直线边侧的检测(counter clock wise，CCW)，判断三角形的重心和给定点是否位于某一边的同侧或异侧，来决定搜索方向或终止。当给定点与重心相对于三角形的某一边异侧时，则下一个检测对象就是以该边为公共边的邻接三角形；当给定点与重心相对于三角形的三条边均位于同侧时，则搜索终止，如图 2-13 所示。

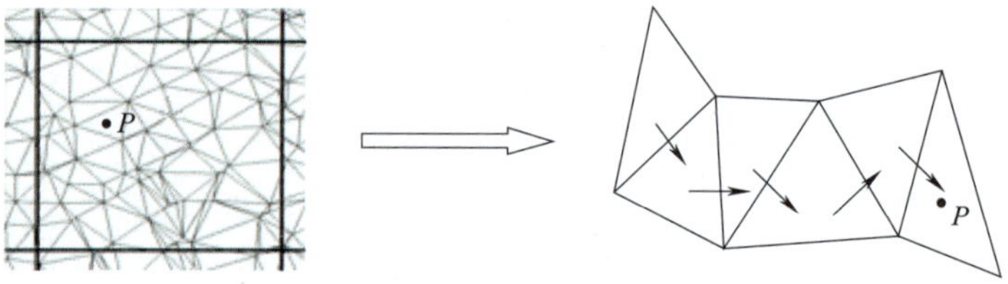


(a)定位 $P$ 所处的网格并提取首三角形　　(b)有向查找 $P$ 所处的三角形

图 2-13　三角形快速定位

设给定点为 $P$，定位出的首三角形为 $t$，有向查找包含 $P$ 点的三角形算法可描述为：

```
Procedure FastOrientSearchTri (t :Triangle ,P :Vertex)
  CG :=FindTheCGofTri(t)   //CG 为 t 的重心
  L1 :=CCW(CG,t.Vertex2,t.Vertex3)*  CCW(P,t.Vertex2,t.Vertex3)
  L2 :=CCW(CG,t.Vertex3,t.Vertex1)*  CCW(P,t.Vertex3,t.Vertex1)
  L3 :=CCW(CG,t.Vertex1,t.Vertex2)*  CCW(P,t.Vertex1,t.Vertex2)
  //CG 与 P 针对 t 的每一边做 CCW 检测
  if (L1> 0 ∩ L2> 0 ∩ L3> 0) then //针对三角形的三条边,CG 与 P 同侧
    return t; //找到包含 P 的三角形
  else //L1,L2,L3 至少有一个小于 0
//在 t 的三条边中,选择一条 CG 与 P 异侧的边,以该边为公共边的邻接三角形作为下一步的搜索
对象
    t:=FindTheAdjTri(t,L1,L2,L3)
    FastOrientSearchTri (t ,P)
  End if
end
```

其中,CCW 检测如图 2-14 所示。

$$\mathrm{CCW}(c,a,b)=\begin{vmatrix} a_x & a_y & 1 \\ b_x & b_y & 1 \\ c_x & c_y & 1 \end{vmatrix}=\begin{vmatrix} a_x-c_x & a_y-c_y \\ b_x-c_x & b_y-c_y \end{vmatrix} \qquad (2\text{-}3)$$

依据式(2-3)计算结果($>0$,$<0$ 或$=0$)可判断出 $c$ 在 $ab$ 的左侧、右侧或直线上。

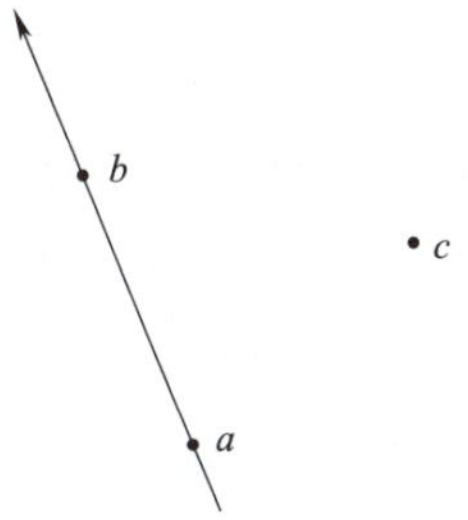

图 2-14　CCW 检测

### 6. 影响域的快速确定与 Delaunay 三角网重构

(1)轮流取点策略

按前述方法定位出三角形后,利用 Watson 提出的空外接圆法确定影响域范围及重构三角网,当点插入所影响的三角形数较多时,需重构的三角形数也较多,则空外接圆检测及重构三角网的计算量较大,这就制约了算法的执行效率。因此,必须设法减少点插入所影响的三角形数。经反复试验,发现点的插入次序、密度以及点的分布情况对这一过程的运算速度影响较大。相邻数据点连续插入,则每加入一点,该点附近三角形受影响的概率较大,需重构的三角形数较多,运算速度较慢。因此,此处采用了各网格轮流加点的策略,即先采用快速排序算法将网格数组根据点数按从小到大排序,然后从排好序的各网格轮流取点加入,有效地提高了该部分的算法效率。每一次加点后,各网格记录的点数减一,并用指针记录数组中第一个非空网格,作为下一次取点的首网格,如图 2-15 所示。

(2)算法原理

为了更好地介绍该部分的算法,首先给出几个定理及证明。

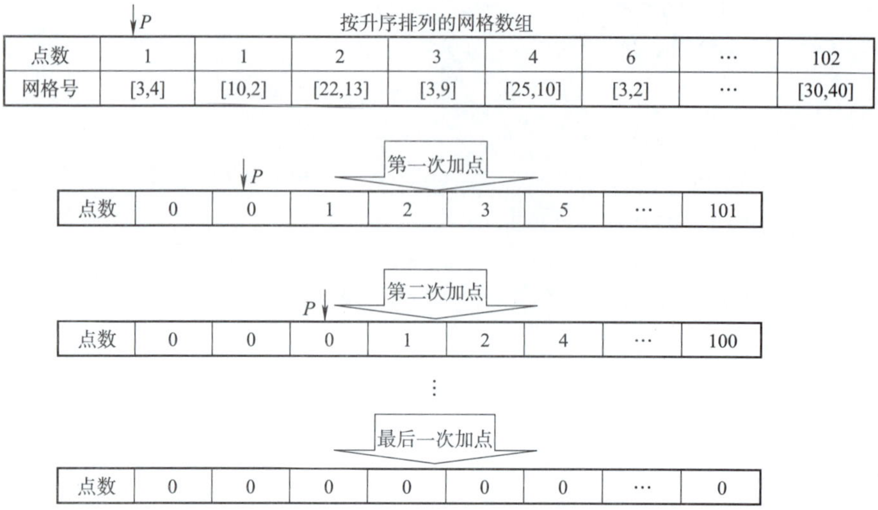

图 2-15　网格轮流加点策略

**定理 1**:对于 $n$ 个点构建的 Delaunay 三角网,当 $k$ 个点位于凸壳上,则该三角网具有 $3n-k-3$ 条边和 $2n-k-2$ 个三角形。

证明:设 $t$ 为三角形个数,$e$ 为边的条数。除了位于凸壳上的 $k$ 条边外,所有内部边为两个三角形共有。因此有 $2e-k=3t$,又由欧拉公式 $n-e+(t+1)=2$,从该二式可得 $e=3n-k-3$,$t=2n-k-2$。

**定理 2**:插入一点到已生成的三角网中,重构三角网,当插入点在三角网内部时,三角形增加个数为 2,当插入点落在凸壳边界上时,三角形增加个数为 1。

证明:$n$ 个点构成的三角网中三角形的个数为 $2n-k-2$,$k$ 为凸壳上的点数。当插入点落在三角网内部,凸壳上点数不变,则增加一个点后三角形个数为 $2(n+1)-k-2=2n-k-2+2$,故增加两个三角形。当插入点落在凸壳上,凸壳上的点数为 $k+1$,则三角形个数为 $2(n+1)-(k+1)-2=2n-k-2+1$,故增加一个三角形。

查找影响域及重构 Delaunay 三角网的过程分为下述两步:

①利用栈的先入后出性,由三角网的拓扑信息找出 $P$ 点影响域内的三角形和影响域边界,并且使影响域边界具有拓扑性。

②将影响域边界与 $P$ 点相连生成 Delaunay 三角形,用影响域内的三角形空间存储,同时还需多开辟两个三角形空间,因为在三角网内每插入一点,则会增加两个三角形。在生成新三角网的同时,对三角形的拓扑信息作动态更新。

下面举例说明上述过程:

约定一:三角形顶点按逆时针排列,顶点表示为 $V[j]$($j=0,1,2$);

约定二:三角形的邻接三角形用 $A[j]$表示,$j=0,1,2$,指与 $V[j]$相对的邻接三角形号;

初始 Delaunay 三角网中 $P$ 为插入点,点 $P$ 影响域边界为 $acdega$。点 $P$ 插入前三角网及拓扑信息见表 2-1，$P$ 点影响域如图 2-16 所示。定位 $P$ 点落在三角形 3 中后，将三角形号 3 入影响域三角形数组，将三角形 3 的三个邻接三角形 $A[0]=4$，$A[1]=5$，$A[2]=2$ 及邻接三角形中对应三角形 3 的邻接号 1，2，0 入栈。由先入后出原则，先弹出三角形号 2 及邻接号 0，对三角形 2 做空圆检测，其外接圆包含 $P$，则插入 $P$ 点后三角形 2 将不是 Delaunay 三角形。将三角形号 2 入影响域三角形数组，再将三角形 2 的两个邻接三角形 $A[1]=6$，$A[2]=1$ 和邻接三角形中对应三角形 2 的邻接号 0，1 入栈。接着弹出三角形号 1 和邻接号 1，三角形 1 的外接圆不包含 $P$，则将三角形 1 的顶点 $V[2]=c$，$V[0]=a$，边 $ca$ 外侧三角形号 1 以及邻接号 1 入影响域边界链表。按上述过程进行影响域三角形和影响域边界的查找，直至栈为空，此时在影响域三角形数组内存有三角形号 3、2、4。将影响域边界与 $P$ 点相连，重构 Delaunay 三角网，新开辟两个三角形空间与影响域三角形数组内所记录的三角形空间一起存储新生成的三角形。在插入 $P$ 点后，生成的 Delaunay 三角网如图 2-17 所示。影响域边界链表如图 2-18 所示，该边界拓扑有序。插入 $P$ 点后的三角网及拓扑信息见表 2-2。

**表 2-1 点插入前三角网及拓扑信息**

| 三角形号 | 顶点组成 | | | 邻接三角形 | | |
|---|---|---|---|---|---|---|
| | V[0] | V[1] | V[2] | A[0] | A[1] | A[2] |
| 1 | *a* | *b* | *c* | 11 | 2 | 9 |
| 2 | *a* | *c* | *g* | 3 | 6 | 1 |
| 3 | *g* | *c* | *e* | 4 | 5 | 2 |
| 4 | *c* | *d* | *e* | −1 | 3 | −1 |
| 5 | *g* | *e* | *f* | −1 | 7 | 3 |
| 6 | *h* | *a* | *g* | 2 | 7 | 8 |
| … | … | | | … | | |

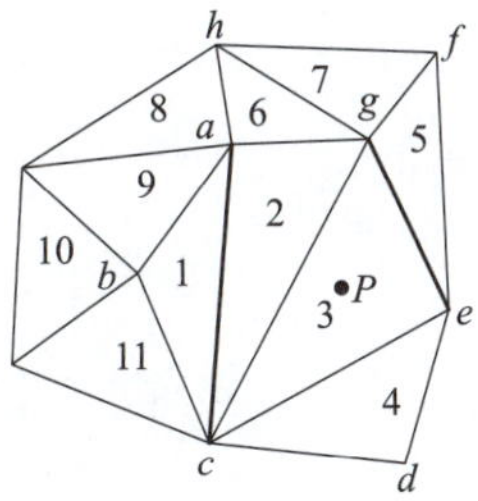

图 2-16 $P$ 点的影响域

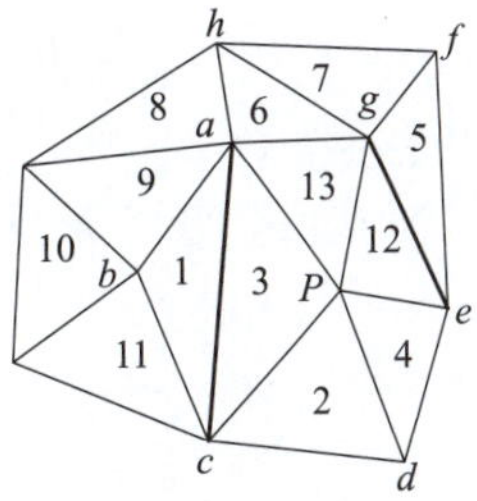

图 2-17 $P$ 点影响域重构

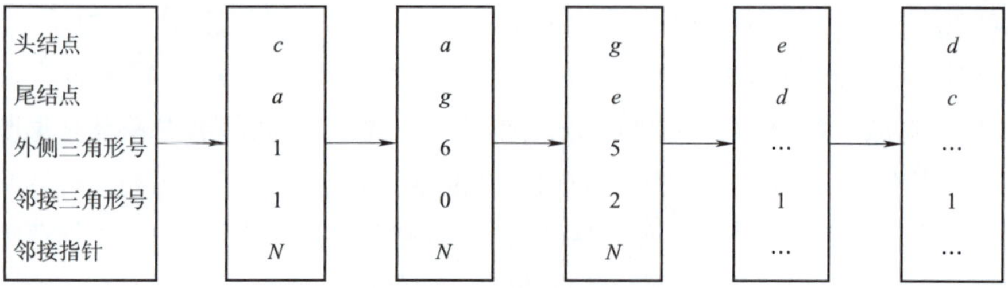


图 2-18 影响域边界链表

**表 2-2 点插入后三角网及拓扑信息**

| 三角形号 | 顶点组成 | | | 邻接三角形 | | |
|---|---|---|---|---|---|---|
| | V[0] | V[1] | V[2] | A[0] | A[1] | A[2] |
| 1 | *a* | *b* | *c* | 11 | 3 | 9 |
| 2 | *c* | *d* | *P* | 4 | 3 | −1 |
| 3 | *a* | *c* | *P* | 2 | 13 | 1 |
| 4 | *d* | *e* | *P* | 12 | 2 | −1 |
| 5 | *g* | *e* | *f* | −1 | 7 | 12 |
| 6 | *h* | *a* | *g* | 13 | 7 | 8 |
| … | … | | | … | | |
| 12 | *e* | *g* | *P* | 13 | 4 | 5 |
| 13 | *g* | *a* | *P* | 3 | 12 | 6 |
| … | … | | | … | | |

(3)算法描述

影响域的快速确定与重构算法描述如下：设初始三角网为 DT，*P* 为从某格网中取出的一点，*ft* 为 DT 中包含 *P* 点的三角形。

```
Procedure FindandReconstituteImpactArea(ft:Triangle ,P:Vertex)
    InitList();//初始化链表存储影响域边界
    for (i from 0 to 2)do
      //按 ft 三个顶点所对邻接三角形方向依次扩展寻找影响域
      EmptyStack(); //置空栈
      //如果 ft 的第 i 个顶点所对的邻接三角形非空并且第 i 个顶点所对的边不为约束边
      if (ft.A[i]非空 ∩ ft.EdgeInf[i]≠'Y' )then
      //将邻接三角形及邻接三角形中与 ft 相对的点号 Vno 入栈
          PushStack(ft.A[i],Vno);
      else
          //将 ft 中第 i 点所对的边入影响域链表
          AddList(ft 中第 i 点所对的边);
```

```
      end if
      while(StackNotEmpty())//当栈不为空
         pop  =   PopStack(); //从栈中弹出一个结点
         t= pop-> Triangle; //从结点中取出三角形
         Vno= pop-> Vno; //从结点中取出点号
         if (InCircle(P,t.V[0],t.V[1],t.V[2]< 0) Then
         //P 点在 t 的外接圆内
         //如图 2-19 将 t 的两个邻接三角形(Vno 所对的三角形除外)及对应点号入栈
             PushStack(t.ajt1,Vno1);
             PushStack(t.ajt2,Vno2);
         else
             AddList(t 中 vno 点所对的边);
         end if
         Delete(pop)
      end while
    end for
 ReconstituteDT(List,pt);//重构 D-三角网及拓扑信息
 Delete(List);//删除边界链表
 End
```

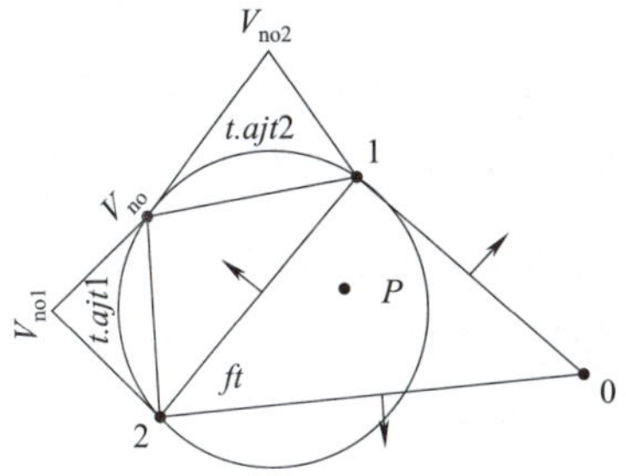


图 2-19　查找影响域

### 7. 自动整饰 TIN 边界算法

上述算法能快速构建出整体连续无缝的三角网，且所构三角网严格满足 Delaunay 特性，但在其边界会出现一些狭长的三角形，如图 2-20(a)所示，这些三角形的边长较长，对地形的拟合精度较差，应将其删除。

国内外的 DTM 生成软件都配有边界处理模块，但大都需要人机交互式的完成，自动化程度不高。本节介绍了一种边界自动整饰算法，设计者只需设定边界三角形的最大边长阈值，计算机就能自动搜索出 TIN 边界上边长超过阈值的三角形，并将其删除，形成新的 TIN

边界，删除与初始包容盒四个角点相连的所有三角形，形成初始边界链表，如图 2-20(b)所示，链表结点数据结构定义如下：

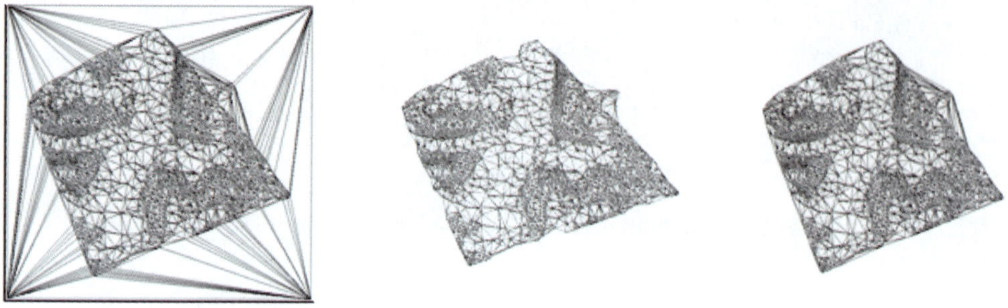

(a)边界整饰前的初始三角网　　(b)删除与包容盒四角点相连的三角形　　(c)依据边长阈值自动删除长三角形

图 2-20　TIN 边界的自动整饰

```
struct EdgeNode{
int StartPtNo,EndPtNo;
//边界边的起始点号和终止点号
int trino;//包含边界边的三角形号
int Vno;//三角形中与边界边相对的顶点下标(0,1,2)
struct EdgeNode * next;
} * EdgeListHead;
```

遍历边界链表，依次判别每一结点边长是否超过预先设定阈值，若边长小于阈值则提取链表中下一结点，若边长大于阈值，如图 2-21 所示，$AB$ 边长超过阈值，则修改边界链表。方法是增加一个结点，用 $AC$ 和 $CB$ 取代 $AB$ 结点，将边界由 $A \rightarrow B$ 修改为 $A \rightarrow C \rightarrow B$，再取 $AC$ 结点做上述判别，处理方法同上。依此类推，直到所有的边界结点的边长小于给定阈值，则边界处理完毕，如图 2-20(c)所示。

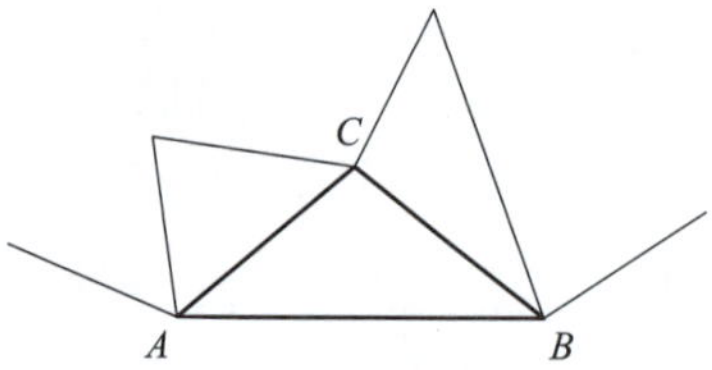


图 2-21　边界链表的修改

## 2.2.4　约束 Delaunay 三角网快速构建算法

2.2.3 节详述了标准 Delaunay 三角网的生成算法，标准 DT 只对点集 $V$ 进行三角剖分，在构建数字地面模型中，为使模型更好地贴合地面，还需考虑散点间的约束关系，即地形特征线（山脊线、山谷线、陡坎等）的影响。对此种数据域进行三角剖分，除输入点集 $V$ 外，还需输入约束边集 $S$，剖分结果 $T_C(V,S)$ 中所有三角形边的并集 $E(T_C)$ 须满足：$S \subset E(T_C)$，并且如果任取一个三角形 $t \in T_C$，若其三边均不在 $S$ 中，则 $t$ 一定满足空外接圆性质和最大最小角度性质，此即约束 Delaunay 三角化（constrained delaunay triangulation，CDT）。当 $S=\Phi$ 时，CDT 退化为 DT，因此 CDT 是标准 DT 的推广。通过对 CDT 生成算法进行综合分析，提出了一种快速且稳健的 CDT 生成算法，并将该算法成功地应用于数字地面模型中地形特征线的处理问题。

### 1. CDT 的基本性质

一般而言，CDT 中三角形只具有局部优化，这主要是因为在具有约束线段的两三角形组成的四边形中已不再满足空外接圆法则和最大最小角法则，故常规 DT 的空外接圆与最大最小角特性只存在于无约束线段的三角形中。CDT 三角网具有下述性质：

（1）可见性（mutually visible）：设 $P_i$、$P_j \in CV$，且 $P_i$ 和 $P_j$ 为线段 $P_iP_j$ 的两端点，CDT 是 $CV$ 的一个三角剖分，如果 $P_i$ 和 $P_j$ 的连线不与 CDT 中任何三角形边（顶点除外）及 $S$ 中的线段相交，则称 $P_i$ 和 $P_j$ 是可见的。

（2）空外接圆性质（empty circle）：如果组成 $t$ 的三条边不是约束边，则 $t$ 为 Delaunay 三角形，当且仅当过 $t$ 的外接圆中不含其余 $T$ 中三角形的顶点且 $t$ 的三顶点是相互可见的。

（3）最大最小角性质：设 $t_1$ 和 $t_2$ 为 $T$ 中具有公共边 $e$ 的三角形，如果 $t_1$ 和 $t_2$ 构成一个凸四边形，并且 $e \notin S$，则交换凸四边形的对角线，$t_1$ 和 $t_2$ 的最小内角不会增大。

（4）局部优化性质（locally optimal）：对 $T$ 中的任一三角形 $t$，如果其三边均不在 $S$ 中，则 $t$ 一定满足空外接圆性质或最大最小角性质。

### 2. CDT 生成算法回顾

CDT 的实现算法较为复杂，其核心问题是在保证无约束线段的三角形满足 Delaunay 特性的前提下，如何满足 $S \subset E(T_C)$ 这一约束条件。综合分析有关文献，CDT 的构造算法可归纳为如下几种：

（1）约束图法：Lee 和 Lin 在 1986 年提出了基于约束图计算 CDT 构造算法。他们首先用 $O(N^2)$ 的时间计算约束数据域的可见性图，然后用 $O(N^2)$ 的时间检测优化可见性图并形成 CDT。

（2）分割-合并算法：Lee 和 Schachter 在 1981 年提出了非约束数据域 Delaunay 三角剖分的分割-合并算法。分割-合并算法虽然执行效率较高 $O(N(\log N))$，但约束线段的存在使得分割过程的实现比较困难。

（3）加密算法：Boissonnat 在进行 CDT 构造的研究中，将约束数据转换为非约束数据，即对约束线段按空外接圆规则进行加密，然后对加密后的数据进行非约束数据域的

Delaunay 三角剖分。Boissonnat 认为加密过程的时间复杂度为 $O(N(\log N))$，虽然该算法简单易实现，但加密点的存在不但加大了数据量，而且改变了原来的数据集。

(4)Shell 三角化算法：该算法是 Piegl 和 Richard 在 1993 年提出的，其实质是非约束数据域的三角网生长算法的推广。算法由任一约束线段开始，以可见性和空外接圆特性为准则寻找可扩展的第三点。该算法关键上要解决好第三点的查询问题，以提高算法效率。

(5)两步法：这是目前采用较多的一种方法，即首先对约束数据集建立非约束 Delaunay 三角网(初始三角网)，然后引入约束线段以嵌入之(调整过程)。这方面的算法以 Bernal、Sloan 和 Floriani 为代表。Bernal 和 Sloan 的算法在初始三角网过程中不区分约束与非约束点，而在调整过程中使之满足约束线段条件；Floriani 的算法更具灵活性，他只建立非约束数据点的初始三角网，然后在初始三角网中插入约束线段。Sloan 利用连续的对角线交换法实现约束线段的嵌入，要求可交换对角线的四边形是严格凸的，而这一点在实际应用中较难满足。Floriani 的算法核心是简单多边形的 Delaunay 三角剖分，但其实现过程是递归执行，递归过程虽执行效率较高，但内存开销较大。

结合 Sloan 和 Floriani 的算法特点，本节介绍一种约束线段嵌入的迭代算法，实验结果表明该算法执行效率与递归过程相当且内存开销小，编程容易实现。

本节所述算法是基于已存在的三角网实现的，该三角网称为初始三角剖分网，初始三角剖分网可利用上节所述的算法实现。初始三角剖分网中可包含有带约束关系的散点，也可不包含，但不包含约束线段关系。如果在初始三角剖分网中含有带约束关系的散点，则在约束线段的嵌入过程中，按散点的点号进行调整；如果不包含，则首先插入散点，然后调整约束关系。将点插入初始 Delaunay 三角网的算法在上节已详述，本节重点阐述如何将约束线段嵌入初始三角网的算法。

### 3. 约束线段嵌入算法

(1)算法原理

设约束三角网 CDT$(V;L)$，当前需在 CDT 中插入约束边 $l$，$l=P_iP_j$，$P_i$、$P_j \in V$，与约束边 $l$ 相交的三角形所构成的区域称为约束边 $l$ 的影响域。区域的边界所构成的多边形称为影响多边形 $Q$。$l$ 将 $Q$ 分成两部分 $Q_u$ 和 $Q_d$，如图 2-22 所示。为了说明插入约束边的算法，下面给出关于影响域性质的几个命题及其证明。

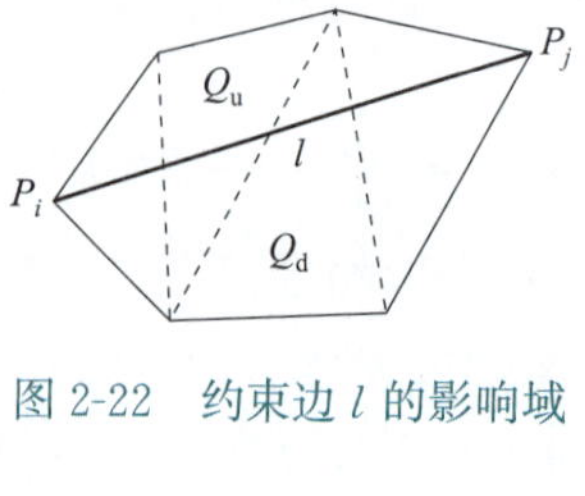


图 2-22　约束边 $l$ 的影响域

**命题 1**：设 $T'=(V;L')$ 为约束 Delaunay 三角网 $T=(V;L)$ 插入约束边 $l$ 后调整获得，$L'=L\cup\{l\}$。则只有约束边 $l$ 影响域内的三角形需要调整。

证明：约束边 $l$ 必须为 $T'$ 内的一条边，则与 $l$ 相交的所有三角形必须被删除。$l$ 影响域外的三角形不会被调整，因为没有插入新点到 $V$ 中，这些三角形满足 $T$ 中的空圆特性，则必定满足 $T'$ 中的空圆特性。因此只有影响域内的三角形需作调整。

**命题 2**：约束边 $l=P_iP_j$，$Q$ 为影响多边形，$P$ 为 $Q$ 上的顶点且 $P\neq P_i\cap P\neq P_j$，则在 $l$ 上必存在一点 $M$ 使得 $PM$ 完全在 $Q$ 的内部。

证明：对于 $Q$ 的顶点 $P$，$P\neq P_i\cap P\neq P_j$，则至少有一个三角形 $t$，$P$ 为 $t$ 的顶点且 $t$ 与 $l$ 相交，又因 $P$ 非 $l$ 的顶点，则 $t$ 至少有一条边 $e$ 与 $l$ 相交，且 $P$ 为 $e$ 的顶点，并且 $e$ 在 $Q$ 的内部。令 $M=l\cap e$，则 $M\in l$ 且 $PM$ 在 $Q$ 的内部。

**命题 3**：约束边 $l=P_iP_j$，$P$ 为 $Q_u$（或 $Q_d$）中与 $l$ 构成最大角的一点，则 $PP_i$ 和 $PP_j$ 位于 $Q_u$（或 $Q_d$）内部，并且 $\triangle P_iP_jP$ 的外接圆内不包含 $Q_u$（或 $Q_d$）上的其他点。

证明：图 2-23 中，若 $PP_i$ 或 $PP_j$ 不在 $Q_u$ 内部，则必与 $Q_u$ 边界相交。若其中一边与边界相交或两边都与边界边相交但非同一条边界边，则在 $\triangle P_iP_jP$ 内必有点 $M\in Q_u$，且 $\angle P_iP_jM>\angle P_iP_jP$，这与 $\angle P_iP_jP$ 为最大角矛盾。

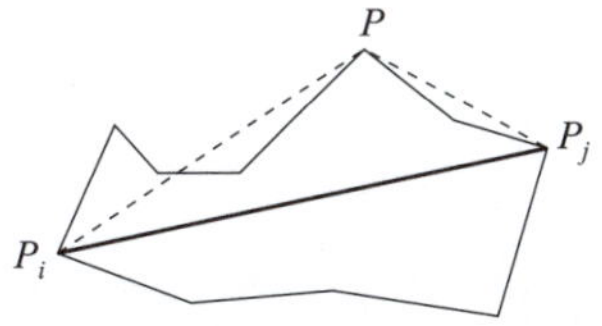


图 2-23　按角度最大原则生成 Delaunay 三角形

若 $PP_i$、$PP_j$ 都与同一边界边相交，则对于 $P$ 点在 $l$ 内不存在一点 $M$，使 $PM$ 完全在 $Q$ 内部，与命题 2 矛盾。故 $PP_i$、$PP_j$ 必在 $Q_u$ 内部。

若 $\triangle P_iP_jP$ 的外接圆内包含 $Q_u$ 上另外一点 $M$，则 $\angle P_iP_jM>\angle P_iP_jP$，这与 $\angle P_iP_jP$ 为最大角矛盾。故 $\triangle P_iP_jP$ 的外接圆内不包含 $Q_u$ 上其他点。

（2）算法步骤

由以上定理，在 CDT 内动态插入一条约束边 $P_iP_j$ 的算法过程如下：

①在三角网中找出以 $P_i$ 为顶点的三角形 $t_1$，且 $t_1$ 与 $P_iP_j$ 相交。由点结构信息可即时定位以 $P_i$ 为顶点的三角形 $t$，再由三角形拓扑信息从 $t$ 开始以 $P_i$ 为顶点逆时针方向寻找到三角形 $t_1$，如图 2-24(a)所示。

②从 $t_1$ 开始，由三角形拓扑信息依次找到影响域内三角形 $t_2,t_3,\cdots,t_k$，存入影响域三角形数组中，同时生成 $Q_u$ 和 $Q_d$ 影响域边界数组，其边界点具有拓扑性，如图 2-24(b)所示。

$$Q_u=\{P_i,u_1,u_2,\cdots,u_m,P_j\},$$

$$Q_d=\{P_i,d_1,d_2,\cdots,d_n,P_j\}。$$

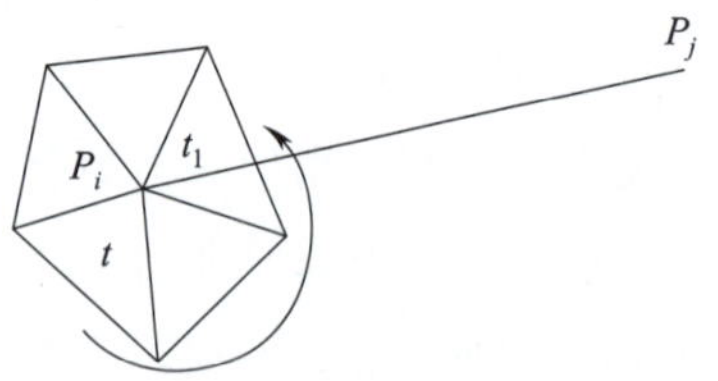


(a)定位和 $P_iP_j$ 边相交的首三角形

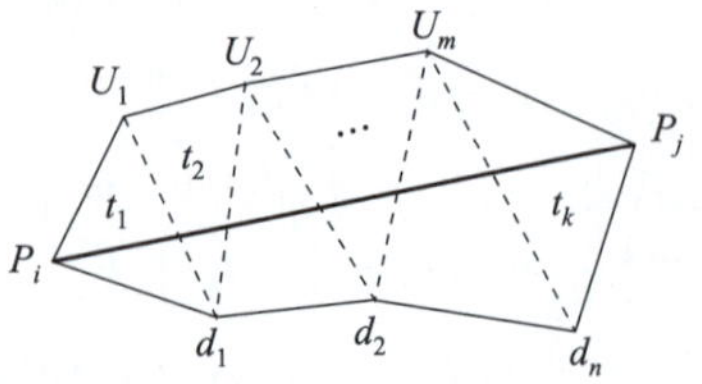


(b)寻找影响域三角形 $t_1, t_2, \cdots, t_k$

图 2-24 在 CDT 中插入一条约束边

③由 $P_iP_j$ 开始对 $Q_u$ 和 $Q_d$ 按 CDT 的空外接圆准则在影响域内重新三角化。新生成的三角形信息写入影响域三角形数组存储的三角形空间中。由于三角形个数不变,所以不需开辟新空间。

(3)算法描述

```
Procedure InsertEdgeToDT(T:CDT,P1P2:Edge)
    //条件:(P1,P2 点∈T)∩ (P1P2 边∉T)
    t :=FindTheTriCuttedByEdge(T,P1P2)
    //找到包含点 P1 且被 P1P2"切割"的三角形 t
    Qu:=EmptyList()
    Qd:=EmptyList()
    V :=P1
    While(t 中不包含 P2 点)do
        Tadj :=FindOpposedTri(t,V)
        //找到与 V 相对,t 的邻接三角形 Tadj
        Vseq:=FindVertexofOpposedTri(Tadj,t)
        //在 t 中找到与公共边相对的顶点
        if(CCW(Vseq,a,b)> 0)then
            AddList(Qu,Vseq)//将 Vseq 加入左侧点集 Qu
            V :=FindTheLeftVertexofCommonEdge(P1P2)
            //在 t 与 Tadj 的公共边上找到与 ab 构成逆时针的顶点 V
        else
            AddList(Qd,Vseq)//将 Vseq 加入右侧点集 Qd
            V :=FindTheRightVertexofCommonEdge(P1P2)
            //在 t 与 Tadj 的公共边上找到与 ab 构成顺时针的顶点 V
        end if
        DeleteTri(t)//从 T 中删除 t
        t :=Tadj
```

```
    end while
    TriPolygon(Qu,P1P2 ,T)//将 P1P2 边左侧的点连成三角网
    TriPolygon(Qd,ab,T)//将 P1P2 边右侧的点连成三角网
    ReConstituteAdjInf(T)//重构 T 的邻接信息
    MarkFixed(P1P2)//将 P1P2 边置为固定边,防止再次调整
end
```

多边形三角化算法具体如下(图 2-25):

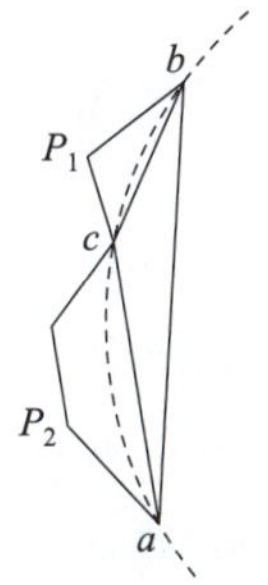


图 2-25　多边形区域三角剖分

```
Procedure TriPolygon(Q:VerList,ab:Edge,T:CDT)
  if(Q 中至少有一个顶点)then
      c :=Q 中的第一个点
      //P 中寻找一点 c 与 ab 构成三角形,其外接圆不包含 Q 中其他点
      for(each point v∈Q)do   //Q 中的每一点做空圆检测
        if(InCircle(v,a,b,c)< 0)then //△abc 的外接圆包含 v
          c :=v
        end if
      end for
      SplitVerlist(Q,&Q1,&Q2)//以 c 为界将 Q 分割成 Q1 和 Q2 两个子集
      TriPolygon(Q1,ac,T)
      TriPolygon(Q2,cb,T)
    end if
    if(Q≠φ)then
      AddTriangleCDT(Triangle(a,b,c))//将△abc 加入 CDT
    end if
end
```

### 2.2.5 DTM的编辑修改算法

利用前述算法可建立整体连续无缝的三角网数字地形模型。那么对于一个已建好的DTM,如何进行局部的更新与维护,则是一个值得进一步研究的问题。例如在路线设计时,由于局部线形的改变而加测了部分地形数据,这时就要对原来的DTM进行更新与修改。本节介绍如何对一已存在的TIN进行动态修改与编辑。主要包括:增加点,删除点,平移点,加入特征线,删除特征线,平移特征线。

**1. 点的动态修改**

对TIN中点的动态修改,主要包括:插入新点、删除已有点和平移点等基本操作。

(1)插入新点

利用前述的逐点插入算法,很容易实现在已构建好的DTM中的加点工作。但逐点插入算法对加入点位置有限制,即插入点须在初始的包容盒内。唐泽圣等在研究二维点集的动态剖分及修改时,利用了原始数据的边界集及加入点的支撑线概念。但对于地形数据而言,原始数据的边界集一般是难以确定的。为此,在利用逐点插入算法在已有的TIN中加点时,需要引入动态包容盒的概念。

设插入点为$P(x_P, y_P, z_P)$,原始包容盒Box为$(x_{\min}, y_{\min}, x_{\max}, y_{\max})$,当$x_P > x_{\max}$,或$x_P < x_{\min}$,或$y_P > y_{\max}$,或$y_P < y_{\min}$时,$P$在Box之外,这时由$P$和Box组成新的包容盒Box′,并取代原有的Box,即

$$
\begin{aligned}
x'_{\min} &= \min\{x_P, x_{\min}\} - \Delta L \\
y'_{\min} &= \min\{y_P, y_{\min}\} - \Delta L \\
x'_{\max} &= \max\{x_P, x_{\max}\} + \Delta L \\
y'_{\max} &= \max\{y_P, y_{\max}\} + \Delta L
\end{aligned}
\tag{2-2}
$$

式中 $\Delta L$——任意正的偏移值。

这就保证了当前插入点$P$始终在包容盒中。包容盒的扩大并不影响已有三角网的连接关系,只是改变了外围三角形的形状,而外围三角形并不影响DTM的应用。

当用新的包容盒代替了原有的包容盒后,即可利用逐点插入算法,把$P$点插入TIN中。当插入多点时,可连续调用上述算法。

(2)删除结点

在TIN中删除点的过程,实际上是一个简单多边形的三角剖分。由图2-26(a)可知,$P$点为删除点,则所有与$P$组成三角形的其他顶点构成一个删除多边形,其顶点集为$D_V = \{V_1, V_2, \cdots, V_m, V_1\}$,该删除多边形为一简单多边形,对其进行三角剖分即可完成$P$点的删除工作。简单多边形的三角剖分在计算几何中研究比较多,并有不少成熟的算法。鉴于逐点插入算法执行效率较高,且可方便的维护三角形的拓扑关系,因此给出一种基于该算法的删除点算法,描述如下:

①利用待删除点 $P$ 的坐标$(x_P, y_P)$，找出 $P$ 点在 $V$ 中的点号 $K_P$；

②由 $K_P$ 在三角网中查找具有 $K_P$ 的三角形集合 $T=\{T_1, T_2, \cdots, T_m\}$，利用三角形的拓扑关系可很快完成该过程；

③在 $T$ 中的每一三角形中，有除 $K_P$ 外的点形成散点集 $D_V=\{V_1, V_2, \cdots, V_m, V_1\}$ 和特征线集 $D_E=\{V_1V_2, V_3V_4, \cdots, V_{m-1}V_m, V_mV_1\}$；

④由逐点插入算法对 $D_V$ 三角化，得到 $D_V$ 的三角形网络 DT；

⑤用本章所述约束线段嵌入算法，在 DT 中嵌入特征线集 $D_E$；

⑥把 DT 嵌入原始三角形网络，并调整三角形的拓扑关系。

图 2-26(b)是图 2-26(a)删除 $P$ 点后的三角形网络。当删除多个点时，可连续调用上述算法。

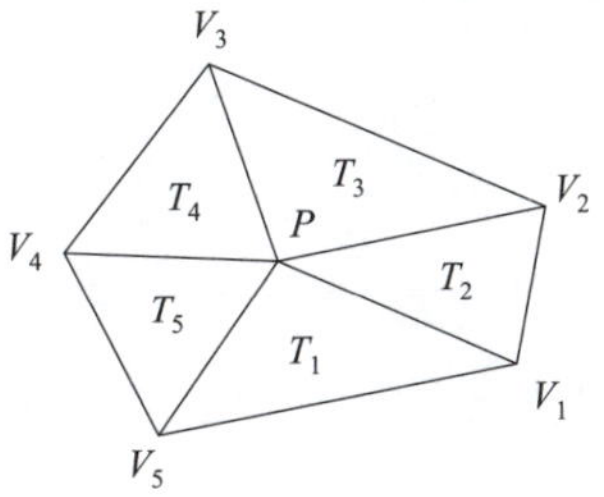

(a)查找删除 $P$ 点的影响多边形

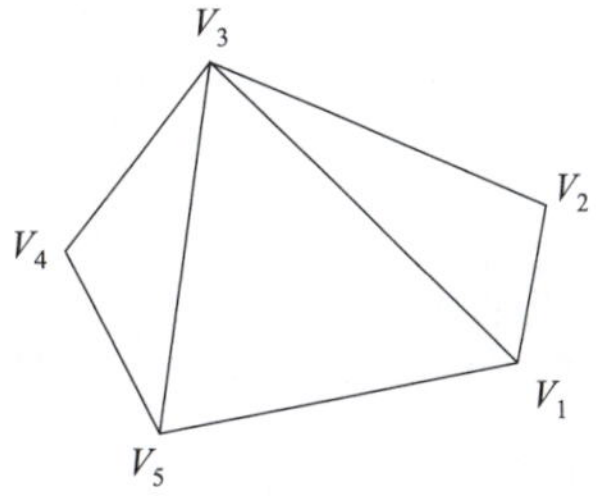

(b)影响多边形的三角剖分结果

图 2-26　DTM 的点删除

(3)平移结点

在 DTM 中平移一点，可转换为点的删除与插入操作，即首先确定要移动的点并删除之，然后再插入一个新点(在屏幕操作时，利用鼠标的移动可方便地完成点的移动)。

### 2. 线段的动态修改

如同点的动态修改，TIN 线段的修改亦有插入线段、删除线段及平移线段三种操作，其中插入线段算法与 CDT 中嵌入约束线段的算法一致，此处不再赘述，本节重点介绍删除线段及平移线段算法。

(1)删除线段

在 TIN 中删除一条线段，主要是去掉其约束关系，这是插入线段的逆过程(图 2-27)。设删除线段为 $P_iP_j$，其实现步骤为：

①确定 $P_i$(或 $P_j$)所在的三角形，如果 $P_i$ 和 $P_j$ 不在一个三角形中，则其已经满足空外接圆准则，退出，反之转到②；

②查找公用 $P_iP_j$ 的三角形 $T_1$、$T_2$；

③交换对角线。在 $T_1$、$T_2$ 中，找出除公共顶点 $P_iP_j$ 外的顶点 $V_1$、$V_2$，用 $V_1V_2$ 交换 $P_iP_j$，交换对角线后的三角形 $T_1$ 为 $P_iV_2V_1$，$T_2$ 为 $P_jV_1V_2$；

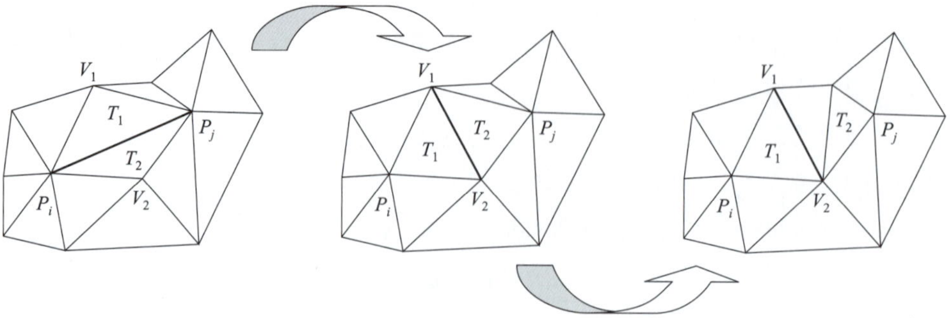


(a)查找以 $P_iP_j$ 为公共边的三角形　　(b)交换对角线　　(c)LOP 优化

图 2-27　线段删除过程

④采用 Lawson 提出的 LOP 算法优化三角形 $T_1$、$T_2$。

(2)平移线段

主要步骤为：

①确定平移结点 $P$；

②如果 $P$ 是某一连续线段的顶点，则转到③，反之退出；

③平移 $P$ 到所需位置 $P_1$，删除 $P$，插入 $P_1$；

④由 $P_1$ 和原结点 $P$ 的前一结点 $P_F$ 和后一结点 $P_B$，组成插入线段 $P_FP_1$、$P_1P_B$。

依据本章所述算法原理，中南大学数智选线课题组开发了数字地面模型模块，已作为“新线实时三维可视化 CAD 系统(VizRail 系统)”的基础支撑模块在生产中广泛应用。图 2-28 为不考虑约束条件的 Delaunay 三角网数字地面模型；图 2-29 为考虑地形特征线的影响而构建的约束 Delaunay 三角网数字地面模型。图 2-30 为以等高线作为地形特征线的三维 DTM。

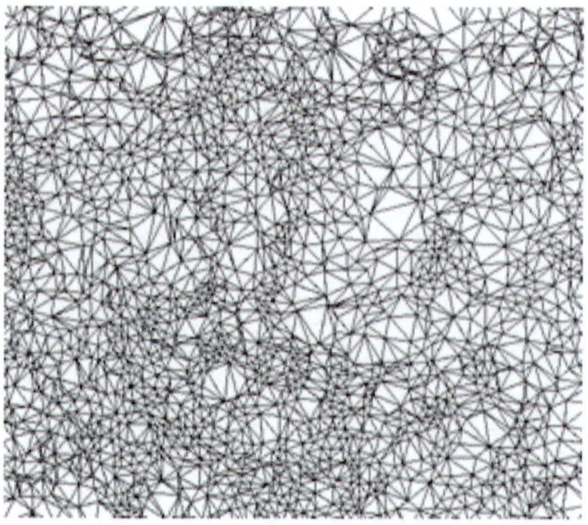

图 2-28　Delaunay 三角网

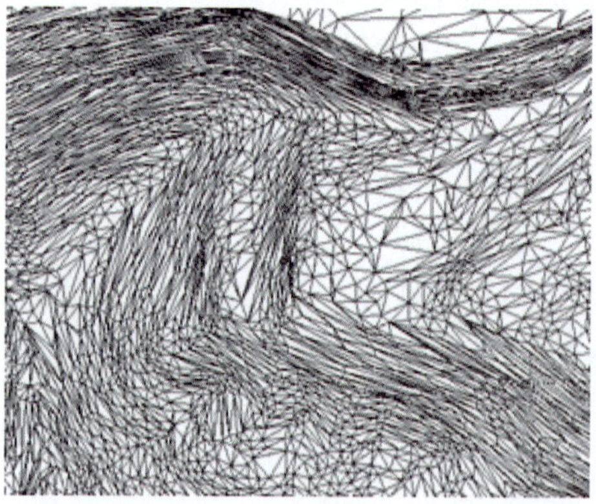

图 2-29　约束 Delaunay 三角网 DTM

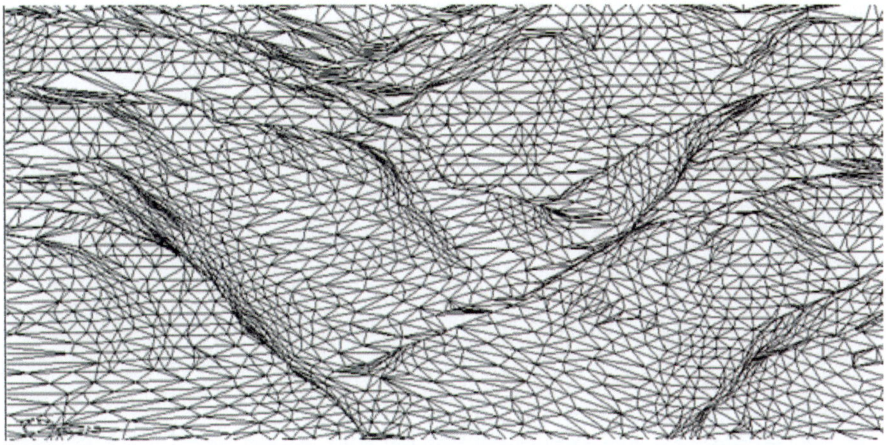

图 2-30 三维 DTM(等高线作为地形特征线)

## 2.3 数字地质模型

地质条件是决定线路方案的一个重要因素。如何快速而精确地获取地质信息是实现地质选线的一个关键问题。传统的地质选线设计方法需要设计人员根据地质图分析推理得出线路地质剖面等地质信息。建立数字化的地质模型后,则可由计算机自动完成任意位置处地质资料的获取。

### 2.3.1 数据结构

地质信息可分为点、线、面、体四类,在数字化地质模型中将分别采用不同的数据模型进行描述。

点类地质对象主要是离散的地质勘测点数据,如钻孔数据、地层出露点数据等。点类对象都具有唯一标记该对象的 ID 号和点坐标等公共属性。此外,针对不同对象还具有不同的附加属性。钻孔点数据结构如下:

```
typedef struct DrillPoint//钻孔数据
{
  int ID;//唯一标记该对象的 ID 号
  double X,Y,Z;//点类对象的 X,Y,Z 坐标
  double DepthArray[];//地层底面深度数组
  char LayerNameArray[];地层名称数组
  …
}
```

线类地质对象主要有地表上的断层线、地层分界线、不良地质区域的边界线等。该类对象都具有唯一标记该对象的 ID 号和线上所有点坐标等公共属性。此外,不同的对象具有不同的附加属性。不良地质区域边界线数据结构如下:

```
typedef struct BadGeoBorderLine//不良地质区域边界
{
  int ID;//唯一标记该对象的 ID 号
  double X[],Y[],Z[];//线上所有点的坐标数组
  int Type;//不良地质类型:0-禁止线路通过,1-付出额外代价通过
  char Describe[];//不良地质状况描述
  …
}
```

面类对象是数字地质模型中最常见的一种。主要有岩层分界面、断层面等。该类对象的几何属性采用类似数字地面模型的约束三角网数据结构来描述。岩层分界面的数据结构如下:

```
typedef struct
{
  int ID;//唯一标记该对象的 ID 号
  Point PtArray[];//顶点集
  Triangle TriArray[];//三角形集
  charGeoMassName[];//地层名称
  double MaxCutH;//路堑最大允许开挖深度
  …
}GeoLayer;
```

体类对象主要用于描述一些复杂的地质结构,如溶洞、倾入体等。该类对象的几何属性采用封闭的无约束三角网模型来描述。顶点数据和三角形数据与面类对象一致。溶洞的数据结构如下:

```
typedef struct
{
  int ID;//唯一标记该对象的 ID 号
  POINT Ptdata[];//顶点数组
  Triangle Tridata[];//三角形数据
  bool CanSetLine;//是否允许线路通过
  double managementCost//治理溶洞代价;
  …
}Cave;
```

### 2.3.2 数字地质模型构建

三维数字地质模型的建立包括地层分界面模型构建、断层面模型构建、地质体模型构建等过程。

#### 1. 地层分界面模型

地层分界面模型的构建包括数据整理、虚拟控制点、地层面三角剖分建模三个主要过程。

(1)数据整理

①从钻孔数据、地质剖面、地层分界面出露点等数据中提取出所有地层分界面上的控制点,并按照地质年代排序生成全局地层序列表,作为创建地层模型的索引。

②依据钻孔中缺失的地层信息和地层分界面的地表出露点形成各地层初步的边界。

③辅助人工推断,修正各地层边界。

④将第①步提取的地层分界面上控制点"投入"到第③步形成的地层边界中,从而形成各地层分界面建模所需的基本数据:分界面上所有实测控制点集 $U_V$ 及边界约束边集 $U_B$。

(2)虚拟控制点

选线设计的研究范围非常大,除个别重点地段外,地质钻孔数量有限,地层分界面上的控制点非常稀疏,如果只以这些点为控制点构建地层三角网模型,将导致严重失真。对此,本文在控制点稀疏区域内插虚拟控制点,并采用地统计学中的克里金(Kriging)插值算法内插虚拟控制点高程,对控制点进行加密处理。

克里金插值是一种求最优、线形、无偏的空间内插方法。在充分考虑已知控制点之间的相互关系后,对每一个已知控制点赋予一定的权重,通过加权平均得到待插值点的估计值。实践证明该方法可得到与实际较为相符的内插结果,在地质、采矿等行业被广泛应用。其计算步骤如下:

①计算已知控制点的半方差,衡量各点的空间相关度。

半方差 $r$ 计算公式如下:

$$r(d_{i,j})=\frac{1}{2n}\sum_{k=1}^{n}(H_i-H_j)^2 \tag{2-3}$$

式中 $d_{i,j}$——控制点 $V_i$,$V_j$ 之间的距离;

$n$——已知控制点的总对数;

$H_i$,$H_j$——任意一对控制点〈$V_i$,$V_j$〉的高程。

②拟合半方差函数。

以 $d$ 为横轴,$r$ 为纵轴,可绘制出半方差图,再采用数据拟合的方法,确定半方差函数的三个参数,包括 Nugget(块金:表示距离为零时的半方差),Sill(基台:表示基本达到恒定的半方差值),Range(变程:表示一个值域范围,在该范围内半方差随距离增加,超过该范围,半方差值趋于恒定)，如图 2-31 所示。可采用式(2-4)的球状模型进行拟合：

$$r(d)=\begin{cases}0 & d=0\\ c_0+c\left(\dfrac{3d}{2a}-\dfrac{d^3}{2a^3}\right) & 0<d\leqslant a\\ c_0+c & d>a\end{cases}\tag{2-4}$$

该模型中，空间相关性 $r$ 是关于距离 $d$ 的分段函数，当距离为 0 时，相关性为 0，在半径 $a$ 范围内，$r$ 随着 $d$ 增长而增大，当 $d$ 大于半径，$r$ 为 0，空间相关性消失。$c_0$、$a$、$c$ 分别对应着半方差函数中的块金、变程和基台。

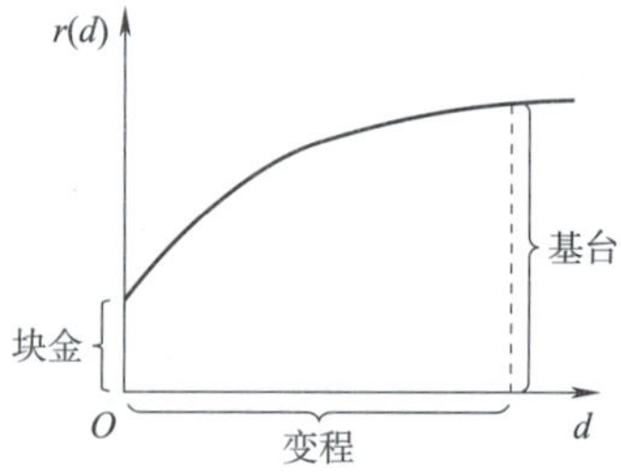


图 2-31 半方差

③计算邻近点权重。

采用虚拟控制点邻近的 3 个点来估算其高程，设待插值点为 $V_{\mathrm{m}}$，其邻近点分别为 $V_i$、$V_j$、$V_k$，则这三点的权重 $w_i$、$w_j$、$w_k$ 可通过式(2-5)解得：

$$\begin{bmatrix} r(d_{i,i}) & r(d_{i,j}) & r(d_{i,k}) & 1\\ r(d_{j,i}) & r(d_{j,j}) & r(d_{j,k}) & 1\\ r(d_{k,i}) & r(d_{k,j}) & r(d_{k,k}) & 1\\ 1 & 1 & 1 & 0\end{bmatrix}\begin{bmatrix} w_i\\ w_j\\ w_k\\ \lambda\end{bmatrix}=\begin{bmatrix} r(d_{i,m})\\ r(d_{j,m})\\ r(d_{k,m})\\ 1\end{bmatrix}\tag{2-5}$$

④计算虚拟控制点高程。

采用式(2-6)计算加权平均公式计算待插值点高程：

$$H=\sum_{i=1}^{s}H_i w_i\tag{2-6}$$

(3)地层面三角剖分建模

以实测和虚拟控制点为点集、地层边界线为约束边，基于约束 Delaunay 三角网，采用数字地形模型构建方法，即可建立三维地层界面模型。具体建模方法可参见文献。

### 2. 断层面模型

断层采用地表断层线、倾向、倾角信息进行描述。可通过将断层线沿着倾向、倾角所确定的三维空间矢量拉伸的方式来形成断层面模型。设断层倾向为 $\alpha$，倾角为 $\beta$，$V_i(N_i, E_i, H_i)$为断层线上任意点，断层线拉伸到高程 $h$ 处，其空间坐标 $V_i'(N_i', E_i', H_i')$可按式(2-7)

计算：

$$H_i' = h$$
$$N_i' = N_i + \frac{h - H_i}{\tan\beta} \cdot \cos\alpha \tag{2-7}$$
$$E_i' = E_i + \frac{h - H_i}{\tan\beta} \cdot \sin\alpha$$

按照一定步长，将断层线上所有点进行逐步拉伸操作后，再由这些点构建三角网，便可表示出整个断层面。

### 3. 地质体模型

对于线路设计而言，溶洞是一种极为不利的地质现象，一旦线路进入溶洞都将导致建设费用、施工难度急剧增加，甚至不可行。而对于溶洞这种三维空间地质体，其真实形态十分复杂，地质勘察点数据有限，只能在一定程度上描述其形态，难于精确表达。直接采用勘察点构建出溶洞体，实现算法比较复杂，而且有可能因为勘察数据的不足，遗漏掉一些真正的溶洞空间区域。对此，本文在溶洞这类地质体的处理上，采用较为“保守”的包围盒表示。

该包围盒是可包含所有溶洞边界勘察点的长方体。用该包围盒表示溶洞，构造方法较为简单，而且基于包围盒判定线路是否进入溶洞，设计的线路会更加安全。本文采用文献[5]的算法构造最小包围长方体。判断线路上任意点 $P$ 是否进入溶洞的计算流程为：

(1)在包围盒的每个平面上任取 3 个角点，按逆时针方向构建其平面法向量 $\boldsymbol{n}_1 \sim \boldsymbol{n}_6$；

(2)在各平面上任意选一个点，以该点为起点，$P$ 点为终点形成 6 个矢量 $\boldsymbol{v}_1 \sim \boldsymbol{v}_6$；

(3)计算 $\boldsymbol{n}_i$ 与 $\boldsymbol{v}_i$ 的点积，如果点积均小于 0，则处于该包围盒内部，视为已进入溶洞。

基于上述方法，最终建立的某区域三维空间地质模型如图 2-32 所示。

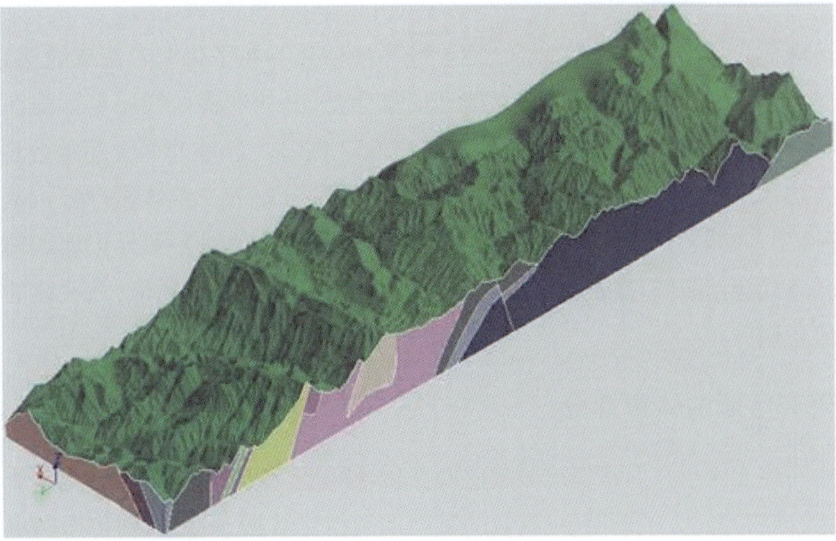

图 2-32　三维地质模型

### 2.3.3 地质信息提取

自动快速地提取地质信息是数字地质模型在线路设计中主要任务。地质信息的提取包括任意点的岩层产状信息,任意断面的地质剖面信息,是否穿越溶洞等。以下介绍三维空间任意点 $P(x,y,z)$的岩层产状获取算法:

```
Procedure GetPtGeoProperty (P)//获取指定点 P 处的产状
  z[0]:=CalZ(x,y,DTM)//数字地面模型内插获取(x,y)地面高程
  GetPtRefIDArray (P,IDArray)//通过空间索引检索到包含 P 点的地质对象
  for i:=0 to IDArray.Size()//遍历地质对象 ID 数组 IDArray
    z[i+ 1]=CalZ(x,y,IDArray[i]);//计算(x,y)点在各地质对象上的 z 坐标
    if z[i]<z<z[i+1]//如果 P 点 z 坐标位于 z[i],z[i+1]之间
      GetCZ(x,y,IDArray[i])//计算 IDArray[i]地层上(x,y)点的产状
    end If
  end For
```

判断任意点是否进入溶洞、是否在断层上的算法与该方法类似,首先通过空间索引找到可能包含该 $P$ 点的溶洞、断层对象 ID 数组 IDArray;然后遍历 IDArray 判断点 $P$ 是否在某个溶洞内,或者与某个断层面距离小于设定值,如果满足要求则 $P$ 点处于溶洞内或者处于断层上。

## 2.4 综合地理信息模型

综合地理信息模型是对地形、地质、地物等环境信息的数字化综合集成表达,便于高效灵活地存储和管理智能选线所需的海量地理信息数据,并快速提取线路经行地区的综合地理信息。在 2.2、2.3 节完成数字地面、地质模型构建的基础上,本章将介绍综合地理信息模型的构建方法。首先,将选线区域三维空间划分为规则分布的三维体素;然后,基于数字地面、地质等模型,内插各体素的高程、地质等地理信息;最后,针对多源异构地理信息数据编码并设计分布式存储策略,实现综合地理信息的存储、管理及快速插值,为后续的智能选线提供地理信息服务。

### 2.4.1 研究区域的体素划分

三角格网单元大小和形状随地形起伏而变化,使得地形、地质等数据的组织查询变得复杂,不便于数据管理。为了更简单、高效的管理地理信息数据,采用规则化格网对这些信息进行储存和管理。对于三维的选线空间,二维格网可以进一步拓展到三维体素,为地理信息

数据提供更加精确、全面和丰富的表达方式。对于选线优化问题，体素尺寸具有各向异性，平面 $x$、$y$ 的尺寸一般相同。然而，$z$ 方向的尺寸要比两个平面尺寸($s_x = s_y \gg s_z$)小得多，因为最大坡度($G_{max}$)限制了 $z$ 方向的连接。例如，假设 $G_{max} = 20‰$，$s_x = s_y = s_z = 30$ m，则至少需要 1 500 m 才能确定两个相邻体素是否可以在 $z$ 方向上进行连接。这两个体素之间的许多体素是线路无法到达的，在智能选线过程中会被跳过，因为它们的连接坡度超过了 $G_{max}$(图 2-33)。这大大降低了连接效率和可行局部路径的数量。如果体素的大小($s_x$、$s_y$ 和 $s_z$)变大，则在扫描过程中跳过的体素数量也会增加。

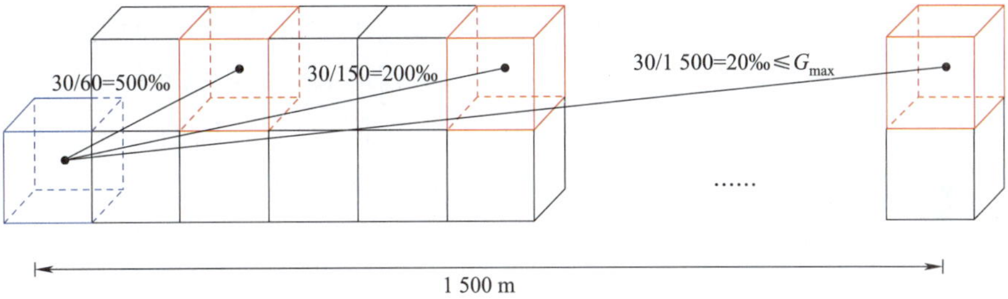


图 2-33　最大坡度限制了各向同性体素在 $z$ 方向上的连接

因此，对于线路优化问题，体素尺寸应该是各向异性的，如将所有体素的大小定义为 $s_x = s_y = 30$ m 和 $s_z = 1$ m。

### 2.4.2　综合地理信息

在完成数字地面和地质模型的构建后，需要基于上述模型进行插值，以获取各体素处的地形(高程)和地质(坡度、坡向、岩性、产状)信息。此外，地表覆盖、控制因素、经济指标、设计标准也是选线过程需要考虑的重要地理信息数据。因此，选线所需的综合地理信息主要包括以下内容。

**1. 地形类**

地形类信息主要指研究区域的地表高程数据。各体素的地表高程数据通过 2.2 节构建的数字地面模型插值获取。该过程可通过在其所属三角形内的高程线性插值完成。首先，设任意点所属三角形平面方程为

$$z = ax + by + c \tag{2-8}$$

然后，基于三角形顶点坐标 $A(A_x, A_y, A_z)$，$B(B_x, B_y, B_z)$，$C(C_x, C_y, C_z)$，可通过式(2-9)求解平面方程的参数 $a$、$b$、$c$：

$$\begin{bmatrix} A_x & A_y & 1 \\ B_x & B_y & 1 \\ C_x & C_y & 1 \end{bmatrix} \begin{pmatrix} a \\ b \\ c \end{pmatrix} = \begin{pmatrix} A_z \\ B_z \\ C_z \end{pmatrix} \tag{2-9}$$

最后，三角形内任意体素处的地表高程可通过式(2-8)计算。

### 2. 地质类

地质类信息主要由岩性、产状等构成。岩性信息可用于识别地下地质结构；产状描述了地层或岩石层的倾斜方向和倾斜角度，反映地层的水平分布和倾斜情况。2.3 节详细介绍了数字地质模型的构建与任意点地质信息的提取方法，此处不再赘述。

### 3. 地表覆盖类

山岭地区生态环境脆弱，高铁建设应尽可能降低对植被和水土的破坏程度，以避免造成大量水土流失，保持生态环境的稳定性。NDVI 是遥感领域广泛应用的植被检测指数，可用于检测植被生长状态和植被覆盖度，因此将 NDVI 数据离散到综合地理信息模型的各体素中，作为线路对植被破坏程度的量化评估指标。NDVI 值在 $-1\sim1$ 之间，负值表示地面覆盖为水、雪等，0 表示岩石或裸土等，正值则表示有植被覆盖，且随覆盖度增大而增大，计算公式为

$$\mathrm{NDVI}=\frac{\rho_{\mathrm{NIR}}-\rho_{\mathrm{RED}}}{\rho_{\mathrm{NIR}}+\rho_{\mathrm{RED}}} \tag{2-10}$$

式中 $\rho_{\mathrm{NIR}}$——近红外波段反射值；

$\rho_{\mathrm{RED}}$——红光波段反射值。

### 4. 控制因素类

除了地表植被覆盖因素，选线过程中应合理处置控制性因素以保证线路方案可行性。一般来说，线路设计中的控制因素可分为两类，即线性控制因素（如河流、现有道路和铁路）和平面控制因素（如禁区、塌方和自然保护区）。如果一条线路与线性控制因素相交，其净空和交角应满足规范要求，以确保安全并方便施工。对于平面控制因素来说，线路应绕避禁区或在满足净空要求的情况下，以合适的结构物类型穿越崩塌、滑坡、泥石流等地质不良区域。

### 5. 经济类

经济指标是线路方案评估中的重要组成部分，包括路基、桥梁、隧道、征地、轨道等工程费用。在特殊区域（如地震易发区、林地、湿地等）内，上述费用与一般费用标准有所差异。因此，需要在特殊区域所包含的体素内记录其工程单价，这些数据构成了综合地理信息模型的经济类信息。

### 6. 设计标准类

主要技术标准作为线路设计的前提条件，对线路质量存在根本性的影响，其中包括设计速度、最小曲线半径、最大坡度、牵引种类、机车类型、到发线有效长等。在研究区域内，可能存在局部区域之间的主要技术标准发生变化的情况，例如，平易地区采用较大的最小曲线半径，而在困难地段则允许使用更小的最小曲线半径。设计标准类信息可以记录不同体素所需满足的约束条件，是线路智能优化过程中处理复杂约束的基础。

### 2.4.3　综合地理信息编码及存储

上述地理信息数据多源异构，如获取的 NDVI 数据一般呈 .asc 或 .tiff 的格式储存，而控制因素数据一般是 .dwg 或 .mdb 格式。针对海量多源异构的综合地理信息数据，上述基于规则体素的综合地理信息模型结构通常占用极大的内存。此外，在智能选线过程中，体素模型的数据存、取操作将会异常频繁。所以，若一次性将如此庞大的数据文件加载进智能选线程序，并进行频繁读写，势必导致内存不足、效率低下等问题。对此，对海量地理信息数据进行编码及压缩存储操作，力求减小数据储存空间，提高数据提取效率。每个体素都需要存储地形、地质、NDVI 值、控制因素、经济和设计标准等数据。其中，地形、地质类信息可通过构建的数字地面模型和数字地质等模型内插得到，NDVI 数据存储在规则格网中，便于获取各体素的地表覆盖数据。但控制因素、经济和设计标准类等区域相关信息更适合在局部研究区域内各体素中统一压缩存储。最终将上述信息压缩整合在结构体中，并存储于三维体素内。特殊的区域相关信息的压缩存储方法，将以控制因素的处理为例在下文展开。体素的数据结构如下：

```
typedef struct
{
  float GrideH; //体素高程
  float Slope; //坡度
  float dSlope; //坡向
  double Lithology; //岩性
  double NDVI; //归一化植被指数
  bool isKarstArea; //岩溶区控制因素
  double bridgeCost_unitLength; //单位长度的桥梁造价
  double MaxGradient; //最大坡度
  …
}GridData; //格网信息
```

在分布式存储策略中，将控制因素顶点的坐标信息存储在一个外部点集中，而在每个体素内仅存储这些控制因素在外部点集中的索引值。为了压缩存储空间，我们使用一个无符号整型变量 UINT 和一个整型数组 INTARRAY 分别存储控制因素的存在性和索引值。具体来说：UINT(1,2,…,$n$)是一个由 $n$ 位组成的二进制数，每一位代表一种控制因素的存在性。$n$ 是所有需要存储的控制因素类别的数量。第 $i$ 位为“1”表示第 $i$ 类控制因素在该体素中存在，为“0”则表示不存在。INTARRAY(1,2,…,2$n$)是一个长度为 2$n$ 的数组，每两个相邻的元素存储一类控制因素在外部点集中的起始和结束索引。例如，INTARRAY(2$i$−1)存储第 $i$ 类控制因素在外部点集中的起点索引，INTARRAY(2$i$)存储该类控制因素的终点索引。外部点集是用来存储所有控制因素顶点坐标的集合，每个控制因素的顶点坐标都按顺序存储在此集合中。体素内只存储该控制因素在外部点集中的起始和终止索引值。存储策略步骤如下：

（1）初始化：将每个体素中的 UINT 的所有位初始化为“0”，并令 $n=1$，表示开始处理第1类控制因素。

（2）控制因素的定位：找到第 $n$ 类控制因素顶点所在的体素位置，令 $m=1$。

（3）存储控制因素存在信息：将体素 $m$ 中 UINT 的第 $n$ 位设为“1”，表示该体素包含第 $N$ 类控制因素。然后，将该控制因素的顶点坐标依次存入外部点集。

（4）存储索引值：将第 $n$ 类控制因素顶点在外部点集中的起点索引存入体素 $m$ 的 INTARRAY 中的第 $2n-1$ 位，终点索引存入 $2N$ 位。

（5）递增并重复：令 $m=m+1$，重复步骤（3）和（4），直到该类控制因素对应的所有体素完成存储。

（6）处理下一类控制因素：令 $n=n+1$，重复步骤（2）～（5），直到所有类别的控制因素都被离散到体素中。

经过上述步骤，每个体素仅存储与其相应的控制因素顶点在外部点集中的索引值，这样可以减少每个体素的存储压力，同时在外部点集中集中存储大量控制因素的顶点坐标，实现数据的分布式存储和压缩，如图 2-34 所示。

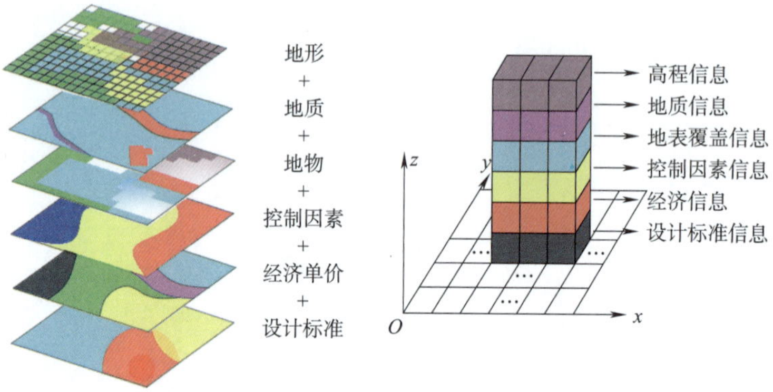


图 2-34　基于规则体素的综合地理信息模型结构

此模型可以将海量多源异构综合地理信息进行归一化管理，以便在线路搜索过程中实时高效检索相关数据。

针对智能选线对海量数据的管理需求，本章构建了数字地面、地质等模型，将选线空间划分为三维体素并通过插值获取高程、地质、地物、控制因素等线路设计所需的关键信息，最后将这些信息编码和存储，完成综合地理信息模型的构建。综合地理信息模型将作为智能选线的基础，为线路方案快速评估（如土方工程造价时的地面高程插值）与线路方案智能优化（如线路约束检测与处治）提供基础的地理信息服务。

## 参考文献

[1] JONG J C, SCHONFELD P. Cost functions for optimizing highway alignments[J]. Transportation Research Record, 1999, 1659: 58-67.

[2] PIEGL L A, Richard A M. Algorithm and data structure for triangulating multiply connected polygonal domains[J]. Computers & Graphics, 1993, 17(5): 563-574.

[3] FLORIANI L D, Puppo E. An on-line algorithm for constrained Delaunay triangulation[J]. CVGIP: Graphical Models and Image Processing, 1992, 54(4): 290-300.

[4] WU X B, WANG S X, XIAO C S. A new study of Delaunay triangulation creation[J]. Acta Geodaetica et Cartographic Sinica, 1999, 28(1): 28-35.

[5] 唐泽圣, 徐志强. 二维点集三角剖分的动态生成与修改[J]. 计算机辅助设计与图形学学报, 1990, 2(3): 1-8.

# 第3章　智能选线基础优化模型

基于第2章综合地理信息模型，本章阐述智能优化选线问题的基础优化模型，主要包括描述线路空间位置的决策变量、限制线路空间形位的约束条件和评价线路方案的目标函数。本章所述基础优化模型主要考虑经济评价目标函数，后续章节将在此单目标函数的基础上，进一步拓展其他类别的优化目标函数。本章介绍三维线路的数学刻画方法，构建以线路建设成本与运营费用为目标函数，综合几何、结构物及区域约束条件的新建线路基础优化数学模型。

## 3.1　优化模型简介

在智能优化领域，优化模型通常基于合理的简化和假设，采用函数表达式等手段来描述实际的工程问题，以实现真实方案的参数化表征与智能化评估。一般情况下，优化模型包括设计变量、约束条件和目标函数三部分，s. t. (subject to)表示受约束，$g_i(x)$和$h_i(x)$表示约束条件。

其数学表达形式如下：

$$\begin{cases}\min f(x) \\ \text{s. t. } g_i(x) \leqslant 0 \quad (i=1,2,\cdots,m) \\ h_i(x)=0 \quad (i=1,2,\cdots,n)\end{cases} \tag{3-1}$$

式中　$x$——决策变量；

$f(x)$——目标函数。

针对高速铁路线路优化问题，决策变量即为决定线路空间位置的基本参数，针对空间线位特征，可提取5个用于表征线路空间位置的关键决策变量集合，包括用来确定线路平面位置的交点坐标$(x_k, y_k)$、曲线半径$R_k$和用来确定线路纵断面位置的变坡点里程$K_i$、设计高程$H_i$。由于选线设计规范中对不同铁路等级和圆曲线半径下的缓和曲线长给出了推荐值，同时考虑到它对目标函数值的影响相对较小，为降低模型复杂度，可不将其纳入决策变量。

目标函数是决策变量对优化目标的函数表征，用于评价线路方案，指导优化方向。工程费及运营费与线路空间位置密切相关，是影响线路优化设计的关键评价指标。现有针对线路优化模型的研究主要关注工程费，较全面地考虑了路基土石方、桥梁、隧道等不同工程建造费用项目，建立了线路空间位置与工程费的量化计算模型；针对运营费则主要采用定额计算方法，根据线路长度、转角及坡度计算获得[1]。然而，运营费中的列车运行能耗及时间费用除受线路空间位置影响外，还与列车运行速度密切相关，列车在同一条线路上以不同速度运行所需的能耗及时间存在显著差别，因此无法通过定额计算方法准确获得。3.4.2节将介绍一种兼顾列车运行能耗与走行时分的运行速度曲线高效优化方法，可实时生成优化的运行速度曲线，较为准确地计算列车运行能耗及时间费用，并与固定设备维修费用一起作为养护运营费用。

约束条件是对决策变量的限制，是保证线路方案可实际应用的关键。除了考虑最小曲线半径、最大坡度等线形几何约束要求以外，还应考虑复杂艰险地区地形起伏剧烈，通常伴有大量的桥梁、隧道等工程结构物。桥梁跨度受列车荷载限制。如桥梁长度超过最大跨度，则需更改桥型或加设桥墩，而巨大的地形落差导致所需桥墩高度可达上百米，受工程可行性及经济性等因素限制，过高的桥墩同样无法接受，进而导致线路方案不可行。因此，山岭地区线路设计需满足最大桥梁高度约束。此外，还需考虑最大隧道长度、高程趋势等约束条件。本章系统分析并梳理了线路、结构物、环境间的耦合约束关系，根据不同约束特征将其分为几何约束、结构物约束和区域约束并进行数学刻画，详见3.3节。

下面将分别从决策变量、目标函数以及约束条件三个方面，对构建的智能选线基础优化模型进行详细介绍。

## 3.2　决策变量

线路空间位置表达是构建线路优化模型的基础，决策变量即为线路空间位置表达的基本参数，不同线路优化模型采用的空间线位表达方法不同，其决策变量也有所不同。早期的线路优化模型通常采用多段线表达线路空间位置，分别是Parker(1977)[2]、Turner(1978)[3]或Chew等(1989)[4]提出的，其决策变量为多段线端点坐标或样条曲线参数。然而，这些方法对线路空间位置的表达过于粗糙，与实际线位有较大偏差。针对这一问题，马里兰大学Jong[5]建立了基于交点法定线的高速公路路线优化模型(highway alignment optimization，HAO)，可较准确地描述出真实的线路空间位置。针对铁路，为便于轨道养护维修，线路竖曲线与缓和曲线不能重叠，并且纵断面变坡点也不宜与平曲线重叠。但HAO模型中平面交点与纵断面变坡点数目相同，并且将纵断面变坡点与平面曲线中点设置在同一里程，不可避免地造成平、竖曲线重叠，这与铁路线路设计规范不符。因此，需针对铁路线路的特点，选择线路平、纵面决策变量。

### 1. 线路平面决策变量

线路平面包含一系列直线、圆曲线及缓和曲线单元，线路平面设计即为这些基本单元的组合设计与计算，为列车运行提供一个安全、平顺的运行轨迹。其中，直线单元和圆曲线单元位置可通过平面交点位置和圆曲线半径计算获得，对平面线位起控制作用；缓和曲线起连接直线单元和圆曲线单元的作用，其位置可在确定直线及圆曲线单元位置后根据缓和曲线长计算获得。针对铁路线路，缓和曲线长可根据圆曲线半径选配，《铁路线路设计规范》(TB 10098—2017)[6]规定了不同圆曲线半径下所允许的最小缓和曲线长度。因此，为精简决策变量数目，降低模型复杂度，本文选取平面交点坐标($x_k$，$y_k$)和圆曲线半径 $R_k$ 作为线路平面决策变量，其中 $k$ 为平面交点序号。由平面交点坐标($x_k$，$y_k$)、圆曲线半径 $R_k$ 以及相应的缓和曲线长 $l_0$ 确定线路空间位置的方法可参见文献[7]。

### 2. 线路纵断面决策变量

线路纵断面是由长度不同、陡缓各异的坡段以及连接相邻两坡段的竖曲线组成。参照线路设计习惯和准则，竖曲线半径大小通常依据铁路等级设为定值，而坡段特征可用坡段长度 $L_i$ 和坡度 $g_i$ 表示，其中 $BPD_i$ 表示第 $i$ 个变坡点，如图 3-1 所示。

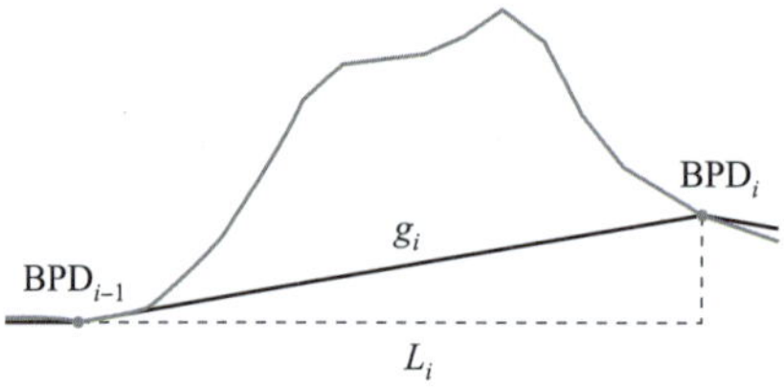


图 3-1　坡长与坡度示意图

坡段长 $L_i$ 可根据相邻变坡点($BPD_{i-1}$，$BPD_i$)里程($K_{i-1}$，$K_i$)计算，见式(3-2)；坡度 $g_i$ 则根据相邻变坡点高程差 $\Delta H_i$ 和坡段长 $L_i$，可按式(3-3)进行计算。

$$L_i = K_i - K_{i-1} \tag{3-2}$$

$$g_i = \frac{\Delta H_i}{L_i} = \frac{H_i - H_{i-1}}{L_i} \tag{3-3}$$

因此，线路纵断面空间位置可由一组包含里程及高程信息的变坡点确定。获得纵断面线位后，可根据沿线地面高程和路基-桥梁分界填高、路基-隧道分界挖深进一步确定桥梁和隧道的起、终位置，如图 3-2 所示。

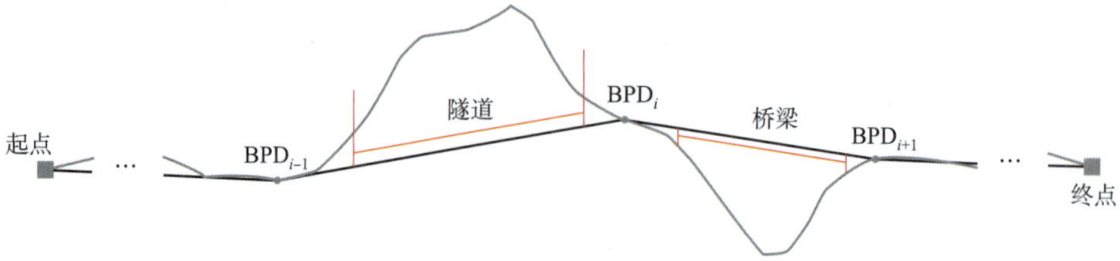


图 3-2　桥隧位置的确定

因此，将变坡点里程 $K_i$ 和高程 $H_i$ 作为线路纵断面决策变量。

综上，线路三维空间位置可由如下 5 个列向量表示：

交点 $x$ 坐标列向量：$\boldsymbol{x}=[x_1,x_2,\cdots,x_M]^{\mathrm{T}}$

交点 $y$ 坐标列向量：$\boldsymbol{y}=[y_1,y_2,\cdots,y_M]^{\mathrm{T}}$

平面圆曲线半径列向量：$\boldsymbol{R}=[R_1,R_2,\cdots,R_M]^{\mathrm{T}}$

变坡点里程列向量：$\boldsymbol{K}=[K_1,K_2,\cdots,K_N]^{\mathrm{T}}$

变坡点设计高程列向量：$\boldsymbol{H}=[H_1,H_2,\cdots,H_N]^{\mathrm{T}}$

其中，$M$、$N$ 分别为平面交点和纵断面变坡点数目。

## 3.3 约束条件

### 3.3.1 几何规范约束

根据《铁路线路设计规范》[6]，线路须满足以下几何约束要求：最小曲线半径、最小圆曲线长、最小夹直线长、最小坡段长、最大坡度、坡度代数差等约束。

#### 1. 平面线路约束

(1)最小曲线半径

$$R_{\min}-R_i\leqslant 0 \quad i=1,2,\cdots,M \tag{3-4}$$

式中　$R_{\min}$——规定最小圆曲线半径；

$R_i$——第 $i$ 个圆曲线的曲线半径；

$M$——平面交点数目。

(2)最小圆曲线长

$$K_{\min}-(\alpha_i R_i-l_{0,i})\leqslant 0 \quad i=1,2,\cdots,M \tag{3-5}$$

式中　$K_{\min}$——规定最小圆曲线长；

$\alpha_i$——第 $i$ 个曲线的转角；

$R_i$——第 $i$ 个圆曲线的曲线半径；

$l_{0,i}$——第 $i$ 个曲线的缓和曲线长；

$M$——平面交点数目。

(3)最小夹直线长

$$D_{\min}-\left[\sqrt{(x_i-x_{i-1})^2+(y_i-y_{i-1})^2}-T_{i-1}^{\mathrm{h}}-T_i^{\mathrm{q}}\right]\leqslant 0 \quad i=1,2,\cdots,M \tag{3-6}$$

式中　$D_{\min}$——规定相邻曲线间最短夹直线长度；

$x_i,y_i$——第 $i$ 个平面交点坐标；

$x_{i-1},y_{i-1}$——第 $i-1$ 个平面交点坐标；

$T_{i-1}^{h}$——第 $i-1$ 个圆曲线的后切线长；

$T_{i}^{q}$——第 $i$ 个交点的前切线长(起终点处的前后切线长均设为 0)；

$M$——平面交点数目。

**2. 纵断面线路约束**

(1)最小坡段长

$$K_{i+1}-K_{i}\geqslant d_{\min}\quad i=1,2,\cdots,N \tag{3-7}$$

式中 $K_{i+1},K_{i}$——第 $i+1$ 和第 $i$ 个纵断面变坡点里程；

$d_{\min}$——规定最小坡段长度；

$N$——纵断面变坡点数目。

(2)最大坡度

$$\frac{|H_{i}-H_{i-1}|}{d_{i}}-g_{\max}\leqslant 0\quad i=1,2,\cdots,N \tag{3-8}$$

式中 $H_{i},H_{i-1}$——第 $i$ 和第 $i-1$ 个纵断面变坡点的设计高程；

$d_{i}$——第 $i-1$ 个纵断面变坡点和 $i$ 个纵断面变坡点间距离；

$g_{\max}$——规定最大坡度值；

$N$——纵断面变坡点数目。

(3)坡度代数差

为保证列车行驶安全，相邻两坡段的坡度差(图 3-3)不能超过规范规定的最大值：

$$\left|\frac{H_{i+1}-H_{i}}{d_{i}}-\frac{H_{i}-H_{i-1}}{d_{i-1}}\right|-\Delta g_{\max}\leqslant 0\quad i=1,2,\cdots,N \tag{3-9}$$

式中 $H_{i+1},H_{i},H_{i-1}$——第 $i+1$,第 $i$ 和第 $i-1$ 个纵断面变坡点的设计高程；

$d_{i}$——第 $i$ 个纵断面变坡点和第 $i+1$ 个纵断面变坡点间的里程差；

$d_{i-1}$——第 $i$ 个纵断面变坡点和第 $i-1$ 个纵断面变坡点间的里程差；

$\Delta g_{\max}$——规定相邻两坡段的最大坡度差；$N$ 为纵断面变坡点数目。

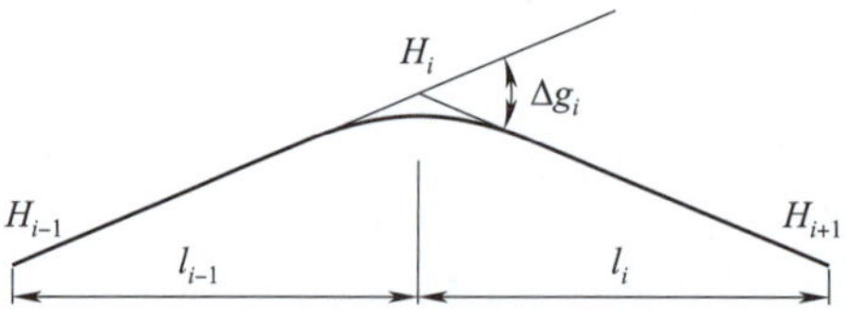


图 3-3 坡度代数差约束

## 3.3.2 结构物约束

桥梁、隧道、路基等结构物需满足相应的约束要求，如桥梁需满足最大桥高约束、明桥面不设竖曲线约束，隧道需满足最大隧道长约束、隧道单坡或人字坡约束，路基需满足地面横坡约束。

### 1. 桥梁约束

(1)最大桥高

$$H_{Bi}-H_{Bmax}\leqslant 0 \quad i=1,2,\cdots,N_B \tag{3-10}$$

式中　$H_{Bmax}$——最大允许桥墩高；

$H_{Bi}$——第 $i$ 座桥梁的最大桥墩高；

$N_B$——桥梁数目。

(2)明桥面不设竖曲线

根据相关要求,明桥面上线路不应设置竖曲线。

$$P_i\notin B,\forall P_i\in P \quad i=1,2,\cdots,N_P \tag{3-11}$$

式中　$P_i$——第 $i$ 个需要设置竖曲线的变坡点；

$B$——明桥面桥梁内变坡点集合；

$P$——全线需要设置竖曲线的变坡点集合；

$N_P$——需要设置竖曲线的变坡点数目。

### 2. 隧道约束

(1)最大隧道长

$$L_{Ti}-L_{Tmax}\leqslant 0 \quad i=1,2,\cdots,N_T \tag{3-12}$$

式中　$L_{Tmax}$——最大允许隧道长；

$L_{Ti}$——第 $i$ 座隧道长度；

$N_T$——隧道数目。

(2)隧道单面坡或人字坡

隧道内的线路纵断面可设置为单面坡或人字坡。假设全线纵断面变坡点集合为 $BPD=\{BPD_1,BPD_2,\cdots,BPD_n\}$,隧道范围变坡点子集为 $BPD_{SE}=\{BPD_S,BPD_{S+1},\cdots,BPD_E\}$,$S$ 为隧道起始里程前一个变坡点,$E$ 为隧道终点里程后一个变坡点,$BPD_{SE}$ 最高变坡点为 $M$,$BPD_M$ 将 $BPD_{SE}$ 划分为两个子集 $BPD_{SM}=\{BPD_S,BPD_{S+1},\cdots,BPD_M\}$ 和 $BPD_{ME}=\{BPD_M,BPD_{M+1},\cdots,BPD_E\}$,若 $g_i$ 为 $i$ 到 $i+1$ 变坡点的坡度值,则隧道内坡段需满足式(3-13)。

$$\begin{cases} g_i\geqslant 0 & \forall i\in[S,M-1] \\ g_i\leqslant 0 & \forall i\in[M,E-1] \end{cases} \tag{3-13}$$

### 3. 路基地面横坡约束

为保证路基的稳定性,线路途经区域需满足路基地面横坡约束,路基横断面地面点的拟合坡度 $g_c$ 如图 3-4 所示。

$$g_c\leqslant g_{cmax} \tag{3-14}$$

式中　$g_c$——路基横断面地面点拟合坡度；

$g_{cmax}$——路基横断面允许最大地面横坡。

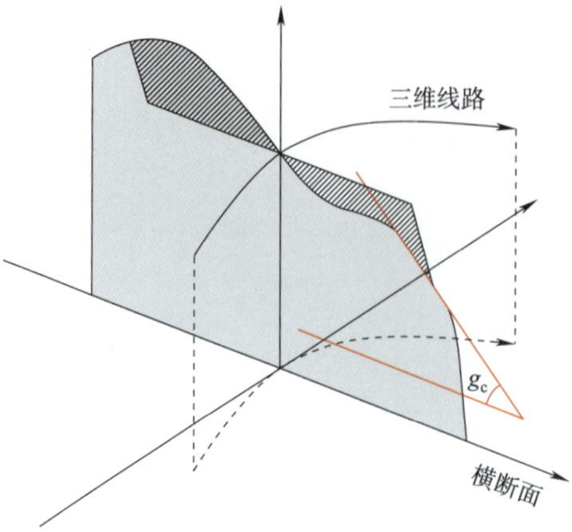


图 3-4　路基地面横坡约束

## 3.3.3　位置约束

### 1. 禁区/必经区约束

(1)禁区约束

为保护自然环境、节省工程及运营费,线路应尽可能绕避湿地、环境保护区。本文将预先给定的湿地及环境保护区设为禁区,所有处于禁区内单元格 $U_F$ 和线路行经区域单元格 $U_A$ 的交集应为空集。

$$U_F \cap U_A = \varnothing \tag{3-15}$$

(2)必经区约束

因经济、军事、战略等需求,线路可能需行经某些城市、工厂或矿区。通常设计人员在线路设计前会设置线路必经区域,为满足必经区域要求,必经区域 $U_M$ 应包含在线路行经区域 $U_A$ 内。

$$U_M \subseteq U_A \tag{3-16}$$

### 2. 跨越线性物约束

线路不可避免会跨过河流、既有铁(公)路等既有地物。当线路跨越这些地物时,需满足净空约束要求。线路与既有铁路、公路或河流的平面交叉点位置,可根据线路平面位置及既有铁路、公路或河流位置求交确定。新建线路平面位置,可根据线路平面交点坐标$(x,y)$及曲线半径$(R)$确定。新建线路纵断面可根据变坡点里程$(K)$和高程$(H)$确定。因此,新建线路与既有线路交叉点的高程可用$h(x,y,R,K,H)$表示,跨越约束即可抽象成如下数学表达式:

$$\Delta h_{\min} - |h(x,y,R,K,H) - h_E| \leqslant 0 \tag{3-17}$$

式中　$\Delta h_{\min}$——最小净空要求;

　　$h_E$——交叉点处既有铁路、公路或河流高程。

### 3. 高程趋势约束

在紧坡地段，为克服巨大的高程障碍，设计者需连续不断增加或降低线路高程直到达到目标点高程，不设反向坡，以免损失高程，本文称其为高程趋势，这种现象在复杂山区选线中经常出现。因此，如当前点与目标点存在较大高差时，即紧坡地段定线时，线路搜索需满足高程趋势约束。

当目标点高程小于当前点高程时，线路搜索区域高程 $H_i$ 需满足：

$$H_{i+1}-H_i<0 \tag{3-18}$$

当目标点高程大于当前点高程时，线路搜索区域高程 $H_i$ 需满足：

$$H_{i+1}-H_i>0 \tag{3-19}$$

## 3.4 经济评价目标函数

线路经济评价目标函数主要包括正线的工程建造费和养护运营费，各项目标函数的计算方法详见本节内容。

### 3.4.1 正线工程建造费

工程建造费与线路空间位置密切相关，是现有线路优化模型的主要目标函数。针对线路规划设计阶段需求，主要考虑土石方工程费($C_E$)、桥梁工程费($C_B$)、隧道工程费($C_T$)、征地费($C_R$)以及其他与长度有关的工程费($C_L$)。上述各项费用可通过如下线路设计过程计算获得：

步骤 1：根据线路平面设计变量 $x$、$y$、$R$ 确定线路平面空间位置；

步骤 2：沿线路平面按一定桩间距(并考虑特殊点位加桩)生成一组桩号序列，根据数字地面高程模型通过内插获取各桩号地面高程；

步骤 3：根据线路纵断面设计变量 $K$、$H$ 确定线路纵断面空间位置；

步骤 4：根据纵断面线路确定各桩号线路高程；

步骤 5：计算各桩号位置地面高程与线路高程差值 $\Delta h$；

步骤 6：根据 $\Delta h$ 及路基-桥梁分界填高、路基-隧道分界挖深自动确定桥梁、隧道数量及起终位置，完成路基及桥隧工程结构物设计，获得包含路基、桥梁、隧道的线路方案。

获得线路方案后，各项工程建造费用计算方法如下：

(1)土石方工程费 $C_E$

土石方工程费可采用双重积分计算获得土石方填、挖工程量，再根据填、挖方工程单价计算最终的费用。

$$V_F=\int_0^L\int_{-w_l}^{w_r}\max\{h(s,x)-H(s,x),0\}\,dx\,ds \tag{3-20}$$

$$V_C=\int_0^L\int_{-w_l}^{w_r}\max\{H(s,x)-h(s,x),0\}\,dx\,ds \tag{3-21}$$

$$C_E=\sum_{i=1}^{n_f-1}uf_iV_F+\sum_{i=1}^{n_c-1}uc_iV_C \tag{3-22}$$

式中 $V_F$,$V_C$——填方和挖方工程量；

$L$——线路总长度；

$w_l$,$w_r$——路基左侧和右侧宽度；

$x$——横向距线路中桩的距离；

$s$——线路中桩至线路起点的长度,$s\in[0,L]$；

$H$——地面高程；

$h$——设计高程；

$n_f$,$n_c$——填方和挖方断面数量；

$uf_i$,$uc_i$——第 $i$ 个断面填方和挖方单价。

(2)桥梁工程费 $C_B$

桥梁工程费可根据桥梁长度乘以桥梁每延米单价计算。桥梁每延米单价根据桥梁高度和桥梁长度有所不同,高度越高,长度越长,单价越贵。此外,还应考虑桥梁两端桥台的建造费用。

$$C_B=\sum_{i=1}^{N_B}u_{bi}l_{bi}+2c_aN_B \tag{3-23}$$

式中 $N_B$——桥梁数量；

$l_{bi}$——第 $i$ 座桥梁长度；

$c_a$——单个桥台费用；

$u_{bi}$——第 $i$ 座桥梁每延米单价,可构造成关于墩高和跨度的分段函数。

(3)隧道工程费 $C_T$

隧道工程费可根据隧道长度和隧道每延米单价计算。隧道每延米单价根据隧道长度有所不同。此外,还应考虑隧道两端洞门建造费用。

$$C_T=\sum_{i=1}^{N_T}u_{ti}l_{ti}+2c_wN_T \tag{3-24}$$

式中 $N_T$——隧道数量；

$l_{ti}$——第 $i$ 座隧道长度；

$c_w$——单个洞门费用；

$u_{ti}$——第 $i$ 座隧道每延米单价,可构造成关于埋深和隧道总长的分段函数。

(4)征地费 $C_R$

横断面设计完成后，由各断面的坡脚点或堑顶点向外增加一个用地加宽值，即为断面的用地宽度。考虑到线路行经区域的用地单价可能有所不同，应根据桩号所处的用地类型提取相应的单价，逐桩计算线路征地费并汇总，计算公式如下：

$$C_R=\sum_{i=1}^{N_K-1} u_{ri} \times \left[(k_{i+1}-k_i)\times\frac{w_i+w_{i+1}}{2}\right] \tag{3-25}$$

式中 $N_K$——桩号数量；

$u_{ri}$——第 $i$ 个路段的征地单价，可构造成关于用地类别的函数；

$k_i$——第 $i$ 个断面里程；

$w_i$——第 $i$ 个断面的用地宽度。

(5)与长度有关的工程费 $C_L$

与长度有关的工程费包括铺轨费用、电力设施费用等，可通过设置单位长度费用并与线路长度相乘计算得出，计算公式如下：

$$C_L=u_l\times L \tag{3-26}$$

式中 $u_l$——与长度有关的每延米工程费用；

$L$——线路长度。

综上，工程建造费 $C$ 计算公式如下：

$$C=C_E+C_B+C_T+C_R+C_L \tag{3-27}$$

通过式(3-27)可建立工程建造费与线路空间位置的量化计算模型，实现工程建造费目标函数的计算。

### 3.4.2 正线养护运营费

列车运行能耗费用、旅客时间费用、固定设备维修费用是运营费的重要组成部分并与线路空间位置密切相关。因此，本章所建线路优化模型重点关注该三项运营费用。

#### 1. 列车运行能耗费用及旅客时间费用

列车运行能耗费用及旅客时间费用(简称列车运行能耗及时间费用)是正线养护运营费的重要组成部分，可根据列车运行能耗、时间以及相应的单价计算。

列车运行能耗主要与运行距离和所受阻力大小有关，包括基本阻力和附加阻力，其中，附加阻力包括坡度附加阻力、曲线附加阻力和隧道附加阻力，与线路方案有关；而基本阻力与线路方案无关，主要受列车运行速度影响，计算公式如下：

$$w_0=a+bv+cv^2 \tag{3-28}$$

式中 $w_0$——单位基本阻力；

$v$——列车运行速度；

$a,b,c$——试验常数，$a$ 主要受与列车重量有关阻力的影响，包括轴颈与轴承间的摩擦阻力、车轮与钢轨的滚动摩擦阻力；$b$ 主要受车轮在钢轨上的滑动摩擦阻力、轨道不平顺与车轮踏面擦伤等引起的冲击和振动阻力影响；$c$ 主要受空间阻力影响。

列车在同一条线路方案以不同速度运行所需能耗存在显著差别，运行速度越慢，能耗越低。为节省运行能耗，列车应尽可能以较慢的速度运行，然而过慢的运行速度又会增加列车运行时间，提高乘客旅行时间费用。因此，为科学评估线路方案的列车运行能耗及时间费用，需基于优化的列车运行速度曲线开展计算。

目前，针对给定线路方案，已有大量可行的列车运行速度曲线优化方法，如蚁群算法、遗传算法等。但由于该类方法主要采用迭代进化的寻优策略，在优化过程中需生成大量的运行速度曲线方案，因此完成一条线路的运行速度曲线优化，通常需要几分钟甚至几个小时。然而，针对线路优化问题，列车运行速度曲线优化处于一个动态变化的环境中，随着线路优化的进行，不断有新的线路方案产生。采用上述方法优化所有生成线路方案的列车运行速度曲线，将导致运算时长显著增加，甚至无法接受。

因此，为保证计算效率，现有线路优化方法通常采用定额计算法，根据线路长度、转角及坡度计算获得，或不考虑列车运行速度曲线优化，直接以均衡速度或限制速度作为列车运行目标速度，这两种方法均忽略了运行速度对列车运行能耗的影响，且定额计算法未考虑乘客旅行时间费用，导致运营费计算不准确。为解决这一问题，提出一种高效的列车运行速度曲线优化方法，可兼顾列车运行能耗和走行时分，科学准确获取列车运行能耗及时间费用，具体如下：

(1)兼顾列车运行能耗和走行时分的运行速度曲线优化方法

在线路优化过程中，为准确评估生成线路方案的运营费，需实时获取列车在该线路上的运行速度曲线，并以此为基础，计算列车运行能耗及时间费用，以指导线路优化方向。对此，本节面向线路优化阶段需求，介绍一种兼顾列车运行能耗和时间费用的列车运行速度曲线高效优化方法。通过建立列车运行速度与运行能耗和时间费用的函数关系表达式，再求导的方式，获得使列车运行能耗和时间费用综合最低的运行速度，具体如下：

列车运行阻力是产生列车运行能耗的主要组成部分，列车单位距离运行能耗与运行速度的关系，可近似通过列车运行阻力与速度的关系进行表达。列车运行阻力包括基本阻力和附加阻力，其中基本阻力由轴颈与轴承间的摩擦阻力、车轮与钢轨的滚动摩擦阻力、车轮在钢轨上的滑动摩擦阻力、轨道不平顺与车轮踏面擦伤等引起的冲击和振动阻力以及空气阻力构成，可表达为与列车运行速度的函数关系式。附加阻力则与列车运行速度无关，主要取决于线路情况（坡道、曲线、隧道），可表达为与线路加算坡度的函数关系式。当线路加算坡度不同时，列车运行阻力与速度的关系主要受线路加算坡度影响，不同加算坡度下，列车运行阻力与速度的关系不同，进而导致列车单位距离运行能耗与运行速度的关系发生变化。

因此,需基于线路加算坡度大小对线路进行区段划分,分别建立各区段内列车单位距离运行能耗与运行速度的函数关系表达式,并通过求导获得各区段最优目标速度,用于指导列车牵引运行,从而获得优化的列车运行速度曲线。

①线路区段计算单元划分

由上述分析可知,列车运行阻力与速度的关系受线路加算坡度影响,因此可依据线路加算坡度划分线路区段计算单元。为保证列车准确停靠在线路终点位置,在划分线路区段前,首先需计算列车停车制动点位置。

为计算停车制动点位置,本文提出如下两点假设:

a)列车实际运行时常用制动加速度为紧急制动的 50%~80%[8];

b)制动时列车的运行速度控制为列车牵引特性曲线中,恒力矩和恒功率转换点位置的速度 $v_n$。

基于上述两点假设,列车停车制动点位移 $s_b$ 可根据线路长度 $L$ 计算公式如下:

$$L_b = \frac{v_n^2}{2 \times \lambda \times a_{max}} \tag{3-29}$$

$$s_b = L - L_b \tag{3-30}$$

式中　$L_b$——列车以制动加速度由 $v_n$ 降至 0 所需的运行距离;

$\lambda$——常用制动加速度系数,取 0.5~0.8;

$a_{max}$——紧急制动加速度。

获得列车停车制动点位置后,即可根据加算坡度和停车制动点位置对线路进行划分,停车制动点前每个具有相同加算坡度的坡段分别为一个子区段,停车制动点后(包括停车制动点所在坡段)为一个子区段,如图 3-5 所示。

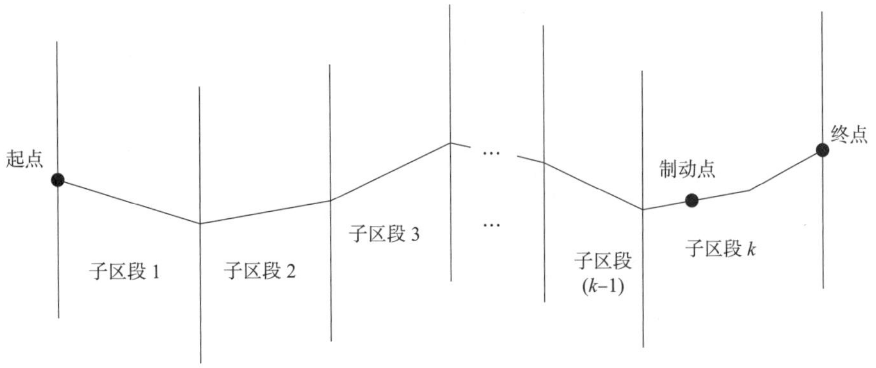


图 3-5　线路区段划分

②各子区段目标速度求解

列车运行能耗与其运行阻力密切相关,如列车在加算坡度恒定的线路上匀速运行,其能耗大小可近似通过列车运行阻力和运行距离计算。因此,对于给定单位距离线路(如

1 km)，$E(v)$为列车运行能耗，可按式(3-31)和式(3-32)计算：

$$E(v)=\frac{[w_0(v)+w_a]\times m\times 1\ 000}{3.6\times 10^6} \tag{3-31}$$

$$w_0(v)=a+bv+cv^2 \tag{3-32}$$

式中 $w_0(v)$——基本阻力，N/t；

$w_a(v)$——附加阻力，N/t；

$m$——列车质量，t；

$v$——列车运行速度，km/h；

$a,b,c$——试验常数，$a$主要受与列车重量有关阻力的影响，包括轴颈与轴承间的摩擦阻力、车轮与钢轨的滚动摩擦阻力；$b$主要受车轮在钢轨上的滑动摩擦阻力、轨道不平顺与车轮踏面擦伤等引起的冲击和振动阻力影响；$c$则主要受空间阻力影响。

进而，列车运行能耗费用$C_e(v)$可根据单位能耗费用$c_e$和列车运行能耗$E(v)$计算，即

$$C_e(v)=E(v)\times c_e \tag{3-33}$$

由于各子区段为基于线路加算坡度划分，所以各子区段内列车附加阻力$w_a$保持恒定，能耗费用仅受列车基本阻力$w_0(v)$影响。列车运行能耗费用与其运行速度的关系如图3-6所示。

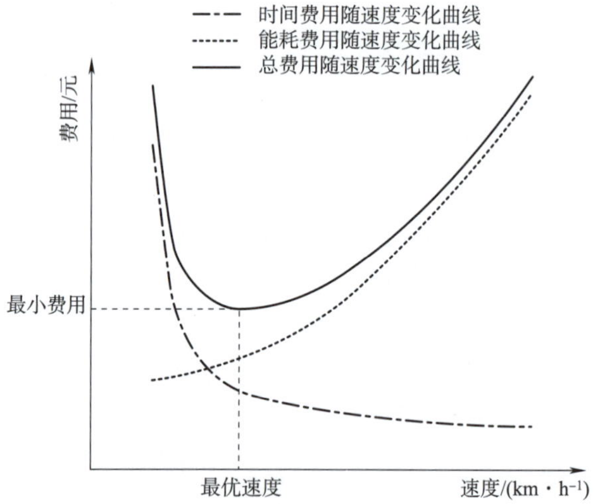


图3-6　费用随速度变化

对于给定单位距离线路(如1 km)，列车运行时间同样与其运行速度紧密相关，运行速度越快，运行时间$t$越省，其计算公式如下：

$$t=\frac{1}{v} \tag{3-34}$$

进而，列车运行时间费用$C_t$可根据单位时间费用$c_t$和列车运行时间$t$计算，即

$$C_t(v)=t\times c_t \tag{3-35}$$

列车运行时间费用与其运行速度的关系如图 3-6 所示。

基于上述分析可得,给定单位距离线路(如 1 km)的列车运行能耗及时间费用与运行速度的关系为

$$C_{e\&t}(v)=\frac{[(a+bv+cv^2)+w_a]\times m\times 1\,000}{3.6\times 10^6}\times c_e+\frac{1}{v}\times c_t \tag{3-36}$$

通过对 $v$ 求导数,得

$$C'_{e\&t}(v)=\frac{(b+2cv)\times m\times 1\,000}{3.6\times 10^6}\times c_e-\frac{1}{v^2}\times c_t \tag{3-37}$$

对于给定型号列车,式(3-37)中参数 $b$、$c$、$m$ 均为已知常数。因此,使列车运行能耗及时间费用达到最低的运行速度 $v_o$,可根据给定单位能耗费用和时间费用计算得出。

除最优速度外,各子区段目标速度还受线路均衡速度和限制速度约束。因此,各子区段的目标速度 $v_t$ 为最优速度 $v_o$、均衡速度 $v_a$ 及限制速度 $v_l$ 三者中的最小值,可参考式(3-38)进行计算。

$$v_t^i=\min\{v_o^i,v_a^i,v_l^i\} \tag{3-38}$$

限制速度 $v_l$ 为保障下坡路段列车运行安全所允许达到的最高速度,可根据线路坡度计算。

均衡速度 $v_a$ 主要受机车牵引功率和列车运行阻力影响。当列车所受合力为 0 时(即牵引力与运行阻力大小相同),所对应的列车运行速度即为均衡速度。由于列车在不同子区段所受附加阻力不同,其均衡速度也有所不同。

③根据各子区段目标速度指导列车牵引运行,获得优化的列车运行速度曲线

列车运行模式包括加速运行、匀速运行、惰力运行和制动运行,列车在进入各子区段时根据其当前运行速度 $v_c(s_i)$ 和各子区段的目标速度 $v_t(s_i)$ 自动转换运行模式,具体如下:

a)当 $v_c(s_i)<v_t(s_i)$ 时,列车先加速运行,当达到该子区段目标速度 $v_t(s_i)$ 后转换为匀速运行,直至该子区段结束;

b)当 $v_c(s_i)=v_t(s_i)$ 时,列车匀速运行,直至该子区段结束;

c)当 $v_c(s_i)>v_t(s_i)$ 时,列车先制动运行,当达到该子区段目标速度 $v_t(s_i)$ 后转换为匀速运行,直至该子区段结束;

d)当列车达到停车制动点或运行速度达到限制速度,并且列车运行阻力与运行方向相同时,采用制动运行。

(2)列车运行能耗及时间计算方法

在不同的运行模式下,列车行驶相同距离所需能耗和时间存在显著区别。在加速模式下,列车牵引加速度大小可通过列车所受合力计算,并且为保证乘客的舒适度及行车安全,牵引加速度应按式(3-39)计算:

$$a(v)=\frac{F(v)-w(v)\times m}{m\times 1\ 000} \tag{3-39}$$

式中 $v$——列车运行速度，m/s；

$a(v)$——列车运行速度为 $v$ 时的加速度，$m/s^2$；

$F(v)$——列车运行速度为 $v$ 时的牵引力，N；

$w(v)$——列车运行速度为 $v$ 时的运行阻力，N/t；

$m$——列车质量，t。

获得列车运行加速度 $a(v)$后，即可计算列车运行速度每提高一个速度间隔所需的能耗 $E_t(v)$及时间 $T_t(v)$，计算公式如下：

$$E_t(v)=\frac{1}{2}m\times 10^3\times[(v+\Delta v)^2-v^2]+w(v)\times m\times L_t \tag{3-40}$$

$$L_t(v)=\frac{(v+\Delta v)^2-v^2}{2\times a(v)} \tag{3-41}$$

$$T_t(v)=\frac{\Delta v}{a(v)} \tag{3-42}$$

当运行速度达到目标速度后，切换运行模式至匀速运行，施加与列车运行阻力大小相同、方向相反的牵引力。因此，在匀速运行模式下，列车运行能耗 $E_u(v)$取决于列车运行阻力及运行距离，计算公式如下：

$$E_u(v)=w(v)\times m\times L_u \tag{3-43}$$

匀速运行模式下的运行时间 $T_u(v)$可通过运行距离和运行速度计算：

$$T_u(v)=\frac{L_u}{v} \tag{3-44}$$

当列车运行速度高于目标速度(目标速度小于限制速度)时，采用惰力运行。在惰力运行模式下，列车只受运行阻力作用，牵引力大小为 0。因此，惰力运行模式下的列车运行能耗为 0。列车运行时间则与其运行速度和所受运行阻力有关，如列车运行阻力为正，即阻力方向与列车运行方向相反，列车减速运行；如列车运行阻力方向为负，即阻力方向与列车运行方向相同，列车加速运行，其加/减速度计算公式如下：

$$a_c(v)=-\frac{w(v)\times m}{m\times 10^3} \tag{3-45}$$

基于 $a_c(v)$即可计算惰力运行模式下，列车在每个速度间隔所需要的运行时间，计算公式如下：

$$T_c(v)=\begin{cases}-\dfrac{\Delta v}{a_c(v)} & a_c(v)<0\\[2ex] \dfrac{\Delta v}{a_c(v)} & a_c(v)>0\end{cases} \tag{3-46}$$

当列车运行速度超过限制速度且其所受运行阻力方向与其运行方向相同时，需采用制动运行模式。施加与列车运行阻力大小相同、方向相反的制动力，以保证列车匀速运行。假设列车装备了再生制动设备，可对制动产生的能量进行部分回收。因此，当采用制动运行模式时，列车可以存储能量，计算公式如下：

$$E_{R1}(v)=\eta\times w(v)\times m\times L_{b1} \tag{3-47}$$

式中 $\eta$——再生能量转换率；

$L_{b1}$——列车制动距离，m。

制动运行模式下的列车运行时间计算公式如下：

$$T_{b1}(v)=\frac{L_{b1}}{v} \tag{3-48}$$

当列车到达停车制动点后，同样需采用制动运行模式使列车在线路终点位置停车，列车对制动产生的能量进行回收，同时克服阻力产生运行能耗，能量计算公式如下：

$$E_{R2}(v)=\eta\times\left[\frac{1}{2}m\times10^3\times[(v-\Delta v)^2-v^2]+w(v)\times m\times L_{b2}(v)\right] \tag{3-49}$$

式中 $L_{b2}$——最大制动加速度下列车运行速度降低 1 m/s 的制动距离，m。

$$L_{b2}(v)=\frac{-(v-\Delta v)^2-v^2}{2\times a_{max}} \tag{3-50}$$

停车制动阶段运行时间计算公式如下：

$$T_{b2}(v)=\frac{v}{a_{max}} \tag{3-51}$$

基于上述公式可获得不同运行模式下列车运行能耗及时间。通过累加给定速度间隔下的列车运行仿真，即可获得列车沿线路单方向运行一次的能耗及走行时分。

(3)全生命周期列车运行能耗及时间费用

基于上述方法可获得列车往返线路一次的能耗 $E_r$ 及时间 $T_r$，根据列车运行能耗单价 $c_e$ 和时间单价 $c_t$，可计算出列车往返线路一次的能耗及时间费用。通过年运输需求 $V_a$ 和列车往返一次运输量 $V_r$，即可计算列车年往返运行次数，进而获得列车年运行能耗及时间费用 $C_{AET}$：

$$C_{AET}=\frac{V_a}{V_r}\times(E_r\times c_e+T_r\times c_t) \tag{3-52}$$

基于列车年运行能耗及时间费用 $C_{AET}$ 并采用复利现值计算公式，即可获得列车全生命周期运行能耗及时间费用 $C_{ET}$，计算公式如下：

$$C_{ET}=C_{AET}\times\frac{(1+i)^n-1}{i(1+i)^n} \tag{3-53}$$

式中 $i$——利率系数；

$n$——设计年限。

### 2. 固定设备维修费

根据《铁路工程设计技术手册(线路)》[9]中列车运营费计算方法，固定设备维修费计算公式如下：

$$C_M = L \times c_{xz} + \sum N_c \times c_{zz} \tag{3-54}$$

式中 $C_M$——固定设备维修费用；

$L$——正线长度；

$N_c$——车站（中间站、区段站）个数；

$c_{xz}$——与正线长度相关的综合维修费定额（包括正线维修费，区间信号及通信设备费、电力牵引变电所及接触网维修费）；

$c_{zz}$——与车站有关的综合维修费定额。

可得运营费用 $C_O$ 如下：

$$C_O = C_{ET} + C_M \tag{3-55}$$

综上，建立了以线路工程建造费、养护运营费为目标函数，以几何约束、结构物约束、区域约束为约束条件的复杂山区铁路线路基础优化模型，按式(3-56)计算：

$$\begin{aligned} \min \quad & f_e(\boldsymbol{x},\boldsymbol{y},\boldsymbol{R},\boldsymbol{K},\boldsymbol{H}) \\ \text{s. t.} \quad & c_g(\boldsymbol{x},\boldsymbol{y},\boldsymbol{R},\boldsymbol{K},\boldsymbol{H}) \\ & c_s(\boldsymbol{x},\boldsymbol{y},\boldsymbol{R},\boldsymbol{K},\boldsymbol{H}) \\ & c_a(\boldsymbol{x},\boldsymbol{y},\boldsymbol{R},\boldsymbol{K},\boldsymbol{H}) \end{aligned} \tag{3-56}$$

式中 $f_e(\boldsymbol{x},\boldsymbol{y},\boldsymbol{R},\boldsymbol{K},\boldsymbol{H}) = C_C + C_O$——线路工程建造费和养护运营费；

$c_g(\boldsymbol{x},\boldsymbol{y},\boldsymbol{R},\boldsymbol{K},\boldsymbol{H})$——几何表达式约束；

$c_s(\boldsymbol{x},\boldsymbol{y},\boldsymbol{R},\boldsymbol{K},\boldsymbol{H})$——结构物表达式约束；

$c_a(\boldsymbol{x},\boldsymbol{y},\boldsymbol{R},\boldsymbol{K},\boldsymbol{H})$——区域表达式约束。

## 参 考 文 献

[1] LI W, PU H, SCHONFELD P, et al. Methodology for optimizing constrained 3-dimensional railway alignments in mountainous terrain[J]. Transportation Research, Part C: Emerging Technologies, 2016,68:549-565.

[2] PARKER N A. Rural highway route corridor selection[J]. Transportation Planning and Technology, 1977,3(4):247-256.

[3] TURNER A K. Decade of experience in computer aided route selection[J]. Photogrammetric Engineering and Remote Sensing,1978,44(12):1561-1576.

[4] CHEW E P, GOH C J, FWA T F. Simultaneous optimization of horizontal and vertical alignments forhighways[J]. Transportation Research, Part B: Methodological,1989,23(5):315-329.

[5] JONG J C. Optimizing highway alignments with genetic algorithms[D]. Park: University of Maryland, College Park,1998.

[6] 国家铁路局. 铁路线路设计规范:TB 10098—2017[S]. 北京:中国铁道出版社,2017.

[7] HIRPA D, HARE W, LUCET Y, et al. A bi-objective optimization framework for three-dimensional

road alignment design[J]. Transportation Research, Part C:Emerging Technologies,2016,65:61-78.
[8] 易思蓉．铁路选线设计[M]. 成都:西南交通大学出版社,2017.
[9] 铁道部第一勘察设计院．铁路工程设计技术手册:线路[M]. 北京:中国铁道出版社,2005.

# 第4章 线路典型地质灾害风险优化模型

复杂艰险山区地势起伏强烈，重力斜坡作用类地质灾害发育，以崩塌、滑坡、泥石流为代表的典型地表灾害频发，使地质灾害风险成为危及行车安全，影响线路方案优选决策的重要因素。因此，在线路方案经济评价的基础上，对线路进行地质灾害风险量化评估是复杂山区线路优化的现实之需。对此，本章介绍线路崩塌、滑坡、泥石流等典型地质灾害风险的量化评估模型及约束表达与处治方法。

## 4.1 线路典型地质灾害风险评价方法

线路地质灾害风险性由地质灾害易发性和线路结构物易损性两部分共同决定。地质灾害易发性指的是其在一定时期内地质灾害发生的可能性或概率，通常基于多种自然因素，如地形地貌、地质条件、气象水文条件等指标，进行综合分析。目前地质灾害易发性评价方法主要包括多因子综合评价法[1]、信息熵模型[2]和人工神经网络法[3]。多因子综合评价法通过选取评价指标、确定指标权重、指标融合三个阶段计算地质灾害易发性值。该方法中指标权重设定通常依赖于专家经验，不考虑指标之间的相互影响，决策者可以根据实际情况灵活的调整不同因子的指标权重，但具有较强的主观性。信息熵模型能够客观度量系统或事件的混乱程度，提供了一种量化信息不确定性的方法，通过衡量每个指标对地质灾害易发性贡献的信息量确定指标权重，从客观角度建立了地质灾害风险影响指标和地质灾害易发性之间的映射关系。但是，信息熵模型着重求解不同指标影响下地质灾害风险的发生概率，对于指标之间的相关性和复杂依赖关系没有考虑。人工神经网络模型可以很好地捕捉地质灾害影响指标和其易发性之间的复杂非线性关系，并利用不同数据之间的相关性来提高模型预测准确性。人工神经网络模型通常在特定数据集上进行训练，对既有铁路周围环境的地质灾害灾易发性预测性能较好，但对线路设计阶段选线环境地质灾害风险评价的泛化能力有待进一步的研究。

线路结构物易损性是指结构物受地质灾害影响而破坏的程度和概率。现有研究方法通常采用极限平衡法[4]、数值模拟法[5]、可靠度理论法[6]和现场调查法[7]对结构物易损性进行评估。极限平衡法基于结构物的稳定性原理，通过分析结构物在极限状态下的平衡条件，来评估结构物的易损性，通常基于一些简化的假设和模型，因此评估结果可能存在一定的误差和不确定性。数值模拟法基于数值分析和计算机模拟，通过建立结构物的数学模型，模拟结构物在不同荷载条件下的响应和行为，进行易损性评估。该类方法可以通过调整模型的参数来评估不同参数对分析结果的影响，以辅助确定关键影响因素和其作用机制。可靠度理论进一步考虑结构物材料、荷载和其他参数的不确定性，对结构物的可靠性进行定量分析和评估，但可靠度理论假设结构物寿命服从特定的概率分布，对于复杂实际情况适用性有限。现场调查法对结构物进行实地观察和检查，收集和分析与结构物相关的信息和数据，评估结构物的状态、强度、稳定性以及潜在风险等，但只能获取可观察到的信息，需要结合理论分析，对影响结构物易损性的关键性因素进行综合分析。

总体看来，现有线路地质灾害风险性研究主要集中在对既有线路进行地质灾害风险后评估。对线路设计阶段的地质灾害风险预评估还停留在以“经验原则”的形式定性地对降低线路地质灾害风险提出建议，不适用于线路智能优化。

因此，本章先介绍线路穿越崩滑流地质灾害区时的空间绕避约束处治措施，当避无可避时，再进行灾害分区评估，将地质灾害区域分为爆发区、缓冲区和模糊区。针对不同区域，采用不同的评估准则评估该区域的地质灾害易发性，采用赋权积分法评估线路结构物易损性，最后，将地质灾害易发性和结构物易损性结合得到可达区域内各单元体素的地质灾害风险评价值。线路地质灾害风险量化评估流程如图 4-1 所示。

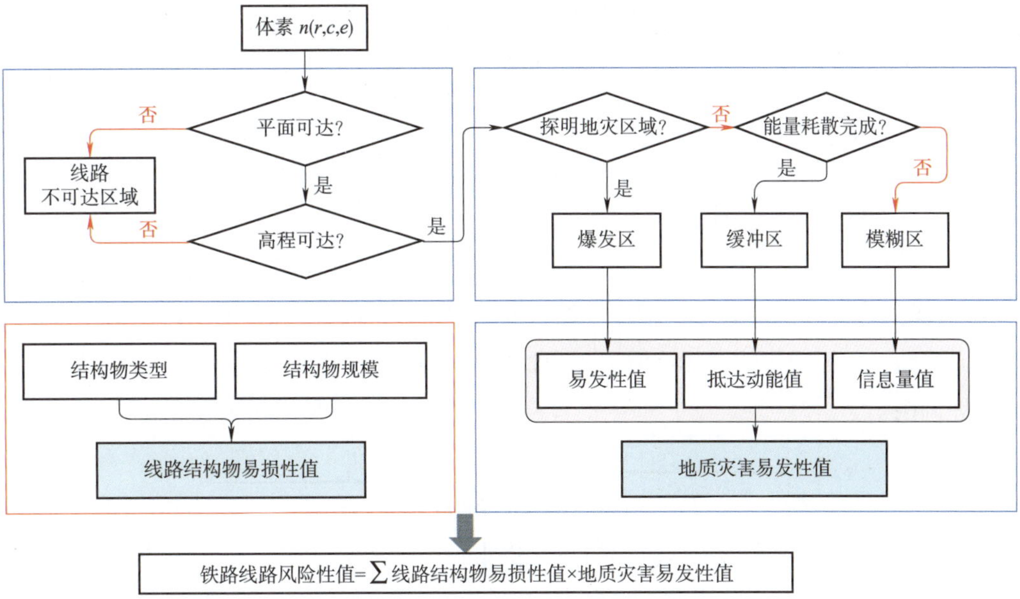


图 4-1　线路地质灾害风险量化评估流程

# 4.2 地质灾害区域选线约束

## 4.2.1 泥石流约束

泥石流是指在山岭地区由暴雨等引发的山体滑坡并携带有大量泥沙以及石块的特殊洪流。泥石流具有突然性以及流速快，流量大，物质容量大和破坏力强等特点，对于线路安全有巨大威胁。线路必须绕避特大型和大型泥石流，但对于中小型泥石流，在科学、有效治理的基础上，允许线路在特定约束条件下通过。标准泥石流（图 4-2）可分为形成区、流通区和堆积区。

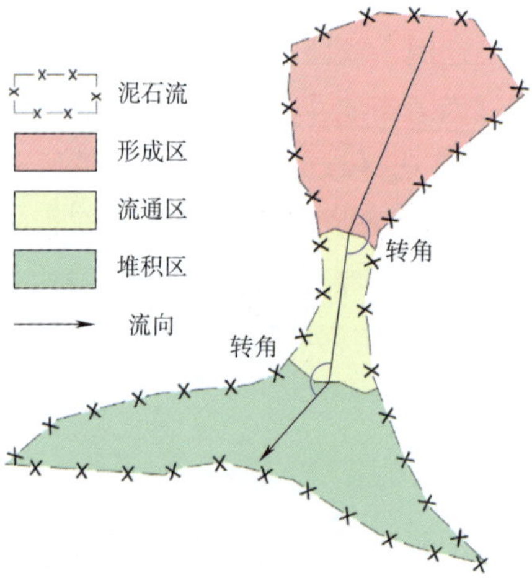


图 4-2 泥石流灾害示意图

### 1. 形成区

泥石流形成区地形陡峭，地质破碎，泥石流剧烈发育，动量极大。因此，此区域风险性最高，只允许线路以隧道方式立体绕避通过，且隧道洞门需位于形成区范围外，避免泥石流冲击、掩埋洞门。

$$U_{\mathrm{I}} \cap U_{\mathrm{P}}(\boldsymbol{x},\boldsymbol{y},\boldsymbol{R},\boldsymbol{K},\boldsymbol{H})=\varnothing \tag{4-1}$$

$$\Delta H_{\mathrm{T}}-(H_{\mathrm{I}}(\boldsymbol{x},\boldsymbol{y},\boldsymbol{R},\boldsymbol{K},\boldsymbol{H})-H_{\mathrm{g}})\geqslant 0 \tag{4-2}$$

式中 $U_{\mathrm{I}}$——泥石流灾害形成区范围内单元格集合；

$U_{\mathrm{P}}$——隧道洞门范围内单元格集合；

$\Delta H_{\mathrm{T}}$——路基-隧道分界挖深（深度为负数）；

$H_{\mathrm{g}}$——地表高程；

$H_{\mathrm{I}}$——位于泥石流灾害形成区内的线路高程。

### 2. 流通区

由于流通区面积相对较小，除采用隧道绕避式(4-2)外，线路在此区域还可提高设计高程，以大跨度桥梁方式通过。

$$\Delta h_{\mathrm{Dmin}}-[H_{\mathrm{D}}(\boldsymbol{x},\boldsymbol{y},\boldsymbol{R},\boldsymbol{K},\boldsymbol{H})-h_{\mathrm{D}}]\leqslant 0 \tag{4-3}$$

$$L_{\mathrm{Dmin}}-L_{\mathrm{D}}(\boldsymbol{x},\boldsymbol{y},\boldsymbol{R},\boldsymbol{K},\boldsymbol{H})\leqslant 0 \tag{4-4}$$

$$L_{\mathrm{D}}(\boldsymbol{x},\boldsymbol{y},\boldsymbol{R},\boldsymbol{K},\boldsymbol{H})-L_{\mathrm{Dmax}}\leqslant 0 \tag{4-5}$$

式中　$\Delta h_{\mathrm{Dmin}}$——泥石流灾害流通区所允许的最小净空；

$H_{\mathrm{D}}$——位于泥石流灾害流通区的线路高程；

$h_{\mathrm{D}}$——泥石流体所能达到的最大高程值；

$L_{\mathrm{Dmin}}$——泥石流灾害流通区所允许的最小桥梁跨径；

$L_{\mathrm{Dmax}}$——泥石流灾害流通区所允许的最大桥梁跨径；

$L_{\mathrm{D}}$——位于泥石流灾害流通区的桥梁跨径。

此外，若线路以桥梁方式通过泥石流流通区，应保证线路与泥石流流向交角大于特定角度($\delta$)，以便于桥梁施工、减小线路与泥石流相交区域面积。

$$S_{\mathrm{D}}=\frac{y_{j+1}^{\mathrm{D}}-y_j^{\mathrm{D}}}{x_{j+1}^{\mathrm{D}}-x_j^{\mathrm{D}}} \tag{4-6}$$

$$S_{\mathrm{A}}=\frac{y_{i+1}-y_i}{x_{i+1}-x_i} \tag{4-7}$$

$$\beta=\arctan\left(\frac{S_{\mathrm{D}}-S_{\mathrm{A}}}{1+S_{\mathrm{D}}\cdot S_{\mathrm{A}}}\right)\in[\delta,90^\circ] \tag{4-8}$$

式中　$x_j^{\mathrm{D}},y_j^{\mathrm{D}}$——流向分段的端点平面坐标；

$x_i,y_i$——线路平面交点坐标；

$S_{\mathrm{D}}$——流向分段平面投影线段斜率；

$S_{\mathrm{A}}$——线路平面交点连线斜率；

$B$——线路平面与泥石流流向分段交角。

## 4.2.2　滑坡约束

滑坡是指在河流侵蚀、雨水浸没或地震作用下，岩土(石)体沿山体软弱面(带)下滑的自然现象。根据滑向，滑坡大致可分为三部分：滑坡体、滑坡前缘和滑坡后缘(图 4-3)。当线路通过滑坡灾害区域时，线路设计依据“一次性治理，不留任何后患”的原则，主要采用四种方式通过。

### 1. 隧道

采用隧道方式通过滑坡灾害区域可有效避免滑坡对线路的危害，但隧道洞门应位于滑坡空间影响区域以外，避免滑坡掩埋洞门。

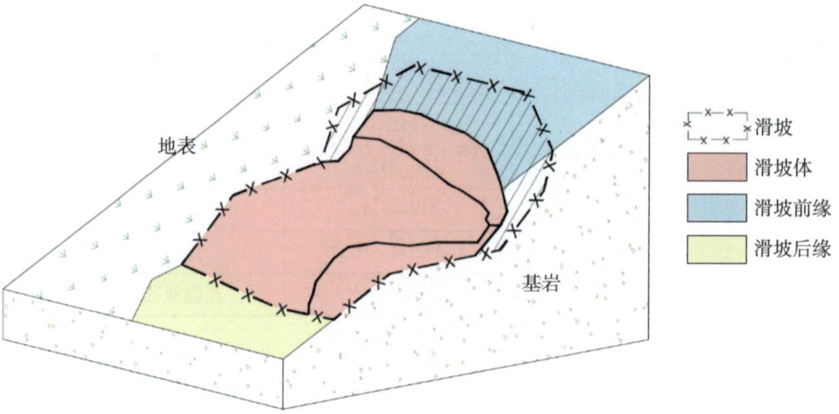


图 4-3　滑坡灾害示意图

$$U_L \cap U_P(\boldsymbol{x},\boldsymbol{y},\boldsymbol{R},\boldsymbol{K},\boldsymbol{H})=\varnothing \tag{4-9}$$

$$\Delta H_T-[H_L(\boldsymbol{x},\boldsymbol{y},\boldsymbol{R},\boldsymbol{K},\boldsymbol{H})-H_g]\leqslant 0 \tag{4-10}$$

式中　$U_L$——滑坡灾害区域范围内单元格集合；

$U_P$——隧道洞门范围内单元格集合；

$\Delta H_T$——路基-隧道分界挖深(深度为负数)；

$H_g$——地表高程；

$H_L$——位于滑坡灾害区域内的线路高程。

### 2. 桥梁

由于桥墩对滑坡体的运动十分敏感，应将桥墩底部埋入滑动面以下，并修建更多的支护工程。因此，若以桥梁方式通过滑坡灾害区域，应尽量采用单跨大桥，减少桥墩数量。同时，桥梁设置标准需在路基—桥梁分界填高的基础上进一步提升，以满足滑坡壅水、排土清方等需求。

$$\Delta h_{Lmin}-[H_L(\boldsymbol{x},\boldsymbol{y},\boldsymbol{R},\boldsymbol{K},\boldsymbol{H})-h_L]\leqslant 0 \tag{4-11}$$

$$L_{Lmin}-L_S(\boldsymbol{x},\boldsymbol{y},\boldsymbol{R},\boldsymbol{K},\boldsymbol{H})\leqslant 0 \tag{4-12}$$

$$L_S(\boldsymbol{x},\boldsymbol{y},\boldsymbol{R},\boldsymbol{K},\boldsymbol{H})-L_{Lmax}\leqslant 0 \tag{4-13}$$

式中　$\Delta h_{Lmin}$——线路通过滑坡灾害区域所允许的最小净空；

$H_L$——位于滑坡灾害区域内的线路高程；

$h_L$——动态滑坡体所能达到的最大高程值；

$L_{Lmin}$——滑坡灾害区域内所允许的最小桥梁跨径；

$L_{Lmax}$——滑坡灾害区域内所允许的最大桥梁跨径；

$L_S$——位于滑坡灾害空间区域内的桥梁跨径。

### 3. 以路堤形式穿过滑坡前缘

线路不宜以挖方路基(路堑)形式通过滑坡前缘,因为挖方路基会导致线路高程低于滑坡前缘区域高程,从而降低滑坡的稳定性,如图 4-4(a)所示。因此,如线路通过滑坡前缘,应在修筑抗滑桩的基础上,提升线路高程,以路堤形式穿过该区域。此处路堤可以起到反压护道的作用,提升抗滑力,间接治理滑坡灾害。

$$U_A(\boldsymbol{x},\boldsymbol{y},\boldsymbol{R},\boldsymbol{K},\boldsymbol{H})\cap[\Delta H_T,F_{min}]=\varnothing \tag{4-14}$$

式中　$U_A$——位于滑坡前缘区域线路的高程值集合;

$\Delta H_T$——路基-隧道分界挖深;

$F_{min}$——路堤允许最小填高。

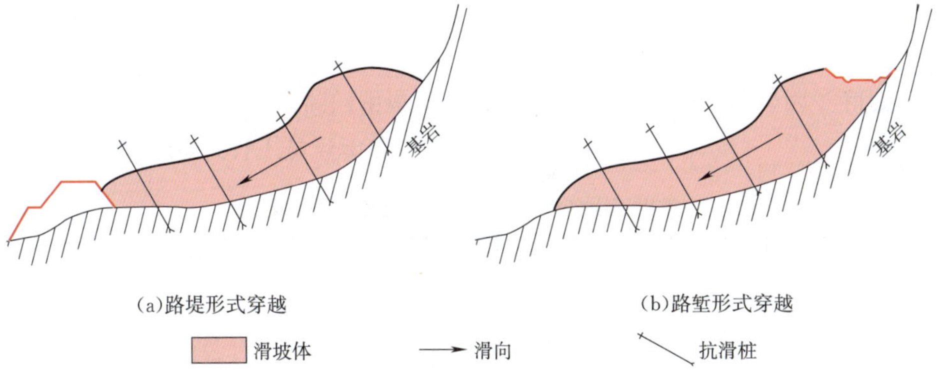


图 4-4　线路穿过滑坡前缘、后缘形式

### 4. 以路堑形式穿过滑坡后缘

线路不宜以填方路基(路堤)形式通过滑坡后缘,因为填方路基会增加滑坡体重量,降低滑坡稳定性,如图 4-4(b)所示。因此,当线路通过滑坡后缘区域时,在修筑抗滑桩的基础上,可以通过浅挖方形式减少滑坡体的重量和滑动力,起到间接治理滑坡的作用。值得注意的是,尽管以路堑方式穿越滑坡后缘区在理论上可行,但在实际工程中仍存在较大风险,一般情况下不推荐采用此种工程方式穿行滑坡区。

$$U_B(\boldsymbol{x},\boldsymbol{y},\boldsymbol{R},\boldsymbol{K},\boldsymbol{H})\cap[\Delta H_T,\Delta H_B]=\varnothing \tag{4-15}$$

式中　$U_B$——位于滑坡后缘区域线路的高程值集合;

$\Delta H_T$——路基-隧道分界挖深;

$\Delta H_B$——路基-桥梁分界填高。

## 4.2.3　崩塌落石约束

崩塌(塌方)是指岩土(石)体在重力作用下,从陡坡上突然下落的地质现象。在复杂艰险山区,崩塌灾害频发,严重威胁着线路的施工及运营安全。由于修建崩塌防护工程需要很高的建设成本，线路应避免以路基或桥梁方式通过崩塌区。因此，在崩塌灾害高易发区域内，线路高程应被约束在路基-隧道分界挖深以下，以确保线路以隧道方式通过崩塌灾害区域，实现立体绕避，并确保隧道洞门位于崩塌区域外。

$$U_R \cap U_P(\boldsymbol{x},\boldsymbol{y},\boldsymbol{R},\boldsymbol{K},\boldsymbol{H})=\varnothing \tag{4-16}$$

$$\Delta H_T-[H_R(\boldsymbol{x},\boldsymbol{y},\boldsymbol{R},\boldsymbol{K},\boldsymbol{H})-H_g]\geqslant 0 \tag{4-17}$$

式中 $U_R$——崩塌灾害区域范围内单元格集合；

$U_P$——隧道洞门范围内单元格集合；

$\Delta H_T$——路基-隧道分界挖深(深度为负数)；

$H_g$——地表高程；

$H_R$——位于崩塌灾害区域内的线路高程。

# 4.3 地质灾害风险等级分区

线路研究区域内的地形、地质数据都已被离散在第 2 章 2.4 节所述的综合地理信息模型中，由于线路平面可达性和高程可达性的限制，部分格网不可达，地质灾害将不会威胁到行经这些网格的线路安全，无须评估其线路地质灾害风险性。所以首先对线路空间可达性进行分析，再在线路可达区域内划分地质灾害爆发区、缓冲区和模糊区。

## 4.3.1 线路空间可达性分析

### 1. 线路平面可达性

从平面可达性考虑，为满足最大展线系数 $\gamma_{max}$ 的要求，线路长度与起、终点航空距离 $L_{SE}$ 的比值不得超过 $\gamma_{max}$，即必须满足下述条件：

$$\frac{L_S+L_E}{L_{SE}}<\gamma_{max} \tag{4-18}$$

$$L_S=\sqrt{(x-x_S)^2+(y-y_S)^2} \tag{4-19}$$

$$L_E=\sqrt{(x-x_E)^2+(y-y_E)^2} \tag{4-20}$$

式中 $L_S,L_E$——当前格网到线路起终点的距离；

$x,y$——当前格网坐标；

$x_S,y_S,x_E,y_E$——起终点的平面坐标。

### 2. 线路高程可达性

数字高程模型(DEM)中每个单元格的线路可达范围($R_{Gi}$)如下确定：

$$
\begin{aligned}
H_{\mathrm{S,max}}^{i}&=H_{\mathrm{S}}+G_{\max}\cdot l_{\mathrm{S}}^{i}\cdot\gamma_{\max}\\
H_{\mathrm{S,min}}^{i}&=H_{\mathrm{S}}-G_{\max}\cdot l_{\mathrm{S}}^{i}\cdot\gamma_{\max}
\end{aligned}
\tag{4-21}
$$

$$
\begin{aligned}
H_{\mathrm{E,max}}^{i}&=H_{\mathrm{E}}+G_{\max}\cdot l_{\mathrm{E}}^{i}\cdot\gamma_{\max}\\
H_{\mathrm{E,min}}^{i}&=H_{\mathrm{E}}-G_{\max}\cdot l_{\mathrm{E}}^{i}\cdot\gamma_{\max}
\end{aligned}
\tag{4-22}
$$

$$
R_{\mathrm{G}i}=(H_{\mathrm{S,min}}^{i},H_{\mathrm{S,max}}^{i})\cap(H_{\mathrm{E,min}}^{i},H_{\mathrm{E,max}}^{i})=(H_{\mathrm{G,min}}^{i},H_{\mathrm{G,max}}^{i})
\tag{4-23}
$$

式中 $l_{\mathrm{S}}^{i}$ 和 $l_{\mathrm{E}}^{i}$——第 $i$ 个单元格到起点和终点的直线距离；

$H_{\mathrm{G,max}}^{i}$ 和 $H_{\mathrm{G,min}}^{i}$——线路的第 $i$ 个单元格可以达到的高程上限和下限。

## 4.3.2 能量线性斜坡模型

在可达区域范围内，各格网和已探明地质灾害点的位置关系不同，则格网的地质灾害风险来源不同，线路地质灾害风险评估的准则也就不同。为此，需要将格网进行区域风险等级的初步划分，如图4-5所示。根据历史资料和地质勘探，可以确定研究区域内既有地质灾害发生的区域。将已探明的地质灾害区域视为地质灾害爆发区（$O$ 区）。当地质灾害发生时，爆发区的岩土体向外运动扩张，随着其动能的消散，扩张运动逐渐停止，地质灾害爆发区周围受其影响的区域称为地质灾害缓冲区（$B$ 区）。在缓冲区以外，基本不受来自爆发区的影响，但由于复杂山区地形地质复杂，仍存在孕灾可能，根据工程地质类比的原则，可以判断这些区域发生地质灾害的可能性，因此定义这些区域为地质灾害模糊区（$F$ 区）。

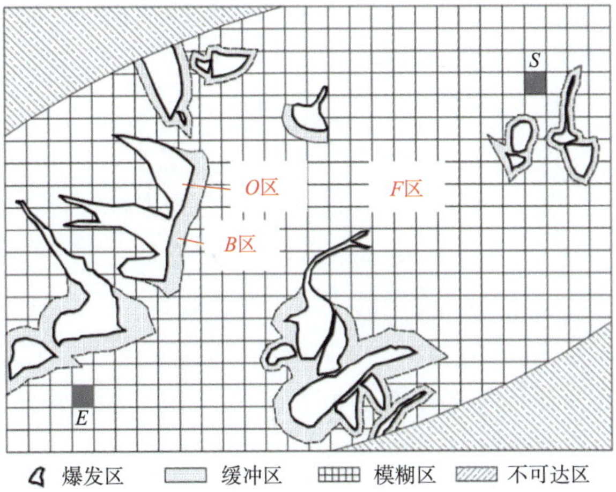


图4-5 地质灾害区域划分示意图

在线路设计阶段，设计人员已经从历史资料和现场初步踏勘中获取了研究区域内地质灾害爆发区域位置及其属性特征，通过判断格网 $n(r,c)$ 和地质灾害爆发区的位置关系，可以确定其是否属于地质灾害爆发范围。缓冲区是爆发区和模糊区的过渡区域。因此，地质灾害风险评估区域划分的重点是缓冲区的确定。将岩土体的扩张路径理解为由多个单坡段首尾相接、串联而成的斜坡，根据其运动过程中动能 $E_n$ 大小，判断爆发区岩土体扩张范围，从而确定缓冲区。除上述爆发区和缓冲区，在可达范围内的其他区域，属于模糊区，接下来重点阐述缓冲区的确定。

岩土体处在自然界的开放状态中，不断与外界环境进行能量、物质交换，是一个平衡-激励-运动-平衡的动态循环过程。以滑坡体为例，在降雨等诱发因子的激励下，滑坡体的主要力学参数发生劣化降低，在诱发因子的异变耦合作用下产生突变，导致滑坡失稳，灾害发生。

涨落是指系统偏离稳定状态，而滑坡的发生是岩土系统涨落的结果。如果将系统涨落用熵 d$s$ 来衡量，当熵值增加到其临界值时，灾害便会产生。耗散结构理论[8]认为，熵值的增加会伴随能量的转化，能量的自发转化本质上是系统自组织现象。灾害形成过程中，能量不断积蓄，熵值不断增加，达到临界值时，能量释放，灾害随之发生，随着岩土体运动能量衰减，其运动也随之停止，如图 4-6 所示。

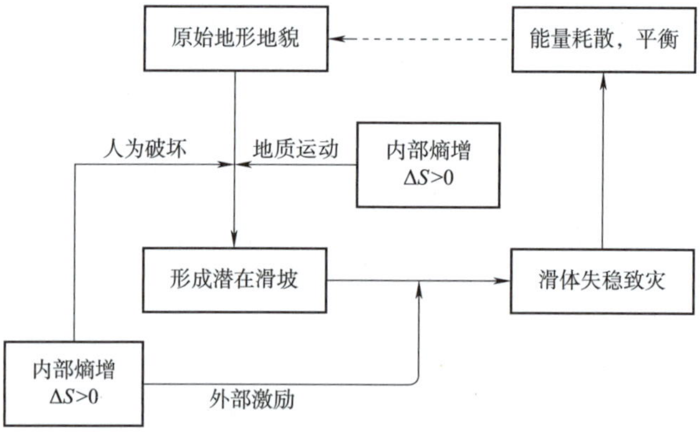


图 4-6 地质灾害发展运动过程示意图

将土体运动过程视为能量转化的过程，整个系统空间中存在着各种形式的能量转化，其中最主要的能量转化为重力势能转化为动能和热能，用能量-线性斜坡模型分析物质移动过程中能量的损失。岩土体在运动过程中的能量消耗主要由以下几种过程贡献：滑动过程中克服摩擦力做功所引起的能量消耗、滑动体内部紊乱引起的能量消耗、滑动体阻尼运动做功而引起的能量消耗。用克服内外部摩擦力做功 $W_\mathrm{f}$ 和阻尼运动能量损失 $A_\mathrm{k}$ 两部分来表示，该过程可表示为

$$E_n = F(h,\beta,m) = \iiint \eta \cdot (W_0 + W_{\Delta\mathrm{H}} - A_\mathrm{k} - W_\mathrm{f})\mathrm{d}h\,\mathrm{d}\beta\,\mathrm{d}m \tag{4-24}$$

式中 $h$——岩土体所处高程；

$\beta$——岩土体在平面的运动方向；

$M$——滑动岩土体质量；

$\eta$——方向系数，$\eta = f_1(\beta,m)$；

$W_0, W_{\Delta\mathrm{H}}, A_\mathrm{k}, W_\mathrm{f}$——初始运动能量、重力势能转化、冲击能量消耗和摩擦能量损耗。

### 4.3.3 地质灾害能量斜坡模型

崩塌、滑坡、泥石流可以理解为由多个单坡段下滑运动串联而成的斜坡运动。在线路设计阶段,数据精度由综合地理信息模型的格网宽度决定,因此本地质灾害能量-斜坡模型,以综合地理信息模型格网宽度为单坡段计算单元。单坡段运动过程可以抽象为平面上的运动方向搜索和纵面上的斜坡运动。平面方向上,假设岩土体沿着最大坡度方向方位角 $\beta_n$ 向下运动至下一格网 $n+1$ 处,对于直接相邻[图 4-7(a)]和对角相邻[图 4-7(b)]格网纵坡与水平面夹角 $\alpha_{n1}$、$\alpha_{n2}$ 计算式如下:

$$\alpha_{n1}=\arctan\frac{H_n-H_{n+1}}{\omega} \tag{4-25}$$

$$\alpha_{n2}=\arctan\frac{H_n-H_{n+1}}{\sqrt{2}\omega} \tag{4-26}$$

式中 $H_n$——第 $n$ 个格网地面高程;

$\omega$——综合地理信息模型格网宽度。

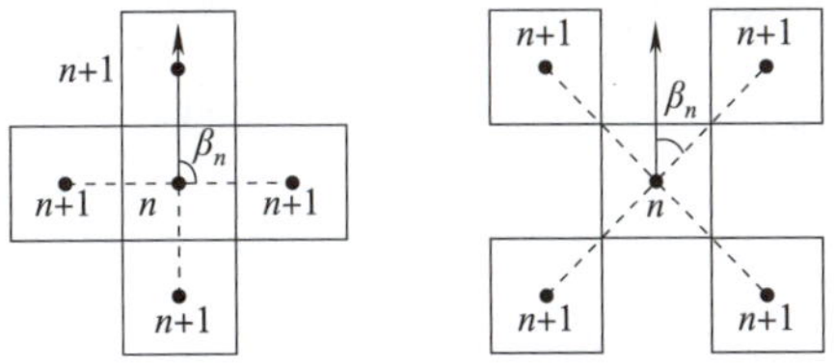


(a)直接相邻　　(b)对角相邻

图 4-7　单坡段岩土体平面运动方向搜索示意图

在平面运动方向确定后,利用能量-斜坡模型模拟岩土体在纵面的滑动过程(图 4-8)。

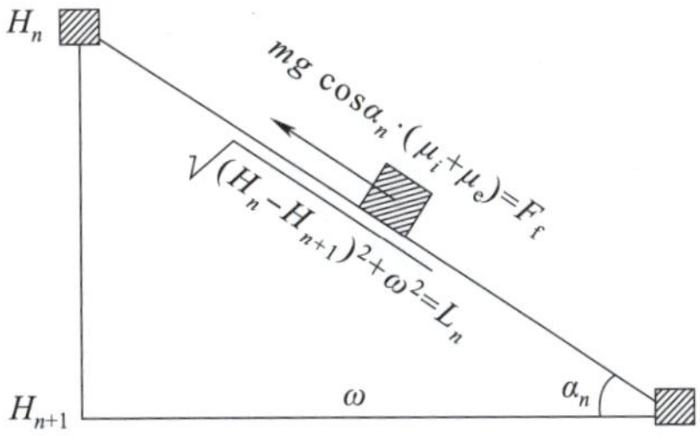


图 4-8　单坡段岩土体纵面滑动示意图

对于单个坡段 $\chi(n\rightarrow n+1)$,用能量-线性斜坡模型表示为(以向直接相邻网格运动为例,对角相邻同理):

$$\chi(n\rightarrow n+1):\frac{1}{2}m|\boldsymbol{v}_n|^2+mg(H_n-H_{n+1})=W_f+A_k+\frac{1}{2}m|\boldsymbol{v}_{n+1}|^2 \tag{4-27}$$

其中：

$$W_{\mathrm{f}}=F_{\mathrm{f}}\cdot L_{n}=[mg\cos\alpha_{n}\cdot(\mu_{i}+\mu_{\mathrm{e}})]\cdot\sqrt{(H_{n}-H_{n+1})^{2}+\omega^{2}}$$
$$\mu_{i}=\tan\varphi,\mu_{\mathrm{e}}=\mathrm{e}^{-7.13+9.33\times\mathrm{NDVI}} \tag{4-28}$$

$$A_{\mathrm{k}}=\frac{1}{2}m[|\boldsymbol{v}_{n}|\cdot\tan(\beta_{n}-\beta_{n-1})]^{2} \tag{4-29}$$

式中 $W_{\mathrm{f}}$——摩擦能量损耗；

$F_{\mathrm{f}}$——滑动摩擦力；

$L_{n}$——单坡段滑动距离；

$\alpha_{n}$——坡度角；

$\mu_{i}$——内摩擦力系数；

$\mu_{\mathrm{e}}$——外摩擦力系数；

$\varphi$——岩土体的内摩擦角；

NDVI——归一化植被指数，反映区域的植被生长状况和植被覆盖度；

$A_{\mathrm{k}}$——冲击能量消耗；

$\beta_{n}$，$\beta_{n-1}$——当前和上一个最大坡度方向。

当岩土体从起始位置开始运动，到达格网 $n$ 时，其过程 $\chi(0\to n)$ 能量变化为从起始位置到第 $n$ 个格网的叠加过程，如图 4-9 所示。

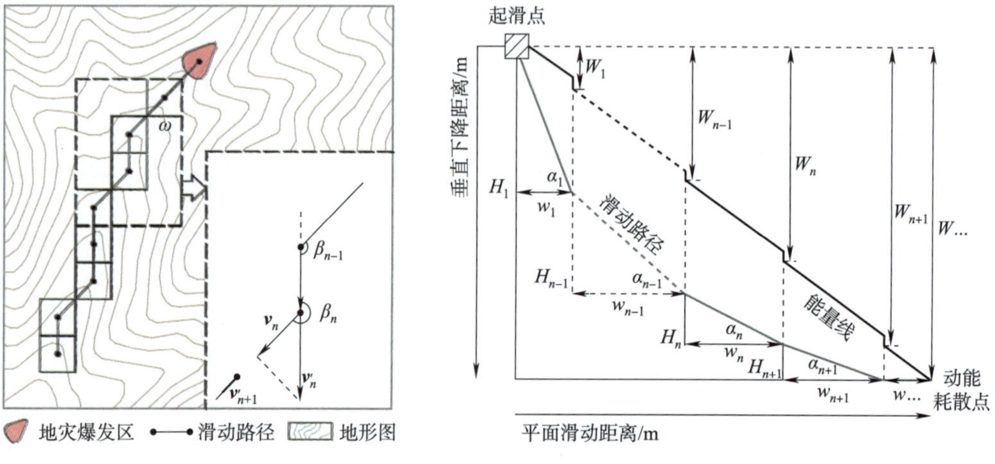


图 4-9 地质灾害斜坡-能量模型

岩土体从第 $i-1$ 个格网到达第 $i$ 个格网的动能可通过式(4-30)计算：

$$\frac{1}{2}m|\boldsymbol{v}_{i}|^{2}=\frac{1}{2}m|\boldsymbol{v}_{i-1}|^{2}+mg(H_{i-1}-H_{i})-\frac{1}{2}m|\boldsymbol{v}_{i-1}|^{2}\cdot\tan^{2}(\beta_{i-1}-\beta_{i-2})-$$
$$mg\cos\alpha_{i-1}\cdot(\mu_{i}+\mu_{\mathrm{e}})\cdot\sqrt{(H_{i-1}-H_{i})^{2}+\omega^{2}} \tag{4-30}$$

则岩土体从起始位置到达第 $n$ 个格网的能量变化可依据 $\boldsymbol{v}_0\to\boldsymbol{v}_1\to\cdots\to\boldsymbol{v}_{n-1}\to\boldsymbol{v}_n$ 的递

推关系求解，表示为

$$\frac{1}{2}m\mid \boldsymbol{v}_0\mid^2+mg(H_0-H_n)=\sum_{i=1}^{n}\frac{1}{2}m\mid \boldsymbol{v}_i\mid^2\tan^2(\beta_i-\beta_{i-1})+\sum_{i=1}^{n}mg\cos\alpha_{i-1}(\mu_i+\mu_e)\sqrt{(H_{i-1}-H_i)^2+\omega^2}+\frac{1}{2}m\mid \boldsymbol{v}_n\mid^2,n\in N \tag{4-31}$$

令 $W_n=\sum_{i=1}^{n}\left[\frac{1}{2}m\mid \boldsymbol{v}_i\mid^2\tan^2(\beta_i-\beta_{i-1})+mg\cos\alpha_{i-1}(\mu_i+\mu_e)\sqrt{(H_{i-1}-H_i)^2+\omega^2}\right]$

当岩土体从初始状态开始运动，运动到第 $n$ 个格网时，其抵达动能 $E_n(r,c)$ 可通过式(4-32)计算：

$$E_n=\frac{1}{2}m|\boldsymbol{v}_n|^2=\frac{1}{2}m|\boldsymbol{v}_0|^2+mg(H_0-H_n)-W_n \tag{4-32}$$

其中，对于不同类型的地质灾害，能量转化的过程有所不同。由于崩塌和滑坡启动时，初始速度非常小，此处对其初速度忽略不计；崩塌为岩土体凌空崩落而下，仅与空气发生接触，忽略其内外摩擦热能，表示为

$$W_0^{滑坡}=0;W_0^{崩塌}=0;W_f^{崩塌}=0 \tag{4-33}$$

分别以每个地质灾害区域内的格网为地质灾害能量-斜坡起滑点，得到起滑点至某方向的动能耗散点(即抵达动能为 0 的点)位置。起滑点到动能耗散点的区域为该地质灾害影响区域。图 4-10 中，一些区域格网可能在多个地质灾害的缓冲区内，承受多个地质灾害带来的潜在风险，可将不同地质灾害抵达该格网的动能值相叠加，得到综合能量值：

$$E_n(r,c)=\sum_{i=1}^{m}E_i \tag{4-34}$$

式中 $m$——威胁该区域安全的地质灾害区域个数；

$E_i$——第 $i$ 个地质灾害抵达该格网的动能值。

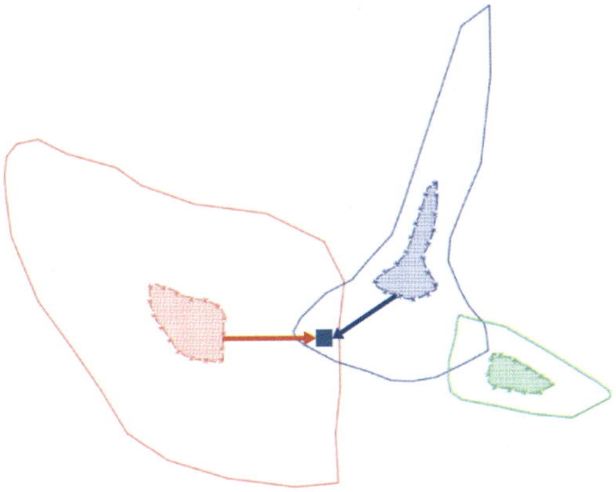

图 4-10 多个地质灾害叠加示意图

遍历所有格网，依次计算每个格网的综合能量值。根据格网是否可达，是否在地质灾害爆发区域范围内及综合能量值大小，即可完成对研究区域地质灾害风险区域划分：

$$\begin{cases} n(r,c)\in U_D\cup U_L\cup U_R & n(r,c)\in \text{爆发区} \\ E_n(r,c)>0 & n(r,c)\in \text{缓冲区} \\ E_n(r,c)=0 & n(r,c)\in \text{模糊区} \end{cases} \tag{4-35}$$

式中　$n(r,c)$——可达区域格网；

$U_D,U_L,U_R$——崩塌、滑坡、泥石流区域。

## 4.4　地质灾害风险性目标函数

不同区域地质灾害易发性值采用不同准则来计算，对于地质灾害爆发区域，将其划分为高、中、低易发区，并对其赋易发性值，衡量其风险性；对于缓冲区域，以其格网抵达动能值来表征其地质灾害易发性；对于模糊区，利用信息量法得到信息量值，表示其地质灾害易发性。

### 4.4.1　爆发区地质灾害易发性计算

爆发区是指已经探明的地质灾害发生区域，爆发区采用赋权计分法对其进行地质灾害易发性计算。不同的地质灾害主要影响因素不同，根据影响崩塌、滑坡、泥石流发生的因素，为每种地质灾害确定三种不同权重(1、2、3)的影响因素，采用等级划分法将各影响因素分为三个等级，按照危险等级分别赋值 1、2、3，分值越高表明灾害易发性越大，对其进行计分，即可得到地质灾害初始易发性值。在此基础上，划定地质灾害易发级别，得到最终易发性值，计算流程如图 4-11 所示。

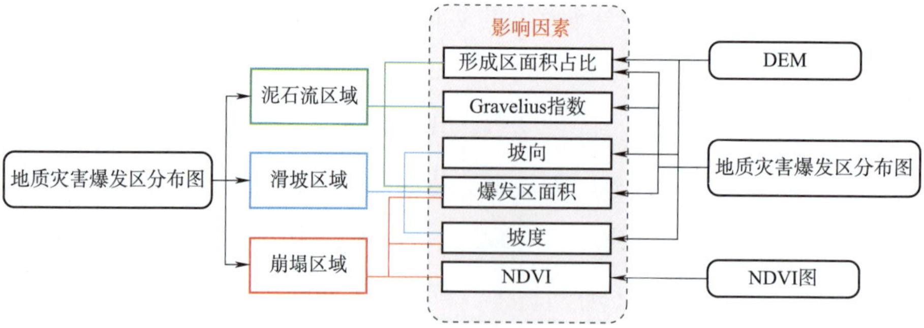


图 4-11　地质灾害爆发区地质灾害易发性值计算流程

泥石流、滑坡和崩塌地质灾害的爆发面积大小是确定其地质灾害易发性的关键因素，把爆发面积作为崩塌、滑坡、泥石流这三种地质灾害共性衡量指标，灾害爆发面积越大，易发性越大。坡度是影响山区地质灾害易发性的另一共性衡量指标，对于滑坡而言，过陡的坡度使松散岩土体不能稳定堆积，因此从滑坡物质源头降低了滑坡的风险性。当坡度超过 35°～40°时，滑坡发生的概率将显著降低[9,10]，因此，将滑坡坡度分三个等级进行赋权计分（>30°，15°～30°，<15°）；而崩塌多为岩土体崩裂，较陡的斜坡有助于崩塌的发生，因此分级标准为“>50°，25°～50°，<25°”。泥石流方面，间接考虑坡度因素的影响。标准泥石流可根据坡度分为形成区、流通区和堆积区，其中最危险的形成区坡度通常大于 35°，将形成区在泥石流面积中的占比作为评估泥石流易发性的衡量指标。

除了把坡度和灾害爆发面积作为衡量崩塌、滑坡和泥石流易发性的共性指标，根据不同的地质灾害的特性设置了特性指标，两类指标共同衡量其易发性。针对滑坡地质灾害，坡向是除坡度和面积之外的地质灾害易发性衡量指标。坡向直接影响该区域的日照、水分、植被和风化情况，根据方位情况，将坡向划分为东向（E）、东南向（SE）、南向（S）、西南向（SW）、西向（W）、西北向（NW）、北向（N）、东北向（NE）八类，并对不同坡向的滑坡区域进行评估。滑坡影响因素及相应等级见表 4-1。

**表 4-1　滑坡影响因素及相应等级**

| 灾害类型 | 影响因素 | 等级 | 评分 | 权重 |
|---|---|---|---|---|
| 滑坡 | 面积 | $>10^6$ m$^2$ | 3 | 3 |
| | | $10^5$～$10^6$ m$^2$ | 2 | |
| | | $<10^5$ m$^2$ | 1 | |
| | 坡度 | >30° | 3 | 2 |
| | | 15°～30° | 2 | |
| | | <15° | 1 | |
| | 坡向 | SW | 3 | 1 |
| | | W，NW，NE，E，SE，S | 2 | |
| | | N | 1 | |

针对崩塌灾害，可以将 NDVI 值作为其易发性评估指标。相关研究表明，植被覆盖率高的区域岩土风化程度低，同时，植物根系成为天然“织物”，稳固岩土体，能降低崩塌地质灾害的发生[11,12]。NDVI 值表示植被生长状况和覆盖度，其值越高则说明植被茂盛，其值越低则表明植被稀疏。崩塌影响因素及相应等级见表 4-2。

**表 4-2　崩塌影响因素及相应等级**

| 灾害类型 | 影响因素 | 等级 | 评分 | 权重 |
|---|---|---|---|---|
| 崩塌 | 坡度 | >50° | 3 | 3 |
| | | 25°～50° | 2 | |
| | | <25° | 1 | |

续上表

| 灾害类型 | 影响因素 | 等级 | 评分 | 权重 |
|---|---|---|---|---|
| 崩塌 | 面积 | $>10^7\ m^2$ | 3 | 2 |
| | | $10^6 \sim 10^7\ m^2$ | 2 | |
| | | $<10^6\ m^2$ | 1 | |
| | NDVI | <0.4 | 3 | 1 |
| | | 0.4~0.7 | 2 | |
| | | >0.7 | 1 | |

针对泥石流，Gravelius 指数（GI）常被作为评估其危险值的指标，它表示泥石流边界长度和与泥石流面积相等的圆的周长的比值，可参考式（4-36）。一般而言，GI 越接近于 1，其峰值流量越大。泥石流影响因素及相应等级见表 4-3。

$$\mathrm{GI}=\frac{P_{\mathrm{D}}}{2\sqrt{\pi A_{\mathrm{D}}}}=0.28\times\frac{P_{\mathrm{D}}}{\sqrt{A_{\mathrm{D}}}} \tag{4-36}$$

式中　$P_{\mathrm{D}}$——泥石流周长；

$A_{\mathrm{D}}$——泥石流面积。

**表 4-3　泥石流影响因素及相应等级**

| 灾害类型 | 影响因素 | 等级 | 评分 | 权重 |
|---|---|---|---|---|
| 泥石流 | 面积 | $>10^7\ m^2$ | 3 | 3 |
| | | $10^6 \sim 10^7\ m^2$ | 2 | |
| | | $<10^6\ m^2$ | 1 | |
| | 形成区面积占比 | >30% | 3 | 2 |
| | | 15%~30% | 2 | |
| | | <15% | 1 | |
| | Gravelius 指数 | 1.0~2.0 | 3 | 1 |
| | | 2.0~3.0 | 2 | |
| | | >3.0 | 1 | |

对不同地质灾害划分类别确定影响因素及其等级后，根据各地质灾害不同因素所处的等级范围，利用式（4-37）计算确定各地质灾害的初始易发性值 $S_{\mathrm{P}}$：

$$S_{\mathrm{P}}=R_{\mathrm{A}}\cdot W_{\mathrm{A}}+R_{\mathrm{B}}\cdot W_{\mathrm{B}}+R_{\mathrm{C}}\cdot W_{\mathrm{C}}\in[6,18] \tag{4-37}$$

式中　$R_{\mathrm{A}}, R_{\mathrm{B}}, R_{\mathrm{C}}$——地质灾害影响因素评分值；

$W_{\mathrm{A}}, W_{\mathrm{B}}, W_{\mathrm{C}}$——地质灾害影响因素权重值。

根据 $S_{\mathrm{P}}$ 值，参考表 4-4 划分灾害易发性等级。

表 4-4 地质灾害易发性等级划分

| $S_P$ | 等级 |
|---|---|
| [6,9] | 低 |
| [10,14] | 中 |
| [15,18] | 高 |

将地质灾害高易发区域和泥石流形成区设为空间禁区，其易发性值设为无穷大，地质灾害中易发地区和低易发地区则采用式(4-37)所得易发性值计算崩塌、滑坡、泥石流三种地质灾害爆发区的易发性值，见表 4-5。

表 4-5 不同类型地质灾害不同区域易发性

| 灾害类型 | 等级 | 区域 | 易发性值(S) |
|---|---|---|---|
| 崩塌 | 高 | — | ∞ |
| | 中/低 | | $S_P$ |
| 滑坡 | 高 | 空间禁区 | ∞ |
| | 中/低 | 滑坡前缘 | $S_P$ |
| | | 滑坡体 | $S_P+1$ |
| | | 滑坡后缘 | $S_P-1$ |
| 泥石流 | 高 | 空间禁区 | ∞ |
| | | 形成区 | ∞ |
| | 中/低 | 流通区 | $S_P+1$ |
| | | 堆积区 | $S_P-1$ |

爆发区易发性值 $S_P$ 综合表征了地质灾害爆发区的地质灾害易发程度，将各地质灾害爆发区敏感系数如式(4-38)归一化后作为其地质灾害易发性衡量值。

$$D_O(r,c)=\frac{S(r,c)-S_{max}}{S_{max}-S_{min}},n(r,c)\in U_O \tag{4-38}$$

式中 $S(r,c)$——爆发区格网地质灾害易发性值；

$U_O$——爆发区格网集合。

### 4.4.2 缓冲区地质灾害易发性计算

当线路从地质灾害爆发区周围经过时，线路同样受到爆发区的威胁。对于地质灾害缓冲区，从能量的角度理解灾害易发性[13]。灾害形成过程中，能量不断积蓄，达到临界值，能量释放，灾害发生。随着岩土体能量耗散，其动能也随之减少。如果运动的土体撞击线路，其动能越大，对线路的损伤越大，其易发性越大。因此，用式(4-39)归一化岩土体抵达动能值，并用其表示缓冲区地表地质灾害易发性。关于缓冲区内抵达动能值计算方式，上文已经详细阐述，此处不再赘述。

$$D_{\mathrm{B}}(r,c)=\frac{E_{\mathrm{n}}(r,c)-E_{\mathrm{nmax}}}{E_{\mathrm{nmax}}-E_{\mathrm{nmin}}},n(r,c)\in U_{\mathrm{B}} \tag{4-39}$$

式中　$E_{\mathrm{n}}(r,c)$——缓冲区格网地质灾害易发性值；

$U_{\mathrm{B}}$——缓冲区格网集合。

### 4.4.3　模糊区地质灾害易发性计算

在缓冲区外围的区域距离已探明地质灾害爆发区较远，基本不受既有地质灾害影响。但通过分析其地形、地质和水文条件等，发现其仍然有孕灾可能，因此还需要分析这些区域潜在地质灾害发生的可能性。对于地质灾害模糊区，崩塌、滑坡和泥石流具有相似的环境影响因子，将这三种地表地质灾害视为广义滑坡进行分析研究，计算地质灾害信息量值衡量其地质灾害易发性大小。

在地质灾害易发性这一研究领域，许多研究人员已经采用不同方法，根据不同因素，在不同尺度下评估不同规模的地质灾害易发性。例如人工神经网络模型，双变量统计方法，贝叶斯模型，机器学习方法和信息量模型。线路设计点多线长面广，采用信息量模型评估可达范围内地质灾害易发性，其模型假设为：历史上发生过地质灾害的地区(爆发区)将来可能会再次发生类似地质灾害；与地质灾害发生区域(爆发区)具有相似的地形地质环境条件的地区将来也可能发生类似地质灾害。

地质灾害现象受到多种因素 $x_i$ 的影响，各种因素对滑坡形成的贡献大小不同，可采用信息量进行衡量。信息量越大，表明该因素对地质灾害发生的贡献率越大。从勘测资料中能够获取滑坡体的面积数据，采用滑坡的分布面积作为参量进行信息量计算。因素 $x_i$ 的第 $j$ 个子类 $x_{ij}$ 对滑坡的信息量 $\mathrm{IV}(x_{ij})$ 为

$$\mathrm{IV}(x_{ij})=\ln\frac{N_{ij}/N}{S_i/S} \tag{4-40}$$

式中　$S$——可达区域面积，$\mathrm{km}^2$；

$N$——可达区域内滑坡面积，$\mathrm{km}^2$；

$S_i$——可达区域内含有评价因素 $x_{ij}$ 的面积，$\mathrm{km}^2$；

$N_{ij}$——分布在评价因素 $x_{ij}$ 类别内滑坡面积，$\mathrm{km}^2$。

因素 $x_i$ 的所有子类 $x_{ij}$ 之和可以确定 $x_i$ 因素对格网发生滑坡的信息量，分别计算格网中不同因素对格网发生滑坡的信息量并叠加，即可得到组合因素为滑坡所提供的信息量 $\mathrm{IV}(x_1,x_2,\cdots,x_n)$，将模糊区各格网信息量进行归一化，即可得到模糊区地质灾害风险性值，其计算流程如图 4-12 所示。

地质灾害的发生受到多种成灾因素的影响，考虑到线路设计阶段数据获取的精确程度和不同要素的致灾程度，选择高程、坡度、坡向、NDVI 值、距水系距离、距断裂带距离、岩性作为评价因子。

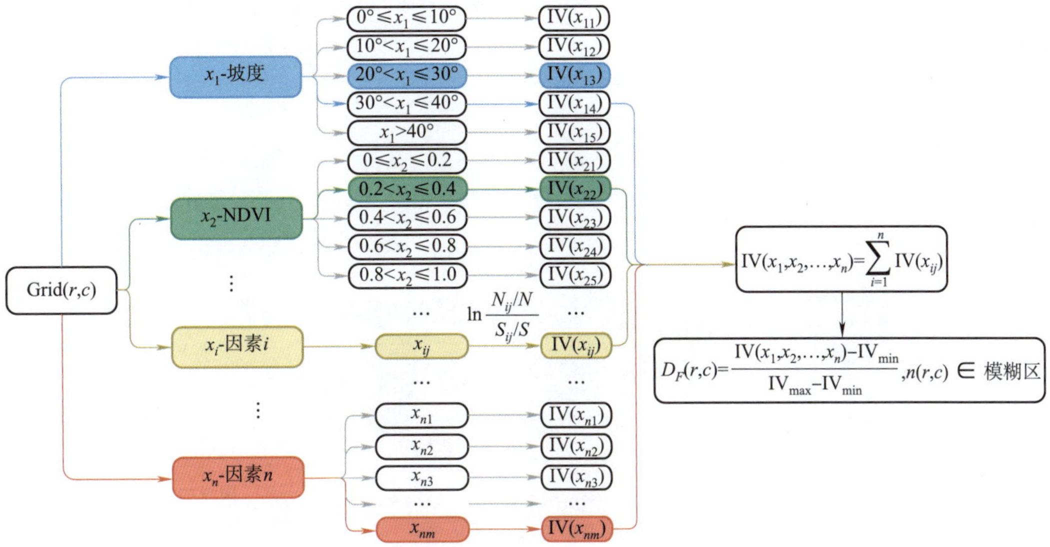


图 4-12　模糊区地质灾害易发性计算流程图

图 4-12 中 $D_F(r,c)$表示位于模糊区网格$(r,c)$的地质灾害风险性值；由式(4-40)可得到网格$(r,c)$的信息量值 $IV(r,c)$；$IV_{max}$ 和 $IV_{min}$ 表示模糊区格网的最大和最小信息量值。

通过上述分析，可以根据位置关系将线路可达区域划分为地质灾害爆发区，缓冲区和模糊区。在不同区域其地质灾害易发性表征方式不同，爆发区以修正后的易发性系数 $S$ 作为其地质灾害危险表征值，缓冲区以抵达动能值 $E_n$ 表示，模糊区用信息量值 IV 衡量其风险性，评估过程如图 4-13 所示。

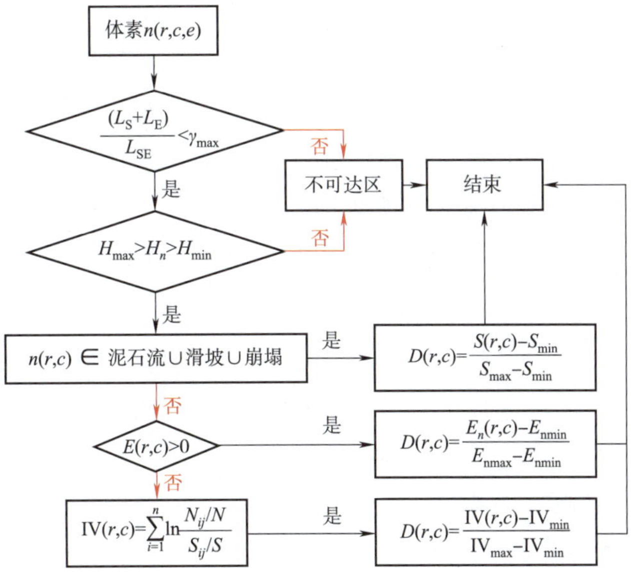


图 4-13　全域地质灾害地表易发性计算流程图

在完成地质灾害地表易发性评估后，在综合地理信息模型中，每个格网都记录了地质灾害易发性值 $D(r,c)$，如图 4-14 所示。

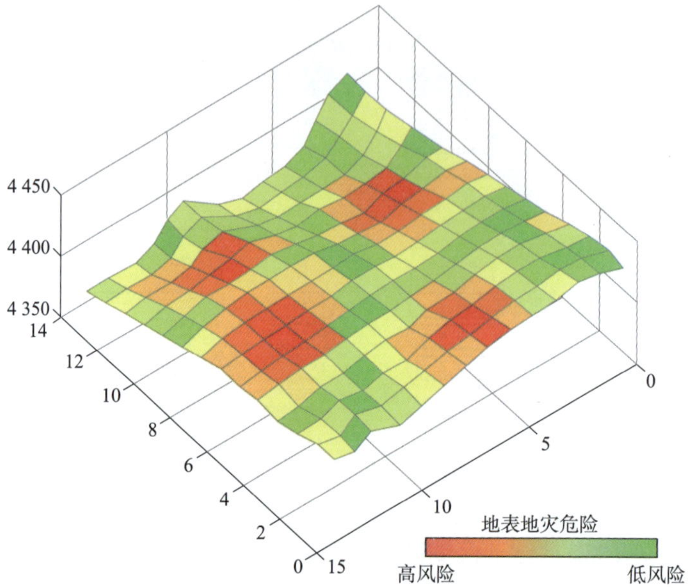


图 4-14 地表地质灾害易发性示意图(单位:m)

### 4.4.4 结构物易损性分析

线路地质灾害风险由地质灾害易发性和承灾体(线路结构物)易损性两方面共同决定。前文已经通过分析线路地质灾害危险来源明确了地质灾害地表易发性值，结构物易损性反映不同结构物对地质灾害的抵抗能力。在相同地质环境中，不同的结构物抗灾能力不同，进而其承受的地质灾害风险性不同，采用赋权积分法对线路结构物易损性进行评估。同时，线路设计过程要求合理布设结构物，可根据线路设计高程和地面高程之差($\Delta h$)和线桥(隧)分界高，采用式(4-41)确定配置何种结构物，如图 4-15 所示。

$$F_{\mathrm{B}}(\Delta h)=\begin{cases}\text{桥梁} & H_{\mathrm{maxb}}>\Delta h>\Delta H_{B}\\ \text{路堤} & \Delta H_{\mathrm{B}}>\Delta h>0\\ \text{路堑} & 0>\Delta h>\Delta H_{\mathrm{T}}\\ \text{隧道} & \Delta H_{\mathrm{T}}>\Delta h\end{cases} \tag{4-41}$$

$$\Delta h=e_{\mathrm{d}}-e_{\mathrm{g}} \tag{4-42}$$

式中 $\Delta H_{\mathrm{B}}$——路堤-桥梁分界填高；

$\Delta H_{\mathrm{T}}$——路堑-隧道分界挖深；

$H_{\mathrm{maxb}}$——施工技术条件限制的最大桥梁高度；

$e_d$——线路设计高程；

$e_g$——相应地面高程。

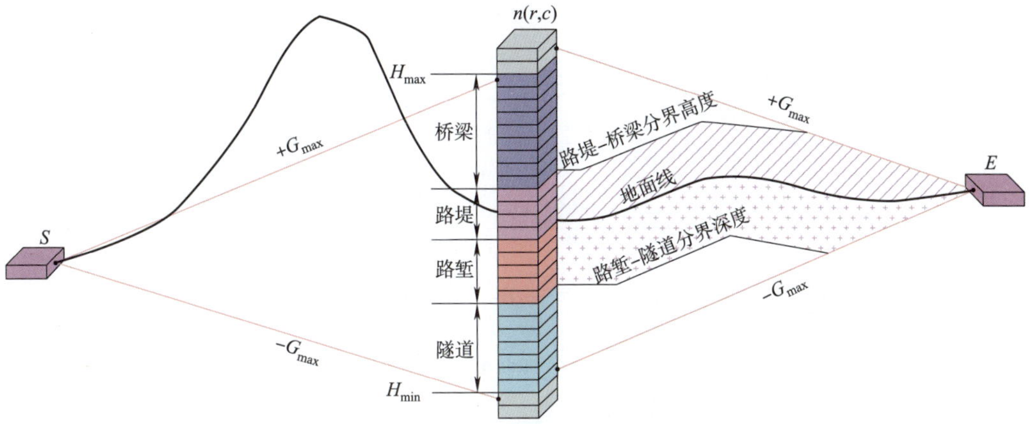


图 4-15　结构物配置示意图

通常，相比路基段，桥梁为岩土体运动提供了流通孔径，可将桥梁的初始易损性权重($V_P$)设置为 2.0，路基段初始易损性权重设置为 3.0。另外，隧道埋藏于地面以下，很好地避免了地表地质灾害的影响，因此隧道的易损性权重可设置为 1.0。

相同类型的结构物，规格不同则其承灾能力不同。对于桥梁，其桥梁高度越大，桥墩抗冲击能力越弱；对于路基体，其填挖土方量越大，其边坡稳定性越差。对于隧道，其埋深越大，受地表地质灾害影响越小。基于此可以对不同规格结构体脆弱程度进行细化评估。在根据线路结构物类型确定易损性权重的基础上，结合结构物形位($\Delta h$)可进一步调整。

根据 $\Delta H_{B-1}$ 和 $\Delta H_{B-2}$ 两个阈值高度，可以将桥梁划分为一般桥梁、高桥梁和超高桥梁。当隧道的埋深小于 $\Delta H_{min}$ 时，视为浅埋隧道，受地表地质灾害影响，当隧道断面的埋深超过 $\Delta H_{min}$ 时，视为深埋隧道，不受地表地质灾害的影响。此外，将填挖高度在($\Delta H_C$，$\Delta H_F$)范围内的路基视为一般路基，将挖方高度超过 $\Delta H_C$ 的路堑称为深路堑；同样，将填方高度超过 $\Delta H_F$ 的路堤视为高路堤。根据不同形位的结构物对地质灾害的抵抗能力不同，为不同形位的结构物分配修正因子 $c$(1、2 和 3)。在确定权重 $V_P$ 和 $c$ 之后，不同规格的结构物易损性估值确定见表 4-6。

**表 4-6　线路结构物易损性估值确定**

| 结构物类型 | 结构物形位 | $\Delta h$ | $V_P$ | $c$ | $V$ |
|---|---|---|---|---|---|
| 桥梁 | 超高桥梁 | ($\Delta H_{B-2}$，$\Delta H_{max}$) | 2.0 | 3 | 6.0 |
| | 高桥梁 | ($\Delta H_{B-1}$，$\Delta H_{B-2}$) | | 2 | 4.0 |
| | 一般桥梁 | ($\Delta H_B$，$\Delta H_{B-1}$) | | 1 | 2.0 |

续上表

| 结构物类型 | 结构物形位 | $\Delta h$ | $V_P$ | $c$ | $V$ |
|---|---|---|---|---|---|
| 路堤 | 高路堤 | $(\Delta H_F, \Delta H_B)$ | 3.0 | 2 | 6.0 |
| | 路堤 | $(0, \Delta H_F)$ | | 1 | 3.0 |
| 路堑 | 路堑 | $(\Delta H_C, 0)$ | | 1 | 3.0 |
| | 深路堑 | $(\Delta H_T, \Delta H_C)$ | | 2 | 6.0 |
| 隧道 | 隧道 | $(\Delta H_{min}, \Delta H_T)$ | 1.0 | 2 | 2.0 |
| | 深埋隧道 | $(-\infty, \Delta H_{min})$ | | 0 | 0.0 |

## 4.4.5 线路-结构物地质灾害风险性计算

对于综合地理信息模型中每一个地面格网，可以地面高程为基准，分别向上向下延展，将地表上下空间划分为一系列竖向堆叠体素 $\omega\times\omega\times\varepsilon$，如图 4-16 所示。根据地质灾害地表易发性值和结构物易损性值可以计算任一体素的线路地质灾害空间风险性值，由体素行号、列号、高程，可以检索每一空间体素的地质灾害风险性值：

$$f_H(r,c,e_d)=D(r,c)\times V[e_d-e_g] \tag{4-43}$$

式中 $r$ 和 $c$——每个空间体素的行和列；

$D(r,c)$——格网地表地质灾害易发性；

$V[e_d-e_g]$——结构物易损性估值；

$e_d$——线路设计高程；

$e_g$——相应地面高程。

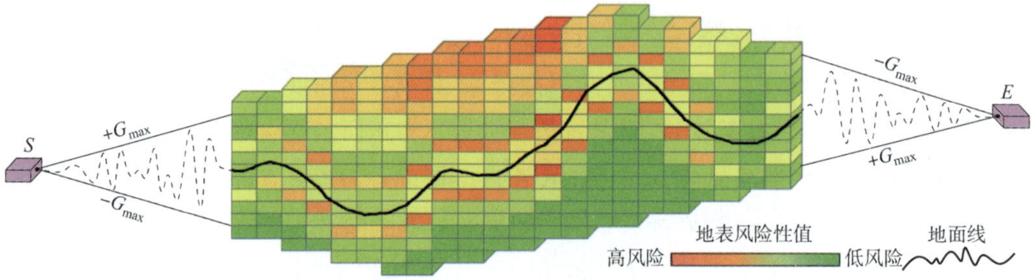


图 4-16 地质灾害空间风险示意图

隧道洞门是线路上特殊的结构物，为此，通过分析隧道洞门距爆发区的距离、洞门位势和坡度三个因素，计算得到隧道洞门的风险性值。其中洞门位势分为高位洞门、低位洞门和平洞门，高位洞门是指对于持续下坡的隧道中，高程更高的洞门，这样的洞门一般更加危险，因为当地质灾害爆发时，其运动岩土体将从高位洞门倒灌入隧道，掩埋洞门、堵塞隧道，如图 4-17 所示。

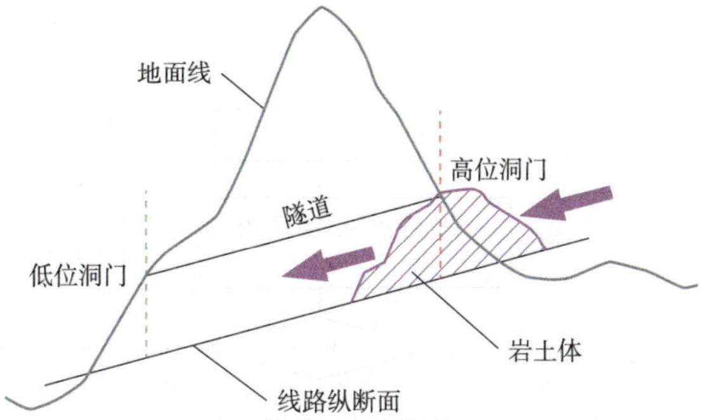


图 4-17　岩土体通过高位洞门涌入隧道

洞门风险性值可按式(4-44)计算：

$$H_P = \tau_D \cdot \tau_E \cdot \tau_S \quad (4\text{-}44)$$

$\tau_D$、$\tau_E$ 和 $\tau_S$ 分别表示隧道洞门距爆发区的空间距离因子、洞门位势因子和坡度因子所占权重值，权重值根据设计人员经验确定，见表 4-7。

**表 4-7　隧道洞门风险性值影响因素权重**

| 因素 | 分类 | 权重 |
|---|---|---|
| 距爆发区的距离因子 | <100 m | 5 |
| | 100～300 m | 4 |
| | 300～1 000 m | 2 |
| | >1 000 m | 1 |
| 洞门位势因子 | 高位洞门 | 5 |
| | 低位洞门 | 2 |
| | 平洞门 | 1 |
| 坡度因子 | >40% | 5 |
| | 20%～40% | 3 |
| | <20% | 2 |

得到研究区域空间地质灾害风险性之后，计算线路沿线地质灾害风险性。首先根据线路穿越的 GIS 网格将线路转换为一组桩号站点，如图 4-18 所示。然后，通过累加所有桩号站点的地质灾害风险性值，可以得到线路沿线总地质灾害风险性值为

$$F_H(\boldsymbol{x}_i, \boldsymbol{y}_i, \boldsymbol{R}_i, \boldsymbol{K}_j, \boldsymbol{H}_j) = \sum_S^E f_H(x_k, y_k, e_k) = \sum_{k=0}^{L/\omega} f_H(r_k, c_k, e_k) \quad (4\text{-}45)$$

$$r_k = \frac{x_k}{\omega}, \ c_k = \frac{y_k}{\omega} \quad (4\text{-}46)$$

式中　$(x_k, y_k, e_k)$——线路上第 $k$ 个站点的空间坐标；

$r_k, c_k$——第 $k$ 个站点所在网格的行和列。

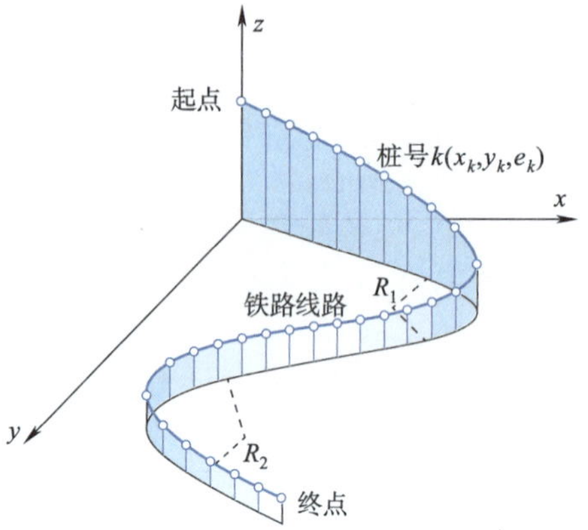


图 4-18 线路地质灾害危险值计算

计算线路总地质灾害风险性值的步骤如下：

步骤 1：根据线路所经过的 GIS 网格宽度，将线路转换为一组桩号点；

步骤 2：根据数字高程模型对桩号点的地面高程进行插值；

步骤 3：计算所有桩号点线路设计高程和地面高程的差值($\Delta h$)；

步骤 4：根据每个桩号点的 $\Delta h$ 确定结构物的类型和尺寸；

步骤 5：使用式(4-45)累加所有桩号点的地质灾害风险性值，获取线路的总地质灾害风险性值。

## 参考文献

[1] 刘希林．我国泥石流危险度评价研究：回顾与展望[J]. 自然灾害学报，2002，11(4)：1-22.

[2] 徐胜华，刘纪平，王想红，等．熵指数融入支持向量机的滑坡灾害易发性评价方法：以陕西省为例[J]. 武汉大学学报(信息科学版)，2020，45(8)：1214-1222.

[3] MELCHIORRE C，MATTEUCCI M，AZZONI A，et al. Artificial neural networks and cluster analysis in landslide susceptibility zonation[J]. Geomorphology，2008，94(3-4)：379-400.

[4] MICHALOWSKI R L，DRESCHER A. Three-dimensional stability of slopes and excavations[J]. Géotechnique，2009，59(10)：839-850.

[5] KATZ O，REICHENBACH P，GUZZETTI F. Rock fall hazard along the railway corridor to Jerusalem，Israel，in the Soreq and Refaim valleys[J]. Natural Hazards，2011，56(3)：649-665.

[6] YAN S，HE S，DENG Y，et al. A reliability-based approach for the impact vulnerability assessment of bridge piers subjected to debris flows[J]. Engineering Geology，2020，269：105567.

[7] PALMA B，PARISE M，REICHENBACH P，et al. Rockfall hazard assessment along a road in the Sorrento Peninsula，Campania，southern Italy[J]. Natural Hazards，2012，61(1)：187-201.

[8] 申维．耗散结构、自组织、突变理论与地球科学[M]. 北京：地质出版社，2008.

[9] LEE S, MIN K. Statistical analysis of landslide susceptibility at Yongin, Korea [J]. Environmental Geology, 2001, 40(9): 1095-1113.

[10] DAI F C, LEE CF. Landslide characteristics and slope instability modeling using GIS, Lantau Island, Hong Kong [J]. Geomorphology, 2002, 42(3-4): 213-228.

[11] J CASALÍ, GASTESI R, J ÁLVAREZ-MOZOS, et al. Runoff, erosion, and water quality of agricultural watersheds in central Navarre (Spain)[J]. Agricultural Water Management, 2008, 95(10): 1111-1128.

[12] LIANG W J, ZHUANG D F, JIANG D, et al. Assessment of debris flow hazards using a Bayesian Network [J]. Geomorphology, 2012, 171: 94-100.

[13] WEINMEISTER H W. Integrated debris flow disaster mitigation [J]. Journal of Mountain Science, 2007, 4(4): 293-308.

# 第5章 线路廊带智能搜索方法

优化模型的求解，是在多维变量空间中寻找满足各项约束要求且目标函数最优的一组决策变量。由于线路优化问题搜索空间巨大且目标函数通常非线性、不可微，线路优化模型的智能求解一直是本领域的热点难点问题。而在实际工程中，由于时空跨度大、时间资源有限等原因，选线一般采用分阶段的方式进行作业。首先进行线路廊带的优选，有效缩减搜索空间，并避免遗漏有价值的廊带方案，称为“由面到带”阶段；此后，在优选的走廊带内进行线路、结构物的详细布设，实现点线协同系统的多目标综合设计，称为“由带到线”阶段。基于上述思想，本章重点介绍多层次的智能选线求解思路，即在“由面到带”阶段实现点线协同廊带中线的高效搜索。

## 5.1 概　　述

由于线路走廊带通常由廊带中线与廊带宽度确定，因此线路走廊带搜索的关键是廊带中线的搜索。针对“由面到带”设计阶段，目前国内外的廊带中线搜索方法已能够较好解决平易地区的选线问题。然而，在复杂山岭地区，为了克服地形高差、控制桥隧工程数量并减少工程投资，往往需要大量的展线工作，致使线路走廊带中线迂回曲折、几何线形异常复杂；此外，由于山区恶劣的地形、地质等自然条件，选线过程中必须考虑多维耦合的约束条件，使线路空间可行域的确定极为困难。

对于上述挑战，既有方法由于缺乏对复杂艰险山区选线环境、技术等因素的综合考虑，在应用时严重受限，极端情况下甚至无法产出可行解。因此，针对复杂艰险山区线路智能优化方法，中南大学数智选线课题组开展了持续深入的研究。自20世纪90年代至今，建立了一系列基于动态规划、距离变换等算法的线路廊带中线搜索方法[1,2]，可在复杂约束条件下生成一系列线路走廊带中线方案，实现了“由面到带”阶段山区廊带中线的自动优选，该方法也被成功应用于解决大量的复杂艰险山区前期选线问题。本章将主要介绍面向线路走廊带中线搜索的动态规划、双向广义距离变换等算法的实现原理，以供学习交流。

# 5.2 动态规划

动态规划法是求解决策过程最优化的数学方法。其基本原理是把多阶段过程转化为一系列单阶段问题，并利用各阶段之间的关系，逐个求解，进而得到全局最优解。该方法允许各阶段问题不独立，且对每个阶段只解一次，并将结果保存起来，避免每次碰到时都要重复计算。

针对线路优化问题，动态规划法通常与网格优化法结合，将线路优化视为连接起终点的最短路径问题，具有算法简单、理论完备、能够搜索到全局最优解的优点，并且易于实用，因此得到了广泛应用。

## 5.2.1 三维动态规划模型的建立

### 1. 选线环境的三维空间网格建模

首先对线路可能经行的区域进行三维空间网格划分，其平面投影如图 5-1 所示。

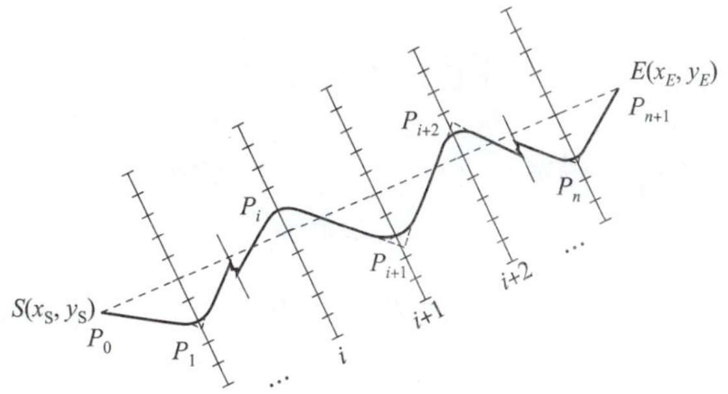


图 5-1　三维网格的平面投影

假设 $S(x_S,y_S)$、$E(x_E,y_E)$分别为路线的起点和终点，线段 $SE$ 为起点和终点的连线。假定用 $n$ 个垂直面 $A_1,A_2,\cdots,A_i,\cdots,A_n$ 等分线段 $SE$，则这些垂直面与路线交于 $n$ 个不同的三维点 $P_1,P_2,\cdots,P_i,\cdots,P_n$。假设每个垂直面上的点个数分别为 $m_1,m_2,\cdots,m_i,\cdots,m_n$，第 $i$ 个垂直面上的点记为 $P_{i,1},P_{i,2},\cdots,P_{i,m_i}$，并规定线路与每个垂直面的交点必须在这些三维网格点中选择，即 $P_i$ 必须在面 $A_i$ 上的 $m_i$ 个三维网格点 $P_{i,1},P_{i,2},\cdots,P_{i,m_i}$ 中选择，如图 5-2 所示。这 $n$ 个垂直面将线路划分为了 $n+1$ 个区间(即 $n+1$ 个阶段)。

### 2. 线路平面的生成

为了使三维搜索网格能更好地控制线路走廊带中线，这里将每个垂直面上可选的三维点视为线路圆曲线的曲中点，而非线路的交点或链路的折点。因此，由此选出的线路直接是

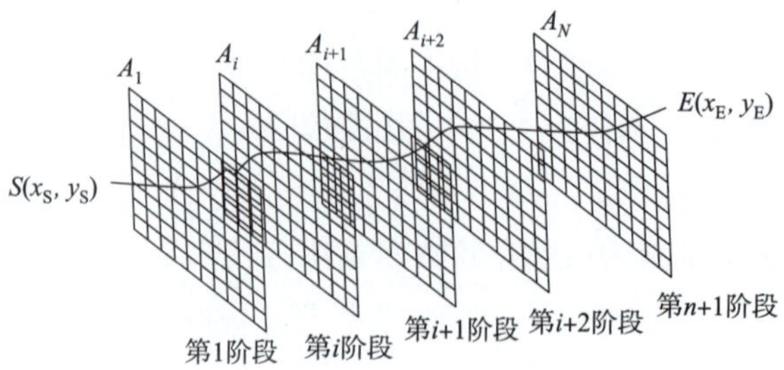


图 5-2　三维搜索网格

符合线路要求的“直线-曲线-直线”的平面线形，而非由连续折线所组成的非实用线形。

根据规范要求对每个圆曲线配置最小曲线半径为初始半径，$R_0$ 为初始半径，$R_{\min}$ 为规范要求的最小曲线半径。即

$$R_0=[R_{\min},R_{\min},\cdots,R_{\min},\cdots,R_{\min}]^{\mathrm{T}} \tag{5-1}$$

若令起点 $S(x_S,y_S)=P_0$，终点 $E(x_E,y_E)=P_{n+1}$，则 $P_0,\cdots,P_{n+1}$ 这 $n+2$ 个点的选择就决定了一个线路的平面线形。

### 3. 两点间线路纵断面的自动生成

一般来说，变坡点个数和平面交点个数并不相同，相邻两个曲中点间线路所对应的纵断面设计线也并不一定是单一的坡度，即任何两个曲中点之间的纵断面设计线应该是和地形相适应的。因此，可以通过平顺地面线并与最小二乘法相结合的方法自动优化纵断面，从而快速获得线路上两点间的纵断面设计线。

1)地面线平顺

确定变坡点的位置通常可转化为寻找地面线在高程趋势上发生改变的位置。由于地面线本身是一条毫无规律的折线，为了寻找地面线高程的变化走势，需要首先对地面线进行规则化处理。这里通过屋架函数进行地面线整饰，得到处理后圆顺的曲线。设纵断面地面线有 $n$ 个中桩点，$X_i$，$Y_i(i=1,2,\cdots,n)$分别为其里程和高程。屋架函数[3]平顺的计算式为

$$Y'_i=\frac{\sum_{j=m_1}^{m_2}Y_j(1-l_j/R)}{\sum_{j=m_1}^{m_2}(1-l_j/R)} \tag{5-2}$$

式中　$R$——平顺半径，m；

$m_1,m_2$——将屋架函数置于第 $i$ 个中桩点，在函数 $2R$ 范围内中桩起止序号；

$l_j$——$j$ 号中桩距 $i$ 号中桩的距离，m，$i$ 为屋架函数放置的中桩，$l_j=X_i-X_j$；

$Y_j$——$j$ 号中桩的地面高程，m；

$Y'_i$——$i$ 号中桩平顺后的地面高程，m。

2)变坡点个数的确定

经过上述处理形成的地面模型，是一条分段光滑且近似抛物线的平滑曲线，选择曲线上的反弯点和曲率变化点作为变坡点[3]，即可实现自动分坡。但所建立的数字地面模型不可能完全光滑，其一阶倒数并不连续。因此，为搜索平滑地面线的反弯点和曲率变化点，需对平滑地面线进行三阶及一阶均差处理。

(1)三阶差商计算

$$d_{y'_i}=\frac{(y'_i-y'_{i-1})(x_{i+1}-x_i)/(x_i-x_{i-1})+(y'_{i+1}-y'_i)(x_i-x_{i-1})/(x_{i+1}-x_i)}{(x_{i+1}-x_{i-1})} \tag{5-3}$$

当 $i=1$ 时，$d_{y'_1}=(y'_2-y'_1)/(x_2-x_1)$；

当 $i=n$ 时，$d_{y'_n}=(y'_n-y'_{n-1})/(x_n-x_{n-1})$。

式中 $x_i$——第 $i$ 个中桩点的里程；

$y'_i$——第 $i$ 个中桩点平顺后的高程。

(2)一阶差商计算

$$dd_{y'_i}=(d_{y'_{i+1}}-d_{y'_{i-1}})/(x_{i+1}-x_{i-1}) \tag{5-4}$$

当 $i=1$ 时，$dd_{y'_1}=(d_{y'_2}-d_{y'_1})/(x_2-x_1)$；

当 $i=n$ 时，$dd_{y'_n}=(d_{y'_n}-d_{y'_{n-1}})/(x_n-x_{n-1})$。

经过一阶差商计算后，差商值反号的点即为平滑地面线的曲率变化点和反弯点，一阶差商反号处的里程即为变坡点的里程。对这些变坡点进行最小坡长约束检验，删除不满足约束的变坡点得到变坡点的个数。

(3)变坡点位置的确定

以纵断面工程数量最省为目标，采用最小二乘法拟合坡度线。设第 $i$ 个桩号的里程为 $s_i$，高程为 $h_i$，该坡段直线方程 $y=kx+a$，由最小二乘原理得

$$\begin{cases} k=\dfrac{m\sum\limits_{i=1}^{m}(h_is_i)-\sum\limits_{i=1}^{m}h_i\sum\limits_{i=1}^{m}s_i}{m\sum\limits_{i=1}^{m}s_i^2-\left(\sum\limits_{i=1}^{m}s_i\right)^2} \\ a=\dfrac{\sum\limits_{i=1}^{m}h_i-k\sum\limits_{i=1}^{m}s_i}{m} \end{cases} \quad i=1,2,\cdots,m \tag{5-5}$$

$m$ 为拟合范围内的中桩个数。拟合得到的两相邻直线的交点，即为变坡点，用符号($s_i$，$h_i$)表示，则

$$\begin{cases} s_i=\dfrac{(a_i-a_{i+1})}{(k_{i+1}-k_i)} \\ h_i=\dfrac{(k_{i+1}\times a_i-k_i\times a_{i+1})}{(k_{i+1}-k_i)} \end{cases} \tag{5-6}$$

最后进行约束的检验和纵坡的调整。

3)动态规划模型建立

(1)阶段

图 5-1 中，$n$ 个垂直面将线路切分成 $n+1$ 个区间，这 $n+1$ 个区间可作为动态规划法决策中的 $n+1$ 个阶段：$P_0 \sim P_1, P_1 \sim P_2, \cdots, P_n \sim P_{n+1}$。

(2)状态和决策

对第 $k$ 阶段进行分析(其中 $k=0,1,\cdots,n$)，设第 $k$ 阶段的状态变量用 $S_k$ 表示，$P_{k,j}$ 为第 $k$ 个阶段第 $j$ 个中桩点位。决策变量为 $U_k$，决策集为 $D_k(S_k)$，且令 $m_0=1$，则

$$S_k \in \{P_{k,1}, P_{k,2}, \cdots, P_{k,m_k}\} \tag{5-7}$$

$$U_k \in D_k(S_k) = \{P_{k+1,1}, P_{k+1,2}, \cdots, P_{k+1,m_{k+1}}\} \tag{5-8}$$

(3)策略

全过程策略记为 $Q_{0,n}$，则

$$Q_{0,n} = \{U_0(P_0), U_1(P_1), \cdots, U_n(P_n)\} \tag{5-9}$$

$k$ 子过程策略记为 $Q_{k,n}$，则

$$Q_{k,n} = \{U_k(P_k), U_{k+1}(P_{k+1}), \cdots, U_n(P_n)\} \tag{5-10}$$

(4)状态转移方程

$$S_{k+1} = T_k(S_k, U_k) \tag{5-11}$$

(5)指标函数和最优指标函数

若用 $f_k(P_k, P_{k+1})$ 表示第 $k$ 区间线路的综合费用，则阶段指标函数为

$$V_k(S_k, U_k) = f_k(P_k, P_{k+1}) \tag{5-12}$$

过程指标函数，即线路建造的综合费用为

$$\begin{aligned} V_{k,N} &= V_k(S_k, U_k, S_{k+1}, U_{k+1}, \cdots, S_n, U_n) \\ &= \sum_{j=k}^{N} V_j(S_j, U_j) \\ &= \sum_{j=k}^{N} f_j(P_j, P_{j+1}) \end{aligned} \tag{5-13}$$

把过程指标函数 $V_{k,n}$ 对 $k$ 子过程策略 $Q_{k,n}$ 求最优，得到关于状态 $S_k$ 的最优值函数，即从第 $k$ 阶段到终点 $P_{n+1}$ 的最小综合费用。记为 $f_k(S_k)$，则

$$f_k(S_s) = \min_{U_k, \cdots, U_N} V_k(S_k, U_k, S_{k+1}, U_{k+1}, \cdots, S_n, U_n) \tag{5-14}$$

(6)动态规划基本方程

$$f_k(S_k) = \min_{U_k \in D_k(S_k)} \{V_k(S_k, U_k) + f_{k+1}(S_{k+1})\} \tag{5-15}$$

$$\begin{aligned} &(k=n, n-1, \cdots, 0) \quad \text{递推方程} \\ &f_{n+1}(S_{n+1}) = 0 \quad \text{边界条件} \end{aligned} \tag{5-16}$$

## 5.2.2　动态规划模型的求解

### 1. 第 $k$ 阶段两个状态间综合费用的计算

式(5-12)中的函数 $V_k(S_k,U_k)$ 的计算方法如下：设第 $k$ 阶段，在两个垂直面上选择的点分别为 $P_k(x_k,y_k,z_k)$ 和 $P_{k+1}(x_{k+1},y_{k+1},z_{k+1})$。首先，以 $R_{\min}$ 为初始半径，$P_k$ 点为圆曲线的曲中点反算出 $P_k$ 和 $P_{k+1}$ 之间的线形。

(1)若该段线形不满足 3.3 节中平面线设计约束条件，则令 $V_k(S_k,U_k)=f_k(P_k,P_{k+1})=\infty$。

(2)若该段线形满足平面线设计约束条件，检测该区间的纵断面约束条件，连接 $z_k$ 与 $z_{k+1}$ 的坡度大于允许最大坡度或小于允许最小坡度时，则该纵断面设计无论如何也不可能满足坡度约束条件，则令 $V_k(S_k,U_k)=f_k(P_k,P_{k+1})=\infty$。

(3)若不属于上述两种情况，则对该区间的线路生成相应的纵断面，自动配置桥梁、隧道等，并计算该区间线路的目标函数 $f(\boldsymbol{x},\boldsymbol{y},\boldsymbol{R},\boldsymbol{L},\boldsymbol{Z})$，即为第 $k$ 阶段此方案的 $V_k(S_k,U_k)$ 值，步骤如下：

①内插出区间线路的纵断面地面线并得到该区间线路设计线，依据纵断面地面线及局部线路设计线的高程差确定出填方区域及挖方区域。

②根据桥隧设置标准，自动设置桥隧，并得到以下数据：该区间线路需要设置的桥梁总数 $N_{\mathrm{Q}}$、第 $i$ 座桥梁的高度 $H_{\mathrm{Q}i}$、第 $i$ 座桥梁的长度 $L_{\mathrm{Q}i}$；需要设置的隧道总数 $N_{\mathrm{S}}$，第 $j$ 座隧道长度 $L_{\mathrm{S}j}$；路基地段的总个数 $N_{\mathrm{L}}$。

③针对路基地段，进行横断面自动设计；得到以下数据：第 $x$ 个断面的里程 $L_{\mathrm{D}x}$；第 $x$ 个断面的面积 $S_x$；第 $x$ 个断面的用地宽度 $w_x$。

④计算路基地段土石方工程费 $C_{\mathrm{E}}$，桥梁工程费 $C_{\mathrm{B}}$，隧道工程费 $C_{\mathrm{T}}$，征地费 $C_{\mathrm{R}}$，与线路长度有关的工程费 $C_{\mathrm{L}}$，与行车有关的年运营费 $C_{\mathrm{ET}}$，固定设备维修费 $C_{\mathrm{M}}$，具体计算方法详见第 3 章。

### 2. 模型求解

根据上述的动态规划基本方程式(5-15)，对所有的状态变量 $S_k$，按 $k=n,n-1,\cdots,0$ 的顺序计算各个 $f_k(S_k)$ 的值，最终求取 $f_0(S_0)$ 即为给定条件下的最优值，并根据各阶段的状态转移方程 $S_{k+1}=T_k(S_k,U_k)$ 得到全过程策略 $Q_{0,n}=\{U_0,U_1,\cdots,U_n\}$，即得到了整体最优的线路方案。

(1)第 $n$ 阶段：状态变量 $S_n$ 包含 $m_n$ 个元素，即垂直面 $A_n$ 上的 $m_n$ 个网格点 $P_{n,1}$，$P_{n,2}$，…，$P_{n,m_n}$，决策集只有一个元素，即 $P_{n+1}$。分别计算连接节点 $P_{n,j}$(其中 $j=1,2,\cdots,m_n$)和终点 $P_{n+1}$ 线路的阶段指标函数 $V_n(P_{n,j},P_{n+1})$，则 $A_n$ 上的 $m_n$ 个网格点到终点的最小代价函数为

$$f_n(S_n)=\min_{U_n}\{V_n(S_n,U_n)+0\} \tag{5-17}$$

(2)第 $k$ 阶段:状态变量 $S_k$ 包含 $m_k$ 个元素,即垂直面 $A_k$ 上的 $m_k$ 个网格点 $P_{k,1},P_{k,2},\cdots,P_{k,m_k}$,决策集有 $m_{k+1}$ 个元素,即垂直面 $A_{k+1}$ 上的 $m_{k+1}$ 个网格点 $P_{k,1},P_{k,2},\cdots,P_{k,m_{k+1}}$。分别计算连接节点 $P_{k,j}$(其中 $j=1,2,\cdots,m_k$)和节点 $P_{k+1,j}$(其中 $j=1,2,\cdots,m_{k+1}$)之间线路的阶段指标函数 $V_k(S_k,U_k)$。则 $A_k$ 上的 $m_k$ 个网格点到终点的最小代价函数为

$$f_k(S_k)=\min_{U_k\in D_k(S_k)}\{V_k(S_k,U_k)+f_{k+1}(S_{k+1})\} \tag{5-18}$$

(3)第 0 阶段:状态变量 $S_0$ 包含一个元素,即起点 $P_0$,决策集 $\{P_{1,1},P_{1,2},\cdots,P_{1,m_1}\}$。即 $P_1$。分别计算 $V_0(P_{0,j},P_1)$(其中 $j=1,2,\cdots,m_1$),则得到起点 $P_0$ 到终点 $P_{n+1}$ 的最小代价函数为

$$f_0(S_0)=\min_{U_0}\{V_0(S_0,U_0)+f_1(S_1)\} \tag{5-19}$$

### 3. 双向搜索求解线路方案群

动态规划法有正序递推和逆序递推两种方程,且动态规划法最终搜索出的是从起点到终点的一条最优路径。由于线路优化问题属于无向图的最短路径问题,搜索出的最优路径与动态规划的搜索方向没有关系。因此,设计了一种双向动态规划的策略,分别以从起点到终点和从终点到起点两个方向搜索,用来得到按代价函数由小到大的一组线路方案群。

对于从终点到起点的搜索过程:根据动态规划最优子结构的性质,第 $k$ 阶段的决策过程中,状态变量 $S_k$ 每一个可选节点 $P_{k,j}$($k=1,2,\cdots,n+1,j=1,2,\cdots,m_k$)都记录了从当前三维节点到终点的最小代价函数

$$f_k(P_{k,j})=\min_{U_k\in D_k(S_k)}\{V_k(P_{k,j},U_k(P_{k+1,j}))+f_{k+1}(S_{k+1})\}\quad j=1,2,\cdots,m_{k+1} \tag{5-20}$$

和从该节点到终点的最优路径

$$Q_{k,n}(P_{k,j})=\{U_k(P_{k,j}),U_{k+1},\cdots,U_n\} \tag{5-21}$$

对于从起点到终点的搜索过程,$P_{k,j}$ 点记录了从该节点到起点的最小代价函数

$$f'_k(P_{k,j})=\min_{U_k\in D_k(S_k)}\{V_k(P_{k,j},U_k(P_{k-1,j}))+f_{k-1}(S_{k-1})\}\quad j=1,2,\cdots,m_{k-1} \tag{5-22}$$

和从该节点到起点的最优路径

$$Q'_{k,0}(P_{k,j})\{U_k(P_{k,j}),U_{k-1},\cdots,U_0\} \tag{5-23}$$

定义符号 $f(P_{k,j})=f_k(P_{k,j})+f'_k(P_{k,j})$,$Q(P_{k,j})=Q_{k,n}(P_{k,j})+Q'_{k,0}(P_{k,j})$,则有如下定理:

(1)$f(P_{k,j})$为连接起终点并且经过该三维网格点 $P_{k,j}$ 的最小代价函数。

(2)$Q(P_{k,j})$为连接起终点并且经过该三维网格点 $P_{k,j}$ 的最优路径。

证明:假设存在经过点 $P_{k,j}$ 有代价函数更小的路径,该路径从 $P_{k,j}$ 到起点和终点的代价函数分别设为 $f_{QD}(P_{k,j})$和 $f_{ZD}(P_{k,j})$,并且有 $f_{QD}(P_{k,j})+f_{ZD}(P_{k,j})<f(P_{k,j})$。

根据动态规划最优子结构的性质,有

$$f_{QD}(P_{k,j})\geqslant f'_k(P_{k,j}) \tag{5-24}$$

$$f_{ZD}(P_{k,j})\geqslant f_k(P_{k,j}) \tag{5-25}$$

由式(5-24)、式(5-25)相加，得

$$f_{QD}(P_{k,j})+f_{ZD}(P_{k,j})\geqslant f_k(P_{k,j})+f'_k(P_{k,j})=f(P_{k,j}) \tag{5-26}$$

与假设 $f_{QD}(P_{k,j})+f_{ZD}(P_{k,j})<f(P_{k,j})$矛盾。结论得证。

因此，采用双向的动态规划搜索，将每个网格点 $P_{k,j}$ 计算经过该点的最小代价函数 $f(P_{k,j})$，并按 $f(P_{k,j})$由小到大排序，即可得连接起终点的一组最优的线路方案群，然后由状态转移方程 $S_{k+1}=T_k(S_k,U_k)$即可得到对应的线路路径。

通过上述动态规划搜索可以确定一系列线路走廊带中线方案，供设计人员参考。但将该方法应用于大区域范围的选线时，由于网格数据量巨大，存储空间需求大，运算效率较低。

## 5.3 二维距离变换

将空间“距离”概念拓展为包含线路方案工程、运营、环境影响等代价的“广义距离”，则走廊带中线的生成可归结为最短路径的搜索问题。在众多的最短路径算法中，距离变换是一种行之有效的方法，只需在局部邻域模板内搜索，通过距离的扩展便可求解出任意像素到目标像素的全局最短路径，已被广泛应用于最短路径求解。但传统距离变换方法是在无约束的环境下实现的，而在线路设计中存在复杂的线路-结构物-环境耦合约束。因此，本节介绍一种顾及复杂约束的广义距离变换法，可在复杂环境下自动生成满足各类约束的优化方案群。

### 5.3.1 距离变换算法基本原理

距离变换(distance transformation，DT)是图像学中的一种常用变换，由 Rosenfeld 等于 1966 年首次提出[4]。通过距离变换算法可将一幅图像转换为灰度图(即距离图)，在这幅灰度图中，每个像素的灰度值是该像素与目标点的最短距离，其定义为：给定一个点集 $P$(图像中所有点)，一个子集 $B$(图像中的目标点，$B\in P$)，以及满足测度条件的距离函数 $d(p,b)$，$p\in P,b\in B$，距离变换赋予 $p$ 点的距离值为

$$\mathrm{DT}(p)\in\min_{b\in B}\{d(p,b)\} \tag{5-27}$$

所有点($p\in P$)的 DT($p$)构成的图像称为距离图，其中每个像素点的 DT($p$)即为该点到目标点的最小距离。

距离变换无需对图像进行全局操作运算，只需定义包含局部距离的邻域模板，将距离进行扩展便可生成全局距离图。图 5-3 为 5×5 浮点型邻域模板，其中每个元素的值为该像素到模板中心的距离。

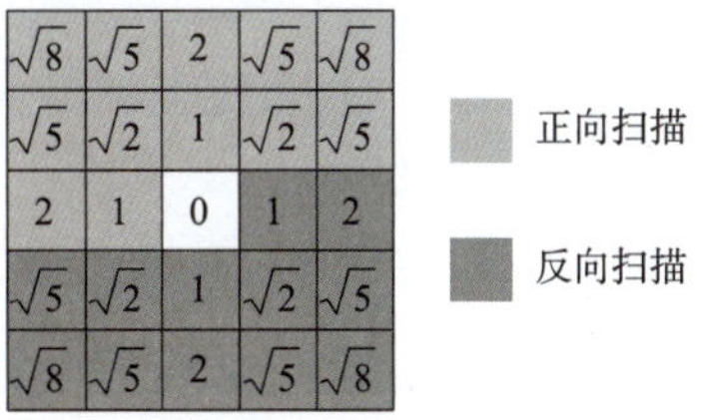


图 5-3 5×5 邻域模板

距离变换算法的基本流程如下：

首先，初始化所有像素的距离值，对于任意像素点 $p$，如为目标点则 $DT(p)=0$，否则 $DT(p)=\infty$：

$$DT(p)=\begin{cases}0 & p\in B\\ \infty & p\notin B\end{cases} \tag{5-28}$$

然后，从图像的左上角开始，按先正向(从上至下，从左至右)，再反向(从下至上，从右至左)的顺序扫描所有像素，如图 5-4 所示，图中 Row 和 Col 分别为图像行、列数。

当扫描到某一像素 $p$ 时，将邻域模板中心放置在像素 $p$ 处，如图 5-5(a)所示，在模板内搜索满足像素 $q$，如图 5-5(c)所示，并更新 $DT(p)$，如图 5-5(d)所示，同时在像素 $p$ 内存储像素 $q$ 相对于它的行、列差值 $\Delta R(p,q)$，$\Delta C(p,q)$。

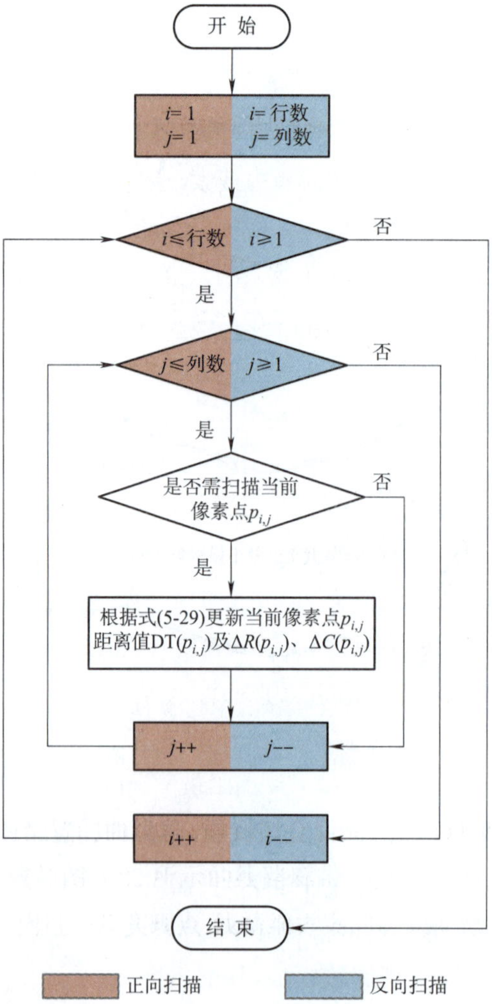


图 5-4　距离变换扫描

$$DT(p)=\min_{r,c}\{DT(q)+d_{r,c}\}$$
$$r=\Delta R(p,q) \tag{5-29}$$
$$c=\Delta C(p,q)$$

其中，$DT(p)$为像素 $p$ 更新后的像素值；$DT(q)$为像素 $q$ 的像素值；$d_{r,c}$ 为像素 $p$ 与像素 $q$ 间的距离，如图 5-5(b)所示。图 5-5(d)中，当 $\Delta R(p,q)=-1$，$\Delta C(p,q)=-1$ 时，$DT(q)+d_{r,c}$ 获得最小值，因此，$DT(p)=DT(q)+d_{-1,-1}$。

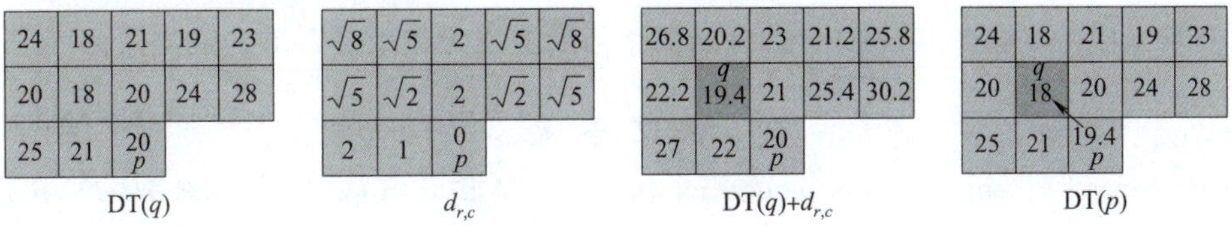


(a)初始距离图　(b)邻域模板　(c)邻域模板叠加初始距离图　(d)中心格网距离值更新后的距离图

图 5-5　距离更新过程

不断执行上述扫描过程，直到所有像素距离值不变为止，形成最终的距离图。$DT(p)$即为任意像素 $p$ 到目标点的最短距离，通过 $\Delta R$、$\Delta C$ 可递推出像素 $p$ 到目标点的最短路径，如图 5-6 所示。

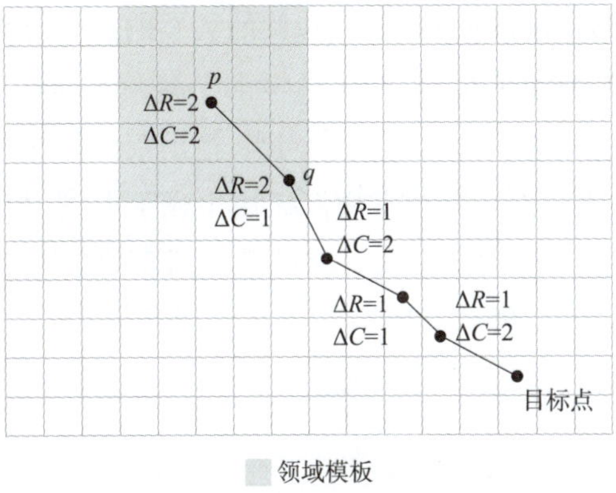


图 5-6　根据距离图生成最短路径

## 5.3.2　广义距离

传统的欧式距离变换(euclidean distance transform，EDT)使用欧氏距离来描述像素/体素之间的距离，无法适用于复杂的选线问题。对此，本文将平面格网之间的“连接费用”定义为广义距离：当两个格网相连之后形成局部线路时，以该局部线路的工程建设费用作为评估方案优劣(即“距离”远近)的依据。

基于距离变换思想，将选线范围划分为 $m \times n$ 的规则格网，整个格网被视为一张图像，组成格网的各单元格则视为像素点，将线路端点设为距离变换的目标点，用格网中单元格之间的广义距离代替传统距离变换算法中的空间距离，生成的距离图表示各单元格到线路端点的最小综合费用，对应的路径即为到线路端点的最优路径。其中任意两个单元格 $C_{i,j}$、$C_{r,c}$ 连接路径的广义距离为：以两单元格中心点连线为线路平面，两单元格的地面高程分别作为起、终点设计高程，根据综合地理信息模型中存储的路基-桥梁分界填高和路基-隧道分界挖深自动设置桥隧，桥隧自动设置方法详见 5.3.5 节，形成包含线路平面、纵断面由桥梁、隧道、路基组成的局部路径(图 5-7)，该局部路径的工程费和运营费即为广义距离。

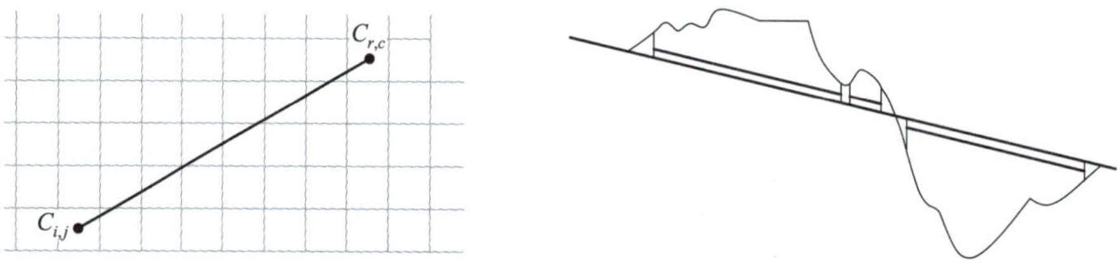


(a)局部线路平面　　(b)局部线路纵断面

图 5-7　连接两单元格形成局部路径

## 5.3.3　双向扫描策略

基于传统距离变换的线路优化方法为以线路的一个端点为目标点，经过距离变换后，通常只能生成一条贯通起终点的路径。在山岭地区由于各项复杂约束要求，易出现距离无法传递，无法生成贯通路径的问题。本节针对该问题，提出双向扫描策略。

将线路起点 $S$ 设置为目标点，经距离变换扫描生成距离图 $DT_S$，若任意单元格 $C_{i,j}$ 的广义距离 $DT_S(C_{i,j}) \neq 0$，在该距离图上便可获取 $C_{i,j}$ 到 $S$ 的最优路径 $P_S$，如图 5-8 所示；然后，以线路终点 $E$ 为目标点，同理可得到 $C_{i,j}$ 到 $E$ 的最优路径 $P_E$；$P_S$、$P_E$ 在 $C_{i,j}$ 处衔接，即可生成通过 $C_{i,j}$ 连接线路起、终点的最优路径。

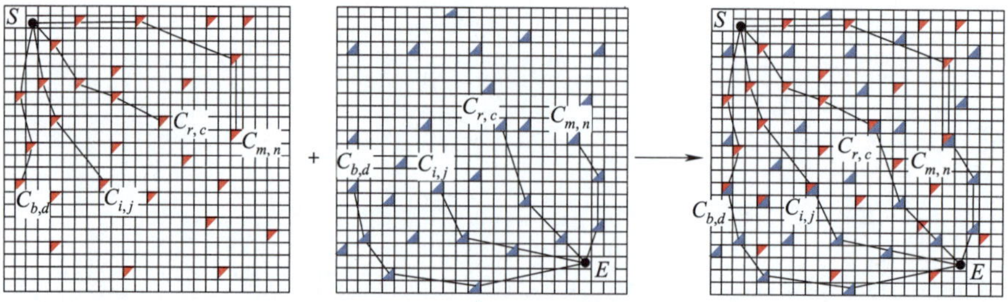


(a)以起点为目标点的距离变换　(b)以终点为目标点的距离变换　(c)双向距离变换路径拼合

图 5-8　双向距离变换

### 5.3.4 自适应邻域模板

传统距离变换算法通常采用标准邻域模板，但由于山岭地区复杂的地形条件，约束众多，单元格间的连接坡度较大，易出现邻域内所有单元格均无法与中心单元格连接，导致距离无法传递的问题。针对该问题，提出了标准邻域模板 $n_N \times n_N$ 和扩展邻域模板 $n_W \times n_W$，如图 5-9 所示。

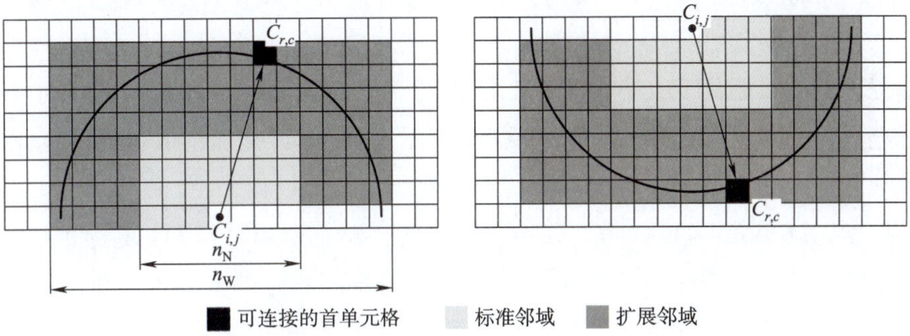


(a)正向扫描动态邻域模板　　(b)反向扫描动态邻域模板

图 5-9　动态邻域模板

在动态邻域模板中 $n_W$ 为自适应动态数值，当扫描到单元格 $C_{i,j}$ 时，如标准邻域内存在满足所有约束要求的连接单元格，则 $n_W=0$，扩展邻域退化为空集；否则不断扩大邻域，进行扩展搜索，直到找到首个满足所有约束要求的单元格 $C_{r,c}$。然而，随着扩展邻域 $n_W$ 的增大，搜索空间显著增加。在复杂山岭地区，通常需要进行扩展搜索，搜索步长有时可达上万米，采用该方法虽可找到连通单元格，但也显著增加了搜索时间。对此，进一步设计了如下自适应邻域模板。

该自适应邻域模板包括三个重要参数，如图 5-10 所示。

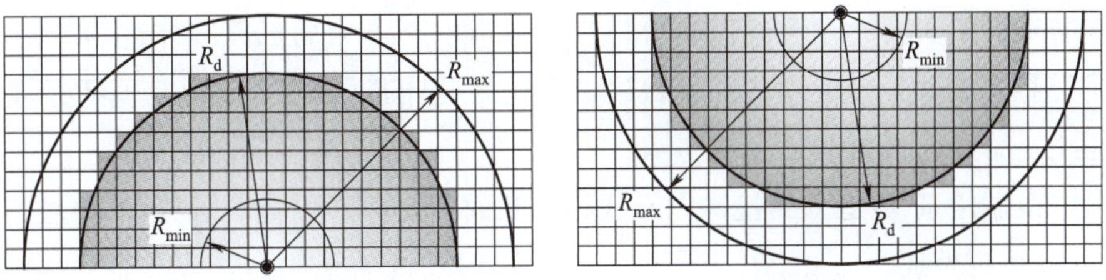


(a)正向搜索邻域模板　　(b)反向搜索邻域模板

图 5-10　自适应邻域模板

$R_{min}$：最小邻域半径，用于控制两连接单元格的最小直接距离，以保证线路方案最小夹直线线长和最小曲线半径约束；

$R_{max}$：最大邻域半径，用于控制两连接单元格的最大直接距离，以保证搜索效率；

$R_d$：方向自适应邻域半径，用于扩展搜索邻域，以 $R_d$ 所包含的所有方向扩展搜索邻域，即连接当前单元格与以 $R_d$ 为半径的半圆内的单元格，以该连线上的单元格作为扩展邻域。当中心单元格被扫描时，如果在最小邻域半径内存在可连接的单元格，则不需要扩展邻域模板。否则由内向外增加邻域半径，直到找到一个满足所有约束条件的可连接单元格。自适应邻域模板可在降低搜索空间大小的同时，保证搜索质量。

该模板同样分为正向模板和反向模板，正向扫描时采用上半圆，反向扫描时采用下半圆。

本节提出的二维距离变换方法采用二维格网模型描述选线研究区域。分别以起点、终点为目标点进行邻域模板扫描，并生成两张距离图，然后将其叠加生成贯通的优化路径，解决了山岭地区复杂约束要求下距离难以传递的问题。扫描过程采用二维平面邻域模板进行局部路径搜索，其中邻域模板仅考虑了地表的高程信息。所以，2D-DT 的整个搜索过程实际是在基于地表的二维空间曲面范围内进行的，仅考虑了线路的地表可达性，而忽略了线路地上下三维空间可达性。导致了大量搜索空间、潜在方案被忽略。加之在多维耦合约束的影响下，复杂山区线路的可行域本就有限，因此 2D-DT 的线路方案搜索数量、质量均受限，其搜索空间亟待扩展。

### 5.3.5 桥梁、隧道自动设置方法

桥梁和隧道可根据线路设计高程、地面高程以及预先设定的路基-桥梁分界填高和路基-隧道分界挖深自动设置。通过连接两单元格可获得局部线路纵断面，自动设置桥梁即为在已有纵断面的情况下，依据用户给定标准，自动计算桥梁起、终位置，以供桥梁专业参考。

首先，线路设计人员根据实际地形条件并结合设计经验，给定路基-桥梁分界填高，然后在线路搜索过程中根据给定的分界高，以及线路纵断面和地面高程自动确定桥梁位置。此外，需要注意的是，当线路穿过河流或水渠时需设置桥梁，针对某些有航运需求的河流还需满足净空需求。桥梁自动设置流程如图 5-11 所示，图中 $n_s$ 为局部路径经过的单元格数目，$w$ 为局部路径上相邻两单元格的距离，$H(i)$为线路设计高程，$H_g(i)$为地表高程，$L_B(j)$为该局部路线上第 $j$ 座桥梁的长度。

隧道可根据路基-隧道分界挖深以及线路纵断面和地面高程自动设置，其原理与自动设桥相同，此处不再赘述。

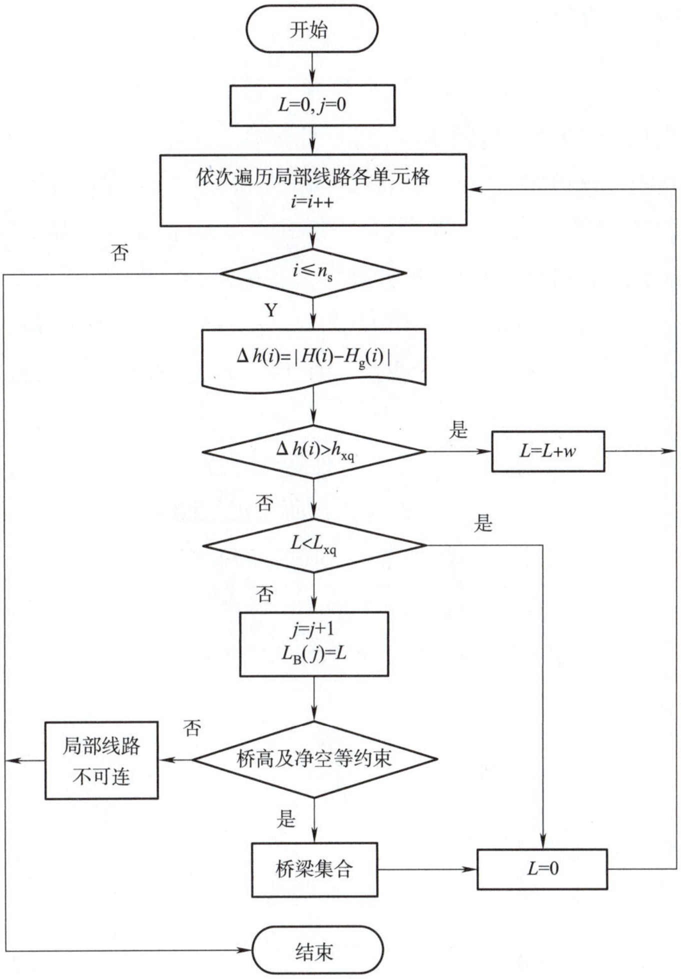


图 5-11　自动设桥过程

$w$—综合地理信息模型的格网宽度；$h_{xq}$—线桥分界高度；$L_{xq}$—最小设桥长度；$n_s$—局部路径经过的单元格数目；$H(i)$—线路设计高程；$H_g(i)$—地表高程；$L_B(j)$—该局部路线上第 $j$ 座桥梁的长度

## 5.4　三维距离变换

上文所述的 2D-DT 算法只能在地表形成的空间曲面范围内寻求可行走廊带中线方案。然而，线路所处的研究区域是一个三维空间范围，除了地表可达区域外，还有地表以下和地表以上的大量空间可作为线路搜索的可行域。因此，本节将 2D-DT 算法改进为 3D-DT 算法，通过设计三维搜索模板、制定空间扫描策略，实现了搜索空间的拓展，从而提升线路走廊带中线方案的数量和质量。

### 5.4.1 广义鲁棒多准则距离

前文 5.3.2 节中定义的广义距离仅适合于单目标优化。对于所考虑的工程经济、地质灾害危险多目标优化来说，由于量纲不统一、目标函数之间具有矛盾冲突等问题，DT 路径之间无法通过直接对比来确定方案优劣，需要借助多目标或多准则评价方法来实现方案的优选。因此，可以基于多准则锦标赛决策(multi-criteria tournament decision，MTD)方法和鲁棒优化(robust optimization，RO)思想计算广义鲁棒距离。

MTD 是 Parreiras and Vasconcelos[5] 所提出，是一种可以在优化过程中考虑决策者对于不同目标函数偏好信息的多准则评价方法。在 DT 局部路径的生成阶段，MTD 算法流程设计如下：

步骤 1：针对模板内生成的全部可行路径，甄选并建立"非支配解集"(记作 Ω)。举例来说，对于邻域模板内的两个路径方案 a 和 b，若在所考虑的两项目标函数之中，a 有 1 项目标函数表现优于 b，而其余 1 项目标函数劣于 b，则称 a 和 b 互不支配，是为非支配解。

步骤 2：对非支配解集中的方案进行成对比较，称为"锦标赛"过程。具体来说，通过将每个方案(如方案 a)与其他所有方案(如方案 b)进行对比，那么方案 a 在第 $j$ 项目标函数方面的"胜利情况"(记作 WT)可计算为

$$\mathrm{WT}_j(\mathrm{a},\mathrm{b})=\begin{cases}0, & F_{\mathrm{a}}^{j}>F_{\mathrm{b}}^{j}\\ 1, & F_{\mathrm{a}}^{j}<F_{\mathrm{b}}^{j}\end{cases} \tag{5-30}$$

式中 $F$——目标函数，其值越低方案越优。

步骤 3：对方案 a 在第 $j$ 项目标函数方面的"总胜利次数"(记作 TWT)统计如下：

$$\mathrm{TWT}_j(\mathrm{a})=\sum_{\forall b\in\Omega\wedge a\neq b}\frac{\mathrm{WT}_j(\mathrm{a},\mathrm{b})}{\|\Omega\|-1} \tag{5-31}$$

式中 $\|\Omega\|$——非支配解集的元素数目。

步骤 4：考虑设计人员对于不同目标函数的偏好权重值(PW)，最终方案 a 的 MTD 排序结果($R_{\mathrm{MTD}}$)可按式(5-32)计算：

$$R_{\mathrm{MTD}}(\mathrm{a})=\sqrt[J]{\prod_{j=1}^{J=2}\left[\mathrm{TWT}_j(\mathrm{a})\right]^{\mathrm{PW}_j}} \tag{5-32}$$

式中 $J$——目标函数的总数目。

采用上述方法，可以将 $R_{\mathrm{MTD}}$ 作为 DT 路径方案的多目标广义距离值，其排序越靠前，则说明路径越优。然而在实际工程中，设计人员对于不同目标函数的偏好往往是模糊的，因而偏好权重值(PW)具有很大的不确定性，并且线路优化结果往往对于权重值的设定又十分敏感。因此，上述标准 MTD 方法需要进一步改进以提升实用性。鉴于此，受鲁棒优化(RO)思想启发，提出了 RO-MTD 方法，用来确定 DT 搜索时的广义鲁棒距离值。

RO 通过寻找对不确定性扰动因素不敏感的鲁棒解来实现方案优化。Mulvey 等[6] 首

次提出了一系列鲁棒优化方法来解决不确定性工程优化问题。之后，RO 吸引了研究人员的广泛目光，被用于解决大量实际问题。不失一般性，RO 一般将标准的优化问题 $F(\boldsymbol{x})$ 转化为 $F(\boldsymbol{x}+\delta)$，其中 $\delta$ 代表不确定性因素集合。这样，通过将不确定性因素视为设计变量，原始的评价函数 $F(\boldsymbol{x})$ 即可被转化为“期望目标函数”$F_{\exp}(\boldsymbol{x})$：

$$F_{\exp}(\boldsymbol{x})=\int_{-\infty}^{+\infty}[F(\boldsymbol{x}+\delta)\cdot p(\delta)]\mathrm{d}\delta \tag{5-33}$$

式中 $p(\delta)$——概率密度函数。

式(5-33)的思想就是通过对 $\delta$ 所代表的扰动空间充分采样，来找到对于不确定性因素不敏感的鲁棒解。基于此概念，RO-MTD 的理论公式可构建为

$$R_{\text{RO-MTD}}(a,\text{PW})=\iint\cdots\int_{\boldsymbol{U}}\sqrt[\boldsymbol{J}]{\prod_{j=1}^{J}[\text{TWT}_j(a)]^{\text{PW}_j}}\,\mathrm{d}(\text{PW}_1)\mathrm{d}(\text{PW}_2)\cdots\mathrm{d}(\text{PW}_j),$$

$$\text{s. t.}\sum_{j=1}^{J}\text{PW}_j=1 \tag{5-34}$$

其中，$\boldsymbol{U}=[0,1]$；$J$ 表示目标函数的总数目。

式(5-34)中，由于不确定性权重值(即 PW)在 $\boldsymbol{U}$ 内波动，因此 RO-MTD 的原理就是通过对 $\boldsymbol{U}$ 进行详细的采样，来分析全部的可能性决策场景(即每一种可能的权重偏好组合值)，进而整合所有的决策场景来得到鲁棒排序情况。

在实际工程中，由于公式(5-34)难以直接求解，因此可转化为以下形式：

$$R_{\text{RO-MTD}}(a,\text{PW})=\zeta\cdot\sum\sum\cdots\sum_{\text{PW}_j\in\boldsymbol{U}}\sqrt[J]{\prod_{j=1}^{J}[\text{TWT}_j(a)]^{\text{PW}_j}}\Big/T,\text{s. t.}\sum_{j=1}^{J}\text{PW}_j=1 \tag{5-35}$$

式中 $\zeta$——区间常数(即采样密度)，用来将 $\boldsymbol{U}$ 划分为一系列等距间隔；

$J$——目标函数的总数目。

因此，每个目标函数的权重值可以从 0(或 1)开始按照 $\zeta$ 进行增加(或减小)，直至对 $\boldsymbol{U}$ 充分采样(例如当 $\zeta=0.25$ 时，$\text{PW}_j\in\boldsymbol{U}=\{0,0.25,0.5,0.75,1\}$)。

最终，对于多目标评价问题，式(5-35)所计算的 $R_{\text{RO-MTD}}$ 即为广义鲁棒距离值，用于确定局部路径群中的最优方案。

### 5.4.2 红细胞式三维搜索模板

在应用 3D-DT 进行智能选线时，搜索空间被离散为三维体素，这需要基于 GIS 格网将搜索空间抽象为一系列体素集合。对于线路优化问题来说，其“体素维度”应视为各向异性：GIS 格网的 $x$、$y$ 平面尺寸一般相同；但是由于最大坡度约束($G_{\max}$)的存在，在 $z$ 方向上的体素尺寸通常要远小于平面格网宽度值(即 $s_x=s_y\gg s_z$)。举例来说，假设 $G_{\max}=20‰$并且 $s_x=s_y=s_z=30$ m(即假设线路搜索空间的体素各向同性)，那么需要至少 1 500 m 的距离才能够找到 $z$ 方向可以连通的两个体素，在这段距离内大量的体素由于线路不可达(即不满

足 $G_{max}$)将被跳过，导致路径连通率受限，进而制约线路走廊带中线方案数量。而当各向同性的体素尺寸 $s_x$、$s_y$ 和 $s_z$ 增大时，在 DT 扫描过程中被跳过的格网数量还会增多。

因此，线路优化问题的体素维度应为各向异性，在本节中体素尺寸被定义为 $s_x=s_y=30$ m，$s_z=1$ m，如图 5-12(a)和图 5-12(b)所示。然而，$z$ 方向的体素过密又会增加计算量和搜索时间。在设计邻域模板时必须考虑搜索效率的问题。最终，兼顾体素各向异性特征和搜索时间问题，构建了如图 5-12(c)所示的"红细胞式三维邻域模板"。

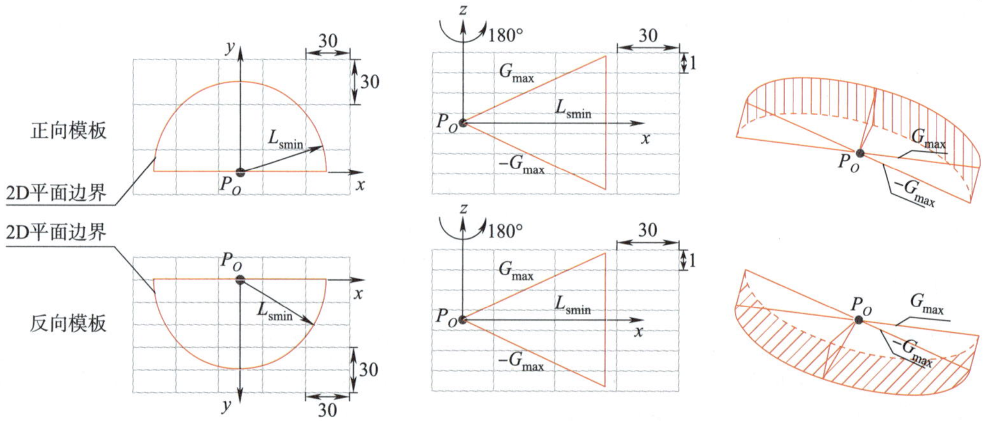


(a)确定模板 $x$-$y$ 平面边界　(b)确定模板 $x$-$z$ 平面边界　(c)将 $x$-$z$ 平面边界绕 $z$ 轴旋转 180°形成最终三维模板

图 5-12　红细胞式邻域模板生成过程(单位:m)

(1)以任意平面格网的中心点($P_O$)为圆心、最小坡段长约束($L_{smin}$)为半径，形成如图 5-12(a)所示的 $x$-$y$ 平面半圆形区域；

(2)以 $P_O$ 为原点、最大坡度约束($\pm G_{max}$)为斜率，在 $x$-$z$ 平面上形成如图 5-12(b)所示的封闭三角形区域；

(3)在 $P_O$ 点将上述三角形绕 $z$ 轴旋转 180°，形成如图 5-12(c)所示的最终三维邻域模板。由于其中间凹陷，外围突出，形似红细胞，故而被命名为红细胞式三维邻域模板。

在后续路径搜索过程中，DT 算法将仅扫描位于上述模板 3D 边界上的体素单元，即图 5-12(c)的阴影区域，这是因为位于模板 $x$-$y$ 平面边界内的体素[图 5-12(a)]在与中心格网相连时，无法满足最小坡段长 $L_{smin}$ 约束；同时，位于模板平面边界内，但处于模板的上、下曲面范围以外的体素无法满足最大坡度 $G_{max}$ 约束。

所提出的红细胞式模板考虑了体素的各向异性特征，因此可以提升 3D 路径的连通率。此外，相比于扫描模板内全部体素的传统搜索方法，此处的模板通过处治 $L_{smin}$ 和 $G_{max}$ 约束有效地将局部搜索空间进行了缩减，从而可以提升搜索速度。

### 5.4.3　三维空间动态搜索

#### 1. 可行体素集合

对于 5.3 节所述的 2D-DT 算法，每个 GIS 格网只需记录地表的高程信息，即一对一，如图 5-13(a)所示。通过空间可达性分析，可以快速确定在 2D-DT 搜索过程中所有需要被扫描的格网，称之为“可行格网集合”。

对于 3D-DT，每个平面格网在 $z$ 方向上需要记录一系列的体素单元(即一对多)。最为简单直接的方式是将研究区域抽象为一个足够大的三维立方体空间，如图 5-13(b)所示。此后，采用穷举法对广域立方体空间内的所有体素进行逐个扫描，以确定最优三维路径。然而，在多数情况下这样的方法会涉及大量的无谓运算，过于低效。

实际上，不同平面格网在 $z$ 方向上所对应体素单元的数量、分布均不同。具体来说，由于研究区域内的地形等自然因素的变化、复杂多维的约束条件以及多种结构物组合形式，线路在不同平面位置处所对应的 $z$ 方向高程可达范围通常是不一样的，也就是说不同平面位置处的“可行体素集合”(feasible voxels set，FVS)往往不同，理论上呈现如图 5-13(c)所示的不规则空间形状。

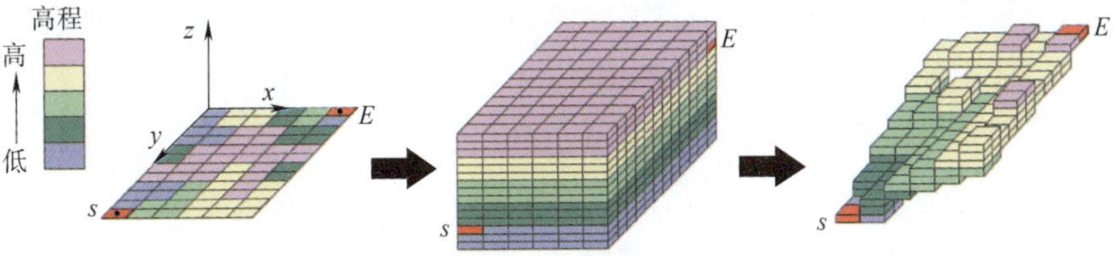


(a)2D-DT 平面搜索空间　(b)3D-DT 立体搜索空间　(c)3D-DT 不规则 FVS

图 5-13　2D-DT 和 3D-DT 对比

对于三维数字图像来说，其 FVS 具有明确的空间物理尺寸，且 FVS 内所有体素的数量、分布等信息可以在 DT 扫描之前得知，随后的 3D-EDT 搜索过程是在一个有限的三维搜索空间内进行的。然而，对于线路优化问题来说，3D-DT 扫描所需要的可行体素数量、分布等信息很难确定：首先，在地表以上、以下巨大的三维搜索空间内，理论上存在无穷多的线路可行方案。因此，无法准确预测出无穷多线路方案所能穿越的 FVS；此外，智能选线过程中目标函数的计算、约束条件的检测等过程均是在优化过程中动态实现的，所以不同的局部 FVS 也只能在局部三维搜索空间生成之后才能够动态确定。

#### 2. 分步-反推优化策略

在 DT 扫描过程中，首先检测邻域模板平面边界上二维格网的连通性(即是否可到达线路起终点)，然后采用“反推法”计算 FVS 所对应的纵断面高程区间。为了便于解释，每个平面格网都被赋予了一个布尔值“CanLink”来记录其 $z$ 方向上是否存在可行体素。最初，目标格网(即线路起点或终点所在格网)和非目标格网(即非起终点格网)的 CanLink 值被分别初始化为 TRUE 和 FALSE。本策略的具体实施过程如下：

(1)在双向扫描过程中(图 5-14),模板的平面中心首先被置于 GIS 格网之上,如图 5-14(a)所示。然后,沿着模板的 2D 平面边界检测是否存在 CanLink 值为 TRUE 的格网。若所有格网的 CanLink 值均为 FALSE,直接扫描下一个格网;否则,按如下步骤检测纵断面连通性。

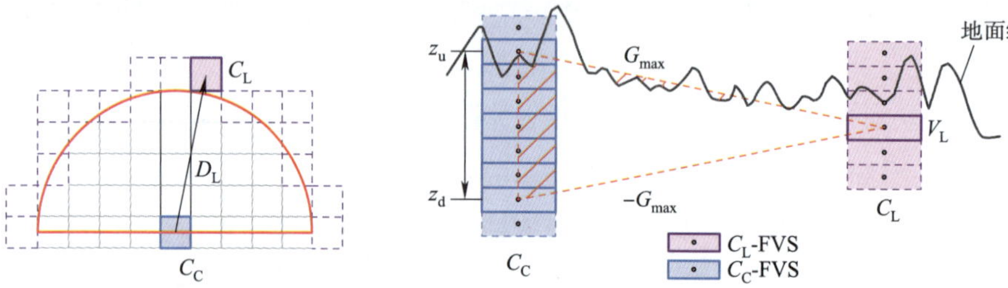


(a)沿邻域模板平面边界确定可连通格网 $C_L$　　(b)自 $C_L$ 向 $C_C$ 反推生成 $C_C$ 的 FVS

图 5-14　确定平面格网 $C_C$ 的 FVS

(2)对于模板中心格网 $C_C$ 来说,若沿着模板边界找到了某一 CanLink 值为 TRUE 的格网(如 $C_L$),则意味着 $C_L$ 所对应的体素中至少有一个是可连通体素($V_L$),如图 5-14 所示。如前文所述,$C_C$ 的实际 FVS 很难确定,然而 $V_L$ 的高程($H_L$)却很容易确定。这是因为,在确定 $C_L$ 可以连通时,所有可行的 $H_L$ 都会被记录在 $C_L$ 中,并随着搜索过程的进行动态变化。在此基础上,对于 $C_L$ 的每一个 $V_L$,以向上和向下的最大坡度限定可行高程范围,向 $C_C$ 的体素进行连接,对 $C_C$ 所有可连通体素取并集,即可依据每一个可行的 $H_L$,由 $C_L$ 向 $C_C$ 反向推演确定 $C_C$ 所对应的 FVS 高程区间$[z_d, z_u]$:

$$D_L=\sqrt{(x_L-x_C)^2+(y_L-y_C)^2} \tag{5-36}$$

$$z_d=H_L-G_{max}\cdot D_L \tag{5-37}$$

$$z_u=H_L+G_{max}\cdot D_L \tag{5-38}$$

式中　$D_L$——$C_C$ 和 $C_L$ 之间的路径长度,且 $L_{smin}<D_L<L_{smin}+w$;

$L_{smin}$——最小坡段长;

$w$——平面格网宽度;

$x_L, y_L$——$C_L$ 的平面坐标;

$x_C, y_C$——$C_C$ 的平面坐标;

$G_{max}$——最大坡度。

当将三维邻域模板置于 $H<z_d$ 和 $H>z_u$ 的体素范围内时,由于最大坡度的约束会导致 $V_L$ 不可达。因此,高程范围位于$[z_d, z_u]$内的体素组成了格网 $C_C$ 的 FVS。在上述过程中,FVS 的确定过程采用了反推机制,即从 FVS 已知的格网向 FVS 未知的格网进行反向推演。此方法可以快速地从 $z$ 方向上锁定 $C_C$ 中的 FVS。

(3)若 $C_C$ 的模板平面边界上存在多个可连通格网(如图 5-15 中的 $C_P$ 和 $C_Q$),那么 $C_C$ 所对应的 $z$ 向体素可以有多种到达目标点的选择,如“$C_C$-$C_P$-$C_M$-目标点”或“$C_C$-$C_Q$-目标点”。这些不同的走廊带中线对应着 $C_C$ 不同的 FVS,在搜索过程中需要进行充分考虑。在这种情况下,可以通过计算多个高程区间的并集来确定 $C_C$ 最终的 FVS($FVS_C$):

$$FVS_C = [z_{Pd}, z_{Pu}] \cup [z_{Qd}, z_{Qu}] \tag{5-39}$$

式中 $[z_{Pd}, z_{Pu}]$和$[z_{Qd}, z_{Qu}]$——格网 $C_P$ 和 $C_Q$ 的高程反推区间。

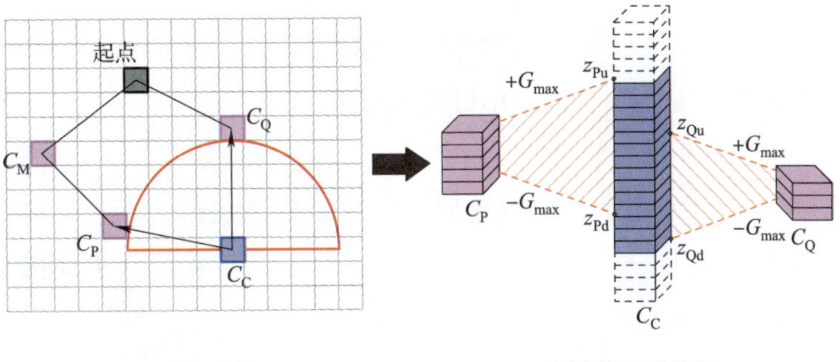


(a)反推机制　　(b)高程反推区间

图 5-15　计算多个高程区间的并集以确定格网 $C_C$ 的 FVS

(4)一旦 $C_C$ 处的 FVS 确定下来,5.4.2 节所提出的红细胞式三维模板即可对 FVS 进行从上至下、逐个体素的扫描。这一过程中,模板中心体素将与位于模板边界上的可连通体素相连接,并按照 5.3.5 节的方法设置路桥隧等结构物,形成局部线路方案。之后,检测该局部方案是否满足全部的约束条件(见 5.4.4 节)。若满足,则继续进行 5.4.1 节广义鲁棒距离的计算,并按照如图 5-16 所示确定最优局部路径;否则视为不可行路径予以舍弃。

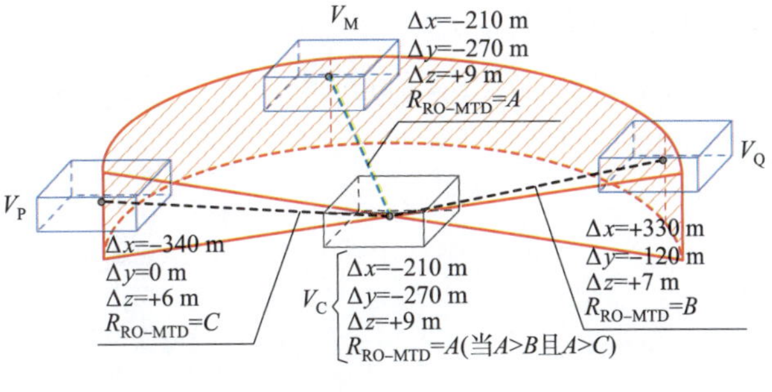


图 5-16　优选局部路径(其中绿色虚线代表 RO-MTD 排序最高的方案)
并更新模板中心体素 $V_C$ 的三维路径偏移量

(5)在更新完上述 FVS 中所有体素的广义鲁棒距离之后,检测 FVS 中是否至少出现一个体素可以连通至线路目标点，即可连通体素。若有，则更新 $C_C$ 的 CanLink 值为 TRUE，否则保持 $C_C$ 的 CanLink 值为 FALSE。

上述流程采用了两个方法来动态确定 3D-DT 复杂的 FVS，即平面-纵面分步搜索法以及已知-未知反向推演法，可快速高效地生成 3D-DT 搜索可行域。相比于传统的穷举搜索方法，本节策略可以显著提升搜索速度，避免将计算资源浪费在不可行格网的扫描之上。

### 5.4.4 约束检测与处治

在上节内容中，当模板中心体素与边界体素相连时，需要检测第 3 章所介绍的各类设计约束。其中，最大坡度约束（$G_{max}$）和最小坡段长约束（$L_{smin}$）已在 5.4.2 节的三维模板生成过程中完成检测，其余约束条件则按照如图 5-17 方法进行处治。

（1）在极度紧坡地段，有时为了克服地形高差需要控制线路的高程趋势，使线路高程不断增加（或减少）。图 5-17(a)中，此时格网 $C_a$ 和 $C_b$ 的 FVS 需沿水平面减半，将 $V_a$ 和 $V_b$ 的连接坡度 $G_L$ 控制在$[0, G_{max}]$（或$[0, -G_{max}]$）之间。

（2）体素 $V_b$ 处的最大坡度代数差$|G_{L2}-G_{L1}|$不可超过最大允许值 $\Delta G_{max}$，如图 5-17(b)所示。

（3）如果 3D 路径处于隧道之中，如图 5-17(c)所示，还需控制隧道内的最小排水坡（$G_{Tmin}$），因此需对格网 $C_b$ 的 FVS 进行相应调整。

（4）可行体素 $V_b$ 的设计高程与地表高程的差值，不能超过最大允许桥梁高度（$H_{Bmax}$），如图 5-17(d)所示。

（5）当连续多个体素位于隧道内时，如图 5-17(e)所示，隧道长度 $L_T$ 会在扫描过程中不断累加，以实时检测其是否满足最大隧道长约束（$L_{Tmax}$）。

（6）两体素之间的 3D 路径需绕避空间多边形禁区（如岩溶区或地下暗河），如图 5-17(f)所示，相应的 FVS 高程范围需要进行调整。

（7）若 3D 路径跨越河流、既有公/铁路等障碍物时，可通过高差计算检测净空约束（$H_C$）是否满足设计要求，如图 5-17(g)所示。

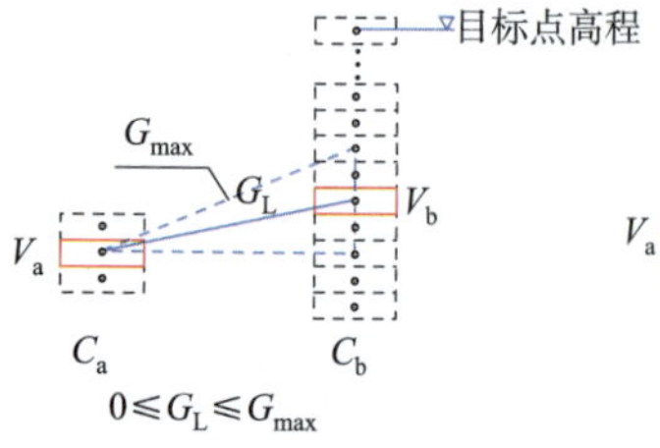

(a)线路坡度允许区间

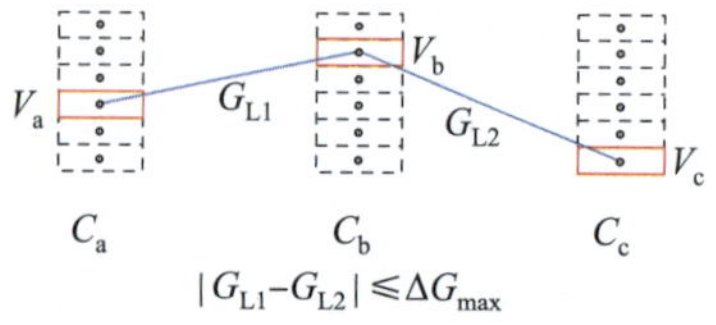

(b)最大坡度代数差

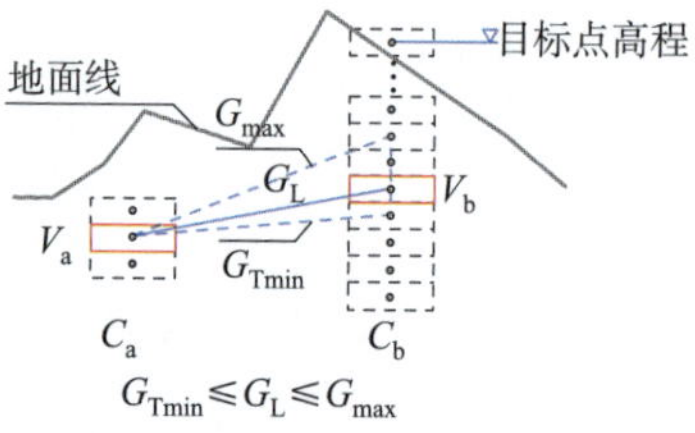

(c)隧道内最小排水坡度

图 5-17

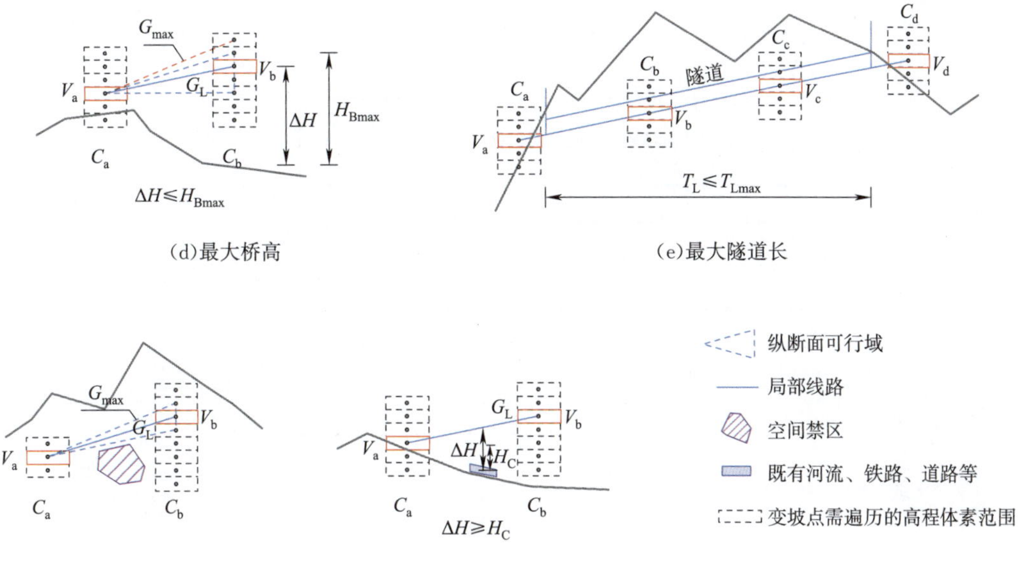


图 5-17　各类约束条件处治示意图

(8)对于 3D-DT 扫描过程中生成的局部路径,其地质灾害约束可按照图 5-18 所示流程进行逐桩检测。

(9)此外,在选线过程中有时需要考虑既有车站的接轨约束,即起终点的平面方位角、纵断面坡度等需要进行限制。对此类特殊约束,处治方法如下:

①起点(或终点)处若存在既有车站,则定义该车站中心点为"初始起点"($S_I$),车站的长度($L_S$)、方向角($\alpha$)和中心点坐标($x_I, y_I, z_I$)属于已知条件,如图 5-19 所示。

②输入以下设计参数:

平面交点的最大允许转角($\beta_{max}$);

车站最小接线半径($R_S$),为了绕避市区障碍物,其值往往小于正线区间的最小曲线半径;

车站坡度($G_S$)。

③计算坐标 ($x_N, y_N, z_N$),作为新的线路起点 $S_N$:

$$x_N = x_I + \left(\frac{L_S}{2} + L_E\right) \cdot \cos\alpha = x_I + \left(\frac{L_S}{2} + R_S \cdot \tan\frac{\beta_{max}}{2}\right) \cdot \cos\alpha \tag{5-40}$$

$$y_N = y_I + \left(\frac{L_S}{2} + L_E\right) \cdot \sin\alpha = y_I + \left(\frac{L_S}{2} + R_S \cdot \tan\frac{\beta_{max}}{2}\right) \cdot \sin\alpha \tag{5-41}$$

$$z_N = z_I + \left(\frac{L_S}{2} + L_E\right) \cdot G_S = y_I + \left(\frac{L_S}{2} + R_S \cdot \tan\frac{\beta_{max}}{2}\right) \cdot G_S \tag{5-42}$$

在临界条件下(即 $S_N$ 的曲线转角 $\beta_N$ 等于 $\beta_{max}$ 时),上式确定的既有车站和新建线路的切点将会恰好位于车站端点处(即图 5-19 中的 $P_T$)。

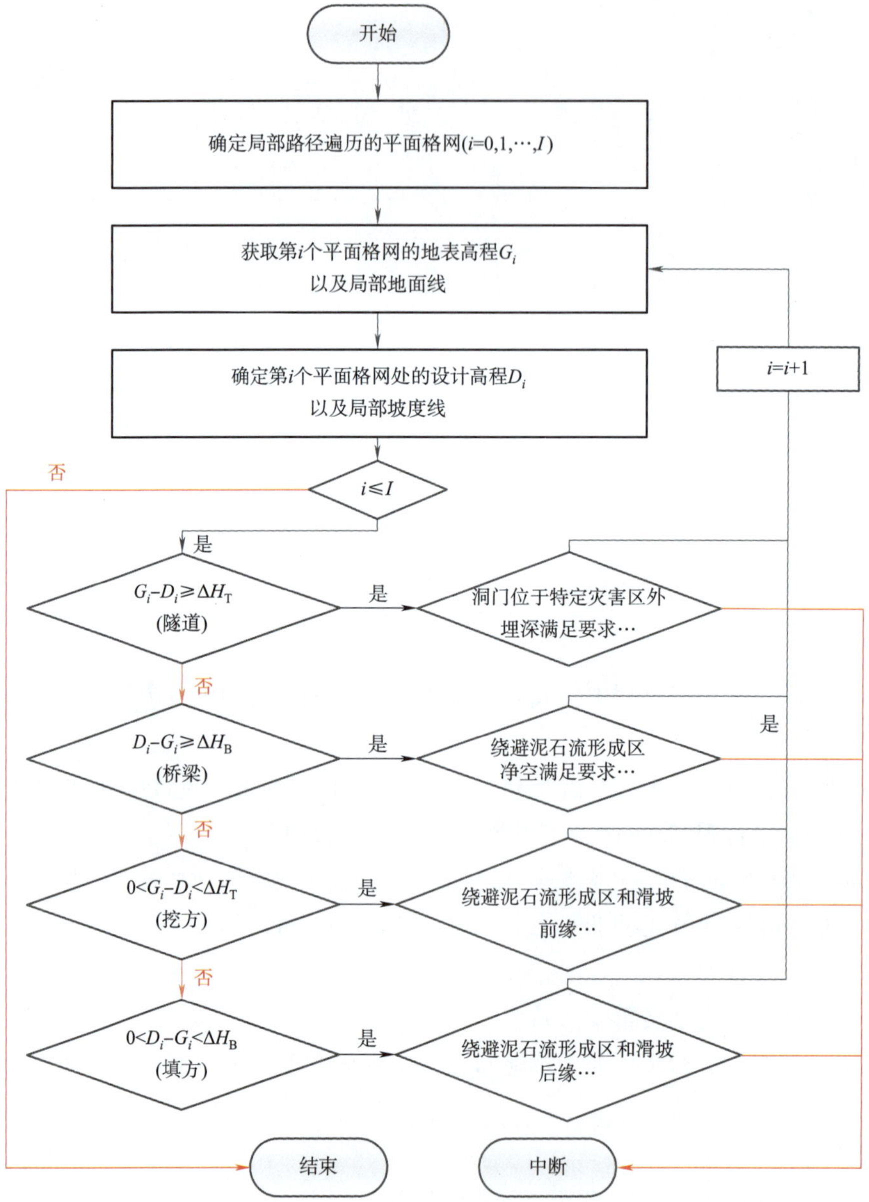


图 5-18　地质灾害约束处治流程

④用 $S_N$ 来替换 $S_I$ 作为智能选线新的线路起点位置，并连接 $S_I$-$S_N$ 作为 3D-DT 搜索过程中的一条固定边。考虑到 $\beta_{max}$ 的约束，3D-DT 搜索时将会首先在图 5-19 所示的扇形（半径为 $L_{Smin}$）阴影边缘处找到 $S_N$ 的可连格网（如 $C_M$）。

在以上步骤中，由于 $\beta_N$ 总是小于 $\beta_{max}$，连接既有车站轨道和新建线路方案的切点位置将在 $P_T$ 和 $S_N$ 之间滑动，因此接轨约束可以满足要求。

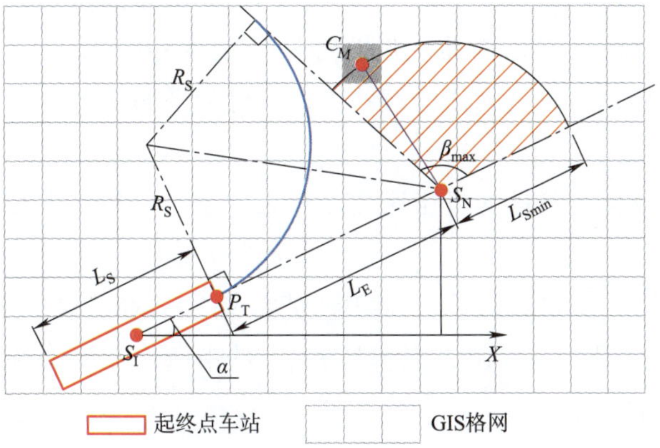


图 5-19　起终点车站接轨约束示意图

### 5.4.5　全局路径生成

如果搜索到的局部路径通过了上文的约束检测，并且完成了广义鲁棒距离的评价与优选，那么即可在 3D-DT 扫描过程中记录每个体素连接至目标点的局部路径连接方式。为了生成全局 3D 路径，采用 5.3.3 节所述的双向扫描准则。如图 5-20 所示，首先将线路终点作为研究区域唯一的目标体素，生成所有体素至终点的最优路径群，并储存在距离图 $DT_E$ 中；此后类似地将线路起点作为唯一的目标体素，生成距离图 $DT_S$；最终，将 $DT_E$ 和 $DT_S$ 整合形成完整的距离图 $DT_C$。因此，在 3D-DT 扫描结束之后，即可通过追踪 $DT_C$ 中所有可行体素的三维路径偏移量信息，通过距离传播得到全局路径方案群。之后，对于全局最优路径方案进行如下拟合，以确定线路走廊带，为第 6 章"由带到线"阶段的精细线位优化奠定基础。

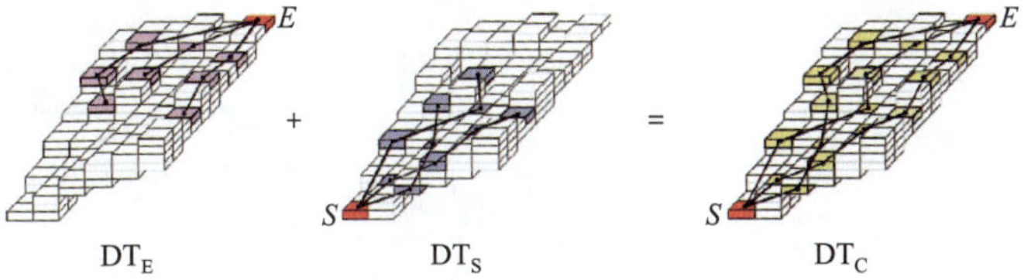


图 5-20　起终点双向扫描生成全局路径群

图 5-21 中，初始的 DT 路径由一系列关键点(key point，KP)组成，KP 之间的距离为最小坡段长且走廊带不圆顺，在拟合时需重点考虑线路优化的几何约束条件对 KP 进行简化与合并。

步骤 1：找到距离线路起终点航空线最远的 KP(即弦切支距值最大的 $P_1$)，如图 5-21(a)所示。以 $P_1$ 为平面交点，连接 $S$-$P_1$ 和 $P_1$-$E$，并在 $P_1$ 处配置半径为 $R_{min}$(最小曲线半径)的临时曲线段，检测最小夹直线长约束($L_{Tmin}$)是否满足要求。

步骤 2：之后，定位距离 $S$-$P_1$ 和 $P_1$-$E$ 两段夹直线最远的 KP（即 $P_2$）。类似步骤 1，将 $P_2$ 转化为新的平面交点，配置临时曲线并检测夹直线长约束，如图 5-21(b)所示。

步骤 3：迭代上述过程，直至无法继续将 KP 转化为平面交点为止，其终止条件需满足如下两种情况的其中之一：

首先，若 KP 至拟合后路径的投影距离小于 $d_{\min}$ 阈值，由设计人员依据经验指定，如图 5-21(c)所示，则迭代终止；

或者，若 KP 满足 $d_{\min}$ 限制，但拟合后其夹直线长（$L_T$）无法满足 $L_{T\min}$ 约束，则也视为迭代终止；如图 5-21(d)所示，$P_4$ 由于不满足 $L_{T\min}$ 约束所以无法被转化为平面交点，拟合后的路径只包括 $P_1$、$P_2$ 和 $P_3$。

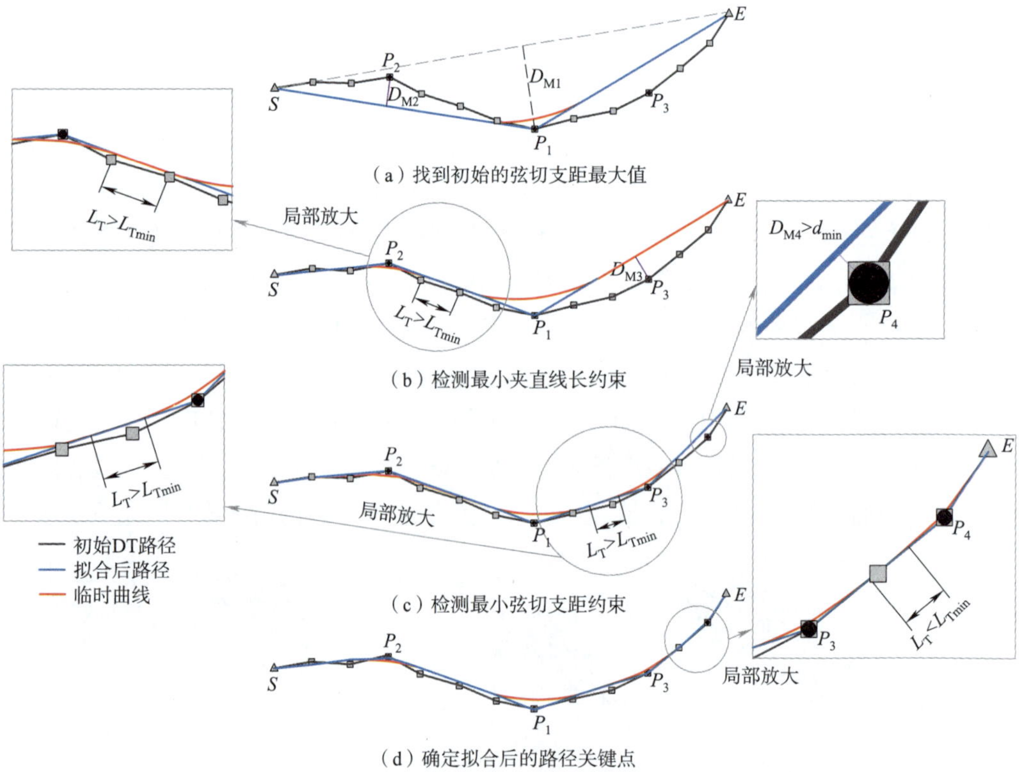


图 5-21　全局路径拟合过程

步骤 4：移除所有临时配置的曲线段，得到拟合后简化的 DT 路径（或称线路走廊带中线），以该路径为中线，形成如图 5-22 所示的线路廊带，完成“由面到带”阶段的点线协同优化过程。后续将在此廊带内进一步实现点-线精细方案的协同优化，见第 6 章内容。

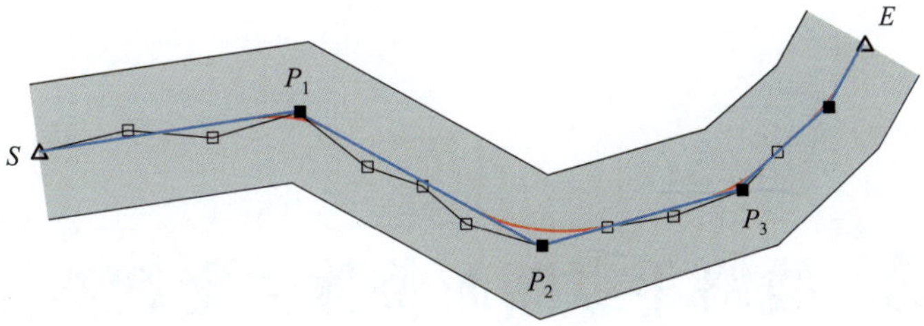


图 5-22 DT 路径形成的廊带方案

## 参 考 文 献

[1] LI W, PU H, SCHONFELD P, et al. Methodology for optimizing constrained 3-dimensional railway alignments in mountainous terrain[J]. Transportation Research Part C: Emerging Technologies, 2016, 68:549-565.

[2] PU H, SONG T, SCHONFELD P, et al. A three-dimensional distance transform for optimizing constrained mountain railway alignments[J]. Computer-Aided Civil and Infrastructure Engineering, 2019, 34(11):972-990. DOI:10.1111/mice.12475.

[3] 谢春玲,蒲浩. 基于遗传算法的铁路纵断面优化系统的研究[J]. 铁路计算机应用,2009(10):5.

[4] ROSENFELD A, PFALTZ J L. Sequential operations in digital picture processing[J]. J. ACM, 1966, 13:471-494.

[5] PARREIRAS R O, VASCONCELOS J A DE. Decision making in multiobjective optimization aided by the multicriteria tournament decision method [J/OL]. Nonlinear Analysis-theory Methods & Applications, 2009, 71:119953566.

[6] MULVEY J M, VANDERBEI R J, ZENIOS S A. Robust optimization of large-scale systems[J]. Operations Research, 1995, 43:264-281.

# 第 6 章　线路平纵断面整体方案智能搜索方法

第 5 章详细介绍了选线设计“由面到带”阶段的线路走廊带智能优化方法，在接下来的“由带到线”设计阶段，选线工作被限定在狭长的带状区域之内，相比于“由面到带”阶段搜索空间大大减小。因此，设计人员可以沿廊带进行详细的工程踏勘，以获得高精度的地形、地质等数据信息，用于完成线路的精细化设计。至今，国内外学者已经对“由带到线”线路优化问题开展了大量的研究，中南大学数智选线研究团队先后重点开展了梯度投影法，遗传算法和粒子群算法等多种线路智能搜索算法的研究，本章将系统阐述这些算法在线路智能优化方面的应用原理。

## 6.1　概　　述

梯度投影法[1]是一种常用的数学优化方法，用于求解有约束条件的最优化问题。该方法求解线路优化目标函数的梯度，并以梯度下降方向为线路搜索方向，不断迭代，逐步逼近目标函数在约束条件下的最优解。通过在线路智能设计过程中引入适当的约束条件，可以确保线路满足安全、运输效率和环境保护等方面的要求，优化线路参数。遗传算法[2]是一种模拟自然进化过程的优化算法。在线路智能设计中，可以将线路参数和方案表示为遗传算法中的染色体，通过选择、交叉和变异等操作，不断优化线路方案，使其适应环境要求和设计目标。粒子群算法[3]是一种模拟鸟群觅食行为的优化算法，在线路智能设计中，可以将线路方案表示为粒子，通过模拟粒子之间的位置和速度的变化，寻找最优的线路方案。粒子群算法具有快速全局收敛的特点，适合于复杂的线路设计问题。以下详细介绍这些算法在线路智能优化方面的应用原理。

## 6.2　梯度投影法

“梯度投影法”(gradient projection method，GPM)是一种处理约束优化问题的直接法，从理论上说，它可以处理一般的非线性规划问题，但在实际上它最适宜于处理约束条件为线性函数的非线性规划问题。而在线路设计中所面临的问题正是这样一类的问题:即约束条件是线性或非线性的,目标函数是非线性的。本节介绍一种基于梯度投影法的线路平纵整体优化设计方法。

线路为三维空间中的一条曲线,决定该条曲线的参数是平面交点坐标、曲线半径、纵断面变坡点位置和变坡点的设计高程。当这些参数确定以后,线路在空间的位置就唯一确定下来。随着这些设计参数的改变,就可以得到不同的线路位置,即不同的线路设计方案。线路平纵断面整体优化设计就是从众多的设计参数中,确定一组最佳参数,即最优设计方案。该方案在满足线路技术标准的条件下,使得设计线的工程数量与费用最省。

## 6.2.1 优化问题的求解

### 1. 优化求解策略

定理:若 $f(x,y)$是定义在 $\mathbf{R}^{n+m}$ 上的可微凸函数,$x\in\mathbf{R}^n$,$y\in\mathbf{R}^m$

$$\left.\begin{aligned}&\min f(x,y)\\&\text{s.t.}\quad A\cdot x\geqslant b\\&\qquad\quad C\cdot y\geqslant d\end{aligned}\right\}\tag{6-1}$$

式中 $A,b$——与变量 $x$ 相关的约束条件参数;

$C,d$——与变量 $y$ 相关的约束条件参数。

若 $x^*,y^*$是规划问题的最优解的充分必要条件为

$x^*$是规划问题的最优解

$$\left.\begin{aligned}&\min f(x^*,y)\\&\text{s.t.}\quad C\cdot y\geqslant d\end{aligned}\right\}\tag{6-2}$$

$y^*$是规划问题中的最优解

$$\left.\begin{aligned}&\min f(x,y^*)\\&\text{s.t.}\quad A\cdot x\geqslant b\end{aligned}\right\}\tag{6-3}$$

$A=A^{p\times n}$,$b\in\mathbf{R}^p$,$C=C^{r\times m}$,$d\in\mathbf{R}^r$。

由上述定理可知,只要规划问题式(6-1)的约束条件中,约束方程可以按其自变量的不同分为两组,每组方程的自变量中不包含另一组方程的自变量,则规划问题式(6-1)可以分为两个独立的子规划问题式(6-2)和式(6-3)来求解:

$$\left.\begin{aligned}&\min f(x^*,y^*,R^*,K,H)\\&\text{s.t.}\qquad\qquad h_k(K,H)\geqslant 0\end{aligned}\right\}\tag{6-4}$$

$$\left.\begin{aligned}&\min f(x,y,R,K^*,H^*)\\&\text{s. t.}\quad g_k(x,y,R)\geqslant 0\end{aligned}\right\}\tag{6-5}$$

式(6-4)为在既定条件 $x$、$y$、$R=x^*$、$y^*$、$R^*$ 下的纵断面优化问题，式(6-5)为在既定条件 $K$、$H=K^*$、$H^*$ 下的平面优化问题，大大简化了求解平、纵面整体优化问题的复杂性。实际优化迭代过程中，两个问题交替进行，逐步逼近最优解。由于将三维问题分解为两个二维的子问题求解，可显著减少设计空间，有利于原问题的求解。

## 2. 目标函数梯度计算

计算目标函数的梯度有两种方法：一种是解析法，即写出目标函数的具体表达式，然后求其一阶偏导数，即可求得其梯度；另一种算法称为数值微分法，该方法并不要求直接写出目标函数的解析表达式，而是从梯度的定义出发，根据目标函数的物理意义求出目标函数的梯度。由于大多数工程实际问题的目标函数难以用显函数形式表达，故后一种方法在工程优化中具有普遍的意义。下面介绍梯度投影法中，基于数值微分法的目标函数梯度计算方法：交点坐标 $x$，$y$、曲线半径 $R$ 变化时，土石方、挡土墙、桥梁、隧道工程费，线路用地费用和与长度有关工程费的负梯度计算。

## 3. 平面优化设计目标函数及其梯度计算

(1)土石方工程费

①交点坐标 $x$，$y$ 变化时的负梯度计算

$j$ 号断面位于 $i-1$ 到 $i$ 交点间，当 $i$ 号交点发生位移 $\Delta x_i$ 和 $\Delta y_i$ 时，$j$ 号断面沿线路中心线的法线方向产生移动量 $\Delta s_j$，断面面积也发生变化，如图 6-1 所示。为了简化计算，线路横断面的地面横坡拟合为一单面坡(左右侧可分别拟合)，如图 6-2 所示，面积的增量为

$$\Delta A_j=s_j\frac{\Delta s_j}{-D_j}=-s_j\frac{\Delta s_j}{D_j}\tag{6-6}$$

式中 $s_j$——路基本体填方部分的水平投影宽；

$\Delta s_j$——因 $\Delta x_i$、$\Delta y_i$ 引起的 $j$ 号断面线路中心的横移量，规定左移为正，右移为负；

$D_j$——地面横坡系数，为路基横断面水平投影宽 $s_j$ 与路基两坡脚高差 $H_j$ 之比，即 $D_j=s_j/H_j$。约定地面横坡左高右低为正，右高左低为负。

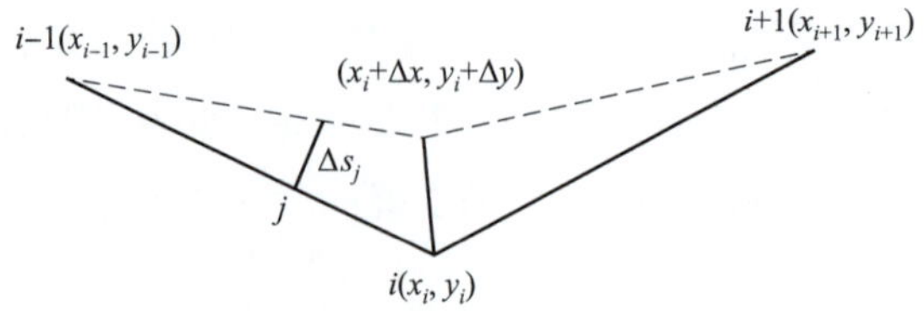


图 6-1 交点改变使线路产生横向位移

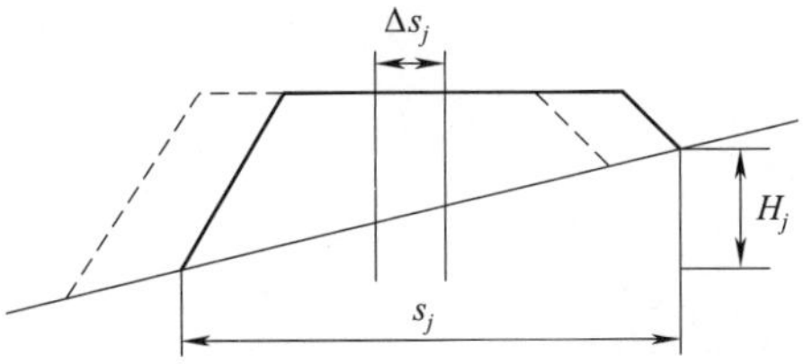


图 6-2　线路横向位移引起断面积改变

由 $j$ 号断面产生的土石方工程费增量为

$$\Delta f_{1j}=\frac{p_j(l_{j+1}-l_{j-1})}{2}\Delta A_j=-\frac{p_j(l_{j+1}-l_{j-1})}{2}s_j\ \frac{\Delta s_j}{D_j} \tag{6-7}$$

式中　$p_j$——$j$ 号断面位置处的土石方断面方单价；

$l_{j+1},l_{j-1}$——$j$ 号断面前后两断面里程；其余符号意义同前。

应当说明的是：路基坡脚的水平投影宽 $s_j$ 就是线路优化计算路基土石方负梯度时所计算的路基水平投影宽，其中填方部分与挖方部分应分别计算，并相差一个符号。

现在的问题是求 $\Delta s_j$，如图 6-3 所示，由于 $\Delta x$、$\Delta y$ 引起 $i$ 交点移到 $i'$ 点，其切向增量 $\Delta l_i$ 和法向增量 $\Delta s_i$ 分别按式(6-8)和式(6-9)计算：

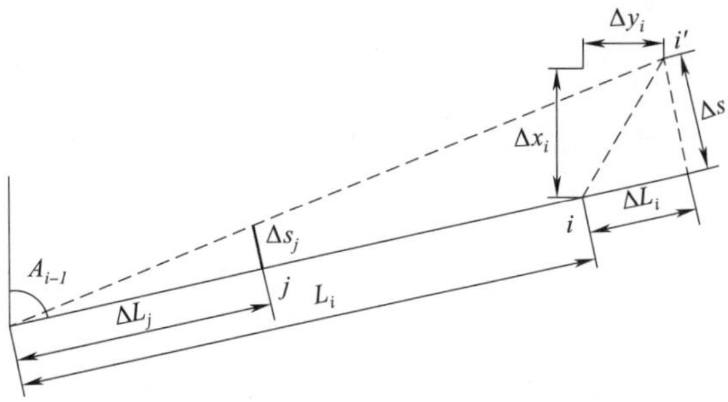


图 6-3　交点位移与横向位移的关系

$$\Delta s_i=\Delta x_i\sin A_{i-1}-\Delta y_i\cos A_{i-1} \tag{6-8}$$

$$\Delta l_i=\Delta x_i\cos A_{i+1}+\Delta y_i\sin A_{i-1} \tag{6-9}$$

式中　$A_{i-1}$——线段 $L_i$(由 $JD_{i-1}$ 至 $JD_i$)的坐标方位角，于是 $j$ 号断面处的横向移动量 $\Delta s_j$ 为

$$\Delta s_j=\frac{l_j}{L_i}(\Delta x\sin A_{i-1}-\Delta y_i\cos A_{i-1}) \tag{6-10}$$

若 $j$ 号断面位于 $ZY_i-YZ_i$ 之间的圆曲线上，其横向移动量 $\Delta s_j$ 的计算按 $ZY_i$ 和 $YZ_i$ 两点处的横向移动量线性内插的方式进行简化计算：

$$\Delta s_j=\frac{K_i-K_j}{K_i}\Delta s_{ZY_i}+\frac{K_j}{K_i}\Delta s_{YZ_i} \tag{6-11}$$

式中 $\Delta s_{ZY_i}$，$\Delta s_{YZ_i}$——ZY 和 YZ 点处的横向移动量，按式(6-12)和式(6-13)计算：

$$\Delta s_{ZY_i}=\frac{L_i-T_i}{L_i}(\Delta x_i \sin A_{i-1}-\Delta y_i \cos A_{i-1}) \tag{6-12}$$

$$\Delta s_{YZ_i}=\frac{L_{i+1}-T_i}{L_{i+1}}(\Delta x_i \sin A_i-\Delta y_i \cos A_i) \tag{6-13}$$

所以

$$\begin{aligned}\Delta s_j=&\left(1-\frac{K_j}{K_i}\right)\left(1-\frac{T_i}{L_i}\right)(\Delta x_i \sin A_{i-1}-\Delta y_i \cos A_{i-1})\\&+\frac{K_j}{K_i}\left(1-\frac{T_i}{L_{i+1}}\right)(\Delta x_i \sin A_i-\Delta y_i \cos A_i)\end{aligned} \tag{6-14}$$

式中 $K_j$——$j$ 号断面至所在圆曲线 $ZY_i$ 点的圆曲线长；

$K_i$——$i$ 号曲线圆曲线长；

$T_i$——$i$ 号曲线的切线长；

$L_i$——$JD_{i-1}$ 至 $JD_i$ 的直线长度；

$L_{i+1}$——$JD_i$ 至 $JD_{i+1}$ 的直线长度；

$A_{i-1}$——直线 $L_i$ 的坐标方位角；

$A_i$——直线 $L_{i+1}$ 的坐标方位角。

由于 $i$ 号交点移动会引起 $ZY_{i-1}$ 至 $YZ_{i+1}$ 一段线路范围(含三段圆曲线和两段直线)中线路位置的横向移动，所以凡在这段范围内的横断面都会发生横向侧移 $\Delta s_j$；为了便于分析计算，现将 $j$ 号断面位于 $ZY_{i-1}-YZ_{i+1}$ 间各部位的 $\Delta s_j$ 计算公式用一个通式表达如下：

$$\Delta s_j=\beta_j(\Delta x_i \sin A_{i-1}-\Delta y_i \cos A_{i-1})+r_j(\Delta x_i \sin A_i-\Delta y_i \cos A_i) \tag{6-15}$$

$\beta_j$、$r_j$ 按表 6-1 选取。

以上有了 $\Delta s_j$ 的计算公式，将它代入式(6-7)，设 $ZY_{i-1}-YZ_{i+1}$ 间的断面号从 $k_1$ 到 $k_2$，则当 $i$ 点变化产生的路基土石方工程增量为

$$\begin{aligned}\Delta f_1=\sum_{j=k_1}^{k_2}\frac{-1}{2D_j}P_j(l_{j+1}-l_{j-1})\cdot s_j\cdot[&\beta_j(\Delta x_i \sin A_{i-1}-\Delta y_i \cos A_{i-1})\\&+r_j(\Delta x_i \sin A_i-\Delta y_i \cos A_i)]\end{aligned} \tag{6-16}$$

如果为半填半挖断面，则填挖的路基断面横坡 $D_{jt}$ 和 $D_{jq}$，以及横断面路基水平投影 $S_{jt}$ 和 $S_{jq}$ 均应分别计算。此时路基土石方工程费增量的计算式为

$$\begin{aligned}\Delta f_1=\sum_{j=k_1}^{k_2}-\frac{l_{j+1}-l_{j-1}}{2}(P_{jt}S_{jt}/D_{jt}-P_{jq}S_{jq}/D_{jq})\cdot\\ [\beta_j(\Delta x_i \sin A_{i-1}-\Delta y_i \cos A_{i-1})+r_j(\Delta x_i \sin A_i-\Delta y_i \cos A_i)]\end{aligned} \tag{6-17}$$

式中 $P_{jt}$——土石方填方综合单价；

$P_{jq}$——土石方挖方综合单价。

土石方工程费的负梯度为

$$-\frac{\partial f_1}{\partial x_i}=\lim_{\Delta x_i\to 0}-\frac{\Delta f_1}{\Delta x_i}$$

$$=\sum_{j=k_1}^{k_2}\frac{l_{j+1}-l_{j-1}}{2}(P_{jt}S_{jt}/D_{jt}-P_{jq}S_{jq}/D_{jq})(\beta_j\sin A_{i-1}+r_j\sin A_i) \tag{6-18}$$

$$-\frac{\partial f_1}{\partial y_i}=\lim_{\Delta y_i\to 0}-\frac{\Delta f_1}{\Delta y_i}$$

$$=-\sum_{j=k_1}^{k_2}\frac{l_{j+1}-l_{j-1}}{2}(P_{jt}S_{jt}/D_{jt}-P_{jq}S_{jq}/D_{jq})(\beta_j\cos A_{i-1}+r_j\cos A_i)$$

(6-19)

**表 6-1　计算横向侧移系数表**

| $j$ 号断面位置 | $\beta_j$ | $r_j$ | 附　注 |
|---|---|---|---|
| $ZY_{i-1}-YZ_{i-1}$ | $\frac{K_j\cdot T_{i-1}}{K_{i-1}\cdot L_i}$ | 0 | $K_j$—$j$ 点至 $ZY_{i-1}$ 的距离 |
| $YZ_{i-1}-ZY_i$ | $\frac{l_j}{L_i}$ | 0 | $l_j$—$j$ 点至 $JD_{i-1}$ 的距离 |
| $ZY_i-YZ_i$ | $\left(1-\frac{K_j}{K_i}\right)\left(1-\frac{T_i}{L_i}\right)$ | $\frac{K_j}{K_i}\left(1-\frac{T_i}{L_{i+1}}\right)$ | $l_{y_j}$—$j$ 点至 $ZY_i$ 的距离 |
| $YZ_i-ZY_{i+1}$ | 0 | $\frac{l_j}{L_{i+1}}$ | $l_j$—$j$ 点至 $JD_{i+1}$ 的距离 |
| $ZY_{i+1}-YZ_{i+1}$ | 0 | $(1-\frac{K_j}{K_i})\frac{T_{i+1}}{L_{i+1}}$ | $l_j$—$j$ 点至 $ZY_{i+1}$ 的距离 |

②曲线半径变化的负梯度计算

图 6-4 中，当曲线半径 $R_i$ 增加 $\Delta R_i$ 时，曲线中点（简称“曲中”）的偏移量为

$$\Delta S_{Zi}=\Delta R_i\cdot\left(\sec\frac{|\alpha_i|}{2}-1\right) \tag{6-20}$$

式中　$\alpha_i$——第 $i$ 号曲线转角；

$\Delta S_{Zi}$——“曲中”的偏移量，其符号规定同 $\Delta S_j$。

所以

$$\Delta S_{Zi}=-C(\alpha)\cdot\left(\sec\frac{|\alpha_i|}{2}-1\right)\cdot\Delta R_i \tag{6-21}$$

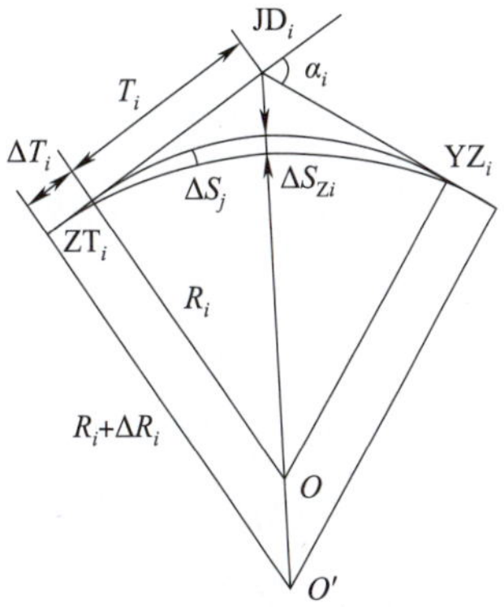

图 6-4　曲线半径变化的情况

式中　$C(\alpha)$——曲线转向符号函数，$\alpha$ 右转，$C(\alpha)=1$，否则，$\alpha$ 左转，$C(\alpha)=-1$。

设圆曲线上任一 $j$ 号断面因 $\Delta R_i$ 引起的横向偏移量为 $\Delta S_i$，$\Delta S_i$ 依据 $j$ 号断面至曲中的距离，按下列二次内插公式计算：

$$\Delta S_j=\left(1-\frac{2l_{qj}^2}{L_{yi}}\right)^2\Delta S_{Zi} \tag{6-22}$$

式中 $L_{yi}$——圆曲线全长；

$l_{qj}$——$j$ 号断面至曲中的曲线长。

设 $ZY_i-YZ_i$ 间的断面从 $k_3$ 到 $k_4$，则 $\Delta R_i$ 引起的土石方工程费的增量为

$$\Delta f_{1g}=\sum_{j=k_3}^{k_4}-\frac{l_{j+1}-l_{j-1}}{2}(P_{jt}S_{jt}/D_{jt}-P_{jq}S_{jq}/D_{jq})\times \left[\left(1-\frac{2l_{qj}^2}{L_{y_i}}\right)^2\left(-C(\alpha)\cdot\left(\sec\frac{|\alpha_i|}{2}-1\right)\right)\right]\cdot\Delta R_i \tag{6-23}$$

则负梯度为

$$-\frac{\partial f_1}{\partial R_i}=\lim_{\Delta R_i\to 0}-\frac{\Delta f_1}{\Delta R_i}=-\sum_{j=k_3}^{k_4}\frac{l_{j+1}-l_{j-1}}{2}(P_{jt}S_{jt}/D_{jt}-P_{jq}S_{jq}/D_{jq})\times\left[\left(1-\frac{2l_{qj}}{l_{y_i}}\right)^2C(\alpha)\left(\sec\frac{|\alpha_i|}{2}-1\right)\right] \tag{6-24}$$

(2)挡墙工程费

每种挡土墙的断面面积均可拟合为墙高 $h_w$ 的二次函数计算公式如下：

$$A_j=a_jh_w^2+b_jh_w+c_j \tag{6-25}$$

式中 $a_j,b_j,c_j$——挡墙面积与墙高的拟合系数。

若一段挡土墙从 $k_1$ 到 $k_2$ 号断面，则圬工数量与圬工工程费分别为

$$V_w=\sum_{j=k_1}^{k_2}\frac{l_{j+1}-l_{j-1}}{2}(a_jh_w^2+b_jh_w+c_j) \tag{6-26}$$

$$f_2=\sum_{j=k_1}^{k_2}\frac{l_{j+1}-l_{j-1}}{2}(a_jh_w^2+b_jh_w+c_j)\cdot p_{wj} \tag{6-27}$$

式中 $p_{wj}$——挡墙圬工每方单价。

墙高 $h_{wj}$ 可以表示为路基中心填挖高的线性函数，即

$$h_{wj}=e_jh_j+g_j \tag{6-28}$$

式中 $h_j$——路基中心填挖高；

$e_j$——挡土墙高与路基中心填挖高的关系系数；

$g_j$——为常数项。

当 $j$ 号断面位于变坡点 $i-1$ 和变坡点 $i$ 之间这一段坡段内时，挡土墙平面负梯度计算公式如下：

①路堤挡土墙

$$-\frac{\partial f_{2j}}{\partial x_i}=p_{wj}\frac{l_{j+1}-l_{j-1}}{2}(2a_jh_{wj}+b_j)\frac{e_j}{D_{jt}}(\beta_j\sin A_{i-1}+r_j\sin A_i) \tag{6-29}$$

$$-\frac{\partial f_{2j}}{\partial y_i}=-p_{wj}\frac{l_{j+1}-l_{j-1}}{2}(2a_jh_{wj}+b_j)\frac{e_j}{D_{jt}}(\beta_j\cos A_{i-1}+r_j\cos A_i) \tag{6-30}$$

$$-\frac{\partial f_{2j}}{\partial R_j}=-p_{wj}\frac{l_{j+1}-l_{j-1}}{2}(2a_jh_{wj}+b_j)\frac{e_j}{D_{jt}}\left[\left(1-\frac{2l_{qj}}{l_{y_i}}\right)^2C(\alpha)\left(\sec\frac{|\alpha_i|}{2}-1\right)\right] \tag{6-31}$$

②路堑挡土墙

$$-\frac{\partial f_{2j}}{\partial x_i}=-p_{wj}\frac{l_{j+1}-l_{j-1}}{2}(2a_jh_{wj}+b_j)\frac{e_j}{D_{jq}}(\beta_j\sin A_{i-1}+r_j\sin A_i) \tag{6-32}$$

$$-\frac{\partial f_{2j}}{\partial y_i}=p_{wj}\frac{l_{j+1}-l_{j-1}}{2}(2a_jh_{wj}+b_j)\frac{e_j}{D_{jq}}(\beta_j\cos A_{i-1}+r_j\cos A_i) \tag{6-33}$$

$$-\frac{\partial f_{2j}}{\partial R_j}=p_{wj}\frac{l_{j+1}-l_{j-1}}{2}(2a_jh_{wj}+b_j)\frac{e_j}{D_{jq}}\left[\left(1-\frac{2l_{qj}}{l_{y_i}}\right)^2\cdot C(\alpha)\cdot\left(\sec\frac{|\alpha_i|}{2}-1\right)\right] \tag{6-34}$$

式中　$e_j$——挡墙高与中心填挖高的关系系数，根据一般地区线路挡墙设计图，其值为：

a. 路堤挡墙（图 6-5）　　$e_j=\dfrac{m}{m-n}$

b. 路肩挡墙（图 6-6）　　$e_j=\dfrac{D_{jt}}{D_{jt}+n}$

c. 路堑墙

挡墙不到坡顶（图 6-7）　　$e_j=\dfrac{m}{m-0.3}$

挡墙到坡顶（图 6-8）　　$e_j=\dfrac{D_{jq}}{D_{jq}-0.3}$

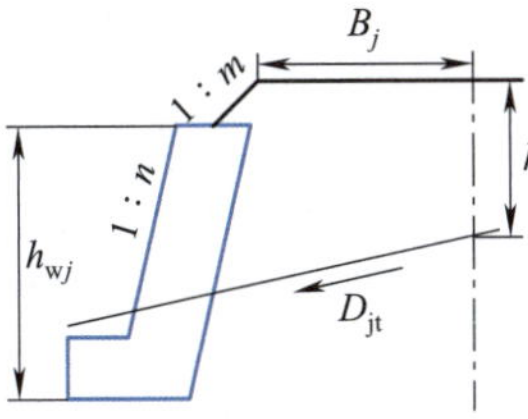

图 6-5　路堤挡墙高与中心填挖高的关系

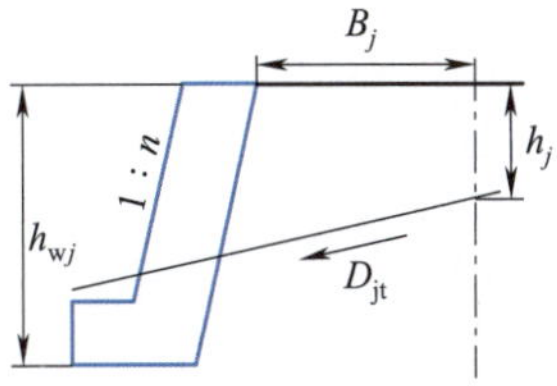

图 6-6　路肩挡墙高与中心填挖高的关系

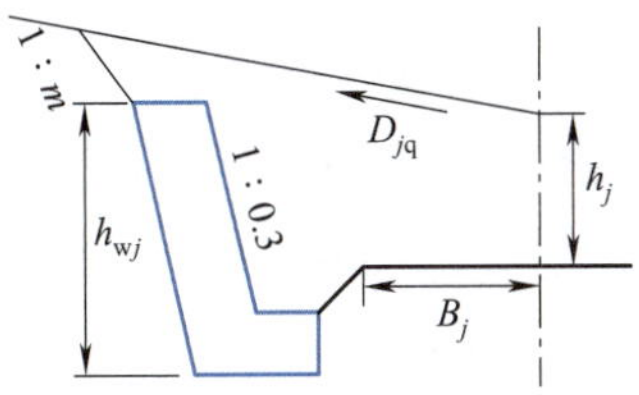

图 6-7　路堑墙高与中心填挖高的关系

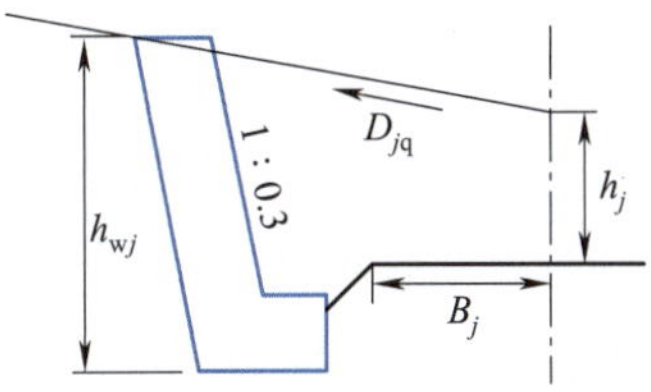

图 6-8　路堑墙高与中心填挖高的关系

(3)桥梁工程费

线路平、纵面优化时，桥梁工程数量按统计公式估算，统计公式是在168座大中桥和特大桥的已有设计资料后统计得出，统计公式分为特大桥、一般基础大桥、复杂基础大桥、中小桥四组。根据统计分析，换算圬工数量与平均桥高呈明显的二次关系，与桥长基本是线性关系，形式如下：

$$V=(ah^2+bh+c)\cdot l \tag{6-35}$$

式中 $V$——桥梁换算圬工体积；

$h$——桥下平均填高；

$l$——桥长(前台尾至后台尾)；

$a,b,c$——拟合系数。

桥梁工程费为

$$f_{3j}=p_{\mathrm{bj}}V_j=p_j(ah_j^2+bh_j+c)\cdot l_j \tag{6-36}$$

式中 $p_{\mathrm{bj}}$——桥梁圬工每方单价。

桥梁平面负梯度的计算：

按式(6-35)把桥梁换算圬工数量均布在桥长范围内，再按挡土墙工程费负梯度计算办法来处理，若线路平面位置产生变化，地面横坡引起桥高变化，从而产生换算圬工量和工程费的变化，负梯度计算式如下：

$$A_j=a_jh_j^2+b_jh_j+c_j \tag{6-37}$$

$$f_{3j}=p_j\frac{l_{j+1}-l_{j-1}}{2}A_j \tag{6-38}$$

则本断面桥梁负梯度为

$$-\frac{\partial f_{3j}}{\partial x_i}=p_{\mathrm{bj}}\frac{l_{j+1}-l_{j-1}}{2}(2a_jh_j+b_j)\frac{1}{D_{j\mathrm{t}}}(\beta_j\sin A_{i-1}+r_j\sin A_i) \tag{6-39}$$

$$-\frac{\partial f_{3j}}{\partial y_i}=-p_{\mathrm{bj}}\frac{l_{j+1}-l_{j-1}}{2}(2a_jh_j+b_j)\frac{1}{D_{j\mathrm{t}}}(\beta_j\cos A_{i-1}+r_j\cos A_i) \tag{6-40}$$

$$-\frac{\partial f_{3j}}{\partial R_i}=-p_{\mathrm{bj}}\frac{l_{j+1}-l_{j-1}}{2}(2a_jh_j+b_j)\frac{1}{D_{j\mathrm{t}}}\left[\left(1-\frac{2l_{\mathrm{q}j}}{l_{y_i}}\right)^2\cdot C(\alpha)\cdot\left(\sec\frac{|\alpha_i|}{2}-1\right)\right] \tag{6-41}$$

(4)隧道工程费

隧道工程费平面负梯度应依据平面位置变化引起隧道长度的变化来计算，由于问题的复杂性，采用一阶差商原理计算平面负梯度较为简单，即以一阶差商代替一阶微分。当步长$\Delta x$、$\Delta y$或$\Delta R$取得足够小时，这样处理是可以保证计算精度的，即

$$\frac{\partial f_4}{\partial x}\approx\frac{f(x+\Delta x)-f(x)}{\Delta x} \tag{6-42}$$

$\frac{\partial f_4}{\partial y}$、$\frac{\partial f_4}{\partial R}$可以进行类似处理。

图 6-9 中，当第 $i$ 号交点的位置变化时，当引起其 3 段圆曲线及中间两段夹直线的变化，如此段落内有隧道时，当引起隧道长度的变化，由 $L_{tj}$ 变为 $L'_{tj}$，变长变短视洞口处地形而异。则隧道工程费的变化为

$$\Delta f_{4j}=p_{tj}(L'_{tj}-L_{tj}) \tag{6-43}$$

式中　$p_{tj}$——隧道每米单价。

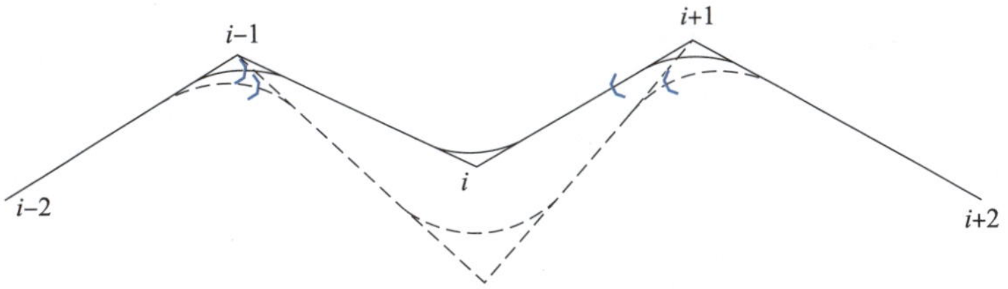


图 6-9　交点位置变化引起隧道长度的变化

若 $ZY_{i-1}$ 至 $YZ_{i+1}$ 段有 $n$ 座隧道时，则

$$\Delta f_4=\sum_{j=1}^{n}p_{tj}(L'_{tj}-L_{tj}) \tag{6-44}$$

若隧道长度的变化是因交点坐标变化 $\Delta x_i$ 所引起，则

$$\frac{\partial f_4}{\partial x_i}\approx\sum_{j=1}^{n}\frac{p_{tj}(L'_{tj}-L_{tj})}{\Delta x_i} \tag{6-45}$$

若隧道长度的变化是因交点坐标变化 $\Delta y_i$ 所引起，则

$$\frac{\partial f_4}{\partial y_i}\approx\sum_{j=1}^{n}\frac{p_{tj}(L'_{tj}-L_{tj})}{\Delta y_i} \tag{6-46}$$

若第 $i$ 号交点的曲线半径变化 $\Delta R_i$，设在 $ZY_i$ 至 $YZ_i$ 范围内有 $n$ 座隧道，则隧道工程费的变化率可近似表为

$$\frac{\partial f_4}{\partial R_i}\approx\sum_{j=1}^{n}\frac{p_{tj}(L'_{tj}-L_{tj})}{\Delta R_i} \tag{6-47}$$

现在问题的关键是求隧道新洞门的位置，解决此问题的原则是：变化前后隧道洞门的挖深不变，即隧道洞门处的地面高程不变，亦即隧道沿等高线方向平移。分两种情况讨论：

①洞门位置在直线上，如图 6-10 所示，设原洞门位置为 $A$，以洞门为一条边的中点构造一个边长为 $S$ 的等边三角形 $BCD$，据数字地面模型内插出 $A$、$B$、$C$、$D$ 四点的高程，再根据 $A$ 点的高程，在 $CB$ 和 $CD$ 两条边上求出与 $A$ 点具有相同高程的 $E$、$F$ 两点，将 $E$、$A$、$F$ 三点连成圆弧，称为等高线圆。

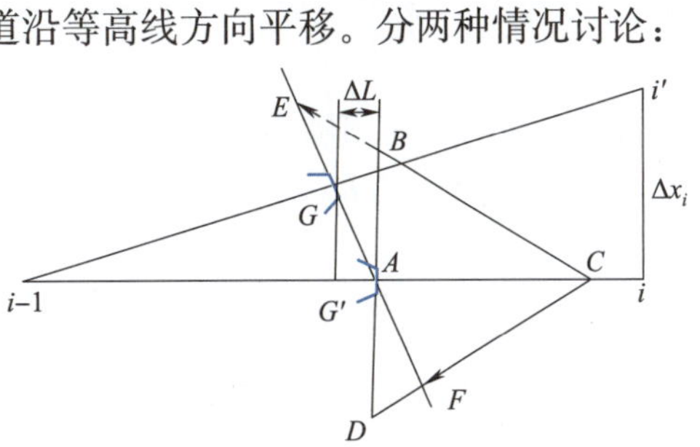


图 6-10　按同等挖深确定新洞门的位置

若 $JD_i$ 发生 $\Delta x_i$ 变化，$JD_{i-1}-JD_i$ 变为 $JD_{i-1}-JD_i'$，$JD_{i-1}-JD_i'$ 与洞门等高线圆相交于 $G(x_G,y_G)$ 点，$G$ 点为新洞门的位置，将 $G$ 点投影至 $JD_{i-1}-JD_i$ 直线上，投影点 $G'$ 至 $A$ 点的距离 $\Delta L$ 为隧道洞门引起的隧道长度变化量。

$$\Delta L=\frac{(x_{i-1}-x_A)(x_G-x_A)+(y_{i-1}-x_A)(y_G-y_A)}{\sqrt{(x_{i-1}-x_A)^2+(y_{i-1}-y_A)^2}} \tag{6-48}$$

$G$ 点里程为

$$L_G=L_A-\Delta L$$

式中 $L_G$——新洞门 $G$ 点的里程；

$L_A$——原洞门 $A$ 点的里程；

进出口洞门均按上式计算，如 $\Delta L>0$，对于进口代表隧道洞门外移 $\Delta L$，对于出口代表隧道洞口内移 $\Delta L$。

②洞门在曲线上

设洞门 $A$ 在 $i$ 号圆曲线上(图 6-11)交点 $i$ 的位置或半径 $R_i$ 变化时，圆曲线的位置移动，移动后线路中线圆与洞门等高线圆相交于 $G$ 点，$G$ 为新洞门位置。

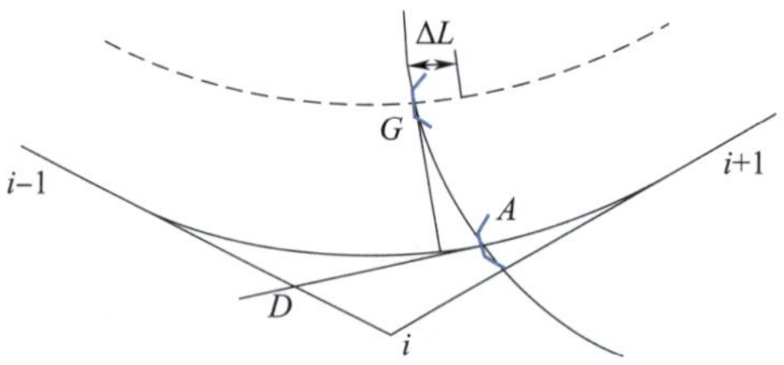


图 6-11　曲线上洞门位置的确定

过原洞门 $A$ 点作切线 $AD$，与原线路的切线边 $JD_{i-1}-JD_i$ 相交于 $D(x_D,y_D)$ 点，则隧道洞门的变化 $\Delta L$ 为

$$\Delta L=\frac{(x_D-x_A)(x_G-x_A)+(y_D-y_A)(y_G-y_A)}{\sqrt{(x_D-x_A)^2+(y_D-y_A)^2}} \tag{6-49}$$

则隧道洞门新里程为

$$L_G=L_A-\Delta L \tag{6-50}$$

按式(6-50)计算出隧道进出口的新里程后，即可在 $ZY_{i-1}-YZ_{i+1}$ 范围内计算新、老隧道的总长，从而可计算出 $f_4(x_i,y_i,R_i)$，$f_4(x_i+\Delta x_i,y_i,R_i)$，$f_4(x_i,y_i+\Delta y_i,R_i)$，$f_4(x_i,y_i,R_i+\Delta R_i)$，再按差分式近似求得 $\frac{\partial f_4}{\partial x_i}$，$\frac{\partial f_4}{\partial y_i}$，$\frac{\partial f_4}{\partial R_i}$。

关于差商的步长，根据多次计算，要求满足式(6-51)：

$$\frac{d_{AG}}{R_C}\leqslant\frac{\pi}{6} \tag{6-51}$$

式中　$d_{AG}$——$A$、$G$ 两点的距离；

$R_C$——等高线圆的半径。

否则应缩短步长，一般可取 $\Delta x=\Delta y=\Delta R=10$ m，若不满足要求时缩小一半。

(5)线路用地费

线路用地界按有关规定划定在路基边缘线外 2 m，桥隧内未计用地，则用地面积按如下方法计算，当 $j$ 号断面为路基时

$$A_j=\frac{l_{j+1}-l_{j-1}}{2}(s_j+2.0+2.0) \tag{6-52}$$

式中　$s_j$——路基建筑宽度，即路基水平投影宽，前已论证；

$$s_j=2a_jh_j+b_j \tag{6-53}$$

式中　$h_j$——路基中心填挖高。

则路基用地总费用为

$$\begin{aligned} f_5 &= \sum_{j=1}^{K} p_j \frac{l_{j+1}-l_{j-1}}{2}(s_j+4.0)/667 \\ &= \sum_{j=1}^{K} p_j \frac{l_{j+1}-l_{j-1}}{2}(2a_jh_j+b_j+4.0)/667 \end{aligned} \tag{6-54}$$

式中　$p_j$——用地费每亩单价；1 亩≈667 $m^2$。

用地费用平面负梯度计算：

当 $j$ 号断面位于 $i$ 号交点位置发生变化的影响范围内时，$j$ 号断面将产生横向位移 $\Delta s_j$，由于地面横坡的影响，路基填挖高将发生变化(图 6-12)，从而使线路用地宽度和费用发生变化。

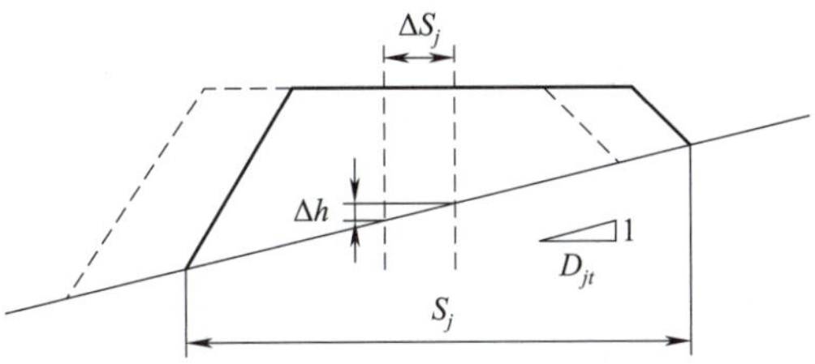


图 6-12　路基横移引起施工高变化

设用地费用为 $f_5$，其对于平面设计变量 $x$、$y$、$R$ 的变化率可推导如下：

以填方路基为例，设地面横坡坡率为 $D_{jt}$，当线路有一横向位移 $\Delta s_j$ 时，路基施工高的变化 $\Delta h$ 为

$$\Delta h=-\frac{\Delta s_j}{D_{jt}} \tag{6-55}$$

当施工高减少 $\Delta h$ 时，路基横断面的水平投影宽减少为

$$\Delta L_j = l_1 + l_2 = \frac{m_1 \cdot D_{jt}}{D_{jt}+m_1} \cdot \Delta h + \frac{m_2 \cdot D_{jt}}{D_{jt}-m_2} \cdot \Delta h = -\left(\frac{m_1}{D_{jt}+m_1} + \frac{m_2}{D_{jt}-m_2}\right) \cdot \Delta s_j \quad (6\text{-}56)$$

式中　$m_1, m_2$——路堤左、右侧坡脚的边坡系数。

可得

$$\Delta L_j = -\left(\frac{m_1}{D_{jt}+m_1} + \frac{m_2}{D_{jt}-m_2}\right)[\beta_j(\Delta x_i \sin A_{i-1} - \Delta y_i \cos A_{i-1}) + r_j(\Delta x_i \sin A_i - \Delta y_i \cos A_i)] \quad (6\text{-}57)$$

同理可推得，当在挖方地段时

$$\Delta L_j = \left(\frac{m_3}{D_{jq}-m_3} + \frac{m_4}{D_{jq}+m_4}\right)[\beta_j(\Delta x_i \sin A_{i-1} - \Delta y_i \cos A_{i-1}) + r_j(\Delta x_i \sin A_i - \Delta y_i \cos A_i)] \quad (6\text{-}58)$$

式中　$m_3, m_4$——路堑左、右侧坡顶的边坡系数。

当路基为半填半挖时：

①左填右挖

$$\Delta L_j = -\left(\frac{m_1}{D_{jt}+m_1} - \frac{m_4}{D_{jq}+m_4}\right)[\beta_j(\Delta x_i \sin A_{i-1} - \Delta y_i \cos A_{i-1}) + r_j(\Delta x_i \sin A_i - \Delta y_i \cos A_i)] \quad (6\text{-}59)$$

②左挖右填

$$\Delta L_j = -\left(\frac{m_2}{D_{jt}-m_2} - \frac{m_3}{D_{jq}-m_3}\right)[\beta_j(\Delta x_i \sin A_{i-1} - \Delta y_i \cos A_{i-1}) + r_j(\Delta x_i \sin A_i - \Delta y_i \cos A_i)] \quad (6\text{-}60)$$

以上可以写成一个通式

$$\Delta L_j = \xi \cdot [\beta_j(\Delta x_i \sin A_{i-1} - \Delta y_i \cos A_{i-1}) + r_j(\Delta x_i \sin A_i - \Delta y_i \cos A_i)] \quad (6\text{-}61)$$

填方路基
$$\xi = -\left(\frac{m_1}{D_{jt}+m_1} + \frac{m_2}{D_{jt}-m_2}\right) \quad (6\text{-}62)$$

挖方路基
$$\xi = \left(\frac{m_3}{D_{jq}-m_3} + \frac{m_4}{D_{jq}-m_4}\right) \quad (6\text{-}63)$$

左填右挖
$$\xi = -\left(\frac{m_1}{D_{jt}+m_1} - \frac{m_4}{D_{jq}+m_4}\right) \quad (6\text{-}64)$$

左挖右填
$$\xi = -\left(\frac{m_2}{D_{jt}-m_2} - \frac{m_3}{D_{jq}-m_3}\right) \quad (6\text{-}65)$$

由此可得线路用地费负梯度的计算式如下：

$$-\frac{\partial f_5}{\partial x_i} = -\sum_{j=k_1}^{k_2} \xi \cdot p_j \cdot \frac{l_{j+1} - l_j}{2 \times 667} \cdot (\beta_j \cdot \sin A_{i-1} + r_j \cdot \sin A_i) \quad (6\text{-}66)$$

$$-\frac{\partial f_5}{\partial y_i}=\sum_{j=k_1}^{k_2}\xi \cdot p_j \cdot \frac{l_{j+1}-l_j}{2\times 667} \cdot (\beta_j \cdot \cos A_{i-1}+r_j \cdot \cos A_i) \tag{6-67}$$

$$-\frac{\partial f_5}{\partial R_i}=\sum_{j=k_1}^{k_2}\xi \cdot p_j \cdot \frac{l_{j+1}-l_j}{2\times 667} \cdot \left[\left(1-\frac{2l_{qj}}{l_{y_i}}\right)^2 C(\alpha)\left(\sec\frac{|\alpha_i|}{2}-1\right)\right] \tag{6-68}$$

(6)与线路有关工程费

与线路长度成正比的工程费为

$$f_6=(\sum_{i=0}^{m}L_i+\sum_{i=1}^{m}K_i) \cdot G_{\mathrm{L}} \tag{6-69}$$

式中　$L_i$,$K_i$——第 $i$ 个直线与第 $i$ 个曲线长；

$m$——交点总数；

$G_{\mathrm{L}}$——与线路长度成正比的工程费综合单价。

线路工程中的某些费用直接与线路长度成正比,例如正线轨道工程费,接触网工程费等,这些费用统称“与线路长度有关工程的费用”。当进行纵断面优化时,不涉及路线长度的改变,线路的这一部分工程费没有变化,但进行平面优化时,由于线路平面位置的变动,引起线路长度的改变,也将引起“与线路长度有关工程的费用”的变化。

设线路总长为 $L$,则

$$L=\sum_{i=1}^{n+1}[(x_i-x_{i-1})^2+(y_i-y_{i-1})^2]^{\frac{1}{2}}+\sum_{i=1}^{n}\left(R_i \cdot |\alpha_i|-2R_i \cdot \tan\frac{|\alpha_i|}{2}\right) \tag{6-70}$$

式中　$n$——交点总数。

由此可推得“与线路长度有关工程的费用”$f_6$ 的平面负梯度如下(推导从略):

$$-\frac{\partial f_6}{\partial x_i}=-\frac{p}{1\ 000}\left[\frac{x_i-x_{i-1}}{L_i}-\frac{x_{i+1}-x_i}{L_{i+1}}+C(\alpha_{i-1}) \cdot R_{i-1} \cdot \tan^2\frac{\alpha_{i-1}}{2} \cdot \frac{y_i-y_{i-1}}{L_i^2}-\right.$$
$$\left.C(\alpha_i) \cdot R_i \cdot \tan^2\frac{\alpha_i}{2} \cdot \left(\frac{y_i-y_{i-1}}{L_i^2}+\frac{y_{i+1}-y_i}{L_{i+1}^2}\right)+C(\alpha_{i+1}) \cdot R_{i+1} \cdot \tan^2\frac{\alpha_{i+1}}{2} \cdot \frac{y_{i+1}-y_i}{L_{i+1}^2}\right] \tag{6-71}$$

$$-\frac{\partial f_6}{\partial y_i}=-\frac{p}{1\ 000}\left[\frac{y_i-y_{i-1}}{L_i}-\frac{y_{i+1}-y_i}{L_{i+1}}-C(\alpha_{i-1}) \cdot R_{i-1} \cdot \tan^2\frac{\alpha_{i-1}}{2} \cdot \frac{x_i-x_{i-1}}{L_i^2}-\right.$$
$$\left.C(\alpha_i) \cdot R_i \cdot \tan^2\frac{\alpha_i}{2} \cdot \left(\frac{x_i-x_{i-1}}{L_i^2}+\frac{x_{i+1}-x_i}{L_{i+1}^2}\right)-C(\alpha_{i+1}) \cdot R_{i+1} \cdot \tan^2\frac{\alpha_{i+1}}{2} \cdot \frac{x_{i+1}-x_i}{L_{i+1}^2}\right] \tag{6-72}$$

$$-\frac{\partial f}{\partial R_i}=-\frac{p}{1\ 000}\left(|\alpha_i|-2\tan\frac{|\alpha_i|}{2}\right) \tag{6-73}$$

式中　$p$——每公里的工程费用。

综上所述,目标函数对于平面设计变量 $x_i$、$y_i$、$R_i$ 的负梯度为

$$-\frac{\partial f}{\partial x_i}=-\left(\frac{\partial f_1}{\partial x_i}+\frac{\partial f_2}{\partial x_i}+\frac{\partial f_3}{\partial x_i}+\frac{\partial f_4}{\partial x_i}+\frac{\partial f_5}{\partial x_i}+\frac{\partial f_6}{\partial x_i}\right) \tag{6-74}$$

$$-\frac{\partial f}{\partial y_i}=-\left(\frac{\partial f_1}{\partial y_i}+\frac{\partial f_2}{\partial y_i}+\frac{\partial f_3}{\partial y_i}+\frac{\partial f_4}{\partial y_i}+\frac{\partial f_5}{\partial y_i}+\frac{\partial f_6}{\partial y_i}\right) \tag{6-75}$$

$$-\frac{\partial f}{\partial R_i}=-\left(\frac{\partial f_1}{\partial R_i}+\frac{\partial f_2}{\partial R_i}+\frac{\partial f_3}{\partial R_i}+\frac{\partial f_4}{\partial R_i}+\frac{\partial f_5}{\partial R_i}+\frac{\partial f_6}{\partial R_i}\right) \tag{6-76}$$

### 4. 纵断面优化设计目标函数及其梯度计算

(1)路基土石方工程费目标函数

假定第 $i$ 个坡段内共有 $m$ 个计算断面(戴帽点),如图 6-13 所示,其中第 $j$ 个断面的路基半截面如图 6-14 所示。按线路中心线左右两侧分别计算的原因是这样可以简化所考虑的问题,因为路基一侧的问题解决了,另一侧可以类推而得。

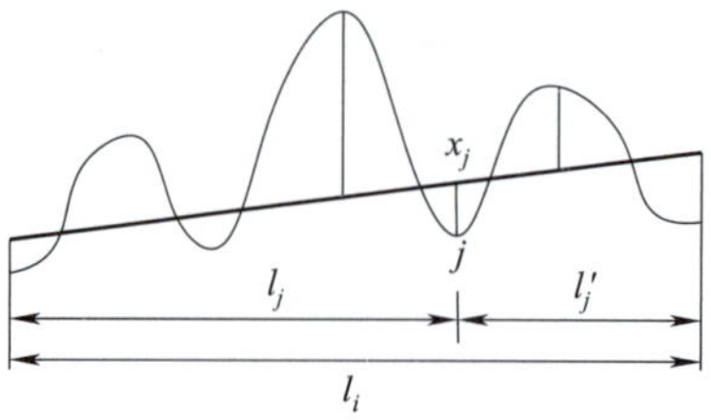

图 6-13　计算断面示意图

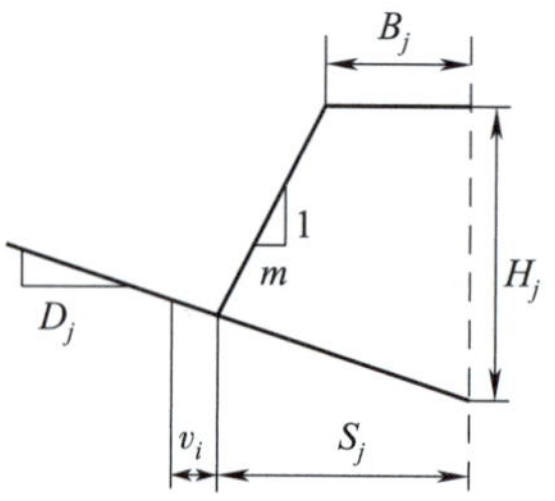

图 6-14　路基半截面示意图

则第 $j$ 个断面积为

$$A_j=\frac{1}{2}(B_j+S_j)(H_j-S_j/D_j)+\frac{1}{2}S_j^2/D_j \tag{6-77}$$

式中　$A_j$——第 $j$ 个断面的断面面积;

$B_j$——路基顶部半宽;

$S_j$——路堤一侧底部水平投影宽;

$D_j$——地面横坡系数,约定地面左高右低为正,反之为负;

$H_j$——路堤中心填挖高。

$H_j$ 可以表示为第 $j$ 个断面的设计高程 $x_j$ 与地面高程之差,即

$$H_j=x_j-x_d \tag{6-78}$$

而路基一侧底部投影宽 $S_j$,可以表示为 $H_j$ 的线性函数,即

$$S_j=\frac{m}{1+m/D_j}\cdot H_j+\frac{B_j}{1+m/D_j}=\bar{a}_j\cdot H_j+\bar{b}_j \tag{6-79}$$

式中　$m$——路基边坡系数。

将式(6-78)和式(6-79)代入式(6-77),经推导后可以得到

$$A_j=a_jx_j^2+b_jx_j+c_j \tag{6-80}$$

式中
$$\left.\begin{aligned}a_j&=\varphi_1(\bar{a}_j)\\b_j&=\varphi_2(B_j,D_j,\bar{a}_j,\bar{b}_j,x_d)\\c_j&=\varphi_3(B_j,D_j,\bar{a}_j,\bar{b}_j,x_d)\end{aligned}\right\}\tag{6-81}$$

称为戴帽参数，对不同的截面形状，参数取不同的值。

由式(6-80)可以看出，第 $j$ 个计算断面的面积是该断面设计高程 $x_j$ 的二次函数，而 $x_j$ 可以表示为设计变量 $x_{i-1}$ 和 $x_i$ 的线性组合。

$$x_j=x_{i-1}\cdot\frac{l_j'}{l_i}+x_i\cdot\frac{l_j}{l_i}=d_j\cdot x_{i-1}+e_j\cdot x_i\tag{6-82}$$

设第 $j$ 个计算断面土石方单价为 $g_j$，用平均断面法可以得到第 $i$ 个坡段内的土石方工程费为

$$f_1^{(i)}=\sum_{j=1}^{m}g_j(l_{j+1}-l_{j-1})A_j/2=\sum_{j=1}^{m}g_j\ \frac{(l_{j+1}-l_{j-1})}{2}(a_jx_j^2+b_jx_j+c_j)\tag{6-83}$$

其中 $l_{j-1}$ 和 $l_{j+1}$ 分别为第 $j-1$ 和 $j+1$ 个断面至第 $i-1$ 变坡点的距离。将式(6-82)代入式(6-83)并整理后可以得到 $f_1^{(i)}$ 关于 $x_{i-1}$，$x_i$ 的矩阵表达式。

$$f_1^{(i)}=\frac{1}{2}[x_{i-1}\quad x_i]\cdot\begin{bmatrix}q_{i-1,i-1}^{(i)} & q_{i-1,i}^{(i)}\\ q_{i,i-1}^{(i)} & q_{i,i}^{(i)}\end{bmatrix}\cdot\begin{bmatrix}x_{i-1}\\x_i\end{bmatrix}+[x_{i-1}\quad x_i]\cdot\begin{bmatrix}r_{i-1}^{(i)}\\r_i^{(i)}\end{bmatrix}+S^{(i)}\tag{6-84}$$

式中
$$q_{i-1,i-1}^{(i)}=\sum_{1}^{m}g_j(l_{j+1}-l_{j-1})\cdot a_jd_j^2$$
$$q_{i-1,i}^{(i)}=q_{i,i-1}^{(i)}=\sum_{1}^{m}g_j(l_{j+1}-l_{j-1})\cdot a_jd_je_j$$
$$q_{i,i}^{(i)}=\sum_{1}^{m}g_j(l_{j+1}-l_{j-1})\cdot a_je_j^2$$
$$r_{i-1}^{(i)}=\sum_{1}^{m}g_j(l_{j+1}-l_{j-1})\cdot b_jd_j$$
$$r_{i1}^{(i)}=\sum_{1}^{m}g_j(l_{j+1}-l_{j-1})\cdot b_je_j$$
$$S^{(i)}=\sum_{1}^{m}g_j(l_{j+1}-l_{j-1})\cdot c_j$$

如果将全线各个坡段内左右两侧的土石方工程费累加起来，可以得到

$$f_1(X)=\sum_{i=1}^{n+1}(f_{1左}^{\,i}+f_{1右}^{\,i})$$

上式是关于设计变量的二次函数，用矩阵式子表示为

$$f_1(X)=\frac{1}{2}X^{\mathrm{T}}\boldsymbol{Q}_1X+\boldsymbol{b}_1^{\mathrm{T}}X+c_1\tag{6-85}$$

式中 $\boldsymbol{Q}_1$——$n\times n$ 阶海森矩阵；

$\boldsymbol{b}_1$——$n$ 维列向量；

$c_1$——常数项。

对式(6-64)或土石方工程费目标函数 $f_1(X)$需作如下说明：

①$\boldsymbol{Q}_1$ 是三对角对称正定矩阵。

②尽管式(6-85)的推导过程是以简单路堤横断面形式为例的，而实际地形千变万化，路基横断面的形式有多种多样，如多级路堤、路堑、半填半挖等，但它们均可表示为变坡点设计高程的二次函数，只是截面参数 $a_j$、$b_j$、$c_j$ 和系数 $\overline{a}_j$、$\overline{b}_j$ 不同而已，故式(6-85)具有普遍意义。

③计算断面的断面形式取决于该断面的地形条件和设计高程，换言之，当断面的设计高程在另一范围内变化时，断面又取另一种形式，如图 6-15 所示。图中设计高程增高时，横断面形式由半填半挖变成全填方，因此存在某些“临界”的断面设计高程，当断面设计高程“越过”(大于或小于)“临界”高程时，断面参数发生变化，所以土石方工程费目标函数是断面施工高(即填挖高)的分段二次函数，由于 $H_j$ 是设计高程 $x_j$ 的线性函数式，故土石方工程费是设计变量的分段二次函数。

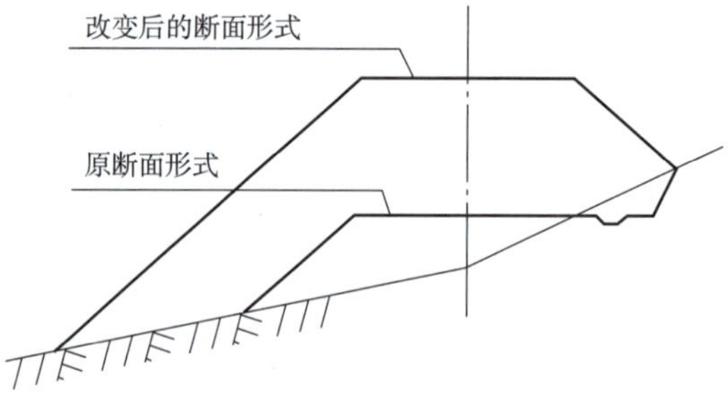

图 6-15　断面形式随施工高度改变

④这个分段二次函数具有如下的性质：

a. 它是连续的，这是由于横断面面积是施工高程的连续函数，当路基横断面上有马道平台时，横断面面积在平台的高程点上不连续，有第一类间断点。但只要将平台马道作成斜坡，则横断面面积就是施工高程的连续函数。

b. 它的一阶导数也是连续的。可以证明路基横断面面积对施工高 $H_j$ 的一阶导数是路基横断面的水平投影宽 $S_j$，因此只要路基横断面的平台是倾斜的，则上述分段二次函数的一阶导数也是连续的。

c. 也可以证明路基横断面面积对施工高 $H_j$ 的二阶导数就是路基横断面的边坡系数 $m$，设在路堤底部路基边坡为 1：1.5，则二阶导数为 1.5，由于路基边坡随填挖高而改变，因此二阶导数在路基边坡改变处是不连续的。

(2)挡墙工程费目标函数

在纵断面优化设计过程中，根据制定的各种设置挡墙条件，由计算机自动完成挡墙的设置，并计算挡墙的圬工数量和工程费。按照重力式挡墙标准图，将路肩、路堤、路堑三种挡墙的圬工数量拟合为挡墙高 $H_d$ 的二次函数

$$v_j(H_d)=\alpha_j H_d^2+\beta_j H_d+\gamma_j \tag{6-86}$$

式中 $\alpha_j,\beta_j,\gamma_j$——拟合系数。

挡墙高 $H_d$ 可以表示为挡墙所在断面线路中心填挖高 $H_j$ 的线性函数，如图 6-16 所示。再利用式(6-78)和式(6-80)的关系，则挡墙高 $H_d$ 可以表示为设计变量 $x_{i-1}$、$x_i$ 的线性函数，即

$$H_d=f_j\cdot d_j\cdot x_{i-1}+f_j\cdot e_j\cdot x_i+h_j-f_j\cdot x_d \tag{6-87}$$

式中 $f_j,h_j$——挡墙高度参数。

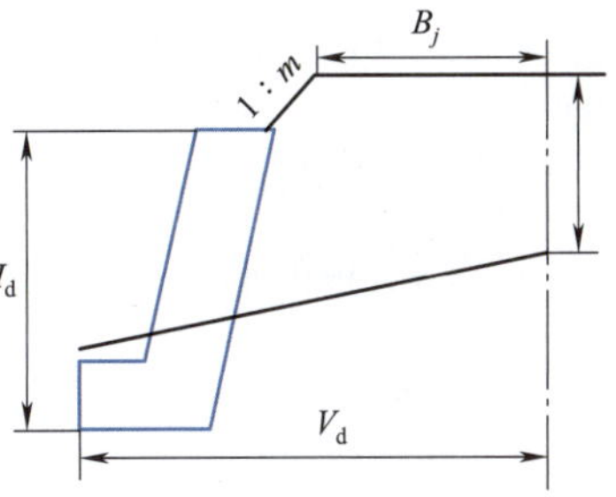


图 6-16 挡墙高随施工高度改变

从式(6-86)和式(6-87)可以看出，挡土墙圬工数量可以表示为设计变量 $x_{i-1}$、$x_i$ 的二次函数。同土石方工程费计算相同，全线的挡土墙工程费目标函数可以表示为设计变量 $X$ 的二次函数，即

$$f_2(X)=\sum_j v_j\cdot g_w=\frac{1}{2}X^{T}\boldsymbol{Q}_2X+\boldsymbol{b}_2^{T}X+c_2 \tag{6-88}$$

式中 $g_w$——挡土墙圬工单价；

$\boldsymbol{Q}_2$——$n\times n$ 阶海森矩阵，也具有三对角的形式；

$\boldsymbol{b}_2$——$n\times 1$ 阶列向量；

$c_2$——常数项。

(3)桥梁工程费目标函数

线路纵断面优化设计时，在线路平面、桥梁跨度已定的条件下，设计高程的变化只引起桥梁墩台圬工数量的变化。因此，桥梁工程费目标函数只考虑墩台工程费用。纵断面优化设计不能代替桥梁专业的设计，在目标函数中，只能考虑桥梁工程费对纵断面设计的影响，这样既不使问题变得过分复杂，又使纵断面优化结果能反映桥梁工程对纵断面设计的影响。通常的做法是根据桥梁设计统计资料，按下述两种方式来考虑：

①按照各种桥梁墩台类型，将其圬工数量拟合为墩台高度的二次函数，而墩台高是所在坡段变坡点设计高程的线性函数，故桥梁墩台的工程费用是设计变量的二次函数；

②按照桥梁设计的统计资料，将桥梁每延米的工程费拟合成以下公式，即

$$B_i = \alpha \cdot H_a^2 + \beta \cdot H_a + \gamma \tag{6-89}$$

式中 $\alpha, \beta, \gamma$——拟合系数；

$H_a$——桥的平均高度。

且

$$H_a = \frac{\Omega}{L_b} \tag{6-90}$$

式中 $\Omega$——桥下净空面积；

$L_b$——桥全长。

桥的平均高度 $H_a$ 也是所在坡段两端变坡点设计高程的线性函数，故采用这种拟合方式，桥梁工程费仍是设计变量的二次函数。

将全线所有桥梁工程费累加起来，就可以得到桥梁工程费目标函数：

$$f_3(X) = \frac{1}{2} X^{\mathrm{T}} \boldsymbol{Q}_3 X + \boldsymbol{b}_3^{\mathrm{T}} X + c_3 \tag{6-91}$$

式中 $\boldsymbol{Q}_3$——$n \times n$ 阶海森矩阵，具有三对角的形式；

$\boldsymbol{b}_3$——$n \times 1$ 阶列向量；

$c_3$——常数项。

应当进一步说明的是，上述两种拟合方式是不同的，采用第一种拟合方式需要预先确定桥式方案和墩台布置，计算精度较高，也比较接近实际；采用第二种拟合方式较概略，但问题处理比较容易，在满足设计方案比选精度要求的前提下，是一种较实用的方法。

(4)隧道工程费目标函数

隧道工程费按隧道长度乘以隧道每延米造价计算。在纵断面优化设计中，在隧道洞门挖深不变的原则下，纵断面变化引起隧道洞口位置发生变化，从而引起隧道长度和隧道工程费也发生变化。图 6-17 中，设在第 $j$ 个坡段有一座隧道，当变坡点设计高程由 $x'_{i-1}, x'_i$ 变为 $x_{i-x}, x_i$ 时，洞口位置改变 $\Delta L_e$ 和 $\Delta L_o$，隧道的总费用应为

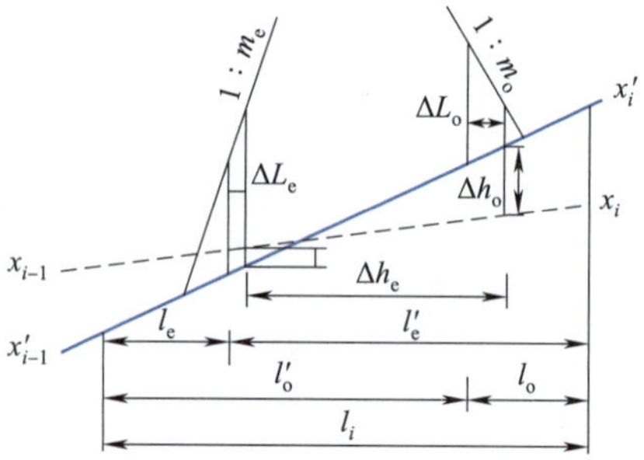


图 6-17 设计高程改变时对隧道长度的影响

$$f_4^{(j)}(X) = (\Delta L_e + \Delta L_o + L) \cdot g_{\mathrm{T}} = (m_e \cdot \Delta h_e + m_o \cdot \Delta h_o + L) \cdot g_{\mathrm{T}} \tag{6-92}$$

式中 $L$——隧道长度；

$m_e, m_o$——隧道进出口地面纵坡系数；

$g_{\mathrm{T}}$——隧道每延米造价。

在保证洞口挖深不变的前提下，可得

$$\Delta h_e = -x_e + x'_e = -\frac{l'_e}{l_i} x_{i-1} - \frac{l_e}{l_i} x_i + \frac{l'_e}{l_i} x'_{i-1} + \frac{l_e}{l_i} x'_i$$

$$\Delta h_o = -x_o + x_o' = -\frac{l_o'}{l_i}x_{i-1} - \frac{l_o'}{l_i}x_i + \frac{l_o}{l_i}x_{i-1}' + \frac{l_o'}{l_i}x_i'$$

式中符号意义如图 6-17 所示。

故
$$f_4^{(j)}(X) = -\frac{g_T}{l_i}(m_e l_e' + m_o l_o)x_{i-1} - \frac{g_T}{l_i}(m_e l_e + m_o l_o')x_i + \frac{g_T}{l_i}(m_e l_e' + m_o l_o)x_{i-1}' + \frac{g_T}{l_i}(m_e l_e + m_o l_o')x_i' + g_T \cdot L \tag{6-93}$$

写成矢量式子为

$$f_4^{(j)}(X) = [x_1, \cdots, x_{i-1}, x_i, \cdots, x_n] \cdot \begin{bmatrix} 0 \\ \vdots \\ 0 \\ -g_T(m_e \cdot l_e' + m_o l_o)/l_i \\ -g_T(m_e \cdot l_e + m_o l_o')/l_i \\ 0 \\ \vdots \\ 0 \end{bmatrix} + c^{(j)} \tag{6-94}$$

式中 $c^{(j)}$——常量。

若将全线的所有隧道工程费累加起来可以得到

$$f_4(X) = \sum_j f_4^{(j)}(X) = \boldsymbol{b}_4^{T} \cdot X + c_4 \tag{6-95}$$

式中 $\boldsymbol{b}_4$——$n \times 1$ 阶列向量；

$c_4$——常数项。

因此，隧道工程费是关于设计变量的线性函数。

(5)线路用地费计算

线路用地费的计算基本上同土石方工程费的计算，考虑线路中心线两侧地面横坡的不同，应分别计算两侧的用地宽度。借助图 6-4 和图 6-5，下面推导用地费目标函数的表达式。

从图 6-5 可以看到，第 $j$ 个计算断面一侧路基投影宽 $S_j$ 再向外加上一定宽度 $V_j$ 可作为该断面用地半宽，即 $w_j = s_j + v_j$

由式(6-79)可得

$$w_j = \bar{a}_j H_j + \bar{b}_j + v_j \tag{6-96}$$

由式(6-78)和式(6-80)两式可知，$H_j$ 是 $j$ 点两端变坡点高程 $x_{i-1}$ 和 $x_i$ 的线性函数，即

$$w_j = w_j(x_{i-1}, x_i) \tag{6-97}$$

有了断面宽，乘以相邻断面的平均距离和用地单价，就可以得到用地费用。设一个坡段内共有 $m$ 个断面，即有 $m$ 个戴帽点，将它们累加起来，就可以得到该坡段的用地费用。它们是该坡段两端变坡点设计高程 $x_{i-1}$ 和 $x_i$ 的线性函数。

若将全线各个坡段左右两侧用地费用加起来即可得

$$f_5(X)=\boldsymbol{b}_5^{\mathrm{T}}X+c_5 \tag{6-98}$$

式中 $\boldsymbol{b}_5$——$n\times1$ 阶列向量；

$c_5$——常数项。

(6)目标函数表达式

综上分析推导，可以得到纵断面优化设计目标函数的表达式为

$$F(X)=\frac{1}{2}X^{\mathrm{T}}\boldsymbol{Q}X+\boldsymbol{b}^{\mathrm{T}}X+c \tag{6-99}$$

式中 $\boldsymbol{Q}$——$n\times n$ 阶对称阵，且 $\boldsymbol{Q}=\sum_{i=1}^{5}Q_i$；

$\boldsymbol{b}$——$n\times1$ 阶列向量，且 $\boldsymbol{b}=\sum_{i=1}^{5}b_i$；

$c$——常数项，且 $c=\sum_{i=1}^{5}c_i$。

$F(X)$是一近似的二次函数，它具有以下特点：

①二次海森矩阵 $\boldsymbol{Q}$ 是三对角对称正定矩阵；

②$F(X)$是分段连续的二次函数，其分段特性在土石方工程费目标函数的计算中已分析过。

(7)目标函数梯度及海森矩阵的计算

解析法的关键是要计算目标函数的一阶导数即梯度，其中某些算法还要用到目标函数的二阶导数即海森矩阵。

纵断面优化目标函数的梯度向量$\nabla F(X)$等于土石方、挡墙、桥梁、隧道和用地费目标函数梯度向量之和，即

$$\nabla F(X)=\sum_{j=1}^{5}\nabla f_i(X) \tag{6-100}$$

其中任一项的梯度向量为

$$\nabla f_i(X)=\left[\frac{\partial f_i}{\partial x_1}\quad\frac{\partial f_i}{\partial x_2}\cdots\frac{\partial f_i}{\partial x_n}\right]^{\mathrm{T}} \tag{6-101}$$

由式(6-101)可以看出，欲计算$\nabla f_i(X)$，只要能求出梯度矢量中任一分量$\frac{\partial f_i}{\partial x_i}$的数值就够了。下面仅以土石方工程费目标函数梯度矢量的分量$\frac{\partial f_1}{\partial x_i}$计算来说明用数值微分法求梯度的方法，而其余各目标函数项的梯度计算可以以此类推。

由图 6-18 可见，当第 $i$ 个变坡点设计高程 $x_i$ 产生一微小增量 $\Delta x_i$，而其余变坡点设计高程 $x_l(l=1,2,\cdots,n,l\neq i)$均不改变时，路基土石方工程费有一微小增量 $\Delta f_1$，因此，按定义，$\frac{\partial f_1}{\partial x_i}$即为$\frac{\Delta f_1}{\Delta x_l}$当 $\Delta x_i$ 趋于零的极限，即

$$\frac{\partial f_1}{\partial x_i}=\lim_{\Delta x_i\to 0}\frac{\Delta f_1}{\Delta x_i} \tag{6-102}$$

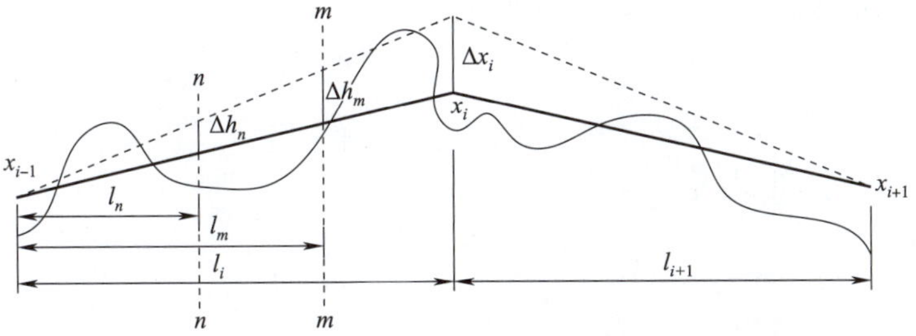


图 6-18　设计变量改变时对戴帽点施工高程的影响

由图 6-18 可见，当第 $i$ 个变坡点设计高程 $x_i$ 有一微小增量而其余变坡点设计高程均不改变时，土石方工程费 $f_l(X)$ 仅在第 $l_i$ 和 $l_{i+1}$ 两个坡段范围内变化，这就是说$\frac{\partial f_l}{\partial x_i}$将只与 $x_{i-1}$、$x_i$ 和 $x_{i+1}$ 三个设计分量有关，即

$$\frac{\partial f_1}{\partial x_i}=\varphi(x_{i-1},x_i,x_{i+1}) \tag{6-103}$$

在坡段 $l_i$ 中任取两个计算断面 $m-m$ 和 $n-n$，如图 6-18 所示，两个断面处的填方高度分别增加了 $\Delta h_m$ 和 $\Delta h_n$，有

$$\Delta h_m=\frac{l_m}{l_i}\cdot\Delta x_i \tag{6-104a}$$

$$\Delta h_n=\frac{l_n}{l_i}\cdot\Delta x_i \tag{6-104b}$$

式中　$l_m,l_n$——断面 $m-m,n-n$ 距第 $i-1$ 点的距离。

假设两断面的面积增量为 $\Delta A_m$ 和 $\Delta A_n$，则这两个断面土石方工程费的增量为

$$\Delta f_{m-n}=\frac{1}{2}(\Delta A_m+\Delta A_n)(l_n-l_m)\cdot g \tag{6-105}$$

式中　$g$——土石方单价。

由于 $l_m$、$l_n$ 和 $g$ 均为常量，欲计算 $\Delta f_{m-n}$，只需算出两面积增量 $\Delta A_m$ 和 $\Delta A_n$ 即可。现以 $m-m$ 断面为例，说明任一断面面积增量 $\Delta A_m$ 的计算。

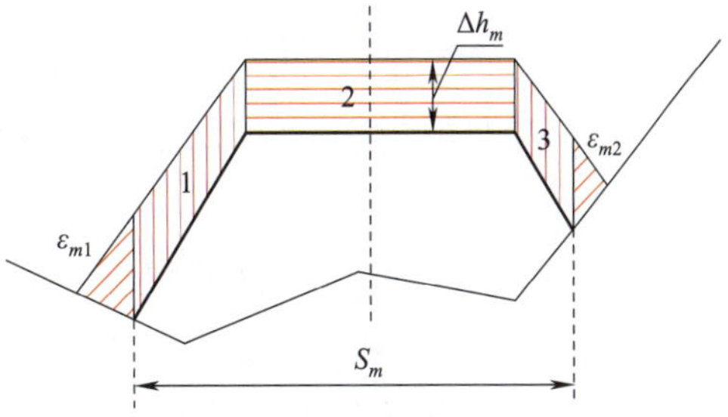


图 6-19　横断面的水平投影

设断面 $m-m$ 处的路基横断面如图 6-19 所示，当路基填方高度增加 $\Delta h_m$ 后，则断面积的增量 $\Delta A_m$ 为图中阴影部分的面积，它包括三个平行四边形面积(即图中 1、2、3)和两个

小三角形面积 $\varepsilon_{m1}$ 和 $\varepsilon_{m2}$。三个平行四边形的面积可以表示为

$$D=S_m \cdot \Delta h_m \tag{6-106}$$

式中 $S_m$——原路基横断面边坡脚至边坡脚的水平距离。

所以

$$\Delta A_m=D+\varepsilon_{m1}+\varepsilon_{m2}=S_m \cdot \Delta h_m+\varepsilon_{m1}+\varepsilon_{m2}$$

将式(6-104a)代入上式得

$$\Delta A_m=\frac{l_m}{l_i} \cdot S_m \Delta x_i+\varepsilon_{m1}+\varepsilon_{m2} \tag{6-107}$$

同理

$$\Delta A_n=\frac{l_n}{l_i} \cdot S_n \Delta x_i+\varepsilon_{m1}+\varepsilon_{m2} \tag{6-108}$$

将上两式代入式(6-105)整理后得

$$\frac{\Delta f_{m-n}}{\Delta x_i}=\frac{g}{2}(l_n-l_m)\left(\frac{l_m}{l_i}S_m+\frac{l_n}{l_i}S_n+\frac{\varepsilon_{m1}+\varepsilon_{m2}+\varepsilon_{n1}+\varepsilon_{n2}}{\Delta x_i}\right)$$

上式中令 $\Delta x_i \to 0$,因 $\varepsilon_{m1},\varepsilon_{m2},\varepsilon_{n1},\varepsilon_{n2}$ 均为较 $\Delta x_i$ 更高阶的无穷小,故

$$\frac{\partial f_{m-n}}{\partial x_i}=\frac{g}{2l_i}(l_n-l_m)(l_m \cdot S_m+l_n \cdot S_n) \tag{6-109}$$

设在 $l_i$ 和 $l_{i+1}$ 坡段内分别有 $n_1$ 和 $n_2$ 个计算断面,分别求出各个小段的$\frac{\partial f_{m-n}}{\partial x_i}$,然后累加求和,则得

$$\frac{\partial f_1}{\partial x_i}=\sum_{j=1}^{n_1+n_2}\left(\frac{\partial f_{m-n}}{\partial x_i}\right) \tag{6-110}$$

尽管图 6-10 所示为路堤的情况,但上述原理同样适用于路堑和半填半挖地段,只不过对于路堑土石方单价应带上负号。这是因为当 $\Delta x_i$ 为正时,挖方面积减小,任一断面的面积增量 $\Delta A_m$ 为负的缘故。

这种用数值微分计算土石方函数梯度矢量的优点包括:

①式(6-109)中除 $S_m$ 和 $S_n$ 外其余均为常量,故只要求出计算断面的路基横断面的水平投影宽度 $S_m$ 和 $S_n$,则该段土石方工程费目标函数的梯度分量即可求出。而路基横断面的水平投影宽度,不论地形横坡多么复杂及路基横断面形式如何变化,总可以用“戴帽子”的办法由计算机自动将它求出,而不需写出土石方体积 $V$ 和填挖高 $h$ 之间的解析表达式,即可求到它的一阶偏导数。

②由上述推导的土石方工程费目标函数解析表达式可知,土石方体积 $V$ 和断面中心填挖高是分段二次函数关系。当路基横断面有马道平台时,设平台高度为 $h_a$,则 $h=h_a$ 时,$V$ 对 $h$ 的一阶偏导数不连续,即目标函数的一阶偏导数不连续(图 6-20)。

国外处理该问题的办法是在间断点附近,在路基横断面面积与施工高的函数式中,人工

插入一段二次曲线使函数光滑。而采用数值微分的方法，只需将马道平台视为一微小的斜坡，就保证了水平投影宽度的连续性，即一阶导数的连续性(图 6-21)。这样虽然在本质上与人工插入二次曲线没有什么差别，但在程序中不需作任何特殊处理。

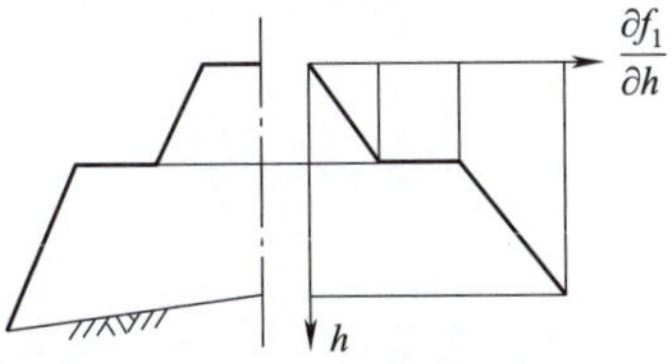


图 6-20　一阶导数不连续

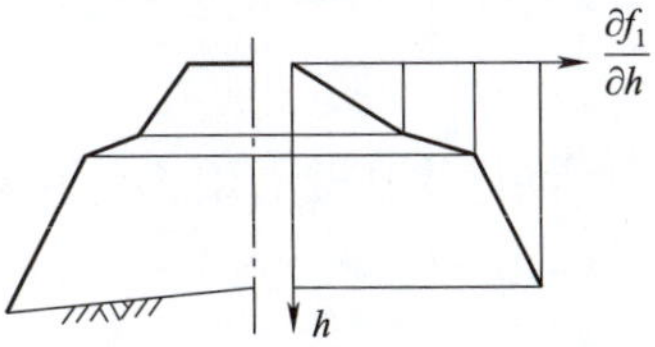


图 6-21　一阶导数分段连续

### 6.2.2　优化迭代步骤及收敛标准

平、纵面整体优化从一个初始的设计方案开始，先纵断面优化，再平面优化，如此纵断面和平面优化交替进行，直至收敛到满意解为止，如图 6-22 所示。

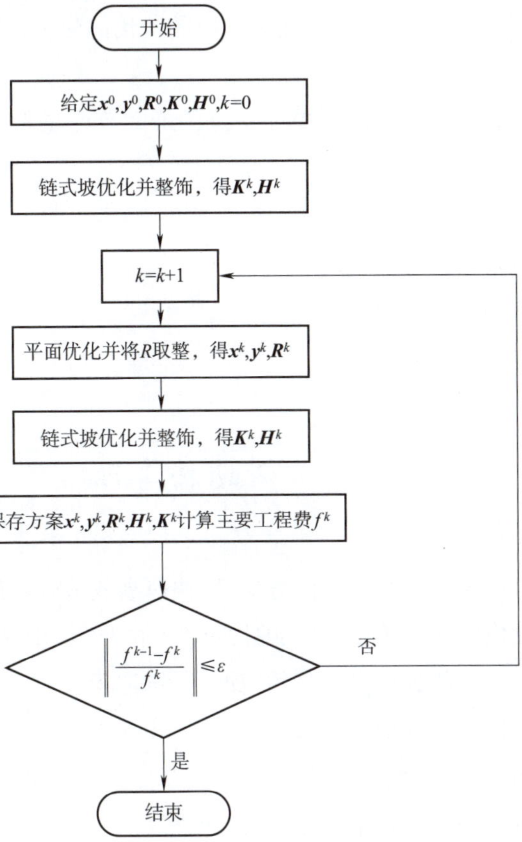


图 6-22　平、纵面整体优化计算

具体步骤如下：

①给定初始解 $x^0, y^0, R^0, K^0, H^0$，即由工程师定出初始的平面线路位置，置 $k=0$。

②用梯度投影法对给定平面位置 $x^k, y^k, R^k, K^k, H^k$ 的链式纵断面优化。

③对链式坡进行整饰，整饰后再进行一次纵断面优化求解问题式(6-5)得 $K^k, H^k$，置 $k=k+1$。

④在纵断面优化的基础上用梯度投影法进行平面优化，求解问题式(6-4)，经多次迭代直至收链到最优，得 $x^k, y^k, R^{k-1}$。

⑤将 $R^{k-1}$ 取整为规范规定数值，得 $R^k$，再在 $x^k, y^k, R^k$ 的基础上进行纵断面优化，得 $K^k$，$H^k$，并将计算结果存盘，得方案 $K$，同时进行一次全线主要工程费的计算，如 $\frac{P^{k-1}-P^k}{P^k}<\varepsilon$，则计算结束，否则转步骤③。

计算中的收敛标准和步长说明如下：

①整个计算的迭代终止准则是前后两次平、纵面整体优化后，两次主要工程费不超过 $\varepsilon$，即认为已收敛，取 $\varepsilon=2\%$。

②纵断面优化采用的收敛标准是：在连续五次的迭代优化中，所有变坡点高程的改变量不超过 5 cm。

③平面优化采用的收敛标准是所有平面交点的最大改变量不超过 1 m，而曲线半径的改变量不超过 10 m。

④考虑地形的变化情况复杂，故平面优化时，要限制迭代的步长，使每次迭代时最大的交点改变量不超过 10 m。

⑤设计人员根据线路具体情况不一定采用最后的设计方案，可选用迭代过程中的某一中间结果，因为这些设计方案均已保存。

## 6.3 改进遗传算法

上述梯度投影法可以通过计算目标函数梯度，快速高效地朝着最优解方向进行搜索，并在每次迭代过程中通过投影和调整来有效的处理约束条件[4]。但其性能易受到目标函数和约束条件的影响。在目标函数具有强非凸的情况下，算法容易陷入局部最优解或出现收敛速度慢的问题。约束条件非常复杂时，难以定义和计算可行域，导致算法难以应用。遗传算法对求解问题本身限制较少，能更好地适用于选线设计。美国马里兰大学 Paul Schonfeld 教授课题组首次将遗传算法引入线路优化领域，建立高速公路线路智能优化模型(highway alignment optimization，HAO)，并提出一种基于遗传算法的三维线路优化方法[2]。此模型将设计变量抽象为基因，线路方案抽象为由基因组成的染色体。在线路起终点预设等间距的切割面，并在切割面上随机生成一系列的基因，组成一系列初始线路方案，形成线路初始方案群。线路方案群通过交叉、变异遗传算子不断进化，直至算法收敛（算法收敛准则将在 6.3.4 节具体介绍）得到最优线路方案。此方法线路平、纵面控制点分布和数目一致，会造成平竖曲线重叠。而在实际的选线设计中，平、纵面控制点数通常不一致；而且，为便于养护维修，线路应尽量避免平竖曲线重叠。

针对以上问题，本节介绍的基于改进遗传算法的线路三维空间线形优化方法的平、纵面控制点采用了不同的分布，在染色体生成过程中，先生成平面基因，然后考虑平纵约束产生纵面基因，最后调整形成整体基因序列，并设计了相应的交叉、变异遗传算子。线路方案群通过设计的选择、交叉、变异遗传算子不断进化直至达到收敛准则。

### 6.3.1　基因编码

直接以优化模型中的设计变量 $\boldsymbol{x}$、$\boldsymbol{y}$、$\boldsymbol{R}$、$\boldsymbol{L}$、$\boldsymbol{Z}$ 作为线路染色体的基因进行编码，在进行遗传操作时十分困难。因此，在垂直于线路起终点航空线方向，按一定间距生成一系列分割面，认为线路交点位于这些分割面上，以交点相对于航空线的偏移距为基因编码交点坐标。如图 6-23 所示，$S$、$E$ 分别为线路起、终点，$\boldsymbol{e}$ 为起点指向终点的单位化矢量，$\boldsymbol{n}$ 为 $\boldsymbol{e}$ 逆时针旋转 90°后的向量，虚线为垂直于 $\boldsymbol{e}$ 的分割面，分割面之间的间距为 $d_{\mathrm{H}}$，$d_i$ 为第 $i$ 个交点相对于起、终点连线的偏移量（右侧为正，左侧为负），交点坐标$[\boldsymbol{x}_i,\boldsymbol{y}_i]^{\mathrm{T}}$与偏移量 $d_i$ 之间存在如下关系式：

$$\begin{bmatrix}\boldsymbol{x}_i\\\boldsymbol{y}_i\end{bmatrix}=\begin{bmatrix}\boldsymbol{x}_{\mathrm{S}}\\\boldsymbol{y}_{\mathrm{S}}\end{bmatrix}+i\cdot d_{\mathrm{H}}\cdot\begin{bmatrix}\boldsymbol{x}_{\mathrm{e}}\\\boldsymbol{y}_{\mathrm{e}}\end{bmatrix}+d_i\cdot\begin{bmatrix}\boldsymbol{x}_n\\\boldsymbol{y}_n\end{bmatrix}\tag{6-111}$$

$[\boldsymbol{x}_{\mathrm{e}},\boldsymbol{y}_{\mathrm{e}}]^{\mathrm{T}}$ 是起点指向终点的单位向量，$[\boldsymbol{x}_n,\boldsymbol{y}_n]^{\mathrm{T}}$ 为垂直于起终点方向的单位向量。

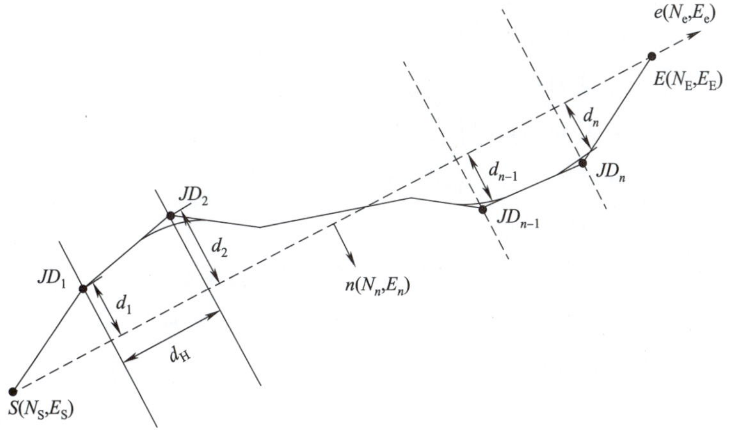


图 6-23　线路平面交点编码

与平面类似，对于纵断面也可先生成一系列法向量为 $\boldsymbol{e}$ 的分割面（图 6-24）。分割面的

间距 $d_V$ 可取规范中的最小坡长。设分割面总数为 $n_V$，各分割面与线路的交点分别为 $P_1$，$P_2$，…，$P_n$V。以其为变坡点可形成链式坡，对该链式坡进行整饰后可形成线路纵断面设计变量 $L$、$Z$（即变坡点里程和高程）。链式坡变坡点的里程 $l$ 可通过线路平面与分割面在平面上投影形成的直线求交后得到，高程 $z$ 则作为遗传算法的基因。

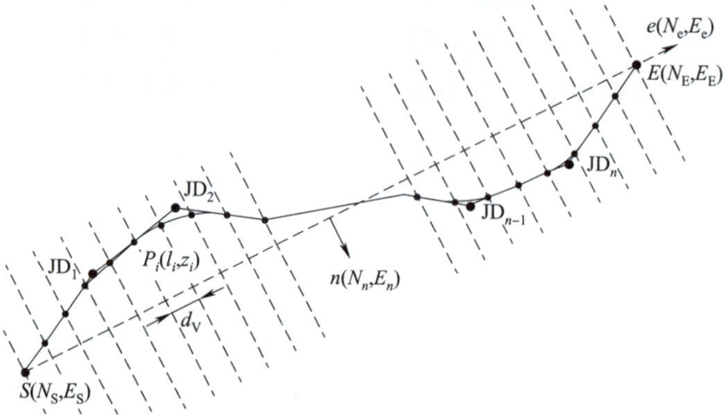


图 6-24　线路纵面分割面

线路三维空间线形模型具有约束条件复杂，空间搜索范围较大等特点，根据其特点，采用浮点编码方式，以空间线路与切割面（在平面上进行投影）交点相对于航空线的偏移距 $d_i$（$i=1,2,\cdots,n_H$）和半径 $R_i$（$i=1,2,\cdots,n_H$）为平面基因编码，以空间线路与切割面（在纵断面上进行投影）交点高程 $z_i$（$i=1,2,\cdots,n_V$）则作为纵面基因编码，线路三维空间染色体表示为：

$$\Lambda=[\lambda_{i,1},\lambda_{i,2},\cdots,\lambda_{i,n}]=[d_{i,1},d_{i,2},\cdots,d_{i,n_H},R_{i,1},R_{i,2},\cdots,R_{i,n_H},z_{i,1},z_{i,2},\cdots,z_{i,n_V}]$$

$$d_{i,k}=\lambda_{i,k},\ R_{i,k}=\lambda_{i,n_H+k},\ z_{i,k}=\lambda_{i,n_H+n_V+k} \tag{6-112}$$

式中　$\Lambda$——染色体；

$\lambda_i$——基因；

$d_{i,1},d_{i,2},\cdots,d_{i,n_H}$——平面交点基因片段；

$R_{i,1},R_{i,2},\cdots,R_{i,n_H}$——平面曲线半径基因片段；

$z_{i,1},z_{i,2},\cdots,z_{i,n_V}$——纵断面基因片段。

线路染色体基因中的三个基因片段并非完全独立的，平面交点坐标的选取应和平曲线半径的配置相匹配，使得最小曲线半径、最小曲线长度和最小夹直线长度等线路主要技术标准满足设计要求，纵断面基因的产生必须以平面为基础。因此，采用分步基因编码方法，其一般过程如下：

（1）在预设分割面上，随机生成平面交点基因，并由式（6-111）计算平面交点坐标。

（2）就平面交点坐标和规范中最小曲线半径要求以及点线几何位置和耦合约束限制设置各交点平曲线半径，形成平曲线半径的基因。

(3)根据最小坡段长度和计算出的纵断面链式坡变坡点设置纵断面切割面。

(4)考虑地形和最大限制坡度、最小坡段长度、线路和跨越河流、公路和线路之间的最小净空,允许的最大桥梁高度和最大隧道长度约束确定变坡点的高程。

(5)合并坡度相近的相邻坡段,根据规范要求调整变坡点高程,高程控制点,并生成最后的纵断面方案。

### 6.3.2 遗传算子设计

GA 中的遗传算子包括选择算子、交叉算子和变异算子三类,遗传算子的设计是决定 GA 实施效果的关键。

首先是选择算子,在物种的进化过程中,自然界对其个体存在"优胜劣汰"的选择机制,即个体与自然界的适应度值越高越容易生存,适应度值越低越容易被淘汰。模拟自然界的选择机制对遗传算法的选择算子进行设计。其次是交叉算子和变异算子,设计4类交叉算子,包括简单交叉、两点交叉以及算术交叉和非均匀启发式交叉;3类变异算子,包括单点变异、多点变异和取直变异。

采用排序轮盘法设计选择算子。基本设计思想是使得每个个体的选择概率正比于它的适应度值,且适应度值大的个体被选择的机会较大。其具体设计过程如下:

①计算每个个体的适应度值 $E(i)$,$i=1,2,\cdots,\mathrm{Num}$,其中 Num 为种群规模值;

②按照适应度值从小到大的顺序,对种群中的个体进行排序;

③计算个体 $\Omega_i$ 的选择概率 $P(s)_i$

$$P(s)_i=\frac{E(i)}{\sum_{i=0}^{\mathrm{Num}}E(i)} \tag{6-113}$$

④计算个体 $\Omega_i$ 的累积概率 $q(s)_i$

$$q(s)_i=\sum_{j=1}^{i}p(s)_j \tag{6-114}$$

⑤旋转 Num 次轮盘,获得新的种群。

简单交叉是从平面某交点处直接将双亲染色体的三维空间基因交换而形成两个新线路方案。两点交叉则是在平面基因上选取两个不连续交点,然后将双亲染色体在两交点之间的三维空间基因进行交换。以下为两点交叉实现主要流程:

①拟进行交叉的起、终交点 $s_{\mathrm{H}}$、$e_{\mathrm{H}}$ 由均匀随机函数产生

$$s_{\mathrm{H}}=r_{\mathrm{d}}[1,n_{\mathrm{H}}],\ e_{\mathrm{H}}=r_{\mathrm{d}}[1,n_{\mathrm{H}}],\text{且 } e_{\mathrm{H}}>s_{\mathrm{H}}+1 \tag{6-115}$$

式中 $r_{\mathrm{d}}[1,n_{\mathrm{H}}]$——均匀随机函数;

$n_{\mathrm{H}}$——平面分割面个数。

②生成该交点范围的纵面链式坡中的起、终变坡点 $s_{\mathrm{V}}$、$e_{\mathrm{V}}$

$$s_{\mathrm{V}}=[(s_{\mathrm{H}}-1)\cdot d_{\mathrm{H}}/d_{\mathrm{V}}],\ e_{\mathrm{V}}=[(e_{\mathrm{H}}+1)\cdot d_{\mathrm{H}}/d_{\mathrm{V}}] \tag{6-116}$$

式中 $d_{\mathrm{H}}$——平面分割面间距；

$d_{\mathrm{V}}$——纵断面分割面间距。

③交换 $s_{\mathrm{H}} \sim e_{\mathrm{H}}$ 的平面基因和 $s_{\mathrm{V}} \sim e_{\mathrm{V}}$ 的纵面基因，形成两个新的子染色体 $\Lambda_i'$，$\Lambda_j'$

$$
\begin{aligned}
\Lambda_i' &= [\cdots d_{j,s_{\mathrm{H}}} \cdots d_{j,e_{\mathrm{H}}} \cdots R_{j,s_{\mathrm{H}}} \cdots R_{j,e_{\mathrm{H}}} \cdots z_{j,s_{\mathrm{V}}} \cdots z_{j,e_{\mathrm{V}}} \cdots] \\
\Lambda_j' &= [\cdots d_{i,s_{\mathrm{H}}} \cdots d_{i,e_{\mathrm{H}}} \cdots R_{i,s_{\mathrm{H}}} \cdots R_{i,e_{\mathrm{H}}} \cdots z_{i,s_{\mathrm{V}}} \cdots z_{i,e_{\mathrm{V}}} \cdots]
\end{aligned} \tag{6-117}
$$

算术交叉是采用一定比例系数将所有基因进行线性组合来完成交叉的过程。三维空间算术交叉如图 6-25 所示，设拟进行交叉的两个双亲染色体为 $\Lambda_i$，$\Lambda_j$，交叉后的子染色体为 $\Lambda'$。首先通过均匀随机函数产生 0～1 的随机数 $\omega = r_{\mathrm{d}}[0,1]$，然后由线性计算 $\Lambda' = \omega \cdot \Lambda_i + (1-\omega) \cdot \Lambda_j$ 得到交叉后的子染色体。

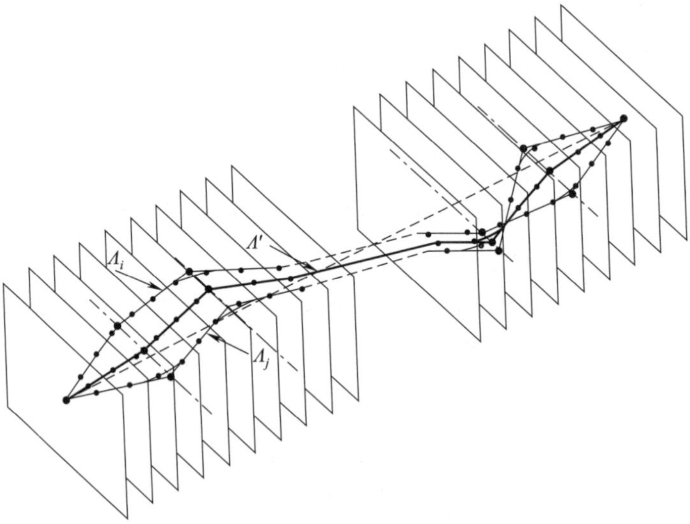


图 6-25　三维空间算术交叉

启发式交叉与算数交叉类似，通过基因线性组合完成交叉，不同之处是它具有一定的启发性，如图 6-26 所示。设双亲染色体为 $\Lambda_i$，$\Lambda_j$，且 $\Lambda_i$ 较优，则可认为基因进化的方向是 $\Lambda_j$ 指向 $\Lambda_i$ 的方向。常规的启发式交叉生成子染色体是通过将 $\Lambda_i$ 朝着基因进化方向移动一定的比例 $\omega$(0～1 均匀随机数)来产生。但是实际中即使 $\Lambda_i$ 整体较优，但其在所有的区段不一定都是较优的，如果单纯从整体较优方向来指导启发式交叉可能会缺乏可适性。针对此缺陷，可采用一种非均匀启发式交叉算子，平、纵面基因的进化方向由各交点范围内的造价值来确定。设染色体中任意第 $k$ 个基因，由如下公式计算子染色体：

$$
\lambda_k' = \begin{cases} \omega(\lambda_{i,k} - \lambda_{j,k}) + \lambda_{i,k} & \text{对应交点范围 } \Lambda_i \text{ 较优} \\ \omega(\lambda_{j,k} - \lambda_{i,k}) + \lambda_{j,k} & \text{对应交点范围 } \Lambda_j \text{ 较优} \end{cases} \tag{6-118}
$$

变异算子首先是单点变异，如图 6-27 所示。随机选择线位上一平面交点位置设为 $m_{\mathrm{H}}$，$m_{\mathrm{H}} = r_d[1, n_{\mathrm{H}}]$，然后依次对相应的平面基因片段 $d_{m_{\mathrm{H}}}$、$R_{m_{\mathrm{H}}-1}$、$R_{m_{\mathrm{H}}}$、$R_{m_{\mathrm{H}}+1}$ 和纵面基因片

段$[z_{sv}\cdots z_{ev}]$中的各基因进行变异操作，变异过程需满足耦合约束要求。该交点范围对应的纵面链式坡的起终点变坡点 $s_V$、$e_V$ 可采用公式(6-116)计算出。设变异操作的任意基因 $\lambda_i$ 在约束条件下的容许区间为$[\lambda_{min},\lambda_{max}]$，为保证线路尽可能顺直，$\lambda_i'$采用正态分布随机数 $N(\bar{\lambda},\sigma)$确定，以 $\lambda_i$ 为期望$\bar{\lambda}$；同时为保证基因绝大部分处于可取值区间内，以容许区间上下限 $\lambda_{min}$，$\lambda_{max}$ 最大绝对值的 1/3 为标准差 $\sigma$，计算公式如下：

$$
\begin{aligned}
&\lambda_i'=N(\lambda_i,(\max\{\lambda_{max},-\lambda_{min}\})^2/9)\\
&\lambda_{min}<\lambda_i'<\lambda_{max}
\end{aligned}
\tag{6-119}
$$

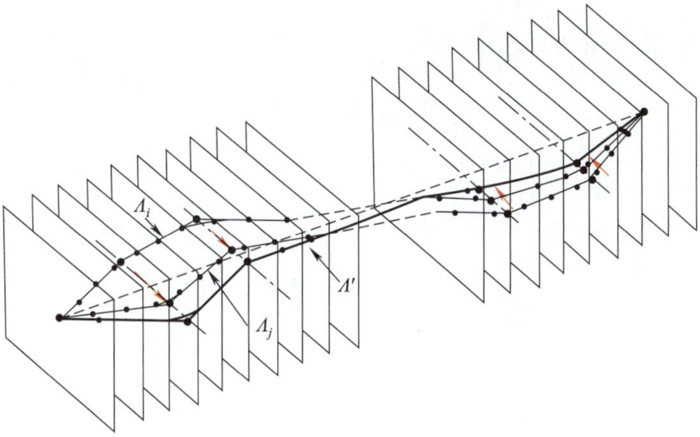


图 6-26　三维空间非均匀启发式交叉

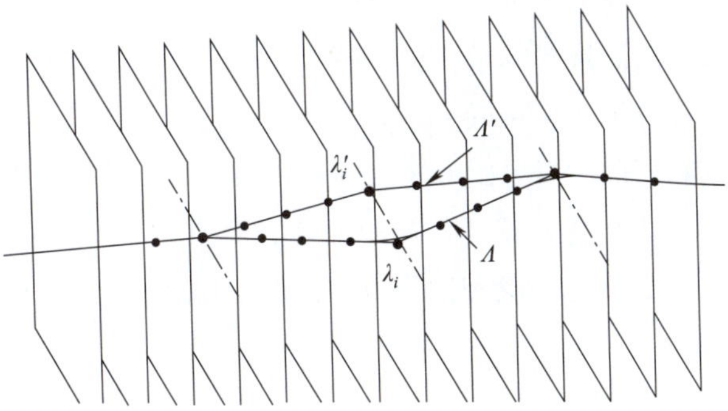


图 6-27　三维空间单交点变异

多交点变异则是对连续的多个交点对应的基因片段进行变异操作，具体实现方法为采用式(6-115)、式(6-116)先确定待变异的基因片段，再采用公式(6-119)进行变异操作。

取直变异的目的是将几个连续交点变异到一条直线上，这样能删除部分交点形成短直的线路方案，在直线地段也能为车站布置创造良好的线形条件，如图 6-28 所示。首先由式(6-115)、式(6-116)确定待变异的起、终交点序号 $s_H$、$e_H$ 和起、终链式坡变坡点序号 $s_V$、

$e_V$。然后按式(6-120)计算$[d_{s_H}\cdots d_{e_H}]$中任意基因 $d_{k_H}$ 变异后的值。平曲线半径基因片段$[R_{sH}\cdots R_{eH}]$全设为 0。

$$d'_{k_H}=d_{s_H}+(k_H-s_H+1)\times(d_{e_H+1}-d_{s_H-1})/(e_H-s_H+2) \tag{6-120}$$

生成平面基因片段后，可采用 6.3.1 节生成初始纵断面基因的方法确定纵断面基因片段$[z_{s_V}\cdots z_{e_V}]$。

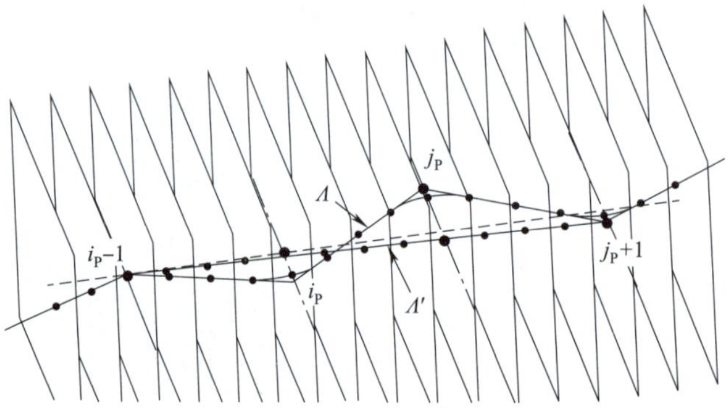


图 6-28　三维空间取直变异

## 6.3.3　算法流程

(1)输入初始参数，包括一条染色体上的基因个数和初始种群个数等。

(2)线路三维空间线位基因编码及初始线路方案生成。

(3)种群方案中个体适应度评价与选择概率计算。

(4)利用 6.3.2 节提出的选择算子，选择线路方案至下一代参与进化。

(5)进行交叉和变异算子运算生成子方案。

(6)将所有子方案和当前种群原始方案合并后依据适应度值对方案进行排序，保持种群线路方案个数 Num 不发生变化，选取前 Num 个适宜度值高的方案组成新的线路方案群。

(7)判断是否满足收敛准则，若不满足则返回(4)，满足则停止优化。

## 6.3.4　收敛准则

遗传算法的终止准则一般有两种：

(1)最大迭代次数：设置一个最大的迭代次数，当算法达到该迭代次数时停止。

(2)种群的稳定性：检测种群适应度的变化情况，当种群适应度的变化小于一个阈值时，认为算法已经收敛。

为避免算法过早收敛或陷入局部最优，采用二者结合的方式，即设置最大迭代次数为 $N$。在每次迭代中，检测种群适应度的变化情况。如果种群适应度的变化小于一个事先设定的阈值，并且当前迭代次数小于等于 $N$，则认为种群已经趋于稳定，停止算法。如果当前

迭代次数超过 $N$，则认为算法未达到稳定状态，继续执行迭代过程，直到种群适应度变化小于设定阈值。

# 6.4 粒子群优化方法

回顾遗传算法(GA)过程可以发现，从初始交点生成，到遗传进化过程，直至算法收敛进化完成，所有的线路交点都被限制在了切割面上，因此，遗传算法本质上属于离散空间搜索方法。实际上，线路交点应该在三维廊带的连续空间域内因地制宜地进行布设，而非在固定间距的切割面上布设，所以上述 GA 是在有限的离散子空间内进行的搜索，从而导致易于遗漏有价值的线路方案。粒子群优化是一种基于群体智能的启发式算法，其主要优势在于适用于求解连续空间优化问题并具备收敛速度快、鲁棒性好等特点。本节以所得线路走廊带为依据，介绍一种基于分步粒子群优化的线路空间位置搜索方法，包括初始粒子群生成(6.4.2 节)，分步粒子群优化(6.4.3 节)以及回头曲线设置(6.4.4 节)和纵断面变坡点高程可行域动态确定(6.4.5 节)。

## 6.4.1 粒子群优化算法基本原理

粒子群优化算法(particle swarm optimization，PSO)是 1995 年受鸟群觅食过程中的迁徙和群集行为启发而提出的一种基于群体智能的演化计算技术[3]。采用粒子群优化算法求解优化问题首先需生成一组初始可行解并抽象为多维空间中的粒子，空间维度由待求解问题的决策变量数目决定，以各粒子在多维空间中的位置表征各可行解。所有粒子模拟鸟群在研究区内“飞行”(即迭代进化)以寻找最优位置。在“飞行”过程中，对每个粒子都赋予了适应度和速度特征。其中，适应度特征根据待求解问题的目标函数值计算，而速度特征则由各粒子的“飞行”方向和速度大小综合确定。在迭代过程中，各粒子根据其当前速度以及当前群体中的个体最优粒子位置(pbest)和全局最优粒子位置(gbest)更新速度特征，并基于粒子当前位置和更新后的速度计算其最新位置，计算公式如下：

$$\begin{aligned} v_i(t+1)=&w\cdot v_i(t)+C_1\cdot r_1(t)\cdot[\mathrm{gbest}(t)-\mathrm{Pos}_i(t)]+\\ &C_2\cdot r_2(t)\cdot[\mathrm{pbest}_i(t)-\mathrm{Pos}_i(t)] \end{aligned} \tag{6-121}$$

$$\mathrm{Pos}_i(t+1)=\mathrm{Pos}_i(t)+v_i(t+1) \tag{6-122}$$

$t$ 表示当前迭代次数；$w$ 为惯性权重；$v_i(t)$ 和 $v_i(t+1)$ 分别为种群中第 $i$ 个粒子的当前速度特征和更新后的速度特征；$\mathrm{Pos}_i(t)$ 和 $\mathrm{Pos}_i(t+1)$ 分别为种群中第 $i$ 个粒子的当前位置和更新后的位置；$C_1$ 和 $C_2$ 分别为认知常数和社会常数，$C_1$ 控制个体粒子向其历史最佳位置(个体经验)移动的速度，而 $C_2$ 控制个体粒子向全局最佳位置(社会经验)移动的速度，通常取 $C_1=C_2=2$；$r_1$ 和 $r_2$ 为分布在范围[0,1]中的随机数；gbest($t$)是整个群体中所有粒子截至当前迭代次数 $t$ 的最优位置，即全局最优位置；$\mathrm{pBest}_i(t)$是第 $i$ 个粒子截至当前迭代次数 $t$ 的最优位置，即个体最优位置。图 6-29 描述了粒子群优化在二维空间的进化过程。

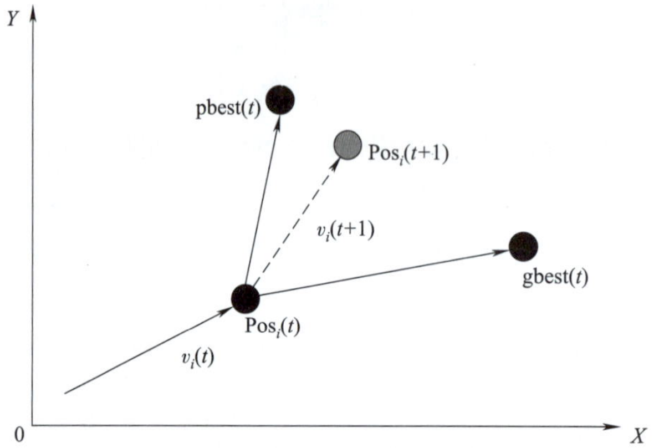


图 6-29　粒子群优化在二维空间内的进化过程

在式(6-121)中，惯性权重 $w$ 参数用于控制粒子迭代后位置受迭代前位置的影响程度。随着迭代的进行，如 $w$ 值过大，粒子在搜索过程中存在较大的速度波动，容易遗漏一些潜在的优化解，使算法的收敛速度相对较慢，如果 $w$ 值过小，粒子在搜索过程中速度波动减小，可能导致算法过早停滞在某个局部最优解附近。经研究，惯性权重通常取[0,1]区间内的值，且迭代过程中逐渐降低惯性权重值有助于平衡全局搜索和局部探索两者之间的关系，使得算法能够更好地在搜索空间中进行搜索并最终收敛到最优解。具体地，三次多项式公式在迭代初期具有较大的下降梯度，有助于充分搜索解空间，避免遗漏可行解；而在迭代后期，随着搜索空间逐渐逼近最优解邻域，惯性权重随之减缓下降梯度，有助于增强局部搜索能力。因此，采用三次多项式惯性权重更新策略(图 6-30)可以更充分地搜索最优解的邻域空间，有助于提升方案质量。权重更新公式如下：

$$w_t=-2.25\times\frac{t^3}{7T^3}+6.75\times\frac{t^2}{7T^2}-8\times\frac{t}{7T}+1 \tag{6-123}$$

式中　$t,T$——当前迭代次数和总迭代次数。

此外，在式(6-30)中，粒子速度 $v_i(t+1)$受最大速度限制约束。“速度限制”准则是为了限制每一次迭代过程中粒子的单步最大速度，从而避免粒子“飞出”解空间，将粒子限制在可行域内。“速度限制”准则可表示为

$$v_i(t+1)=\begin{cases} v_i(t+1) & v_i(t+1)<v_{\max} \\ v_{\max} & v_i(t+1)\geqslant v_{\max} \end{cases} \tag{6-124}$$

式中　$v_i(t+1)$——由式(6-121)计算所得的第 $i$ 个粒子的“计算速度”；

$v_{max}$——每次迭代过程中所允许的最大速度。

通过“速度限制”可以限制每个粒子的单步位移，从而避免算法发散。

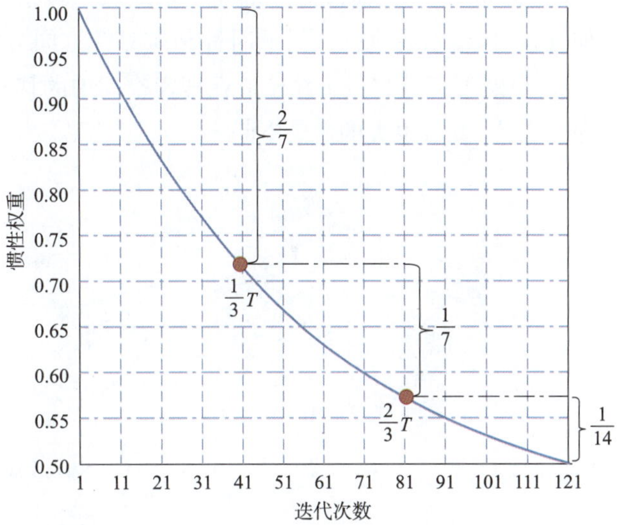


图 6-30　三次多项式惯性权重更新策略

## 6.4.2　初始粒子群生成方法

采用粒子群优化算法求解线路优化问题，将线路平、纵线位抽象为多维空间中的粒子，粒子在多维空间中所经过的每一个位置都代表一条线路方案，粒子初始位置即代表初始线路方案。基于初始粒子位置在多维空间中不断寻找最优粒子位置，实现线路优化。

初始线路方案优劣显著影响粒子群优化质量和效率，通过第五章所述双向广义距离变换算法获得的线路走廊带可为线路控制点提供科学的初始分布依据，进而生成优质的初始线路方案。因此，可采用一种基于线路走廊带的初始粒子群生成方法。由于线路平、纵面控制点分布和数目通常不一致，且应尽量避免平、竖曲线重叠，采用分步初始化策略，即先进行平面初始化，生成平面方案后再沿线路平面进行纵断面初始化，从而生成初始三维线路方案。

(1)线路平面初始化

现有启发式优化方法大多通过划分切割线的方式分布线路平面控制点，通过随机平面控制点在切割线上的位置实现线路平面初始化。然而，由于这种方法将线路平面控制点限制在切割线上，降低了初始自由度，在地形、地质条件复杂的山岭地区常常无法创建有效的初始线路平面方案。对此，应用蝶形区域模板概念，进行线路平面初始化。相比基于切割线的线路平面初始化方法，可提供足够的初始自由度，显著增加初始成功率，提高初始方案多样性，为后续优化提供更多的进化动力。

①生成蝶形区域

基于所得线路走廊带，在其各平面交点位置建立一个独立的局部坐标系，以平面交点为坐标系原点，以角平分线为坐标轴，坐标轴长度为 $2L$，其中 $L$ 表示搜索带宽，是粒子相对于初始路径顶点的最大偏移距离，将所有坐标轴沿顺时针和逆时针方向分别旋转 45°，得到如图 6-31 所示的蝶形区域。该蝶形区域将成为粒子群在搜索空间中的移动区域，相较于传统的将交点限定于切割面的方法，具有更大的活动空间。

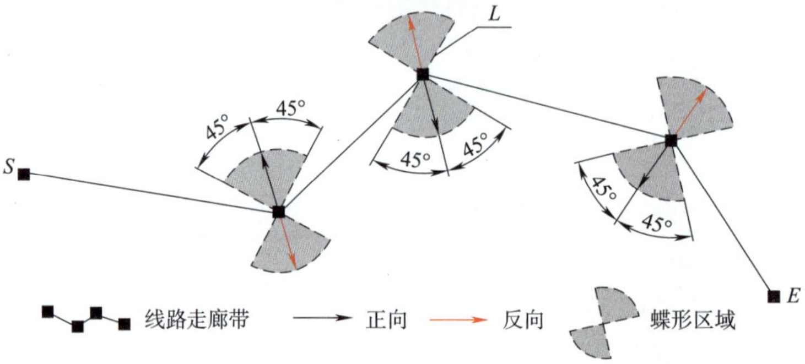


图 6-31　基于线路走廊带生成蝶形区域

②初始平面交点位置

生成蝶形区域后，首先根据线路走廊带上各交点处相邻两条连接路径的向量关系，计算各交点角平分线单位向量 $\boldsymbol{V}_{\mathrm{U}}$，计算公式如下：

$$\boldsymbol{P}_i\boldsymbol{P}'_{i-1}=\frac{\boldsymbol{P}_i\boldsymbol{P}_{i-1}}{|\boldsymbol{P}_i\boldsymbol{P}_{i-1}|}=\begin{pmatrix}Vx_{i-1}/\sqrt{Vx_{i-1}^2+Vy_{i-1}^2}\\ Vy_{i-1}/\sqrt{Vx_{i-1}^2+Vy_{i-1}^2}\end{pmatrix} \tag{6-125}$$

$$\boldsymbol{P}_i\boldsymbol{P}'_{i+1}=\frac{\boldsymbol{P}_i\boldsymbol{P}_{i+1}}{|\boldsymbol{P}_i\boldsymbol{P}_{i+1}|}=\begin{pmatrix}Vx_{i+1}/\sqrt{Vx_{i+1}^2+Vy_{i+1}^2}\\ Vy_{i+1}/\sqrt{Vx_{i+1}^2+Vy_{i+1}^2}\end{pmatrix} \tag{6-126}$$

$$\boldsymbol{V}_i=\boldsymbol{P}_i\boldsymbol{P}'_{i-1}+\boldsymbol{P}_i\boldsymbol{P}'_{i+1}=\begin{pmatrix}Vx\\ Vy\end{pmatrix} \tag{6-127}$$

$$\boldsymbol{V}_{\mathrm{U}i}=\begin{pmatrix}Vx/\sqrt{Vx^2+Vy^2}\\ Vy/\sqrt{Vx^2+Vy^2}\end{pmatrix}=\begin{pmatrix}V_{\mathrm{U}x}\\ V_{\mathrm{U}y}\end{pmatrix} \tag{6-128}$$

其中$\boldsymbol{P}_i\,\boldsymbol{P}'_{i-1}$和$\boldsymbol{P}_i\,\boldsymbol{P}'_{i+1}$分别为第 $i$ 个交点 $P_i$ 与相邻路径顶点连线的单位向量；$\boldsymbol{V}_i$ 为两单位向量的角平分线向量；$\boldsymbol{V}_{\mathrm{U}i}$ 为第 $i$ 个交点的角平分线单位向量，如图 6-32 所示。

然后，随机生成初始平面交点到线路走廊带平面交点的偏移量 $l$ 和偏角 $\alpha$，并通过式(6-129)计算线路走廊带平面交点到初始平面交点的偏移向量 Vec′，如图 6-32 所示。

$$\boldsymbol{V}'_i=n\times\begin{pmatrix}V_{\mathrm{U}xi}\cdot\cos\alpha-V_{\mathrm{U}yi}\cdot\sin\alpha\\ V_{\mathrm{U}xi}\cdot\sin\alpha+V_{\mathrm{U}yi}\cdot\cos\alpha\end{pmatrix}=\begin{pmatrix}Vx'_i\\ Vy'_i\end{pmatrix} \tag{6-129}$$

$$n=\begin{cases}1 & m\geqslant 0.5\\ -1 & m<0.5\end{cases}\tag{6-130}$$

$$m=\mathrm{rand}(0,1)\tag{6-131}$$

式中　$\boldsymbol{V}_i'$——线路走廊带第 $i$ 个平面交点到初始平面交点的偏移向量；

$n,m$——用于确定随机偏移向量方向，如图 6-32 所示。

最后，根据偏移量 $L_i$ 和偏移向量 $\boldsymbol{V}_i'$ 计算初始平面交点坐标，计算公式为：

$$\begin{aligned}x_{\mathrm{JD}}&=x_{\mathrm{P}}+L_i\cdot Vx_i'\\ y_{\mathrm{JD}}&=y_{\mathrm{P}}+L_i\cdot Vy_i'\end{aligned}\tag{6-132}$$

式中　$x_{\mathrm{P}},y_{\mathrm{P}}$——线路走廊带上第 $i$ 个平面交点坐标；

$x_{\mathrm{JD}},y_{\mathrm{JD}}$——基于线路走廊带生成的第 $i$ 个初始平面交点坐标。

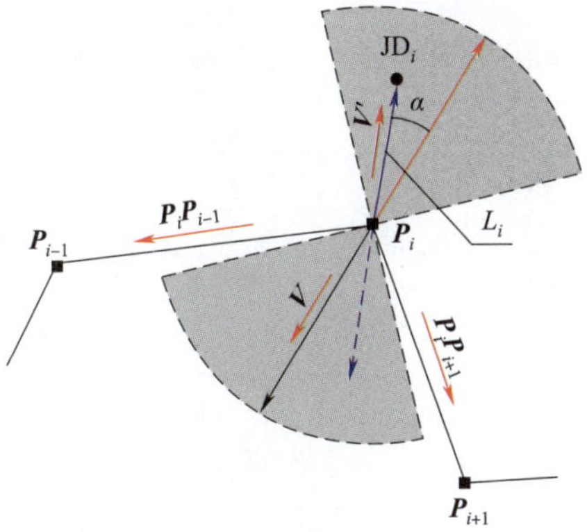


图 6-32　初始平面交点位置($n=-1$)

获得初始平面交点位置后，通过配置圆曲线、缓和曲线，即可生成初始线路平面方案，如图 6-33 所示。

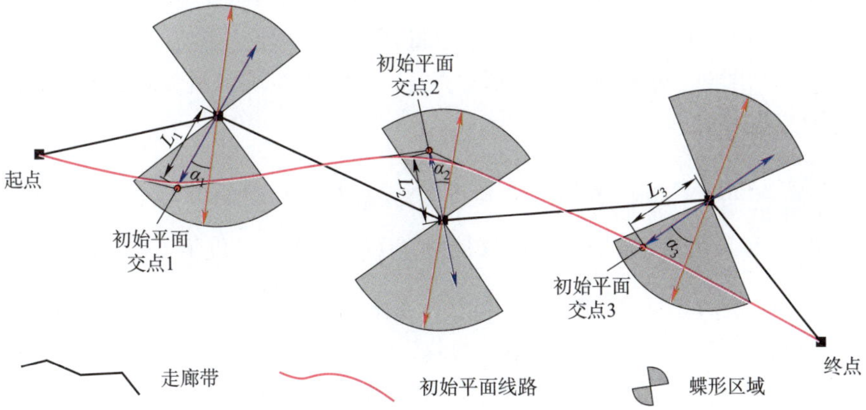


图 6-33　线路平面初始化

(2)线路纵断面初始化

根据初始线路平面方案可获得线路途径区域的纵断面地面线，线路纵断面坡段应根据地形起伏状况灵活设置，并且坡段越短、越多，则对于地面线的适应情况越优，线路工程造价越低。为获得优质的纵断面初始方案，基于线路、地表之间的“填挖平方和最小”原则进行线路纵断面方案初始化，具体如下：

首先，划定线路纵断面变坡点可行域，以保证所生成方案满足线路纵断面约束要求，如图 6-34(a)所示。

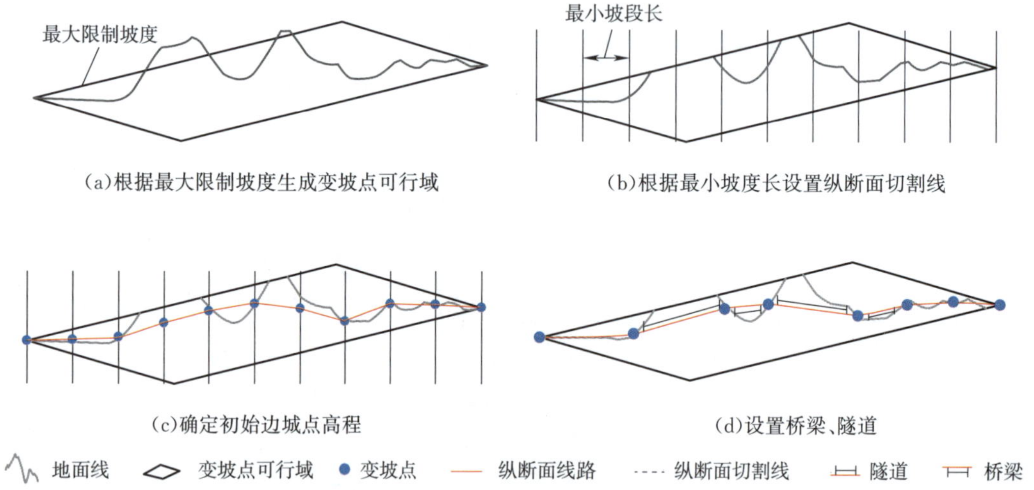


图 6-34　线路纵断面初始化

然后，根据线路纵断面变坡点可行域修改地面线并以最小坡段长($L_{\text{Smin}}$)为间距划分线路纵断面切割线，确定线路纵断面变坡点里程，如图 6-34(b)所示。采用最小坡段长为间距的原因是较短的坡段长度可以更好地适应地形变化，从而减少土石方工程量。对于两个相邻的变坡点来说，为了使得二者之间逐桩的线路-地表填挖平方和最小，可以表述为式(6-113)。设 $m$ 表示 $i-1$ 和第 $i$ 个变坡点之间的桩号数量，$G_{\text{P}}$ 表示理论坡度值，$K_{\text{E}j}$ 表示第 $j$ 个桩号的里程值，$K_i$ 表示第 $i$ 个变坡点的里程值，$H_i$ 表示第 $i$ 个变坡点的设计标高，$H_{\text{E}j}$ 表示第 $j$ 个桩号处的地表高程值。

$$\min f(G_{\text{p}})=\min\sum_{j=1}^{m}[G_{\text{p}}\times(K_{\text{E}j}-K_i)+H_i-H_{\text{E}j}]^2 \tag{6-133}$$

通过求式(6-131)对 $G_{\text{p}}$ 的偏导数可获得使 $f(G_{\text{p}})$ 最小的坡度值 $G_{\text{p}}$：

$$\frac{\mathrm{d}f(G_{\text{p}})}{\mathrm{d}G_{\text{p}}}=2\times G_{\text{p}}\times\sum_{j=1}^{m}(K_{\text{E}j}-K_i)^2+2\times\sum_{j=1}^{m}(K_{\text{E}j}-K_i)\times(H_i-H_{\text{E}j}) \tag{6-134}$$

$$G_{\text{p}}=-\frac{\sum_{j=1}^{m}(K_{\text{E}j}-K_i)\times(H_i-H_{\text{E}j})}{\sum_{j=1}^{m}(K_{\text{E}j}-K_i)^2} \tag{6-135}$$

此外，$G_p$ 还需满足最大坡度 $g_{max}$ 约束要求：

$$G_p=\begin{cases}G_p & |G_p|<g_{max}\\ \pm g_{max} & |G_p|\geqslant g_{max}\end{cases} \tag{6-136}$$

根据坡度 $G_p$ 以及线路起点高程，通过式(6-137)即可求出线路纵断面变坡点高程值，如图 6-34(c)所示。

$$H_{i+1}=H_i+G_p\times L_{smin} \tag{6-137}$$

当 $i=0$ 时，$H_i$ 即为线路起点高程；$L_{smin}$ 为最小坡段长度。

最后，对坡度代数差小于给定阈值的坡段进行合并，并调整超过最大坡度代数差坡段，通过桥隧自动设置方法确定桥梁和隧道位置，从而完成线路纵断面初始化，如图 6-34(d)所示。

### 6.4.3　分步粒子群优化策略

完成初始化后，基于所得初始粒子群(即初始线路方案)搜索最优线路空间位置。在搜索过程中，由于所有线路的平面交点均位于走廊带交点产生的蝶形区域内，所以不同线路的平面交点数量一致，而不同线路的纵断面变坡点数量需要根据地形、线路平面等因素具体确定。因此，应用分步粒子群优化策略用于搜索最优线路空间位置，具体流程如下：

步骤 1：选取当前种群的 pbest 粒子位置和 gbest 粒子位置，并基于其代表的线路方案以及粒子群优化算法中速度更新式(6-121)和位置更新式(6-122)，更新多维空间(其维度等于线路优化变量类别)中各粒子与线路平面位置相关的维度变量(即平面交点位置和圆曲线半径)，生成新的线路平面方案；

步骤 2：获取各粒子新生成平面方案的地面高程，并以最小坡段长为间距划分线路纵断面切割线；

步骤 3：以切割面 $P_1$ 为例，根据各粒子所代表线路在纵断面切割线位置的里程，如图 6-35(a)所示，确定其平面位置坐标，并向 pbest 和 gbest 粒子位置所代表的线路方案做投影得到投影点 $P_2$，如图 6-35(b)所示，取 $P_2$ 位置高程作为纵断面更新时的参考高程，如图 6-35(c)所示，基于粒子群算法中的速度更新式(6-121)和位置更新式(6-122)更新相应的线路纵断面方案；

步骤 4：整饰线路纵断面，生成完整的三维线路方案，并基于 6.4.6 节介绍的评价准则选出更新后方案集的 pbest 粒子位置和 gbest 粒子位置，进入下一次迭代；

步骤 5：循环上述步骤直至达到最大迭代次数。

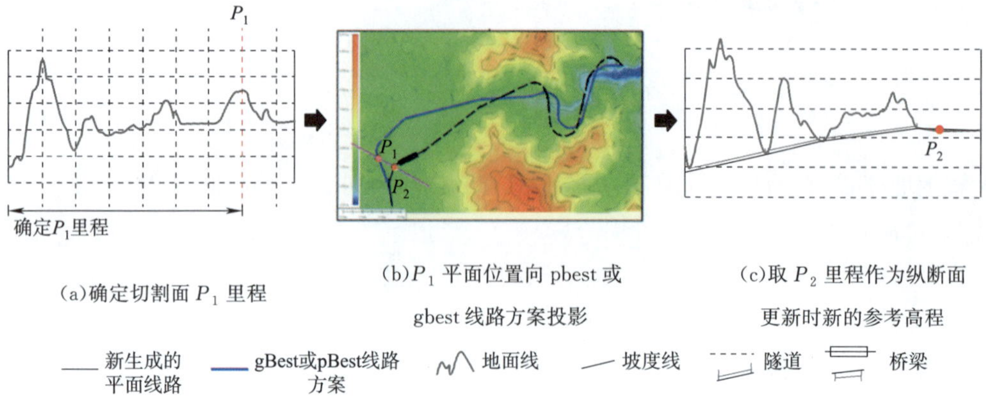


图 6-35　线路纵断面更新过程

## 6.4.4　纵断面变坡点高程可行域动态确定方法

在复杂艰险山区,最大坡度,最大允许桥高等线路纵面约束是影响线路走向的重要因素。为保证在线路搜索过程中线路纵断面满足线路约束要求,可采用一种动态生成纵断面变点可行域的方法。首先确定线路起终点范围内能达到的最大、最小高程,如图 6-36 所示,即分别以最大坡度从起、终点出发形成一个四边形区域,该区域即为线路高程范围,所有的纵面变坡点都需要在这个区域内。然后,根据高程控制点,调整该四边形区域,确定初始高程可行区域。

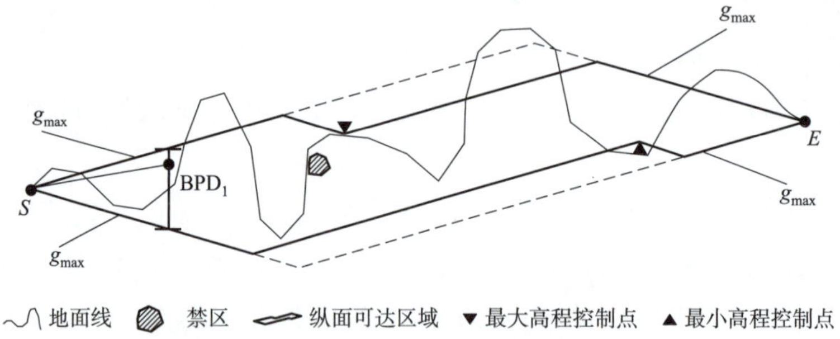


图 6-36　初始高程可行区域

在初始高程区域内确定第一个纵面变坡点的位置。确定第一个纵面变坡点后,将其设为起始点,并重新调整高程可行区域,如图 6-37 所示。反复执行该过程,直到确定所有纵面变坡点位置。

上述方法可保证生成线路的纵断面满足最大坡度约束、高程控制点约束以及纵断面禁区约束要求。然而,不能保证线路纵断面方案满足最大桥高、最大隧道长约束。对此,可采用如下方法:

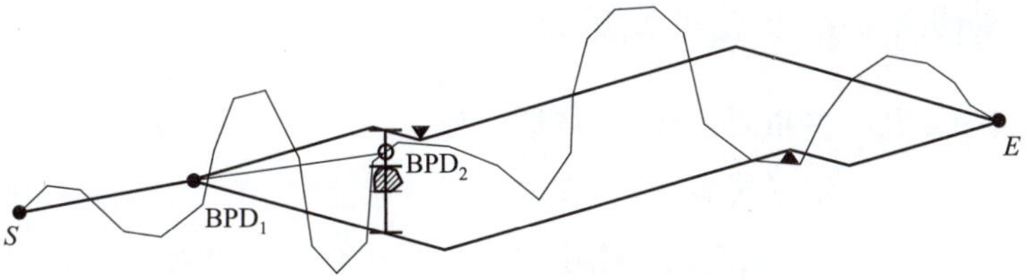


图 6-37　调整高程可行区域

步骤 1:生成线路纵断面方案,检查是否存在高桥、长隧,如图 6-38 所示;

步骤 2:如果存在高程超过最大允许桥高的桥梁,则在地面高程最低的地方设置最大高程控制点,该高程控制点的高度为地面高程与最大允许桥高的和,如图 6-38 所示;

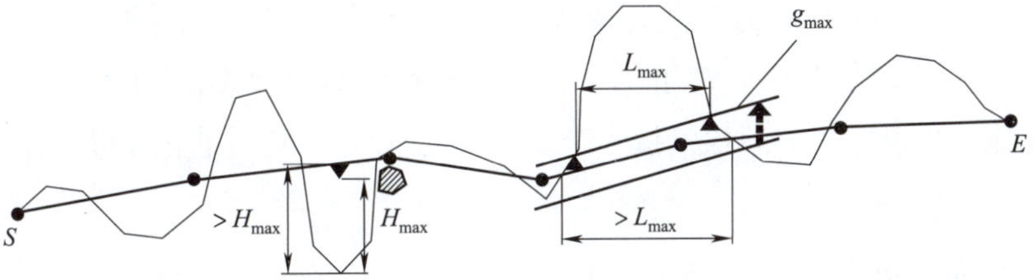


图 6-38　增加约束高桥、长隧的高程控制点

步骤 3:如果存在超过最大允许长度的隧道,则将当前隧道坡度改为最大坡度,以减少隧道的长度,当到达最大隧道长时,在隧道的两个洞门处设置两个最小高程控制点,如图 6-38 所示;

步骤 4:根据新高程控制点,重新生成线路纵面可行区域,如图 6-39 所示;

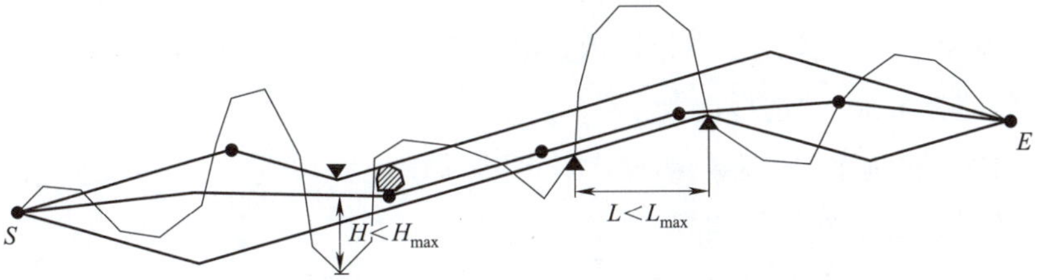


图 6-39　重新生成高程可行区域

步骤 5:如果该可行区域非空,则在该区域内生成纵面方案,否则该平面方案不可行,需重新生成线路平面方案。

通过上述方法可在连续空间内搜索三维空间线路位置,获得综合费用最低且满足各项约束要求的线路方案,实现复杂山区线路优化。

### 6.4.5 融入遗传算子的线路搜索策略

粒子群算法中涉及一些重要的参数，如惯性权重、加速度常数等，不合适的参数设置可能导致粒子过度聚集于局部最优解附近，丧失全局搜索能力，尤其当面临多项优化目标时更加剧了问题复杂性，因而常常无法获得优化解。本节针对粒子群优化算法在决策变量空间易出现拥挤的问题，采用在搜索空间变量过程中融合遗传算子的粒子群优化方法，通过遗传算子提高各代种群方案在决策变量空间的多样性，从而解决粒子群优化算法易早熟收敛问题。

6.4.2 节已经详细介绍了交叉算子和变异算子两类遗传算子，它们的作用特性有显著差别：交叉算子在进化开始时具有显著优化能力，但在进化末期作用减弱，而变异算子的作用特性与交叉算子正好相反，在进化开始时优化效果不明显，在进化末期会产生显著的优化效果。因此，将交叉算子和变异算子用于粒子群搜索的不同阶段，其中交叉算子用于每次PSO 迭代完成之后以更充分地探索搜索变量空间，变异算子则当进化缓慢时使用。

#### 1. 交叉算子融合模块

步骤 1：每次迭代完成后，判断迭代后种群中所有 pbest 粒子位置相对于上一代 pbest 粒子位置的各项目标函数值是否发生变化，判断公式如下：

$$p_i^{(j)}=\frac{|C_i^{(j)}-P_i^{(j)}|}{P_i^{(j)}} \tag{6-138}$$

式中 $p_i^{(j)}$——第 $i$ 个 pbest 粒子位置的第 $j$ 项目标函数值变化率；

$C_i^{(j)}$——当前代第 $i$ 个 pbest 粒子位置的第 $j$ 项目标函数值；

$P_i^{(j)}$——上一代第 $i$ 个 pbest 粒子位置的第 $j$ 项目标函数值。

如某一 pbest 粒子位置的各项目标函数值变化率均小于设定阈值，则将该 pbest 粒子位置所代表的线路方案加入“选择池”；

步骤 2：如“选择池”中方案数量小于 2 个，则跳出此模块进入下一次迭代，否则从当前“选择池”中随机选出 2 个方案，进入步骤 3；

步骤 3：随机选择一种交叉算子应用于所选的 2 个方案，并判断新生成的子代个体是否更优，若子代个体更优，则更新“选择池”中相应的父代个体；

步骤 4：重复步骤 2 和步骤 3，当达到 $0.5N$ 次时结束此模块（$N$ 为种群中粒子数），以交叉后生成的子代个体作为相应 pbest 粒子位置进入下一代粒子群迭代进化。

#### 2. 变异算子融合模块

当 gbest 粒子位置连续 $N_1$ 代不变时，则在后续迭代中将变异算子应用于 gbest 粒子位置更新；当 gbest 粒子位置连续 $N_2$ 代不发生变化时，则进入随机变异模块，随机对当前种群中方案进行变异操作，若通过变异算子产生了更优的方案，则算法继续，若在 $0.5N$ 次尝试后，未产生更优的 gbest 粒子位置，则认为已经收敛并终止迭代。

通过上述方法可在粒子群搜索过程中提高各代种群方案在变量空间的多样性，增强粒子跳出局部最优解的能力，从而解决粒子群优化算法易早熟收敛问题。

### 6.4.6　粒子位置决策方法

pbest 粒子位置主要用于指导粒子本身进化方向，需具备指导粒子向提高方案优质性方向进化的能力，因此 pbest 粒子位置决策应重点关注方案的优质性。基于锦标赛思想的多目标决策方法可从方案优质性角度选出多目标综合最优方案。因此，采用 5.4.1 节所述的锦标赛思想进行 pbest 粒子位置决策。

首先，为每个粒子建立一个存储档案，用于存储各粒子搜索到当前代时所得到的所有非劣解方案，构建各粒子的个体非劣解方案集，各粒子的个体非劣解方案集所能存储的最大方案数量设为 $N_p$；然后，依次对比各非劣解方案的各项目标函数值，通过锦标赛方程计算各非劣解方案中各项目标函数的胜利值，并通过排序方程计算各非劣解方案的排序值。以排序值为 pbest 粒子适应度，排序值大的方案支配排序值小的方案，按排序值由大到小进行 Pareto 支配关系排序，当方案数量超过 $N_p$ 时，删掉排在 $N_p$ 后的方案。

需要指出的是，采用 5.4.1 节所述的排序方程计算排序值时，当某项指标的胜利值为 0，其排序值即为 0。在距离变换扫描过程中的目标是找到多目标综合最优的局部路径，因此存在过差目标函数的路径价值较低，可直接舍弃。但在粒子群搜索过程中，pbest 粒子位置的作用是指导种群进化，在线路搜索过程中，可能存在某个方案在一方面表现很差但其他方面表现非常好的情况，在这种情况下该方案同样具备指导种群进化的价值，尤其是当表现较差目标函数权重较小的时候。为解决这一问题，可采用如下排序方程：

$$R(a)=\sum_{j=1}^{m} w_j \cdot T^{(j)}(a,\Phi_i) \tag{6-139}$$

式中　$R(a)$——方案 $a$ 的排序值；

$m$——评价指标数量；

$w_j$——由设计人员指定的第 $j$ 项指标权重值；

$T^{(j)}(a,\Phi_i)$——方案 $a$ 在第 $j$ 项指标方面优于非支配解集 $\Phi_i$ 中其他方案的总次数。

通过该排序方程，可避免因方案中某一项目标函数较差而造成方案排序值为 0，导致错过有较高价值的方案。

综上，pbest 粒子位置决策流程如下：

```
输入：第 i 个粒子个体非劣解方案集 Φi
输出：第 i 个粒子个体最优方案
1:  Np← 第 i 个粒子个体非劣解方案集 Φi 的最大方案数量
```

```
N_o ← 目标函数数量
for a ← 0 to N_p,do
  for j ← 0 to N_o,do
    for b ← 0 to N_p,do
      if f^(j)(a)≥f^(j)(b) then
        t^(j)(a,b)=0
      if f^(j)(a)< f^(j)(b) then
        t^(j)(a,b)=1
       end if
     end for
     T^(j)(a,Φ_i)= Σ_{∀b∈Φ_i ∧ a≠b} t^(j)(a,b)/(|Φ_i|-1)
   end for
   R(a)= Σ_{j=1}^{N_o} w_j · T^(j)(a,Φ_i)
end for
R← sort[a,R(a)] //根据 R(a)按降序排列
S ← 排名第一的方案
return S
```

gbest 粒子位置用于指导种群中所有粒子的进化方向，需具备提升种群方案优质性和在非劣前沿分布均匀性的能力。因此，gbest 粒子位置决策除需考虑方案的优质性，还应考虑其对种群方案在解空间分布均匀性的影响。针对这一需求，下文介绍一种锦标赛与拥挤度协同驱动的 gbest 粒子位置决策方法。

首先，建立全局非劣解存储档案，存储种群中所有粒子搜索到当前代时的非劣解方案，构建全局非劣解方案集，全局非劣解方案集所能存储的最大方案数量设为 $N_g$；然后，通过式(6-140)计算全局非劣解方案集中各方案在多维解空间中距其他方案的距离，并构建拥挤度函数式(6-141)，计算各方案的拥挤度。根据拥挤度对全局非劣解方案集中的各方案进行排序，拥挤度越低，排序越靠前，得到序列 R1，当方案数量超过 $N_g$ 时，删掉排在 $N_g$ 后的方案；再通过锦标赛算法对全局非劣解方案集中各方案进行排序，得到序列 R2；最后，基于轮盘赌思想[5]，构建综合考虑 R1 和 R2 的概率决策方程式(6-142)，以计算所得概率值为 gbest 粒子适应度，概率值大的方案支配概率值小的方案，按概率值由大到小进行 Pareto 支配关系排序，选取排名第一的方案作为全局最优方案。

$$D(a,b)=\sqrt{\sum_{j=1}^{m}\left(\frac{f^{(j)}(a)-f^{(j)}(b)}{f_{\max}^{(j)}(\Phi)-f_{\min}^{(j)}(\Phi)}\right)^{2}} \tag{6-140}$$

式中 $D(a,b)$——全局非劣解方案集中方案 $a$ 和方案 $b$ 在多维解空间中的距离；

$m$——目标函数数量；

$f^{(j)}(a)$——全局非劣解方案集中方案 $a$ 的第 $j$ 项目标函数值；

$f^{(j)}(b)$——全局非劣解方案集中方案 $b$ 的第 $j$ 项目标函数值；

$f^{(j)}_{\max}(\Phi)$——全局非劣解方案中第 $j$ 项目标函数的最大值；

$f^{(j)}_{\min}(\Phi)$——全局非劣解方案中第 $j$ 项目标函数的最小值。

$$\rho_a = \frac{1}{(1/k)\sum_{r=1}^{k} D_a^{(r)}} \tag{6-141}$$

式中 $\rho_a$——全局非劣解方案集中方案 $a$ 的拥挤度值；

$k$——常数表示取全局非劣解方案集中与方案 $a$ 距离最近的前 $k$ 个方案；

$D_a^{(r)}$——全局非劣解方案集中方案 $a$ 与距其第 $r$ 近方案的距离。

$$P_a = \frac{2(|\Phi|+1) - R1_a - R2_a}{|\Phi|(|\Phi|+1)} \tag{6-142}$$

式中 $P_a$——全局非劣解方案集中方案 $a$ 的概率决策值；

$R1_a$——通过拥挤度排序后方案 $a$ 在序列 $R1$ 中所处的位置；

$R2_a$——通过锦标赛算法排序后方案 $a$ 在序列 $R2$ 中所处的位置；

$|\Phi|$——全局非劣解方案数量。

综上，gbest 粒子决策流程如下：

```
输入:全局非劣解方案集 Φ
输出:全局最优方案
N_g ← 全局非劣解方案集 Φ 的最大方案数
N_o ← 目标函数数量
f_max^(j)(Φ) ←全局非劣解方案集 Φ 中所有方案的第 j 项目标函数的最大值
f_min^(j)(Φ) ←全局非劣解方案集 Φ 中所有方案的第 j 项目标函数的最小值
for a ← 0 to N_g,do
    for b ← 0 to N_p,do
        for j ← 0 to N_o,do
            d^(j)(a,b) = (f^(j)(a) − f^(j)(b)) / (f_max^(j)(Φ) − f_min^(j)(Φ))
        end for
        D(a,b) = sqrt( Σ_{j=1}^{N_o} d^(j)(a,b)^2 )
    end for
```

$R \leftarrow$ sort[a,D(a,b)] //根据 D(a,b) 按升序排列

$\rho_a = \dfrac{1}{\left((1/k)\sum_{r=1}^{k} D_a^{(r)}\right)}$ //计算拥挤度

end for

$R1 \leftarrow$ sort[a,$\rho_a$] //根据 $\rho_a$ 按升序排列

for a $\leftarrow$ 0 to $N_g$,do

    for j $\leftarrow$ 0 to $N_o$,do

        for b $\leftarrow$ 0 to $N_g$,do

            if $f^{(j)}(a) \geqslant f^{(j)}(b)$ then

                $t^{(j)}(a,b)=0$

            if $f^{(j)}(a) < f^{(j)}(b)$ then

                $t^{(j)}(a,b)=1$

            end if

        end for

        $T^{(j)}(a,\Phi_i) = \sum_{\forall b \in \Phi_i \wedge a \neq b} \dfrac{t^{(j)}(a,b)}{(|\Phi_i|-1)}$

    end for

    $R(a) = \sum_{j=1}^{N_o} w_j \cdot T^{(j)}(a,\Phi_i)$

end for

$R2 \leftarrow$ sort[a,R(a)] //根据 R(a) 按降序排列

for a $\leftarrow$ 0 to $N_g$,do

    $P_a = \dfrac{2(|\Phi|+1) - R1_a - R2_a}{|\Phi|(|\Phi|+1)}$

end for

$S \leftarrow P_a$ 值最大的方案

return S

通过上述方法可根据设计人员偏好兼顾方案优质性以及非劣前沿分布均匀性两方面特性选取各代种群的 pbest 粒子位置和 gbest 粒子位置，可兼顾线路多目标优化中不同目标间的冲突消解与平衡。

## 参考文献

[1] 詹振炎．梯度投影法及其在铁路纵断面设计中的应用[J]．长沙铁道学院学报，1979(4):85-90.

[2] JONG J C. Optimizing highway alignment with genetic algorithms[D]. University of Maryland,College

Park,1998.

[3] SHAFAHI Y, BAGHERIAN M. A customized particle swarm method to solve highway alignment optimization problem[J]. Computer-aided Civil and Infrastructure Engineering,2013,28(1):52-67.

[4] 詹振炎．铁路选线设计的现代理论和方法[M]. 北京:中国铁道出版社,2001.

[5] LIPOWSKI A, LIPOWSKA D. Roulette-wheel selection via stochastic acceptance [J]. Physica Astatistical Mechanics & Its Applications,2012,391(6):2193-2196.

# 第7章 既有线智能重构与改建优化

既有线经过长时间的运营，由于轮轨相互作用，其实际线位会发生位移，日常正常运营，甚至会发生重大安全事故。因此需要定期对既有线进行重构设计，以保持线形平顺，保证行车安全；当既有线路需要进行提速改造时，也需要对某些路段进行改建设计，以满足改建线路提高的线形设计标准要求。目前，既有线路重构与改建设计工作仍主要依赖于人工经验，人工设计不仅效率低，而且工程师还有可能会忽略许多潜在的可行线路方案。因此，有必要对既有线重构与改建开展智能优化设计研究，以提高重构与改建的与效率与质量。

本章重点介绍既有线重构优化模型、既有线震荡迭代和平纵断面线形自适应整体重构方法，系统阐释既有线三维改建优化模型和方法。

## 7.1 研究概况

为尽量减少对既有线运营的干扰，既有线路重构须基于运营后的实际既有线路位置，通过探究既有轨道中线测点的线元归属与重构线路的几何参数配置之间的相互关系，以获得线形平纵断面拨量最小的重构线路。而对于既有线路改建，需要考虑既有线路与改建线路之间存在的利用、并行、绕行等复杂耦合关系，生成满足改建技术标准且工程量最小的改建线路。

### 7.1.1 既有线重构优化研究概况

既有线重构设计的主要任务是基于实际运营线路中线的实测点坐标与重构线路之间的复杂耦合关系，求解出满足各类约束条件且拨量最小的空间线位(图 7-1)。测点的线元归属范围为重构几何线形提供了数据基础，而重构出的线形其几何参数配置又会重新调整测点归属范围。二者间相互作用影响，可据此构造循环迭代调整机制，直至二者在空间中达到稳定状态。因此，在既有文献中，多数的既有线路智能重构方法也主要分为了测点线元归属识别和线形几何参数优化两个子过程，探究二者之间的耦合关系成为线路重构的研究重点内容：

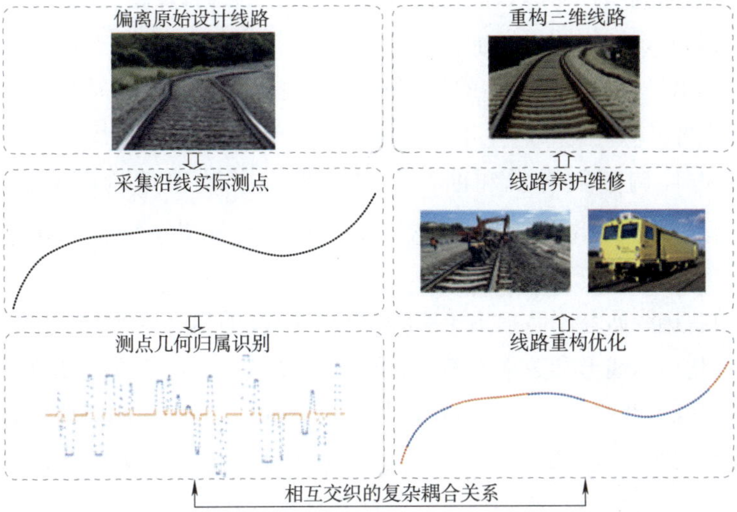


图 7-1 线路重构主要过程

### 1. 测点线元归属识别

既有研究中主要是依据测点的线形几何特征来划分测点的线元归属，有以下几个方面。

(1)利用离散样条逼近法来构建样条函数[1]。通过样条插值计算出测点几何特征值，确定线形特征点。这种方法计算过程较为复杂且稳健性不足，还需要人为给定阈值完成识别，自动化程度不足。

(2)基于多点定圆的思想计算测点曲率[2]。此方法中的曲率阈值也需要人为给定，并且曲率对测点数据较为敏感，当存在噪声点[3]或曲率变化不明显时，其识别效果较差。

(3)采用测点方位角[4]及其变化特征作为分段依据。此方法中的方位角及其变化率依赖于相邻测点之间的距离与夹角以及分段阈值，当测点数据质量较差时，其识别结果不佳。

### 2. 线形几何参数优化

在线形几何参数优化方面，众多学者利用多种解析式或启发式算法对直线、圆曲线以及缓和曲线线元的拟合与相关参数优化进行了探索。主流的线元优化方法包括以下几个方面。

直线拟合包括最小二乘法、整数规划；圆曲线拟合包括蒙特卡洛法、Nelder-Mead 单纯形法、拉格朗日乘数法；缓和曲线拟合包括三次样条、Levenberg-Marquardt 算法等；启发式算法优化线形参数包括如 Powell 算法、粒子群优化算法、蚁群算法等。

### 3. 两子过程交互影响

上述的大多数研究中，将测点线元归属识别和线形几何参数优化当作两个独立的子过程进行研究。实际上这两个子过程在既有线路重构过程中是相互交织影响的。测点线元归属识别的结果会影响线形几何参数优化过程的初始输入数据；反之，线形几何参数优化的结果也会导致线元归属识别的结果发生改变。因此，为探究这两个子过程之间的复杂耦合关系，研究人员也提出了一些迭代调整的求解方法，以提高线路重构的质量。

例如，Um 等将车辆行驶舒适性和运动稳定性两个指标纳入所提出的重构优化模型当中[7]，然后通过迭代调整夹直线和曲线的几何参数数值以重构既有道路平面线路。Camacho-Torregrosa 等提出了一种启发式优化方法[8]，迭代更新平面线路的线元边界点位置来恢复既有道路。

中南大学数智选线研究团队提出了一种“震荡迭代”的启发式重构方法[9]，在迭代过程中依据上一代优化出的线形参数来不断更新测点归属，并再次优化线形几何参数，直至达到收敛条件，完成了既有线平面与纵断面线路的重构。进一步地，该团队将上述的局部“震荡迭代”重构方法发展成了全线整体震荡迭代重构方法以提高重构效果。在每次迭代寻优过程中应用网格自适应直接搜索算法与增广拉格朗日乘子法[10]或遗传算法[11]相结合的混合算法，以优化重构线路关键几何参数。本章将重点介绍“震荡迭代”法的实现原理与流程。

### 7.1.2 既有线改建优化研究概况

目前，国内外对于既有线的改建设计(图 7-2)主要仍依赖于人工经验，而改建设计与优化研究较少。改建设计主要包括了设计速度目标值的确定、线路主要技术参数的选择、控制点限速分析、既有线间距选择、施工过渡措施的考虑、走行时分与工程投资分析等主要子过程[12]。在既有文献中，多数学者主要针对改建原则归纳、改建速度目标值及线形设计标准选取、基于多种改建目标进行方案比选、改建施工组织与技术、改建后养护维修以及计算机辅助设计工具开发等内容开展了研究，具体如下：

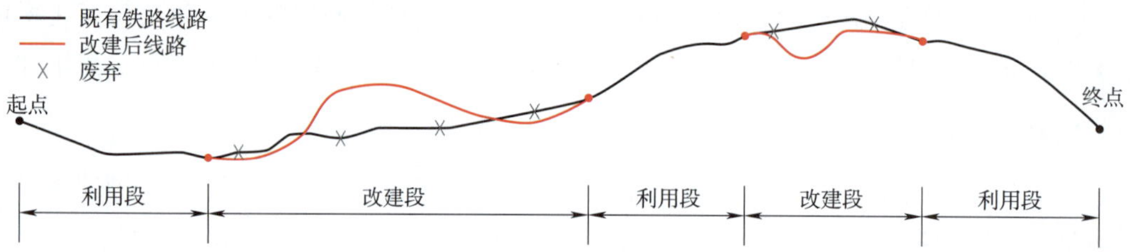


图 7-2 既有线路与改建线路

(1)改建原则归纳

基于实际工程经验，许多学者考虑了几何线形特征(如小半径曲线、区间路段长度、车站位置、纵面坡度)、既有桥隧结构物、经济条件、运输能力等影响因素，对既有线的改建设计原则进行了归纳与总结。

(2)改建速度目标值及线形设计标准选取

改建线路的速度选择是改建设计过程中的一项重要任务。不同改建路段的速度目标值和设计标准选取应该因地制宜，结合既有线线形特征、既有结构物位置、改建运量需求等因素综合考虑。此外，面对高速客运列车的提速要求，改建线路的平纵断面技术标准是保证列车高速运行安全性、乘客舒适性的基础保障。对此，何华武院士等对既有线提速至 200 km/h 的线形设计技术标准进行了研究与验证[13]。

(3)改建方案比选

根据实际工程面临的各种不同需求，在进行方案比选时，通常会以既有线路特征、减少对既有线路干扰、运量预测、投资规模、运行时间等为目标进行改建线路方案比选。此外，有的研究中还考虑了既有线所处地区的特殊性，如要尽量靠近当地旅游资源位置[14]、降低自然灾害对运营的影响[15]等因素来选择改建方案。

(4)改建施工组织与技术

改建线路的施工组织在改建工程中也是一项重要的环节，合理工期安排、减少施工投资、降低对既有线路运营的干扰等都是改建线路的施工组织需要考虑的问题。既有研究中基于实际工程经验，多采用分期分段施工法[16]、单元式施工组织方法[17]等方法，从经济和运输的角度，基于系统动力学[18]等理论构建施工技术与质量管控体系[19]。

(5)改建后养护维修

由于速度提升，改建线路的养护维修标准变得更为严格，导致了改建线路的几何线形及沿线设施设备的养护维修措施方法和养护维修体制需要进一步完善。在既有研究中，许多学者对如何改进小半径曲线的养护标准与措施[20]、改建线路质量评定标准与养护维修体制[21]等内容开展了研究。

(6)计算机辅助设计工具

随着计算机技术的发展，既有线路改建设计方法从传统人工设计逐渐向数字化设计转变，开发了许多计算机辅助设计工具。中南大学数智选线研究团队基于Ⅱ线参照设计方法，对既有线平面增改建的理论和方法进行了深入研究。开发的改建线路数字化辅助设计系统(ERDAS)和既有线改建与增建二线数字选线系统(ERCAD)等软件，已在多个既有线路改建实际工程中成功应用。

因此，开展既有线线路重构与改建优化设计的模型与方法研究，对我国既有线提速改造具有重要的理论研究意义与实际应用价值。为解决当前所面临的既有线线路重构与改建智能优化设计中的众多难题、克服既有研究中存在的不足与缺陷，中南大学数智选线研究团队对既有线智能重构与改建设计的优化模型与求解方法进行长期深入的研究，本章将重点介绍这些研究成果。

## 7.2　既有线平纵断面重构优化模型

既有线路重构目的，是在满足规范要求以及线路附近重大构造物控制点的约束条件下，依据外业实测数据拟合恢复出既有线三维空间线位，使得各测点至重构后线路的拨量最小。因此，优化模型的构建是破解该难题的基础。本节将分别从平、纵面线形组成特征、设计变量、目标函数及约束条件等方面开展研究。

## 7.2.1 线路平面重构优化模型

### 1. 设计变量

在既有线路平面重构过程中，通常将重构平面线路($L_{HA}$)的交点中重要几何参数作为设计变量，主要包括了交点坐标($x,y$)、曲线半径($R$)、前缓和曲线长($L^p$)和后缓和曲线长($L^s$)，如图 7-3 所示。因此，平面重构线路的设计变量可表示为

$$L_{HA}=\{x,y,R,L^p,L^s\} \tag{7-1}$$

$$\begin{cases} x=\{x_1,x_2,\cdots,x_m\} \\ y=\{y_1,y_2,\cdots,y_m\} \\ R=\{R_1,R_2,\cdots,R_m\} \\ L^p=\{L_1^p,L_2^p,\cdots,L_m^p\} \\ L^s=\{L_1^s,L_2^s,\cdots,L_m^s\} \end{cases} \tag{7-2}$$

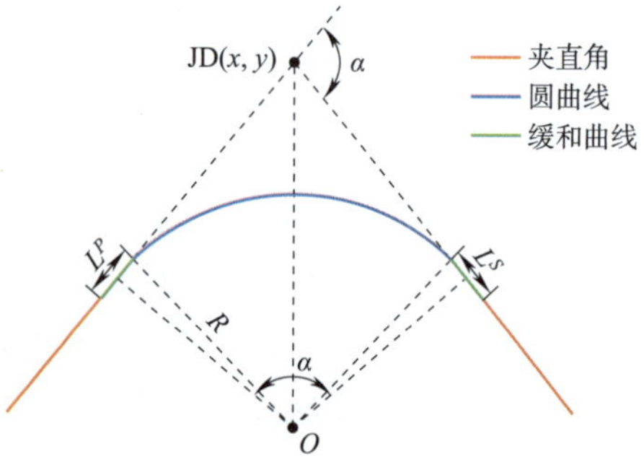


图 7-3 平面交点

式中 $m$——线路平面重构的交点个数。

### 2. 目标函数

在线路平面重构过程中，通常是以轨道中心线测点到重构线路的法向偏移量(拨量)平方和作为评判线路平面重构质量的标准，如图 7-4 所示。其值越小，则重构后既有线空间线位的拨量越小，重构效果就越好。

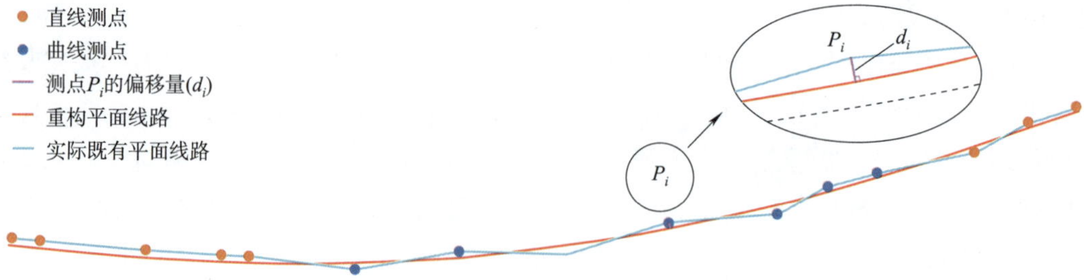


图 7-4 测点平面偏移量

设需要重构线路的外业实测中桩点集 $M$ 为

$$M=\{P_i(x_i,y_i),i=1,\cdots,k\} \tag{7-3}$$

式中 $(x_i,y_i)$——外业实测点位 $P_i$ 的平面坐标。

则优化问题的目标函数($F_{HR}$)可描述为

$$F_{HR}(L_{HA},M)=\min\sum_{i=1}^{k}d_i^2=\min\sum_{i=1}^{k}f_d^2(L_{HA},P_i) \tag{7-4}$$

式中　$d_i$——测点 $P_i$ 到重构后既有线线路上投影点的距离,即拨量;一般而言,按照线路前进方向,若测点位于线路前进方向的右侧,$d_i$ 为正数;否则,$d_i$ 为负数;

$f_d$——计算测点拨量的函数。

平面线形的拨量即为测点到拟合线的距离,计算方式主要可以从以下三种线元类型进行分析:直线、圆曲线以及缓和曲线。

(1)直线线元

设直线线元的方程为 $Ax+By+c=0$,直线线元上测点的 $P_s(x_s,y_s)$拨量 $d$ 为

$$d=\left|\frac{Ax_s+By_s+C}{\sqrt{A^2+B^2}}\right| \tag{7-5}$$

(2)圆曲线线元

假设任意圆曲线段的表达式为$(x-x_H)^2+(y-y_H)^2=R_H^2$:当测点 $P_s(x_s,y_s)$位于线路平面圆曲线线元范围内时拨量 $d$ 为

$$d=\left|\sqrt{(x_s-x_H)^2+(y_s-y_H)^2}\right|-R_H \tag{7-6}$$

式中　$(x_H,y_H)$——交点圆心坐标;

$R_H$——圆曲线半径。

(3)缓和曲线线元

对于缓和曲线线元,没有直接计算拨量的函数。我们需要先找到测点 $P_s(x_s,y_s)$在线路上的垂足点,测点到该垂足点的距离即为拨量。缓和曲线上的任意点 $P'_s(x'_s,y'_s)$处的切线方向为 $B$,$P'_s(x'_s,y'_s)$到测点 $P_s(x_s,y_s)$的直线方向为 $A$,两方向形成的夹角即为 $\gamma$,如图 7-5 所示,直线 $P_sP'_s$与 $P'_s(x'_s,y'_s)$处切线方向形成的夹角即为 $\gamma$。如果 $\gamma=90°$或高度接近 90°,$P'_s(x'_s,y'_s)$即为要寻找的垂足点,如何求解垂足点是关键。

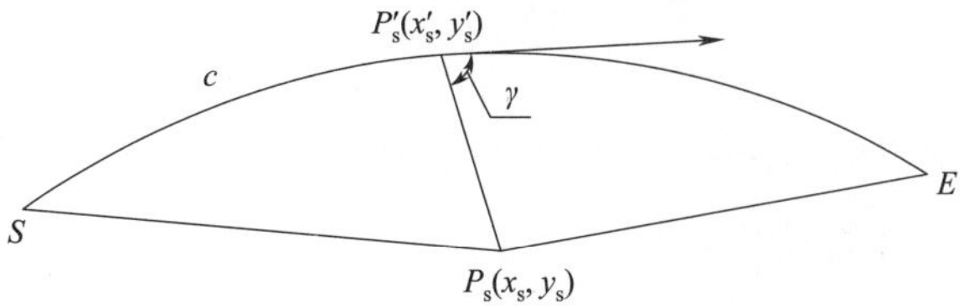


图 7-5　缓和曲线线元测点计算示意图

首先,构造一个函数,以点到缓和曲线起点的长度 $l$ 为自变量,$\gamma$ 为因变量,缓和曲线起点处 $l=0$,$\gamma<90°$,终点处 $l=l_0$,$\gamma>90°$;也有可能在起点处 $\gamma>90°$,终点处 $\gamma<90°$。该函数为单调函数,可以通过二分迭代的方法求解出 $\gamma=90°$时对应的 $l$,然后可计算出垂足点的坐标。迭代过程如下:

①定义两个变量 $a$,$b$,分别为搜索的区间下限和上限。令 $a=0$,$b=l_0$。

②变量 $c$ 为区间的中间点,$c=(a+b)/2$。

③计算 $f(a)$,$f(b)$,$f(c)$。

④如果$(f(a)-90°)\cdot(f(c)-90°)>0$,表明 $f(a)$,$f(c)$同为锐角或者钝角,不存在直角。应当在$[c,b]$区间搜索,区间下限更新为 $a=c$;转向步骤②。

⑤否则$(f(a)-90°)\cdot(f(c)-90°)<0$,表明 $f(a)$,$f(c)$一个是锐角,一个是钝角,在$[a,c]$ 区间可以搜索到直角,将区间上限更新为 $b=c$; 转向步骤②。

⑥不断迭代上述过程,直到区间$[a,b]$变得足够小,此时 $f(c)$是高度接近 90°,该点即为垂足。

在通过二分迭代法得到垂足点 $P'_s(x'_s,y'_s)$的位置后,$c$ 即为垂足点 $P'_s(x'_s,y'_s)$到缓和曲线起点的长度,根据 $c$ 即可计算垂足点 $P'_s(x'_s,y'_s)$的里程 $L$,后缓和曲线部分计算类似。

$$L=\begin{cases}L_{ZH}+c\text{(测点在前缓和曲线上)}\\L_{HZ}-c\text{(测点在后缓和曲线上)}\end{cases}\tag{7-7}$$

### 3. 约束条件

既有线重构除了和新建铁路一样,需要满足基本的曲线半径、夹直线长、缓和曲线长、圆曲线长等线形规范约束外(见 3.3.1 节平面约束部分),还需要保证在某些测点处拨量不大于允许值,按下列公式计算

$$|f_d(L_{HA},P_i)|-d_{max}\leqslant 0\tag{7-8}$$

若将所有平面约束表示为 $c_g(L_{HA})$,则线路平面重构优化模型可表述为

$$F_{HR}(L_{HA},M)=\min\sum_{i=1}^{k}d_i^2=\min\sum_{i=1}^{k}f_d^2(L_{HA},P_i)$$
$$\text{s. t. } c_g(L_{HA})\tag{7-9}$$

## 7.2.2 线路纵断面重构优化模型

### 1. 设计变量

在既有线路纵断面重构过程中,通常将重构线路纵断面($L_{VA}$)的变坡点里程($K$)、高程($H$)和竖曲线半径($R^v$)作为设计变量,如图 7-6 所示。因此,线路纵断面重构的设计变量可表达为

$$L_{VA}=\{K,H,R^v\}\tag{7-10}$$

$$\begin{cases}K=\{K_1,K_2,\cdots,K_n\}\\H=\{H_1,H_2,\cdots,H_n\}\\R^v=\{R_1^v,R_2^v,\cdots,R_n^v\}\end{cases}\tag{7-11}$$

式中 $n$——线路纵断面重构的变坡点个数。

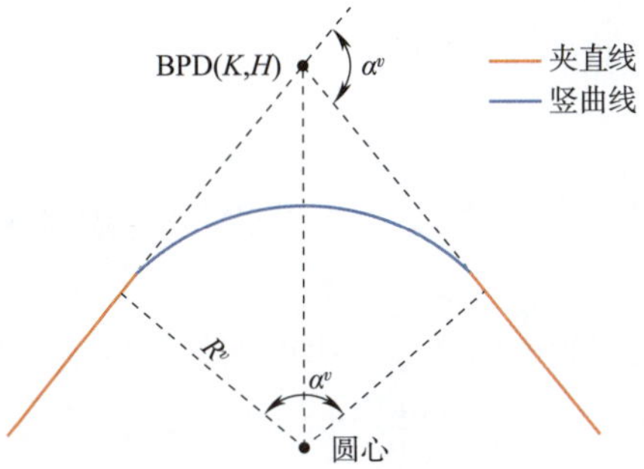


图 7-6　纵断面变坡点

## 2. 目标函数

在线路纵断面重构过程中，通常是以既有轨面线测点到重构线路纵断面的抬落道量（图 7-7）平方和作为评判线路纵断面重构质量的标准。

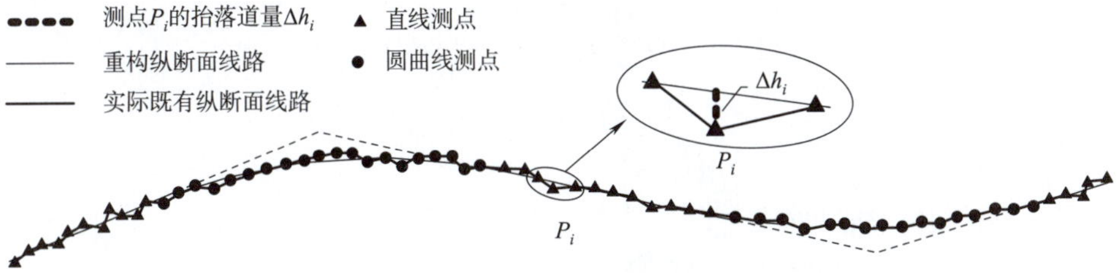


图 7-7　测点纵断面抬落道量

因此，线路纵断面重构的目标函数（$F_{VR}$）计算如下：

$$F_{VR}(L_{VA},M)=\sum_{i=1}^{k}\Delta h_i^2=\sum_{i=1}^{k}[f_h^2(L_{VA},P_i)] \tag{7-12}$$

式中　$\Delta h_i$——测点 $P_i$ 的抬落道量，mm。

通常按照高程方向，若 $P_i$ 位于 $L_{VA}$ 的下方，表明需要抬道，$\Delta h_i$ 为正数；否则为落道，$\Delta h_i$ 为负数；$f_h$ 为计算 $P_i$ 处于不同类型线元的抬落道量函数。其计算分为直线和竖曲线两类。

（1）直线线元

设纵断面直线线元的方程为 $h=k\cdot s+b$，直线线元上测点 $P_i(s_i,h_i)$ 抬落道量为

$$\Delta h_i=(k\cdot s_i+b)-h_i \tag{7-13}$$

（2）竖曲线线元

假设任意竖曲线段的表达式为 $(s_i-s_O)^2+(h_i-h_O)^2=R_V^2$，如测点 $P_i(s_i,h_i)$ 位于竖曲线线元范围内，抬落道量 $\Delta h_i$ 为

$$\Delta h_i=h_O\pm\sqrt{R_V^2-(s_i-s_O)^2}-h_i \tag{7-14}$$

式中　$s_O,h_O$——纵断面竖曲线圆心的里程与高程；

$R_V$——纵断面竖曲线半径；

式(7-14)中，凹形竖曲线取－，凸形竖曲线取＋。

### 3. 约束条件

根据《铁路线路设计规范》，一条重构纵断面线路必须满足如下几何约束条件($c_g(L_{VA})$)：

①相邻变坡点间坡段长度约束同 3.3.1 纵断面线路约束部分。

②直线坡段的方程为 $h=k\cdot s+b$，其中 $k$ 即为坡度，需小于最大容许上行坡度 $i_{Umax}$，大于最大容许下行坡度 $-i_{Dmax}$，即

$$-i_{Dmax}\leqslant k\leqslant i_{Umax} \tag{7-15}$$

③相邻坡段坡度代数差 $\Delta g_i$ 约束同 3.3.1 纵断面线路约束部分。

④竖曲线半径 $R_{Vj}$ 必须满足线路设计规范中的限定值 $R_{Vmin}$，$R_{Vmax}$。

$$R_{Vmin}\leqslant R_{Vj}\leqslant R_{Vmax}\quad j=1,2,3,\cdots,m \tag{7-16}$$

⑤纵断面竖曲线部分不应与缓和曲线以及道岔等设备重叠。该约束可描述为竖缓曲线两集合无交集：

$$\begin{aligned}&U_H=\{[H_{Si},H_{Ei}],i=1,\cdots,m\}\\&U_V=\{[V_{Si},V_{Ei}],i=1,\cdots,n\}\\&U_H\cap U_V=\varnothing\end{aligned} \tag{7-17}$$

式中 $U_H$——缓和曲线里程集合；

$m,n$——缓和曲线和竖曲线的数量；

$[H_{Si},H_{Ei}]$——第 $i$ 个缓和曲线起终点里程构成的区间；

$U_V$——竖曲线里程集合；

$[V_{Si},V_{Ei}]$——第 $i$ 个竖曲线起终点里程构成的区间。

⑥为满足线路平顺性与行车安全稳定性的要求，各变坡点竖曲线线元应该与相邻的直线坡段满足相切要求。

此外，每个测点的纵断面抬落道量应该满足其抬道和落道最大阈值($h_{max}^t$、$h_{max}^l$)。

$$h_{max}^l\leqslant f_h(L_{VA},P_i)\leqslant h_{max}^t \tag{7-18}$$

因此，线路纵断面重构优化模型可表述为

$$\begin{aligned}&\min F_{VR}(L_{VA},M)=\sum_{i=1}^{n}[f_h^2(L_{VA},P_i)]\\&\text{s.t. } c_g(L_{VA})\end{aligned} \tag{7-19}$$

## 7.3 既有线平纵断面震荡迭代重构优化方法

既有线路的重构优化一般划分为测点线元归属识别和线形几何参数优化两个子过程。

大多数的重构方法在完成测点几何归属初次识别后，都会按照顺序拟合线元，然后再组合形成一条完整的重构线路，这类一次性识别——恢复的方法由于缺乏对初识线元属性的回调机制，导致重构效果欠佳。对此，本团队提出了点线一致思想，并基于此思想进行迭代重构，使测点的线元归属得以反复调整直至稳态，提高了重构效果。

## 7.3.1　测点线元归属识别

### 1. 平面线形

既有方法通常采用曲率图等方式识别既有线平面线形的线形单元，在理论上，曲率图只需要识别曲率不变的水平线与斜直线，如图 7-8 所示。而在实际应用过程中，微小的偏移或者误差，就会导致测点曲率发生急剧变化，从而造成曲率图的识别效果较差，尤其是对于识别难度较高的圆曲线和缓和曲线段。

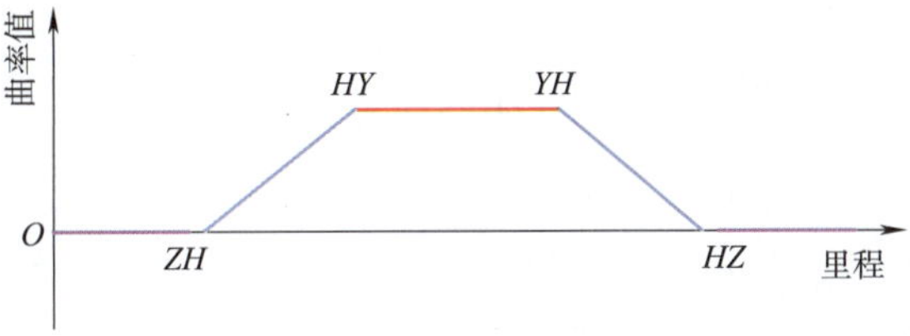


图 7-8　单交点曲率示意图

因此，可利用能同样反映曲率情况的方位角变化率图（图 7-9）进行直曲线元的概略分段：首先依次计算各测点方位角，然后计算各测点方位角变化率，并依据变化率值进行线元的初始分段，并建立直线段测点集与曲线段测点集。方位角变化率图相较于曲率图，其优势在于：

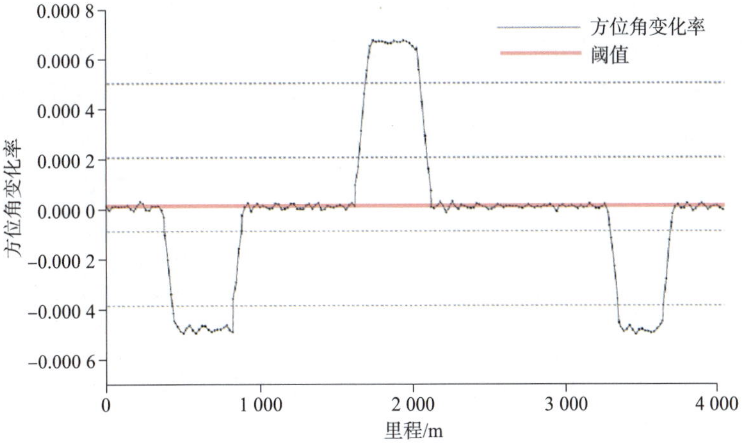


图 7-9　方位角变化率示意图

(1)在计算方法上,方位角变化率在理论上等于曲率;

(2)在稳定程度上,方位角变化率受偏移量和测量误差的影响较小,一般不会出现类似曲率突变的大量噪声点;

(3)在识别方式上,在概略分段时只识别出直线和曲线,将识别难度较大的圆曲线和缓和曲线段放在后面的迭代过程进行精准识别。

设起、终测点的切线方位角变化率为零,则切线方位角变化率的计算如下:

$$\theta_k=\theta_{(k-1,k)}\pm\arccos\left(\frac{b^2+c^2-a^2}{2bc}\right) \tag{7-20}$$

式中 $\theta_k$——第 $k$ 个测点的切线方位角;

$\theta_{(k-1,k)}$——测点 $M_{k-1}M_k$ 弦的方位角;

$a,b,c$——$M_{k-1}M_k$ 弦的长度,$M_kM_{k+1}$ 弦的长度,$M_{k-1}M_{k+1}$ 弦的长度。

$$\varphi_k=\frac{\theta_k-\theta_{k-1}}{l_k} \tag{7-21}$$

式中 $\varphi_k$——测点 $M_k$ 的切线方位角变化率;

$l_k$——相邻两测点 $M_{k-1}M_k$ 弧长。

若设线路设计的最大容许曲线半径为 $R_{\text{Hmax}}$,则可认为 $\varphi_k<1/R_{\text{Hmax}}$ 时为直线线元上的点,其余测点为曲线线元测点,由此可划分出直线与曲线段落。

### 2. 纵断面线形

对于既有线纵断面线形,其轨面里程数据可通过 7.2.2 节所介绍的方法,依据外业实测点位与线元关系计算获得,并与实测高程数据组成纵断面轨面测点集,以此进行纵断面线形的重构。

既有线路纵断面的直线段与曲线段的坡度变化率明显存在着差异,因此本文采用坡度变化率来进行测点段落的直曲划分,如图 7-10 所示。但由于直线坡段与曲线段表达式不同,其函数类型也为非连续的离散函数,故本文通过测点高程与里程的二阶差商(即为坡度变化率)计算二阶导数的近似值来进行测点属性的划分,则测点坡度变化率可由式(7-22)计算:

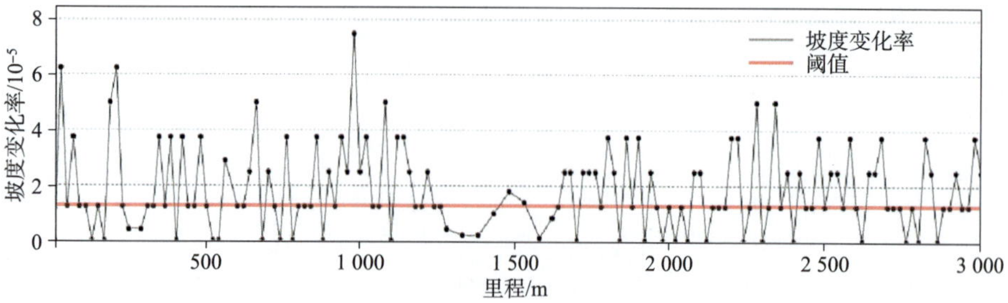


图 7-10 坡度变化率示意图

$$\xi=h''_i=\frac{\frac{h_{i+1}-h_i}{D_{i+1}}-\frac{h_i-h_{i-1}}{D_i}}{(D_{i+1}+D_i)}=\frac{D_i(h_i-h_{i-1})-D_{i+1}(h_{i+1}-h_i)}{(D_iD_{i+1}(D_{i+1}+D_i))} \tag{7-22}$$

式中 $h_i$——第 $i$ 个测点高程；

$D_i$——第 $i$ 与第 $i-1$ 个测点之间的里程差。

$$D_i=s_i-s_{i-1} \tag{7-23}$$

式中 $s_i$——第 $i$ 个测点里程。

直线段测点集的坡度变化率趋于零，竖曲线测点集坡度变化率趋于半径的倒数。当 $\xi$ 小于设定阈值时，可将测点划分至直线坡段测点集，否则划分至曲线测点集。由工程实例及大量测试分析，阈值可设为 $1/(10R_{\mathrm{Vmin}})$，其中 $R_{\mathrm{Vmin}}$ 为线路设计规范中规定的最小竖曲线半径。

### 3. 测点段落修正原则

当所有测点遍历计算完成以后，根据直曲分段结果可以初步确定出线路交点或变坡点个数，但是各个直曲测点集还可能存在测点属性误识别情况，导致出现线元拟合不满足要求的问题，还需要对测点属性进行判别调整，最终识别出符合要求的直曲线元段落。调整方式如下：

(1)测点集点数。直线段测点个数若小于 2 个，则无法满足直线拟合要求，需要将当前直线段测点与相邻曲线段测点合并，并修正测点属性；曲线段测点个数若小于 3 个，同样无法满足圆曲线拟合要求，需要将曲线段测点与相邻直线段测点合并，并修正测点属性，如图 7-11 所示。

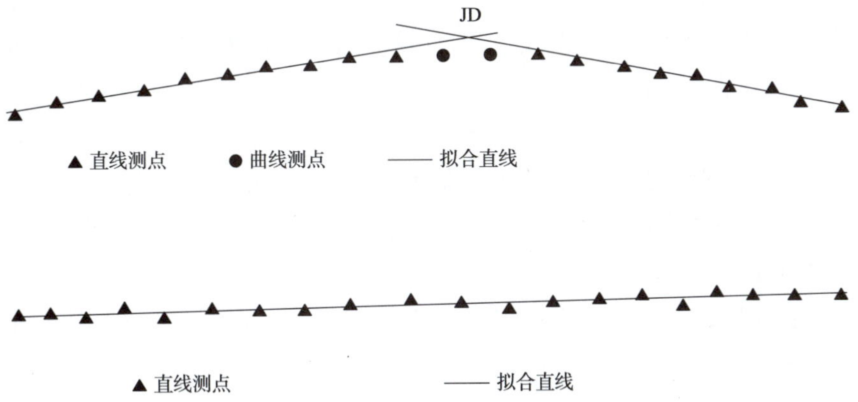


图 7-11 测点集点数调整图

(2)直线长度与圆曲线长度。直线段各测点距离累计和需满足最小夹直线长度要求，若不满足则将直线段与相邻曲线段合并，修正测点属性。曲线段各测点距离累计和需满足最小圆曲线长要求，若不满足则将曲线段与相邻直线段合并，修正测点属性。

(3)拟合后直线线元求交。直线段测点集拟合求交,其交点位置即可视作线路交点或是变坡点,应在曲线段内,若不在曲线段内,则将两相邻直线线元间的曲线段测点集归并至直线段,并修正测点属性,如图 7-12 所示。

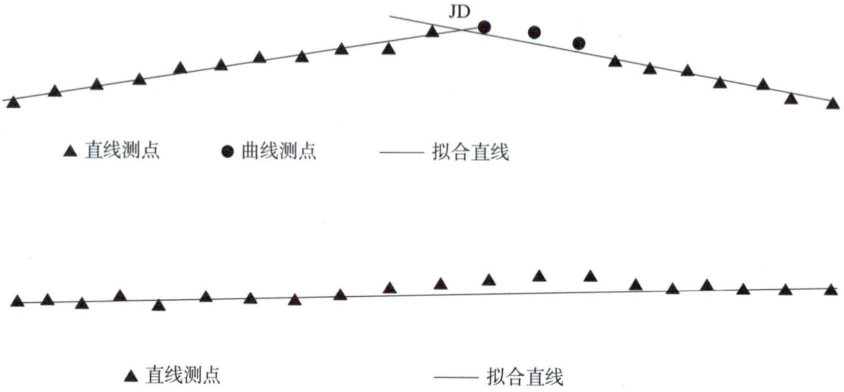


图 7-12　直线线元求交调整示意图

通过阈值识别及初步调整,可以计算出准确的交点或变坡点数量,从而为在迭代的过程中进一步实现点线一致的收敛条件奠定良好的基础。

### 7.3.2　点线一致思想

点线一致思想同时适用于平面重构和纵断面重构。下面以平面线形为例,说明点线一致思想。

直线、圆曲线、缓和曲线的线形重构方法是完全不同的,在进行线路重构时,首先需要将所有测点分成直线、圆曲线、缓和曲线三类,针对不同类别的测点群采用相应的重构方法。典型的既有线测点数据由直线测点集 $Q_{\mathrm{T}}$,前缓和曲线测点集 $Q_{\mathrm{SF}}$,圆曲线测点集 $Q_{\mathrm{C}}$,后缓和曲线测点集 $Q_{\mathrm{SB}}$,直线测点集 $Q_{\mathrm{T}}$ 顺次组成。但在进行既有线重构时,是无法准确得知每个测点是属于直线、圆曲线还是前、后缓和曲线中的哪类线元。先假定每个测点的线元归属,然后针对直线、圆曲线和缓和曲线测点群分别采用不同的方法进行线形拟合。拟合完成后,原先假定的 $A$ 类测点,可能位于拟和后的 $B$ 类线形上,此时点的归属和线元类型不一致,表明之前的假设有误。当所有测点假定的类型与最终拟合出来的线元类型刚好都一致时,即达到"点线一致"。

在迭代拟合的过程中,当初始假定的测点线元归属与迭代时依其推算的测点线元归属刚好相符时,此时测点与线元具有一致性。然而,依据测点概略分段的结果,进行线元拟合后,可能存在部分用于拟合直线的测点位于曲线范围内,如⑯,也可能部分拟合曲线的测点位于直线范围内,如点⑦～⑩,这就是点线属性不一致,如图 7-13 所示。

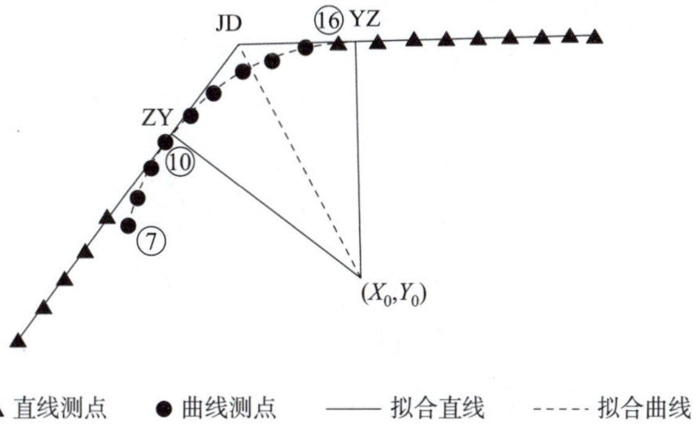


图 7-13　测点属性与线元属性不一致

在点线一致思想的基础上，提出震荡迭代重构优化方法，通过线元拟合结果不断调整测点属性，在达到点线一致时实现测点集的精准划分，提高了重构效果。

## 7.3.3　线路平面震荡迭代重构优化方法

### 1. 逐个曲线震荡迭代方法

良好的平面线形重构效果，建立在测点集准确划分这一基础上，因此有必要在优化过程中考虑对测点集进行调整，提高测点集划分的准确性，避免因测点集划分不准而导致重构效果不佳。

为实现测点集的准确划分，逐个曲线震荡迭代方法的思路是在平面线形重构过程中，应由重构结果来评估测点集划分的准确性，并以此修正测点集，对逐个交点进行范围内线元的迭代优化。基于点线一致思想，逐个曲线震荡迭代方法先由当前测点集的划分重构平面线形，再由重构出的平面线形计算所有测点投影在平面线形上的线元种类，以此划分新的测点集。上述平面线形拟合-测点集重划分过程不断迭代，直至所有测点集在连续迭代中不再发生变化，则认为迭代已达到稳态，测点集已根据平面线形重构结果实现了准确的划分。

逐个曲线震荡迭代的整体计算过程如图 7-14 所示，具体步骤如下：

(1)初始化测点集

基于初步划分的直曲分段，对于每个交点而言，其前后夹直线测点集作为直线测点集 $Q_{\mathrm{TF}}$ 与 $Q_{\mathrm{TB}}$，曲线段测点集在初始时均作为圆曲线段测点集 $Q_{\mathrm{C}}$，如图 7-15(a)所示。

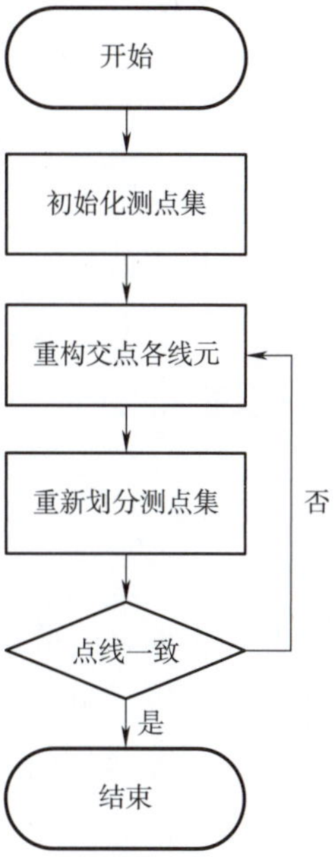


图 7-14　逐个曲线震荡迭代计算流程

(2)重构交点各线元

首先,对于前后夹直线测点集 $Q_{TF}$ 与 $Q_{TB}$,采取最小二乘拟合法获取直线线元参数,接着对于圆曲线测点集 $Q_C$ 采取圆曲线最小二乘拟合获取圆曲线半径 $R$,最后利用内移距反算出缓和曲线长度 $l_1$ 与 $l_2$,得到缓和曲线测点集 $Q_{SF}$、$Q_{SB}$,如图 7-15(b)所示。

(3)重新划分测点集

在完成步骤(2)后,该交点的平面线形已经在当次迭代中重构完成,依据点线一致思想,可以通过计算测点在重构完成后的平面线形中所处的线元范围,并作为该测点新的线元归属。在交点所有测点新的线元归属计算完成后,即可根据测点线元归属的不同重新划分测点集,如图 7-15(c)所示。

(4)检测点线一致

检测所有测点在平面线形重构后计算得到的新线元归属与之前的旧线元归属是否相同,相同则测点符合点线一致,否则称测点不符合点线一致,如图 7-15(d)所示。当所有测点检测均符合点线一致时,迭代停止,此时已达到最佳测点集划分状态,否则跳转步骤(2)。

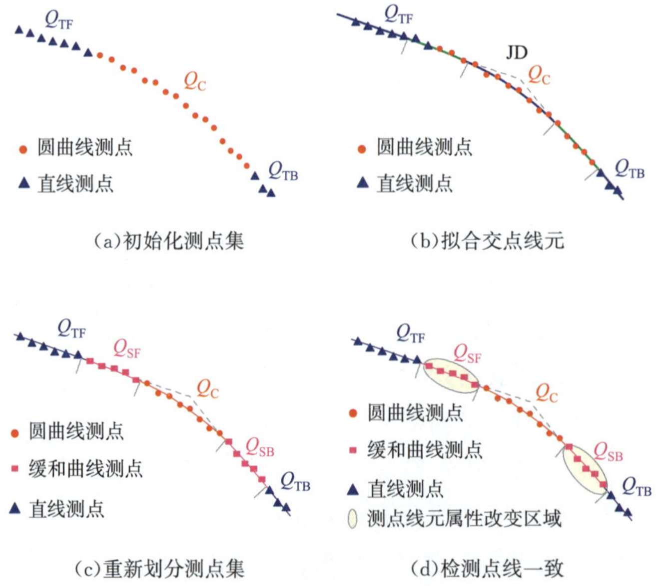


图 7-15 单曲线震荡迭代计算示例

相比于现有的将直线段固定,只优化曲线段参数的重构方法而言,单曲线震荡迭代方法基于点线一致思想,利用平面线形重构成果在迭代过程中不断重新计算交点范围内每个测点的线元归属,实现了在重构过程中对于直线段的优化。相比于前者,单曲线震荡迭代方法具有更强的稳健性,可以达到更优的重构效果。

但逐个曲线震荡迭代方法在单个曲线的重构过程中会调整其前后直线,在逐个交点重构平面线形时,缺乏对相邻交点间相互影响考虑,重构结果有进一步优化的空间。如图 7-16 所示，步骤(1)和步骤(2)按顺序识别了交点 $JD_1$ 和 $JD_2$ 范围内测点的线元归属，在步骤(2)中两交点公共夹直线测点范围发生了变化，这个夹直线测点的变化按单曲线震荡迭代方法并不会反馈到 $JD_1$ 中。步骤(3)尝试将变化后的夹直线测点作为初始值再次采用震荡迭代方法识别 $JD_1$ 范围内测点线元归属，可以看到 $JD_1$ 后缓和曲线与两交点公共夹直线发生了较大变化，对平面重构线形有较大影响。而步骤(3)在单曲线震荡迭代方法中并不会被执行。

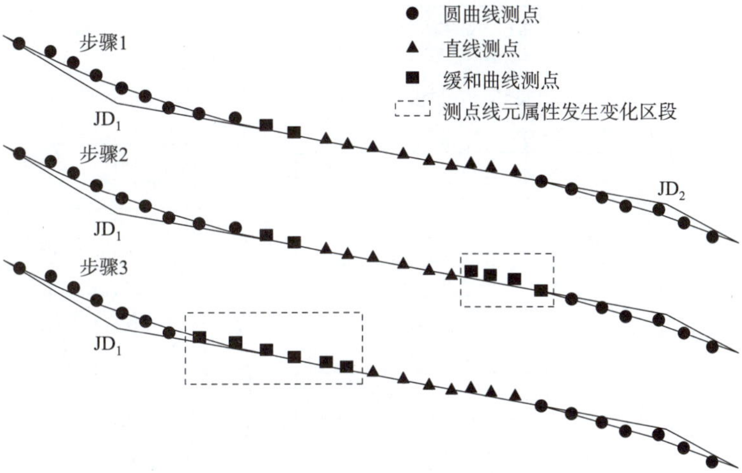


图 7-16　单曲线震荡迭代相邻交点间的影响

为解决上述问题，可在单曲线震荡迭代的基础上，对整个重构过程进行调整，修改为整体震荡迭代方法，以实现全线整体最优的平面线形重构。

### 2. 全线整体震荡迭代方法

基于全线点线一致思想，本节介绍一种整体震荡迭代方法，将充分考虑相邻交点间的相互影响重构整体线形。每次迭代中，先依据测点线元归属划分测点集，根据测点集重构优化各线元，再计算测点所属的线元范围重新判断测点线元归属。通过整体优化方式，每个夹直线测点集由其前后两曲线优化结果共同确定。在不断迭代过程中，全线测点线元归属会趋于准确，在所有测点符合点线一致时迭代停止，根据各测点集可重构出最优整体平面线形。

为使公共夹直线边的确定同时考虑前后曲线，在整体震荡迭代方法中采取全线整体迭代方式重构优化各线元。在每次迭代中，首先根据所有直线测点集重构优化直线线形参数，接着在直线线形固定条件下逐个交点重构优化曲线线元。由于直曲分界点附近测点线元归属未准确识别，交点前后直线段测点数据会对优化结果产生影响，因此在优化交点 JD 的曲线线元时，JD 范围内的曲线测点集 $Q_{SFi}$、$Q_{Ci}$、$Q_{SBi}$ 与 $JD_i$ 前后两直线测点集 $Q_{Ti}$、$Q_{Ti+1}$ 共同参与曲线线元优化过程。当相邻两交点分别重构优化曲线线元后，公共夹直线线元的起、终点分别由前、后交点曲线线元确定，因此此时公共夹直线边的确定同时考虑了前后曲线。

在根据测点集重构优化各线元的过程中，先通过最小二乘法以及几何要素计算得出线元参数的初始值,但此初始值并非最优参数,因此还需对其进行优化。对于直线线元参数,存在诸如桥隧结构物路段控制性测点拨量不得超限等不等式约束,可采用较为适用的增广拉格朗日乘子法进行优化;对于曲线线元参数,则可采用网格自适应搜索算法(mesh adaptive direct search,MADS)算法在优化的过程中进行处理。

综上,如图 7-17 所示,全线整体震荡迭代方法的具体流程如下:

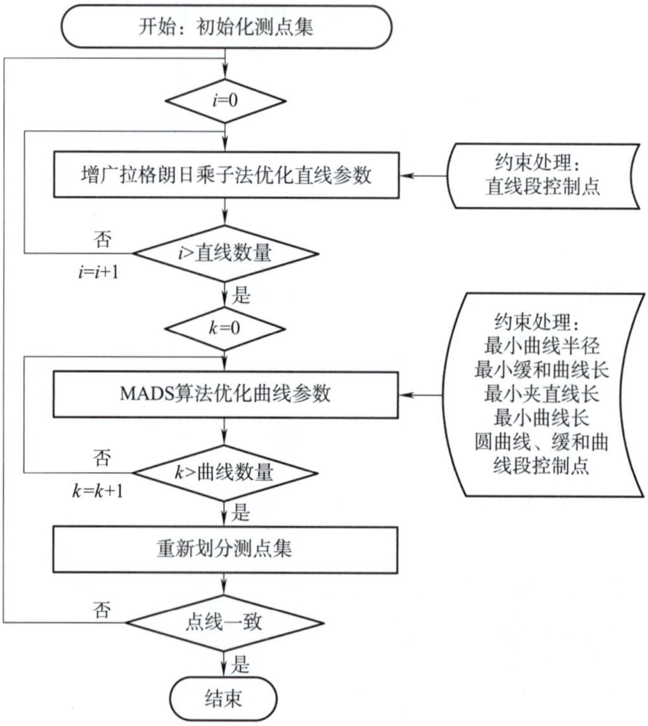


图 7-17　全线整体震荡迭代方法计算流程

(1)初始化测点集

依据直曲分段的初始测点集结果,对线路平面全线测点集进行属性划分,可得到第 $i$ 个交点的前夹直线测点集 $Q_{Ti}$ 以及后夹直线测点集 $Q_{Ti+1}$,此时将曲线段测点集归属至圆曲线测点集 $Q_{Ci}$,同时将缓和曲线段测点集预设为空集,以 $JD_1$、$JD_2$ 举例,如图 7-18 所示。

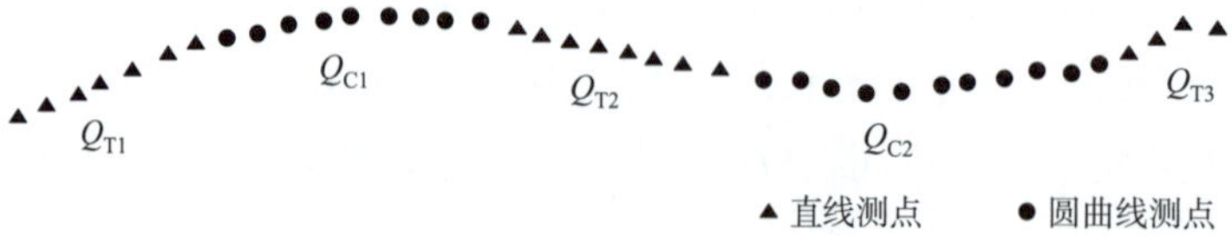


图 7-18　直曲概略分段示意图

(2)重构全线各直线线元

采用正交最小二乘法与增广拉格朗日乘子法[23]初步拟合全线直线测点集,获得线路平面全线直线线元参数，并根据各个相邻直线段的参数方程，进而求解得出线路的各个交点坐标，如图 7-19 所示。

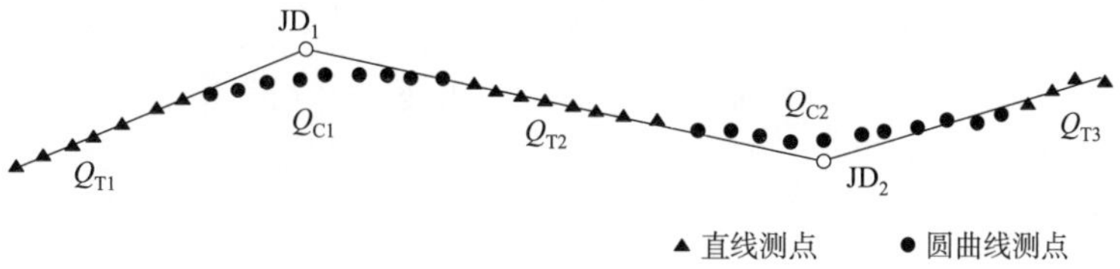


图 7-19　直线拟合求交示意图

(3)重构全线各曲线线元

采用正交最小二乘法拟合圆曲线测点集，获得圆心坐标以及圆曲线半径，并根据相邻夹直线段拟合方程与圆曲线测点，求解可得每个交点的前后内移距。根据前后偏移距可反算出前后缓和曲线长度，并采用 MADS 算法进行顾及约束的曲线参数优化处理，如图 7-20 所示。设第 $i$ 个交点圆心坐标与曲线半径分别为($x_{\mathrm{H}i}$，$y_{\mathrm{H}i}$)及 $R_{\mathrm{H}i}$，前后内移距分别为 $p_{\mathrm{F}i}$ 及 $p_{\mathrm{B}i}$，前后缓和曲线长分别为 $l_{\mathrm{F}i}$ 及 $l_{\mathrm{B}i}$，前后夹直线方程分别为 $y_{i-1}=k_{i-1}x_{i-1}+b_{i-1}$ 及 $y_i=k_ix_i+b_i$，则内移距与前后缓和曲线长度的初始解可以通过以下公式计算获得：

$$p_{\mathrm{F}i}=\left|\frac{k_{i-1}x_{\mathrm{H}i}+b_{i-1}-y_{\mathrm{H}i}}{\sqrt{k_{i-1}^2+1}}\right|-R_{\mathrm{H}i} \tag{7-24}$$

$$p_{\mathrm{B}i}=\left|\frac{k_ix_{\mathrm{H}i}+b_i-y_{\mathrm{H}i}}{\sqrt{k_i^2+1}}\right|-R_{\mathrm{H}i} \tag{7-25}$$

$$l_{\mathrm{F}i}=\sqrt{(8\sqrt{49+42p_{\mathrm{F}i}}-56)R_{\mathrm{H}i}} \tag{7-26}$$

$$l_{\mathrm{B}i}=\sqrt{(8\sqrt{49+42p_{\mathrm{B}i}}-56)R_{\mathrm{H}i}} \tag{7-27}$$

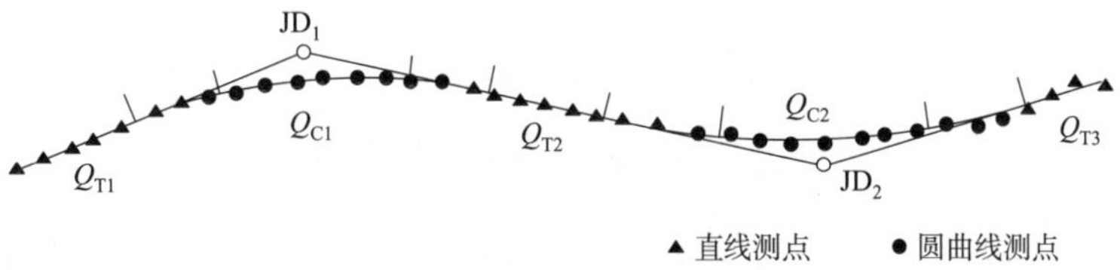


图 7-20　曲线参数拟合示意图

(4)测点集重划分

由上述步骤可得到每个交点的参数数据，根据缓和曲线范围重新划分直线段测点与圆曲线段测点，将原有单个交点内的直线-曲线-直线测点集重划分为直线-前缓和曲线-圆曲线-后缓和曲线-直线测点集，同时由于各测点集的重划分，还需对测点属性进行修正，如图 7-21 所示。

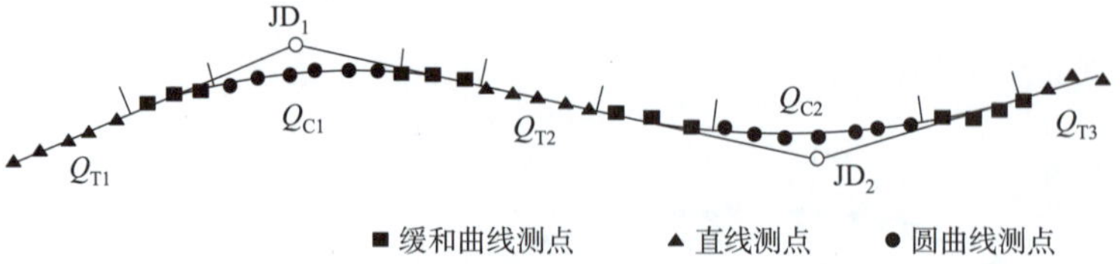


图 7-21　测点属性重划分示意图

(5)检测点线一致

将所有测点新的线元归属与重划分前的线元归属进行对比,如果存在不符合点线一致测点时,如图 7-22 所示。跳转到步骤(2),否则迭代结束,如图 7-23 所示,此时所求得的交点参数为全线最优交点参数。

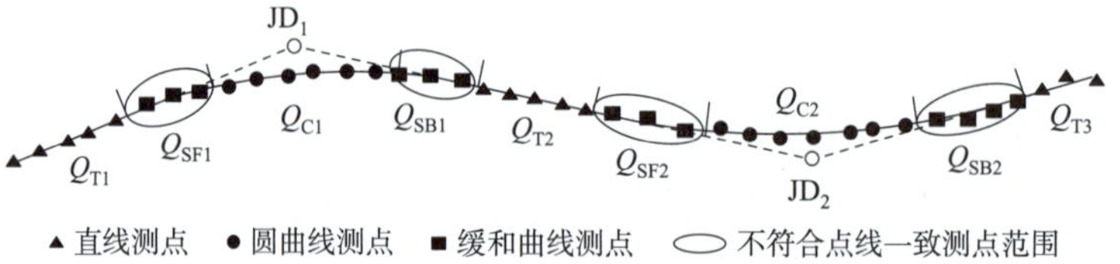


图 7-22　检测点线一致

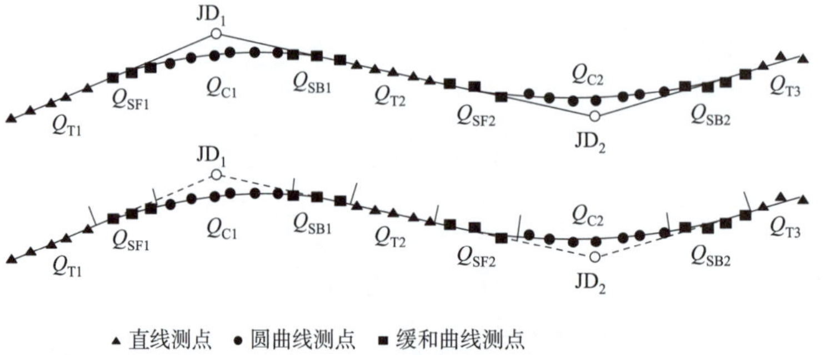


图 7-23　二次迭代已满足全线点线一致

经过步骤(1)～(4)计算出的线元类型可实现各测点集的第一次划分,在后续迭代的过程中,特征点附近的测点属性会发生从左到右或从右到左的震荡变化,直至实现在点线一致条件下的测点精准分段,从而拟合出初始的平面整体线形。相较于逐个单曲线震荡迭代方法,全线整体震荡迭代方法采取了截然不同的重构策略。在每次迭代中先拟合全线各直线线元参数,再拟合全线各曲线线元参数,达到了公共夹直线边在前后曲线同时最优的状况下确立,在不断迭代过程中完成更为精确合理的测点集划分。同时,在直线线元和曲线线元优化时应用相应的优化算法,实现了顾及约束的线元参数优化,最终得到了全线整体最优的平面线形重构成果。

### 3. 基于 MADS 算法的曲线参数优化

网格自适应直接搜索(MADS)是广义模式搜索(generalized pattern search,GPS)算法的拓展,它通过不断迭代搜索下降方向和步长求得近似最优解,具有全局收敛性且不依赖于目标函数的导数,可同时处理各类复杂约束,但自变量不宜过多,较适宜对线路局部进行加速优化。本文遍历全线交点,针对每个交点采用 MADS 进行顾及约束的曲线参数优化。

MADS 算法的迭代搜索过程主要由两个步骤组成:搜索与轮询,在搜索过程中,可在设定的网格集中任意位置对搜索点的目标函数进行评价。

平面第 $j$ 号交点使用 MADS 进行曲线参数优化求解的流程如下:

①目标函数设计:设平面第 $j$ 号交点范围内的所有测点为 $P_i(i=1,\cdots,n)$,则目标函数可表示为

$$F=\min\sum_{i=1}^{n}d_i^2=\min\sum_{i=1}^{n}f_{\mathrm{d}}^2(x_j^k,P_i) \tag{7-28}$$

式中　$x_j^k=(l_{\mathrm{F}j}^k,R_{\mathrm{H}j}^k,l_{\mathrm{B}j}^k)$——第 $j$ 号交点范围内第 $k$ 次迭代后的最优网格点;

$l_{\mathrm{F}j}^k,R_{\mathrm{H}j}^k,l_{\mathrm{B}j}^k$——第 $j$ 号交点第 $k$ 次迭代后的前缓长、曲线半径和后缓长;

$P_i$——第 $i$ 号测点;

$n$——第 $j$ 号交点范围内的测点数量。

②算法初始化。初始化当前最优网格点为 $x_j^0=(l_{\mathrm{F}j}^0,R_{\mathrm{H}j}^0,l_{\mathrm{B}j}^0)$,设置 $l_{\mathrm{F}j}^0,R_{\mathrm{H}j}^0,l_{\mathrm{B}j}^0$ 分别为震荡迭代得到的前缓长、曲线半径和后缓长。为避免搜索出现局部最优,根据圆曲线半径与缓和曲线长度的变化范围不同,设置 $R_{\mathrm{H}j}^0$ 的初始网格尺寸为 100 m,$l_{\mathrm{F}j}^0,l_{\mathrm{B}j}^0$ 的初始网格尺寸为 10 m。

③搜索过程:在网格上依次选取试验点并计算函数值,若在搜索过程新的网格点 $F(x_j^{k+1})<F(x_j^k)$时,则说明搜索步骤成功,更新最优解 $x_j^k$。若未搜索出新的网格点,则转向轮询步骤。

④轮询过程:轮询主要通过估计当前网格点相邻范围内网格点的目标函数,若找到新的网格点优于当前点目标函数值,则更新最优解 $x_j^k$,用作下一次迭代,在轮询过程产生的网格点集可被称作框架 $P^k$。若搜索过程失败,则在框架 $P^k$ 上生成当前网格点一定邻域的网格点集,进行寻优搜索。

⑤如果在搜索与轮询过程中均未找到更优解,令 $x_j^{k+1}=x_j^k$,并减小网格尺寸参数,以便搜索到局部更优解。

⑥如果在搜索与轮询过程中生成了更优的解,则更新当前最优解,将网格尺寸参数扩大或不变,以加速搜索全局最优解。直至网格尺寸大小达到设定值,最终结束搜索。

对于约束条件的处理,MADS 算法提供了极端障碍法与渐进障碍法两种基本方式。其中极端障碍法用于处理不可逾越约束,适用于强制满足的约束条件,例如规范中的约束,在 MADS 算法的搜索过程中,判断网格点是否满足约束条件,若不满足某个约束,则不可行的网格点会被舍弃。渐进障碍法用于处理可逾越约束,适用于线路重构中要求尽量满足的约

束条件，在搜索过程中，网格点若不满足约束，则在迭代的过程中自适应减少，直至搜索出满足所有控制点约束的解。

### 7.3.4 线路纵断面震荡迭代重构优化方法

纵断面线路重构方法与平面线路重构方法类似，仍是基于点线一致思想，在平面线路完成重构的基础之上，进行纵断面线路重构。具体的纵断面线路重构过程如下。

(1)形成既有轨面线的桩号测点序列

根据 7.3.3 节中生成的平面重构线路，将既有轨面线测点集合 $M$ 组织形成桩号测点序列(每个测点数据包含里程、既有轨面高程信息)，为后续的重构过程提供数据基础。

(2)初步识别测点几何归属

由于纵断面中直线段线元与竖曲线段线元的坡度变化率区别较为明显。因此，本章采取轨面测点的坡度变化率作为划分测点几何归属的依据[24]。根据设置的坡度变化率阈值 $f_v$，将每个测点的坡度变化率与其比较。若测点的坡度变化率小于 $f_v$，则将其划分为直线测点；否则，将其划分为竖曲线测点。

(3)直曲自适应拟合线元

以抬落道量平方和最小为目标，并顾及 7.2.2 节中提到的各种约束，首先，对于前后夹直线测点集，采取最小二乘拟合法获取直线线元参数，接着对于竖曲线采取圆曲线最小二乘拟合获取竖曲线半径 $R$。接着将所有线元组合起来，则恢复出一条初始的重构纵断面线路。

(4)迭代优化过程

在步骤(1)～(3)完成后，还需要进一步优化初始重构的纵断面线路，使用基于点线一致思想的全线震荡迭代方法。在此过程中，其直线与竖曲线要在拟合的过程中保证相切，才能确保线形的圆顺性。竖曲线与直线边界处测点与线元属性同样会存在不一致问题。具体迭代流程如下：

步骤 1：根据概略分段结果划分测点集，得到全线的纵断面直线段测点集 $Q_{i-1}^{t}$、$Q_{i+1}^{t}$ 与竖曲线段测点集 $Q_i^{c}$，如图 7-24 所示。

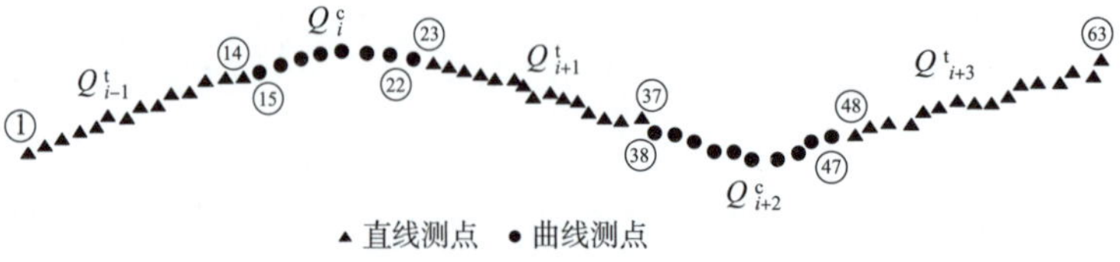


图 7-24 直曲粗略分段示意图

步骤 2：采用正交最小二乘法与增广拉格朗日乘子法拟合全线直线测点集，获得直线坡段参数，并根据相邻直线坡段拟合方程计算求交，求解后可得每个变坡点的位置，如图 7-25 所示。

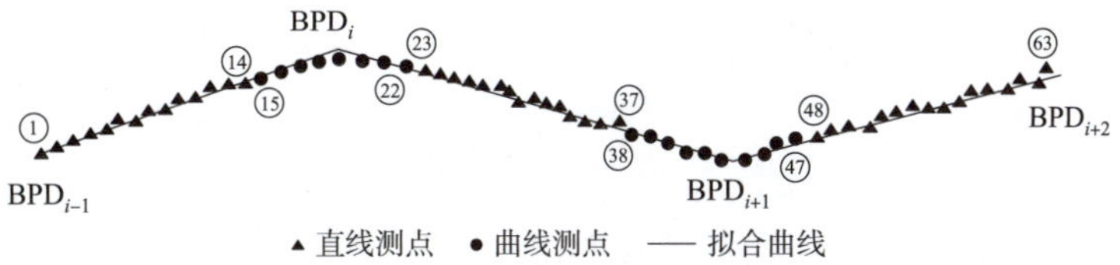


图 7-25　直线拟合求交示意图

步骤 3:进行竖曲线计算拟合,求出满足约束条件的竖曲线半径。联立直线与竖曲线参数方程,求解得出直圆点及圆直点的里程,然后确定出直线与曲线线元的几何范围,如图 7-26 所示。

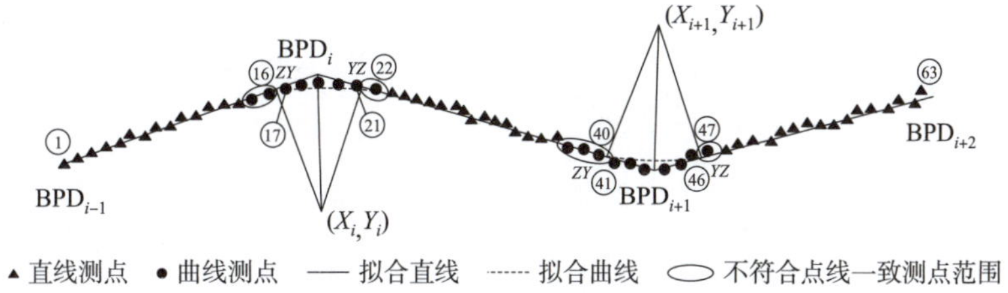


图 7-26　划分边界点范围示意图

步骤 4:重新划分每个变坡点范围内的测点属性,并与初始测点属性比较,判断前后两次迭代结果的测点属性是否发生改变,如图 7-27 所示。

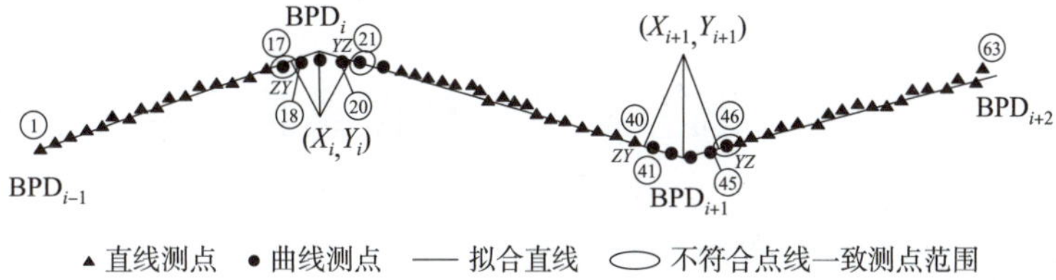


图 7-27　测点属性重划分示意图

步骤 5:测点属性不一致则证明测点属性还未稳定,返回步骤 2,直至满足点线一致要求;若测点属性在调整后满足点线一致要求,迭代终止,此时线路纵断面线形初始方案达到最优,如图 7-28 和图 7-29 所示。

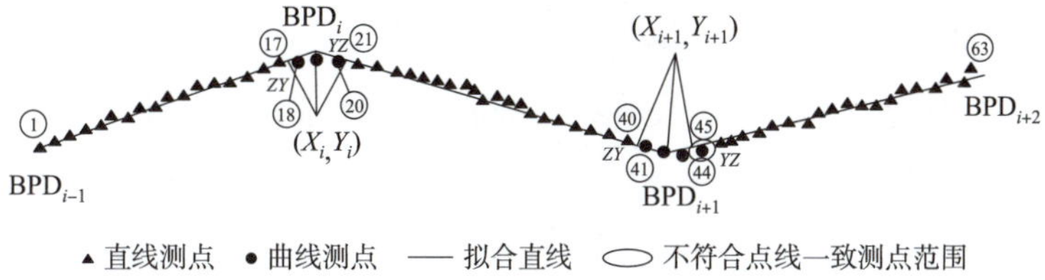


图 7-28　第 $i$ 次迭代示意图

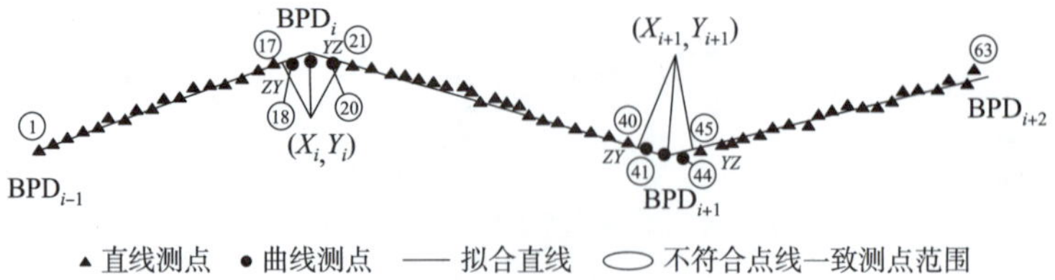


图 7-29　第 $n$ 次迭代收敛示意图

经过上述全线震荡迭代的流程，可实现在点线一致的条件下的测点精准分段，从而拟合出初始的纵断面全线贯通线形。各线元范围内测点集个数变化情况见表 7-1。

**表 7-1　纵断面震荡迭代重构过程中测点属性调整**

| 迭代次数 | $Q_{i-1}^{t}$ | $Q_{i}^{c}$ | $Q_{i+1}^{t}$ | $Q_{i+2}^{c}$ | $Q_{i+3}^{t}$ | 点线不一致测点序号 |
|---|---|---|---|---|---|---|
| 1 | ①-⑭ | ⑮-㉒ | ㉓-㊲ | ㊳-㊼ | ㊽-63 | — |
| 2 | ①-⑯ | ⑰-㉑ | ㉒-㊵ | ㊶-㊻ | ㊼-63 | ⑮-⑯ ㉒ ㊳-㊵ ㊼ |
| 3 | ①-⑰ | ⑱-⑳ | ㉑-㊵ | ㊶-㊺ | ⑯-63 | ⑰ ㉔ ㊻ |
| … | … | … | … | … | … | … |
| $i$ | ①-⑰ | ⑱-⑳ | ㉑-㊵ | ㊶-㊹ | ㊺-63 | ㊺ |
| $n$ | ①-⑰ | ⑱-⑳ | ㉑-㊵ | ㊶-㊹ | ㊺-63 | — |

# 7.4　自适应既有线平纵断面重构优化方法

## 7.4.1　线路全局自适应平面重构优化方法

大多数的重构方法，包括前文提到的震荡迭代，在完成测点几何归属初次识别后，都是按照先直线后曲线的顺序拟合线元，然后再组合形成一条完整的重构线路，但是在复杂的既有线中，这种方法无法直接运用于曲线占比较大路段中，表现出了一定程度上的局限性。

面对前述方法的局限性，为提高重构的精度，本节将复杂的既有线路分为了夹直线主导路段和曲线主导路段，提出了一种全局自适应重构策略，基于先直后曲法和先曲后直法这两种线路重构方法，重构出一条初始的平面线路。

在完成测点线元归属后，初始的夹直线与圆曲线个数即可确定，最终的测点几何归属识别具体如下所示：

$$M=\{M^{t},M^{c},M^{lp},M^{ls}\}$$

$$
\begin{cases}
M^{\mathrm{t}}=\{M_1^{\mathrm{t}},M_1^{\mathrm{t}},\cdots,M_{m-1}^{\mathrm{t}}\}\\
M^{\mathrm{c}}=\{M_1^{\mathrm{c}},M_1^{\mathrm{c}},\cdots,M_{m-2}^{\mathrm{c}}\}\\
M^{\mathrm{lp}}=\{M_1^{\mathrm{lp}},M_2^{\mathrm{lp}},\cdots,M_{m-2}^{\mathrm{lp}}\}\\
M^{\mathrm{ls}}=\{M_1^{\mathrm{ls}},M_2^{\mathrm{ls}},\cdots,M_{m-2}^{\mathrm{ls}}\}
\end{cases}
\tag{7-29}
$$

式中　$M^{\mathrm{t}}$——夹直线测点子集；

$M^{\mathrm{c}}$——圆曲线测点子集；

$M^{\mathrm{lp}}$，$M^{\mathrm{ls}}$——前缓和曲线和后缓和曲线所对应的测点子集；

$m$——含起终点的线路交点总数，则全线直线段数量为 $m-1$，曲线段数量为 $m-2$。

一般来说，线路在局部路段线形特征变化速度较快，具有许多小半径曲线以便绕过障碍物或克服困难的地形（定义为情况 A，曲线占比较大路段），但在周围环境较为简单的条件下，线路可能非常顺直，以便于降低建造成本和保证运营质量（定义为情况 B，直线占比较大路段）。而对于复杂的既有线路，上述两种情况可能都会出现（图 7-30）。因此，为重构出一条复杂的既有线平面线路，需要对情况 A 和情况 B 都进行研究与分析。

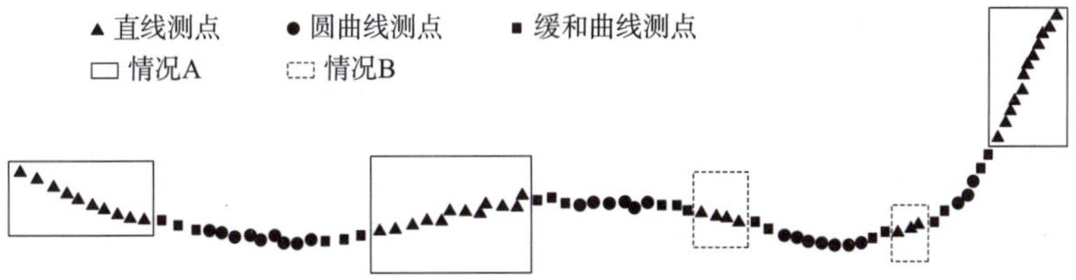


图 7-30　既有线路的实际测点分布情况

在该研究领域中，以前的方法通常先拟合夹直线再拟合圆曲线来重构一条平面线路。因此，圆曲线和缓和曲线的几何参数的确定主要受到夹直线参数的影响。这种方法适用于情况 B，而不适用于情况 A。在情况 A 中使用这种方法，夹直线线元的重构效果较为理想，但是曲线线元可能会在测点和拟合路线之间产生难以接受的偏移量。实际上，应根据测点的几何归属和分布情况，动态地确定线路几何线元的重构顺序。因此，本书介绍两种线路重构方法，即先直后曲法和先曲后直法。

### 1. 先直后曲法

先直后曲法在之前的线路重构研究中经常使用。根据图 7-31 中提供的参数，先直后曲法的实现过程的说明如下：

（1）使用最小二乘法将 $M_1^{\mathrm{t}}$ 拟合为夹直线（$L_{\mathrm{T}}$），以获得其斜率（$K$）和截距（$B$）。

（2）使用最小二乘法将 $M_1^{\mathrm{c}}$ 和 $M_2^{\mathrm{c}}$ 拟合为两个相邻的圆曲线（$C_{\mathrm{r1}}$ 和 $C_{\mathrm{r2}}$）来确定其半径（$R_1$ 和 $R_2$）和圆心（$C_1$ 和 $C_2$）。

（3）计算 $C_{\mathrm{r1}}$ 与 $L_{\mathrm{T}}$ 之间的内移量 $p_1^{\mathrm{s}}$，以确定缓和曲线 $L_1^{\mathrm{s}}$［式（7-30）］。类似地，计算

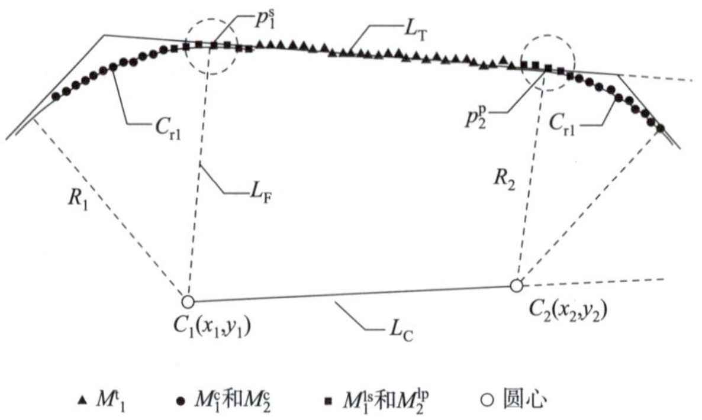


图 7-31　先直后曲法

$C_{r2}$ 与 $L_T$ 之间的内移量 $p_2^p$，以确定缓和曲线 $L_2^p$[式(7-31)]。

$$p_1^s=(|Kx_1-y_1+B|/\sqrt{1+K^2})-R_1,\ L_1^s=\sqrt{(8\sqrt{49+42p_1^s}-56)R_1} \tag{7-30}$$

$$p_2^p=(|Kx_2-y_2+B|/\sqrt{1+K^2})-R_2,\ L_2^p=\sqrt{(8\sqrt{49+42p_2^p}-56)R_2} \tag{7-31}$$

式中　$(x_1,y_1)$——圆心 $C_1$ 的坐标；

$(x_2,y_2)$——圆心 $C_2$ 的坐标，假设直线 $L_T$ 方程为 $y=Kx+B$。

### 2. 先曲后直法

与先直后曲法相比，先曲后直法的过程更为复杂。根据图 7-32，先曲后直法的实施过程如下：

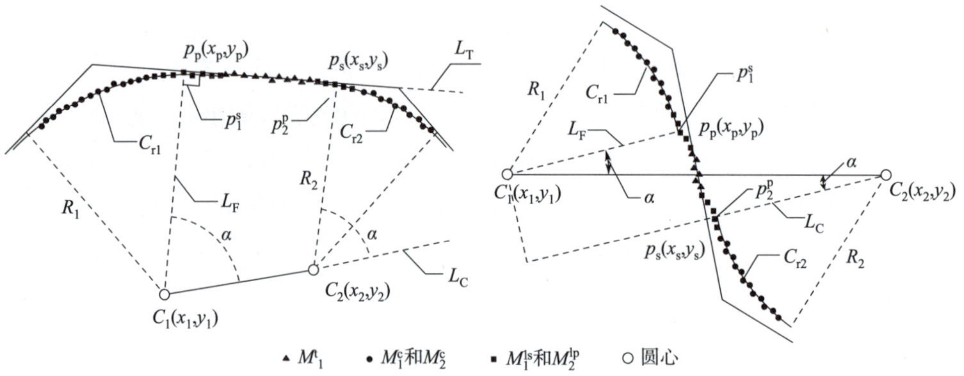


(a)同向曲线模型　　(b)反向曲线模型

图 7-32　先曲后直法

①使用最小二乘法将 $M_1^c$ 和 $M_2^c$ 拟合为两个相邻的圆曲线($C_{r1}$ 和 $C_{r2}$)来确定其半径($R_1$ 和 $R_2$)和圆心($C_1$ 和 $C_2$)。

②基于 $M_1^{ls}$ 和 $M_2^{lp}$，通过使用 Levenberg-Marquardt (LM)算法[25]来获得 $p_1^s$ 和 $p_2^p$。以 $M_1^{ls}$ 为例，LM 算法的拟合过程如图 7-33 所示。然后通过式(7-32)计算 $p_1^s$ 和 $p_2^p$。

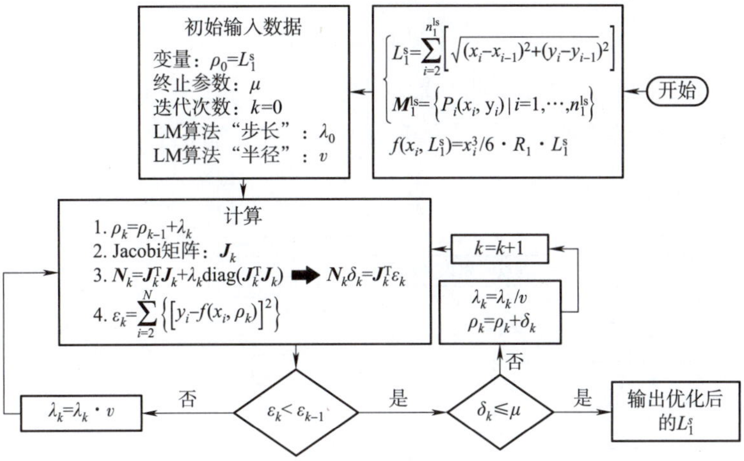


图 7-33　Levenberg-Marquardt 算法拟合过程

$$p_1^s=(L_1^s)^2/(24\cdot R_1)+(L_1^s)^4/(2\ 688\cdot R_1^2),p_2^p=(L_2^p)^2/(24\cdot R_2)+(L_2^p)^4/(2\ 688\cdot R_2^2) \tag{7-32}$$

式中　$p_1^s$——$C_{r1}$ 因缓和曲线产生的内移量；

$p_2^p$——$C_{r2}$ 因缓和曲线产生的内移量。

③基于图 7-32 中所构建的同向和反向曲线模型，确定拟合夹直线 $L_T$ 上的两个垂足 $P_p$ 和 $P_s$，以确定 $L_T$ 的位置：

$$x_p=x_1+(R_1+p_1^s)\cdot\sin\beta,\ y_p=y_1+(R_1+p_1^s)\cdot\cos\beta \tag{7-33}$$

$$\begin{cases}x_s=x_2+(R_2+p_2^p)\cdot\sin\beta,\ y_s=y_2+(R_2+p_2^p)\cdot\cos\beta\rightarrow\text{同向曲线模型}\\x_s=x_2-(R_2+p_2^p)\cdot\sin\beta,\ y_s=y_2-(R_2+p_2^p)\cdot\cos\beta\rightarrow\text{反向曲线模型}\end{cases} \tag{7-34}$$

$$\beta=(x_2-x_1)/(y_2-y_1)-\alpha \tag{7-35}$$

$$\alpha=\begin{cases}arc\ \cos[(R_1+p_1^s-R_2-p_2^p)/D]\rightarrow\text{同向曲线模型}(R_1\geqslant R_2)\\arc\ \cos[(R_2+p_2^p-R_1-p_1^s)/D]\rightarrow\text{同向曲线模型}\ (R_1<R_2)\\arc\ \cos[(R_1+p_1^s+R_2+p_2^p)/D]\rightarrow\text{反向曲线模型}\end{cases} \tag{7-36}$$

$$D=\sqrt{(x_1-x_2)^2+(y_1-y_2)^2} \tag{7-37}$$

式中　$(x_p,y_p)$——垂足 $P_p$ 的坐标；

$(x_s,y_s)$——垂足 $P_s$ 的坐标；

$B$——$\boldsymbol{L}_F$ 的方位角；

$\alpha$——$\boldsymbol{L}_C$ 和 $\boldsymbol{L}_F$ 之间的转向角；

$D$——$C_1$ 和 $C_2$ 之间的距离，如图 7-32 所示。

### 3. 直曲自适应重构策略

对于一条复杂的既有线路，情况 A 和情况 B 可能是同时存在的。因此为了提高重构的质量，先直后曲法和先曲后直法应该灵活地运用于复杂线路的重构过程中。在本节中，先直后曲法和先曲后直法的应用是基于一个新的阈值（即夹直线阈值 $f_t$）来自适应地执行的。此外，为了提高重构精度，还考虑了测点集合 $M$ 中测点的几何归属与重构线路之间的耦合关系，可迭代地更新测点归属识别结果和重构平面线路。直曲自适应重构策略的具体实施过程如下（图 7-34）。

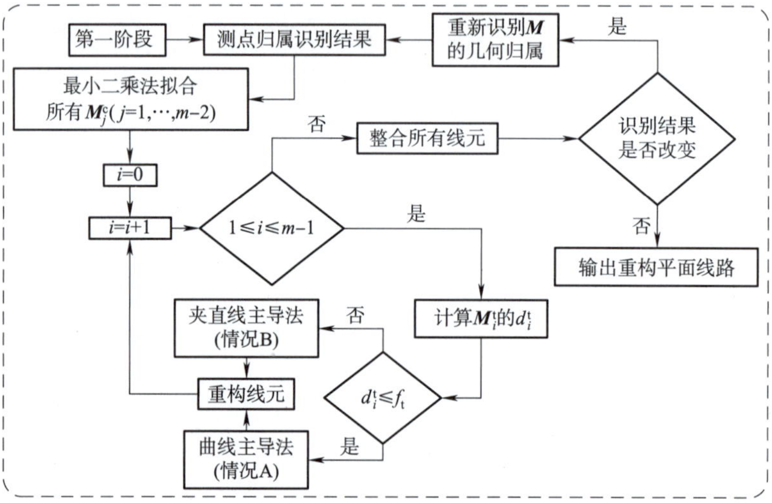


图 7-34　自适应重构策略

步骤①：对于图 7-34 所示的每次迭代，基于当前的识别结果，使用最小二乘法拟合曲线段测点集合 $M^c$ 的所有子集，以获得所有圆曲线的几何参数。

步骤②：通过将直线段测点集合 $M^t$ 的所有子集划分为不同的情况，进一步细分获得夹直线和缓和曲线的几何参数。对于第 $i$ 段直线测点子集 $M_i^t(i=1,\cdots,m-1)$：

(1)计算 $M_i^t$ 中所有相邻测点之间的距离累加和 $d_i^t$。

$$d_i^t=\sum_{j=2}^{n_i^t}\left[\sqrt{(x_j-x_{j-1})^2+(y_j-y_{j-1})^2}\right] \tag{7-38}$$

式中　$d_i^t$——第 $i$ 段直线测点子集 $M_i^t$ 中所有相邻测点之间的距离累加和；

$n_i^t$——第 $i$ 段直线测点子集 $M_i^t$ 所有测点的数量；

$(x_j,y_j)$——$M_i^t$ 中第 $j$ 个测点的坐标。

(2)将 $d_i^t$ 与夹直线阈值 $f_t$ 进行比较。若 $d_i^t$ 小于 $f_t$，局部夹直线和缓和曲线的几何参数（分别对应于 $M_i^t$、$M_i^{ls}$ 和 $M_i^{lp}$）由先曲后直法确定（情况 A）；否则，由先直后曲法确定（情况 B）。

步骤③：组合上述步骤中生成的所有局部线元，并处理 7.2.1 节中提到的所有约束，以重构出完整的平面线路。

步骤④：将 $M$ 投影到重构出的平面线路，并记录 $M$ 当前的几何归属。然后检查 $M$ 的当前属性是否与上次迭代中获得的识别结果一致。若一致，则终止程序；否则，基于 $M$ 的当前属性更新识别结果，返回步骤①并继续迭代。

通过上述过程，即可重构出一条全局的平面线路。

### 7.4.2　线路纵断面重构优化方法

纵断面线路重构方法与平面线路方法类似，仍是基于直曲自适应恢复思想，在平面线路完成重构的基础之上，进行纵断面线路重构。如图 7-35 所示，具体的纵断面线路重构过程如下：

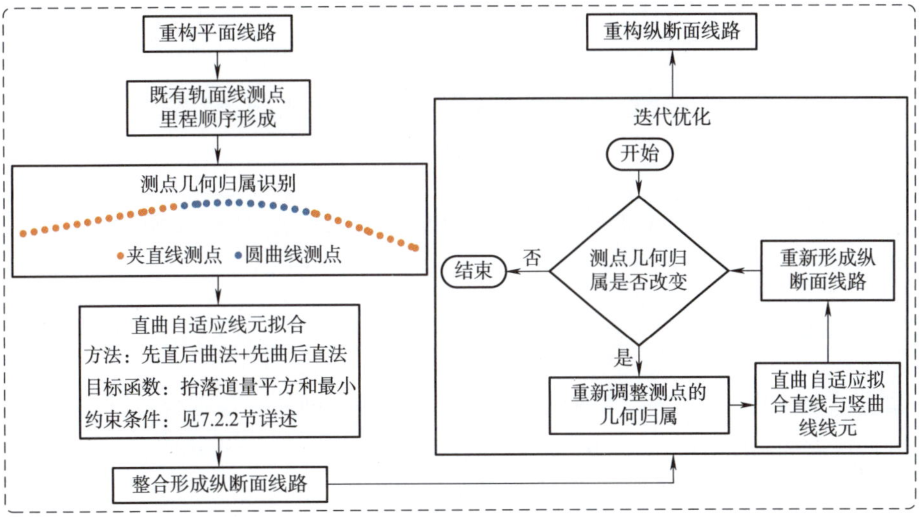


图 7-35　纵断面线路重构过程

(1)形成既有轨面线的测点桩号序列

根据 7.4.1 节中生成的平面重构线路，将既有轨面线测点集合 $M$ 组织形成测点桩号序列(每个桩号包含里程、既有轨面高程信息)，为后续的重构过程提供数据基础。

(2)初步识别测点几何归属

由于纵断面中直线段线元与竖曲线段线元的坡度变化率区别较为明显。因此，采取坡度测点的坡度变化率作为划分测点几何归属的依据。根据设置的坡度变化率阈值 $f_v$，将每个测点的坡度变化率与其比较。若测点的坡度变化率小于 $f_v$，则将其划分为直线测点；否则，将其划分为竖曲线测点。

(3)直曲自适应拟合线元

在识别完测点的几何归属后，测点集合 $M$ 则被分为若干个直线段与竖曲线段范围。与平面重构类似，先通过夹直线阈值 $f_t$ 划分出属于情况 A(使用先曲后直法)和情况 B(使用先直后曲法)的路段。然后，以抬落道量平方和最小为目标，并顾及 7.2.2 节中提到的各种约束,自适应地使用先直后曲法与先曲后直法来拟合不同路段线元(忽略缓和曲线拟合子过程)。接着将所有线元组合起来,则恢复出一条临时的纵断面线路。

(4)迭代优化过程

在步骤(1)~(3)完成后,还需要进一步优化重构的纵断面线路。基于测点几何归属与拟合线元范围要保持一致的思想,在每次迭代过程中,检查重构出的纵断面线路与测点几何归属是否能够保持一致。若不能保持一致,则根据最新的临时纵断面重构线路来重新调整测点的几何归属,再基于新的测点 归属范围重新使用自适应重构过程拟合线元,生成新的临时纵断面线路,进入下一次迭代,直至"点线一致",退出迭代过程,即可得到最终的重构纵断面线路。

## 7.5 既有线平纵断面改建优化模型

与新建铁路线路优化模型类似,既有铁路线路智能改建优化模型也包括设计变量、目标函数和约束条件三部分内容。

### 7.5.1 设计变量

在既有线路改建的过程中,考虑到既有线与改建线之间的相互耦合的作用关系,改建线路($A$)可以视为利用段($A^{u}$)与改建段($A^{r}$)的组合。由于利用段的几何设计参数与既有线完全一致,因此在本文改建优化模型中,仅考虑使用改建段的重要几何设计参数作为设计变量,包括了改建段可行起终点(SE)、平面交点(JD)和纵断面变坡点(BPD)。其中,SE 包括了起点($K^{s}$)与终点($K^{e}$)里程集合;JD 包括了交点坐标($x$,$y$)、半径($R^{h}$)与缓和曲线长($L$);BPD 包括了变坡点里程($K^{v}$)、高程($H$)和竖曲线半径($R^{v}$)计算公式如下。

$$A=[A^{u},A^{r}],\text{其中 } A^{r}=[A_{1}^{r},A_{2}^{r},\cdots,A_{z}^{r}]^{T} \tag{7-39}$$

$$A_{z}^{r}=[\mathrm{SE},\mathrm{JD},\mathrm{BPD}],\ z=1,\cdots,Z \tag{7-40}$$

$$\begin{gathered}
\mathrm{SE}=\begin{cases}K^{s}=[K_{1}^{s},K_{2}^{s},\cdots,K_{\mathrm{I}}^{s}]^{T}\\ K^{e}=[K_{1}^{e},K_{2}^{e},\cdots,K_{\mathrm{J}}^{e}]^{T}\end{cases}\\
\mathrm{JD}=\begin{cases}X=[X_{1},X_{2},\cdots,X_{\mathrm{M}}]^{T}\\ Y=[Y_{1},Y_{2},\cdots,Y_{\mathrm{M}}]^{T}\\ R^{h}=[R_{1}^{h},R_{2}^{h},\cdots,R_{\mathrm{M}}^{h}]^{T}\\ L=[L_{1},L_{2},\cdots,L_{\mathrm{M}}]^{T}\end{cases}\\
\mathrm{BPD}=\begin{cases}K^{v}=[K_{1}^{v},K_{2}^{v},\cdots,K_{\mathrm{N}}^{v}]^{T}\\ H=[H_{1},H_{2},\cdots,H_{\mathrm{N}}]^{T}\\ R^{v}=[R_{1}^{v},R_{2}^{v},\cdots,R_{\mathrm{N}}^{v}]^{T}\end{cases}
\end{gathered} \tag{7-41}$$

式中　$A_z^r$——第 $z$ 个改建段；

$Z$——改建段数量；

$I$——$A_z^r$ 的可行起点数量；

$J$——$A_z^r$ 的可行终点数量；

$M$——$A_z^r$ 的交点数量；

$N$——$A_z^r$ 的变坡点数量。

### 7.5.2　目标函数

在本章中，将所有改建段的改建综合工程费用 $F_{RC}$ 作为目标函数。对每一个改建段的改建费用 $C(A_z^r)$ 而言，主要包括了改建土石方费用 $C_E$、改建桥梁费用 $C_B$、改建隧道费用 $C_T$、改建征地费用 $C_R$ 和与改建长度相关的费用 $C_L$，如下式。

$$F_{RC}=\sum_{z=1}^{Z}[C(A_z^r)] \tag{7-42}$$

$$C(A_z^r)=C_E+C_B+C_T+C_R+C_L \tag{7-43}$$

(1)改建土石方费用

$$\begin{aligned}C_E=&\sum_{i=1}^{n_f-1}[u_f\cdot(K_{i+1}-K_i)\cdot(A_i^f+A_{i+1}^f)/2]+\\&\sum_{j=1}^{n_c-1}[u_c\cdot(K_{j+1}-K_j)\cdot(A_j^c+A_{j+1}^c)/2]\end{aligned} \tag{7-44}$$

式中　$n_f$——填方断面数量；

$n_c$——挖方断面数量；

$K_i$——第 $i$ 个土方断面里程，m；

$A_i^f$——第 $i$ 个填方断面的面积，$m^2$；

$A_j^f$——第 $j$ 个挖方断面的面积，$m^2$；

$u_f$——填方单价，元/$m^3$；

$u_c$——挖方单价，元/$m^3$。

(2)改建桥梁费用

$$C_B=\sum_{i=1}^{n_B}(u_b\cdot L_i^b)+2\cdot C_A\cdot n_B \tag{7-45}$$

式中　$n_B$——改建桥梁的数量；

$L_i^b$——第 $i$ 座桥梁的长度，m；

$C_A$——桥台单价，元；

$u_b$——桥梁每延米单价，元/m。

(3)改建隧道费用

$$C_{\mathrm{T}}=\sum_{i=1}^{n_{\mathrm{T}}}(u_{\mathrm{t}} \cdot L_i^{\mathrm{t}})+2 \cdot C_{\mathrm{W}} \cdot n_{\mathrm{T}} \tag{7-46}$$

式中 $n_{\mathrm{T}}$——改建隧道的数量；

$L_i^{\mathrm{t}}$——第 $i$ 座隧道的长度，m；

$C_{\mathrm{W}}$——隧道洞门单价，元；

$u_{\mathrm{t}}$——隧道每延米单价，元/m。

(4)改建征地费用

$$C_{\mathrm{R}}=\sum_{i=1}^{n_{\mathrm{K}}-1}[u_{\mathrm{r}} \cdot (K_{i+1}-K_i) \cdot (w_i+w_{i+1})/2] \tag{7-47}$$

式中 $n_{\mathrm{K}}$——征地断面数量；

$u_{\mathrm{r}}$——征地单价，元/m$^2$；

$K_i$——第 $i$ 个征地断面里程，m；

$w_i$——第 $i$ 个征地断面的改建新增宽度，m。

(5)与改建长度相关费用

与改建长度相关的成本包括轨道、电气化和信号设备等设施的造价，可表示为

$$C_{\mathrm{L}}=\sum_{i=1}^{n_{\mathrm{r}}}(u_{\mathrm{L}}^{\mathrm{r}} \cdot L_i^{\mathrm{r}}) \tag{7-48}$$

式中 $n_{\mathrm{r}}$——改建断面数量；

$u_{\mathrm{L}}^{\mathrm{r}}$——与改建长度相关的单价，元/m；

$L_i^{\mathrm{r}}$——第 $i$ 个改建段的长度，m。

### 7.5.3 约束条件

既有线改建是一个强约束问题，本章考虑了三种约束，即几何约束、结构物约束和禁区约束。

根据我国的《铁路线路设计规范》(TB 10098—2017)，改建后的线路应该符合改建线的设计规范，具体要满足以下几何约束：平面几何约束：最小圆曲线半径、最小圆曲线长、最小缓和曲线长、最小夹直线长等；纵断面几何约束：最小坡段长、限制坡度、最大坡度代数差等。

此外，对于既有线改建问题而言，还需要考虑改建段与利用段之间复杂的相互耦合作用关系，改建段起终点的夹直线与坡度要与前后相邻的利用段之间保持一致。在本章中，则把这两个特殊的几何约束定义为平面“接边约束”和纵断面“接坡约束”，其详细数学表达式及处治方法见 7.6.2 节。

结构物约束：包括桥梁最大限制高度；隧道最大限制长度。

禁区约束：包括改建线路应避开禁区，如严重地质灾害区和自然保护区；当改建线路穿

过既有路网或河流时，应检查净空与交角要求。

综上，改建优化模型则可以描述为

$$
\begin{aligned}
&\min \quad F_{\mathrm{RC}} = \sum_{z=1}^{Z}[RC(A_z^{\mathrm{r}})] \\
&\mathrm{s.t.} \quad c_{\mathrm{g}}(A^{\mathrm{r}}), c_{\mathrm{s}}(A^{\mathrm{r}}), c_{\mathrm{e}}(A^{\mathrm{r}})
\end{aligned}
\tag{7-49}
$$

式中　$c_{\mathrm{g}}(A^{\mathrm{r}})$——几何约束；

$c_{\mathrm{s}}(A^{\mathrm{r}})$——结构物约束；

$c_{\mathrm{e}}(A^{\mathrm{r}})$——禁区约束。

为求解上述优化模型，本章介绍一种基于广义距离变换“多向扫描”策略与“三层并行”搜索架构的改建优化方法。

## 7.6　既有线平纵断面整体改建优化方法

### 7.6.1　逐层筛选自动分段机制

既有线路利用段和改建段的划分受到了多种因素的影响，如改建线的设计标准、不允许改动或者改动量受限的既有结构物等。这些因素相互耦合、共同作用，给利用段和改建段的划分带来了一定的挑战。既有研究都是人工划分既有线的利用段与改建段。本文提出了一种逐层筛选的自动分段机制，如图 7-36 所示。

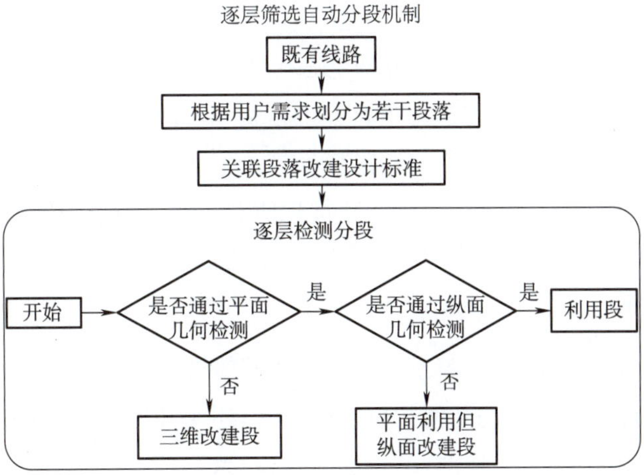


图 7-36　既有线路自动分段方法

步骤(1)：按照既有结构物优先改建的原则，将既有线路划分为若干个路桥隧等结构物段，根据实际工程需求关联不同结构物段的改建设计标准。

理论上，在改建过程中，既有线路全线应该按照统一的改建设计标准来划分利用段与改建段。但是在实际工程运用中，某些局部地段可能受到既有结构物或其他因素等影响，若按照改建设计标准来划分，会导致这些地段的改建费用过大。因此，通常会采用降低改建设计标准、限速通过等措施来尽可能利用这些局部地段。故在本方法中，首先将既有线路划分为若干个路基、桥梁和隧道等结构物段，将实际改建工程中所对不同结构物路段所设置的线形改建设计标准与对应的路段匹配，然后再进一步地依据各结构物段的设计标准进行逐层检测不满足改建线路设计标准的局部路段，从而划分出若干个改建段和利用段。

步骤(2)：检测平面利用段。

根据不同结构物段的平面几何改建设计标准，检测其平面利用段。平面几何改建设计标准包括了最小曲线半径、最小圆曲线长、最小缓和曲线长、最小夹直线长等平面几何参数。若当前段落通过了平面几何检测，则跳转到步骤 3；否则，划分为三维改建段。

步骤(3)：检测纵断面利用段。

对通过平面检测的段落，基于对应的纵断面几何改建设计标准，检测其纵断面利用段。纵断面几何改建设计标准包括了最小坡段长、最大坡度、最大坡度代数差、竖缓不重叠等纵断面几何参数。若当前段落通过了纵断面几何检测，则划分为利用段；否则，划分为平面利用但纵面改建段。

通过以上步骤，可将既有线路智能划分为若干个利用段、三维改建段和平面利用但纵面改建段，改建段线路将通过下文中所提出的方法生成。

## 7.6.2 基于改进广义距离变换生成改建段线路

距离变换(distance transform，DT)算法一般用于图像处理，通过计算目标点距离与非目标点之间最近的距离，以输出二值图的灰度图。De Smith[31] 于 2006 年将其运用于线路优化领域，将图像之间的距离值转换为土石方工程费用(即广义距离值)，生成满足约束条件且土石方费用最小的最短路径方案，将距离变换算法拓展为广义距离变换算法。随后，众多学者利用广义距离变换算法开展了大量线路优化研究工作，如第 5 章所述。因此，本文将借助广义距离变换算法的搜索能力来实现改建段线路的智能搜索。

### 1. 生成可行起终点集合

在改建过程中，要顾及既有线与改建线之间相互耦合的作用关系。在 7.5.3 节中提到，除了要满足线路设计中常遇到的几何约束条件之外，还要处理改建问题中特有的几何约束，即平面“接边约束”和纵断面“接坡约束”。也就是说，改建段与前后相邻的利用段的线形要在首尾相连出能连接上。由于这两个特殊的几何约束的存在，导致了改建段的起终点并不是唯一固定的，而是沿着前后相邻利用段的夹直线上滑动，形成可行的起终点范围。因此，在 DT 扫描开始之前，顾及平面“接边约束”和纵断面“接坡约束”，每一改建段的可行起点格网集合($\mathbf{DT}^s$)与可行终点格网集合($\mathbf{DT}^e$)确定过程如下：

通过 7.6.1 节的逐层筛选自动分段机制，可划分出若干个利用段与改建段。如图 7-37 所示，对某一改建段，可获得其前相邻利用段的最后一条夹直线边，即可确定该夹直线的前交点 $JD_{sd}$ 和后交点 $JD_{su}$。考虑平面“接边约束”，可确定平面可行起点里程范围 $K_s^h \in [K_{sd}^h, K_{su}^h]$：

$$K_{sd}^h = K_{sd}^{JD} + T_{sd} + L_{min}^t + T_{min} \tag{7-50}$$

$$T_{sd} = [R_{sd} + L_{sd}^2/(24 \cdot R_{sd})] \cdot \tan(\alpha_{sd}/2) + L_{sd}/2 \tag{7-51}$$

$$T_{min} = [R_{min} + (L_{min}^s)^2/(24 \cdot R_{min})] \cdot \tan(\alpha_{max}/2) + L_{min}^s/2 \tag{7-52}$$

$$K_{su}^h = K_{su}^{JD} \tag{7-53}$$

式中　$K_{sd}^{JD}$ 和 $T_{sd}$——$JD_{sd}$ 的里程和切线长，m；

$L_{min}^t$——既有线规范中所规定的最小夹直线长，m；

$T_{min}$——既有线规范中所允许的最小切线长，m；

$R_{sd}$、$L_{sd}$——$JD_{sd}$ 的半径、缓和曲线长，m；

$\alpha_{sd}$——转角，°；

$R_{min}$、$L_{min}^s$——既有线规范中所规定的最小半径、最小缓和曲线，m；

$\alpha_{max}$——最大转角，°；

$K_{su}^{JD}$——$JD_{su}$ 的里程，m。

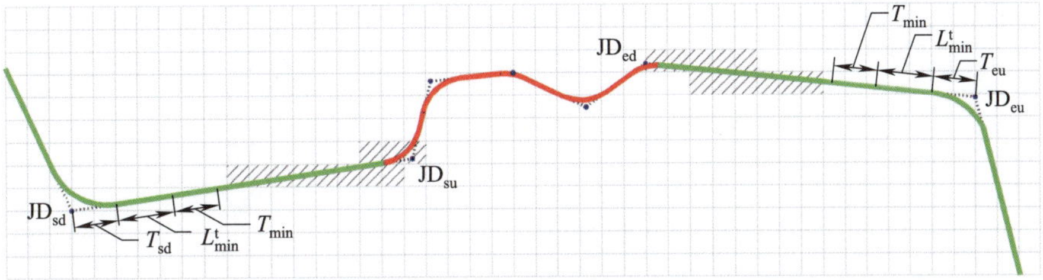


图 7-37　平面“接边约束”

对某一改建段，可获得其前相邻利用段的最后一个坡段，即可确定该坡段的前变坡点 $BPD_{sd}$，如图 7-38 所示。考虑纵断面“接边约束”，可确定纵断面可行起点里程范围 $K_s^v \in [K_{sd}^v, K_{su}^v]$：

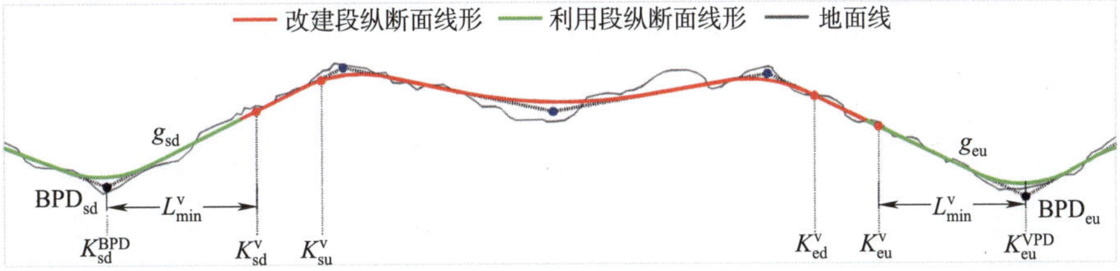


图 7-38　纵断面“接坡约束”

$$K_{sd}^{v}=K_{sd}^{BPD}+L_{min}^{v} \tag{7-54}$$

$$K_{su}^{v}=K_{su}^{h} \tag{7-55}$$

式中 $K_{sd}^{BPD}$——$BPD_{sd}$ 的里程，m；

$L_{min}^{v}$——既有线规范中所规定的最小坡段长，m。

通过以上过程，可确定该改建段的可行起点里程范围 $K_s$：

$$K_s=K_s^h \cap K_s^v \tag{7-56}$$

基于 $K_s$，即可根据 DT 单元格网宽度划分出可行起点格网集合 $DT^s=(DT_1^s, DT_2^s, \cdots, DT_p^s)$，$p$ 为 DT 扫描可行单元格网的数量。$DT_i^s(i=1,\cdots,p)$的设计高程可通过公式(7-57)计算得到：

$$H\_DT_i^s=H_{sd}^{BPD}+g_{sd}\cdot(K\_DT_i^s-K_{sd}^{BPD}) \tag{7-57}$$

式中 $H\_DT_i^s$ 和 $K\_DT_i^s$——$T_i^s$ 的设计高程和里程，m；

$g_{sd}$——既有线路中 $BPD_{sd}$ 对应的设计坡度，‰。

类似地，对某一改建段的可行终点而言，可获得其后相邻利用段的第一条夹直线边，即可确定该夹直线的前交点 $JD_{ed}$ 和后交点 $JD_{eu}$。考虑平面“接边约束”，可确定平面可行起点里程范围 $K_e^h\in[K_{ed}^h, K_{eu}^h]$：

$$K_{ed}^{h}=K_{ed}^{JD} \tag{7-58}$$

$$K_{eu}^{h}=K_{eu}^{JD}-T_{eu}-L_{min}^{t}-T_{min} \tag{7-59}$$

$$T_{eu}=[R_{eu}+L_{eu}^2/(24\cdot R_{eu})+L_{eu}^4/(2\,688\cdot R_{eu}^2)]\cdot\tan(\alpha_{eu}/2)+L_{eu}/2 \tag{7-60}$$

式中 $K_{ed}^{JD}$——$JD_{ed}$ 的里程，m；

$K_{eu}^{JD}$，$T_{eu}$——$JD_{eu}$ 的里程和切线长，m；

$R_{eu}$，$L_{eu}$——$JD_{eu}$ 的半径、缓和曲线长，m；

$\alpha_{eu}$——转角，°。

接着，获得改建段的后相邻利用段的第一个坡段，确定该坡段的后变坡点 $BPD_{eu}$。考虑纵断面“接边约束”，即可确定纵断面可行起点里程范围 $K_e^v\in[K_{ed}^v, K_{eu}^v]$：

$$K_{ed}^{v}=K_{ed}^{h} \tag{7-61}$$

$$K_{eu}^{v}=K_{eu}^{BPD}-L_{min}^{v} \tag{7-62}$$

式中 $K_{eu}^{BPD}$——$BPD_{eu}$ 的里程，m。

至此，可确定该改建段的可行终点里程范围 $K_e$：

$$K_e=K_e^h\cap K_e^v \tag{7-63}$$

基于 $K_e$，然后可根据 DT 单元格网宽度划分出可行终点格网集合 $DT^e=[DT_1^e, DT_2^e, \cdots, DT_q^e]$，$q$ 为 DT 扫描可行单元格网的数量。$DT_j^e$ $(j=1,\cdots,q)$的设计高程可通过式(7-64)计算得到：

$$H\_DT_j^e=H_{eu}^{BPD}-g_{eu}\cdot(K_{eu}^{BPD}-K\_DT_j^e) \tag{7-64}$$

通过以上求解过程，可获得每一改建段的可行起点格网集合与可行终点格网集合，为 DT 扫描提供了可行的目标点。为生成最优的改建段线路，本章中提出了一种改进的 DT“多向扫描”策略。

## 2.“多向扫描”策略

通过以上求解过程，可获得每一改建段的可行起终点格网集合 $\mathbf{DT}^s$ 和 $\mathbf{DT}^e$。为生成最优的改建段线路，即确定两个集合之间的最优 DT 路径；在本章中提出了一种改进的 DT“多向扫描”策略，包括了“多对多”“一对多”和“一对一”三个基本扫描框架（图 7-39），以搜索 $\mathbf{DT}^s$ 与 $\mathbf{DT}^e$ 之间最优的路径。具体实施过程如下：

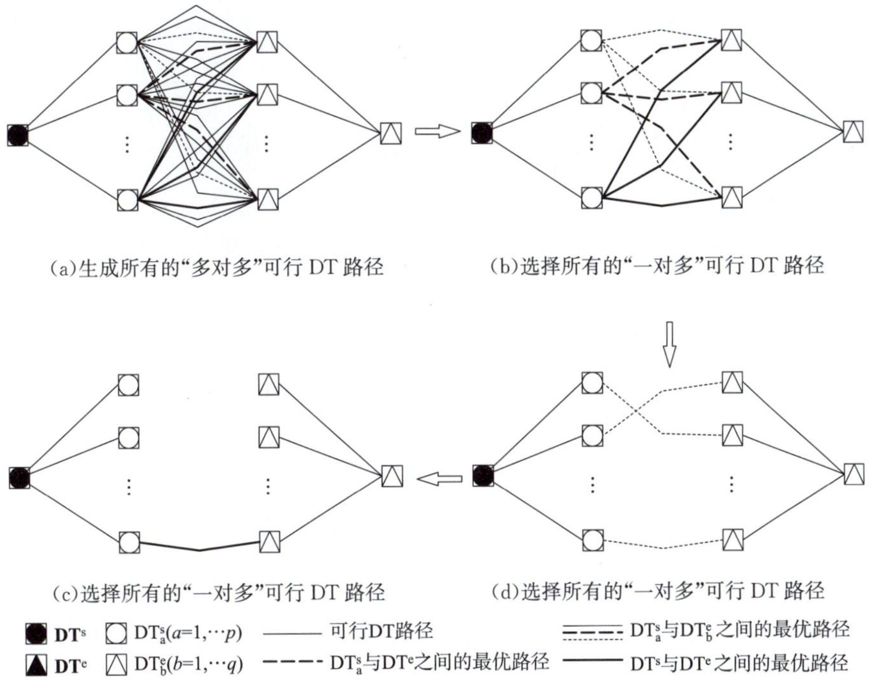


(a)生成所有的“多对多”可行 DT 路径　(b)选择所有的“一对多”可行 DT 路径

(c)选择所有的“一对多”可行 DT 路径　(d)选择所有的“一对多”可行 DT 路径

图 7-39 “多向扫描”策略

(1)“多对多”扫描框架

由图 7-39(a)可见，此步骤的目的是尝试连接并生成 $\mathbf{DT}^s$ 与 $\mathbf{DT}^e$ 内的全部网格之间的所有可行 DT 路径，这个过程被定义为“多对多”扫描。这些可行路径将在下一过程中进行进一步筛选。

(2)“一对多”扫描框架

由图 7-40 可见，对于起点可行格网集合 $\mathbf{DT}^s$ 中任意一个格网 $\mathrm{DT}^s_a$ $(a=1,\cdots,p)$ 而言，都需要在终点可行格网集合 $\mathbf{DT}^e$ 中尝试寻找并生成对于 $\mathrm{DT}^e_a$ 的可行 DT 路径，这个过程被定义为“一对多”扫描。最终会生成 $n^s_a$ 条的 $\mathrm{DT}^s_a$ 可行路径，然后通过比选，可确定对于 $\mathrm{DT}^s_a$ 而言最优的“一对多”路径。

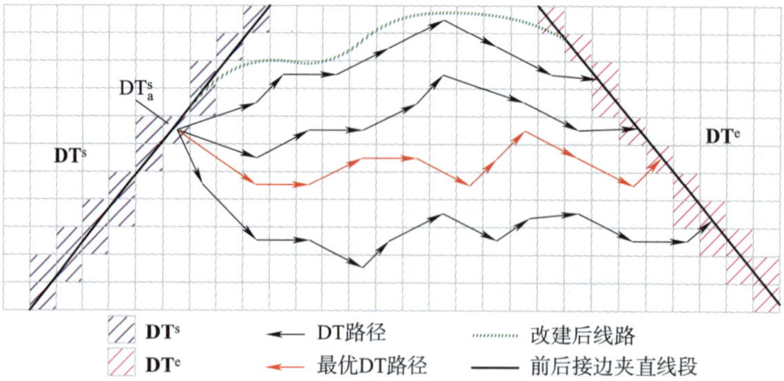


图 7-40 生成 $DT_a^s$ 与 $DT^e$ 之间的“一对多”路径

(3)“一对一”扫描框架

由图 7-41 可见，可行起点格网 $DT_a^s$ 每次尝试与 $\mathbf{DT^e}$ 中的任意终点可行格网 $DT_b^e(b=1,\cdots,q)$连接并生成若干条可行的 DT 路径，并通过比选来确定 $DT_a^s$ 与 $DT_b^e$ 之间的最优 DT 路径，这一过程被定义为“一对一”扫描。该过程的具体执行步骤说明如下：

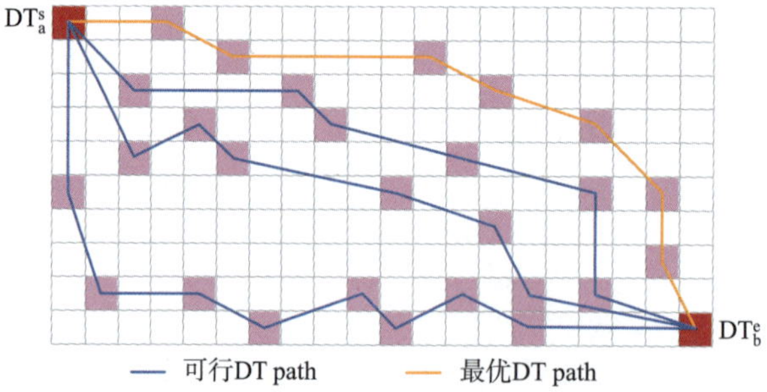


图 7-41 生成 $DT_a^s$ 与 $DT_b^e$ 之间的“一对一”路径

步骤①：改进的邻域模板

传统的 DT 邻域模板为正方形的规则模板，如图 7-42 所示。在线路优化领域中，为了使模板更加适用于线路搜索，本章中对邻域模板进行了一定的改进(图 7-43)。为满足线路最小坡段长($L_{min}^{v}$)的要求，此模板中半圆形区域的半径为 $L_{min}^{v}$。这样设计的目的是有效地缩小 DT 扫描时的搜索空间、以提高搜索效率。另外，此模板中的模板尺寸 $S_M$(图 7-43)是 DT 算法中的一个非常重要的搜索参数。模板尺寸越大，可行的搜索空间也会变大，随之产生的路径质量也会有所提高。但是，随着搜索空间的增大，也会造成搜索时间指数级的增长。

步骤②：格网连接时的约束处理过程

当邻域模板的中心格网尝试连接其他格网形成局部路径时，首先在数字地面模型中内插出局部路径的地面线，然后在自动设置桥梁、隧道、路基等结构物路段。最后，如图 7-44 所示，按照图中的过程检测局部路径中的三类约束(即 7.5.3 节提到的约束)。

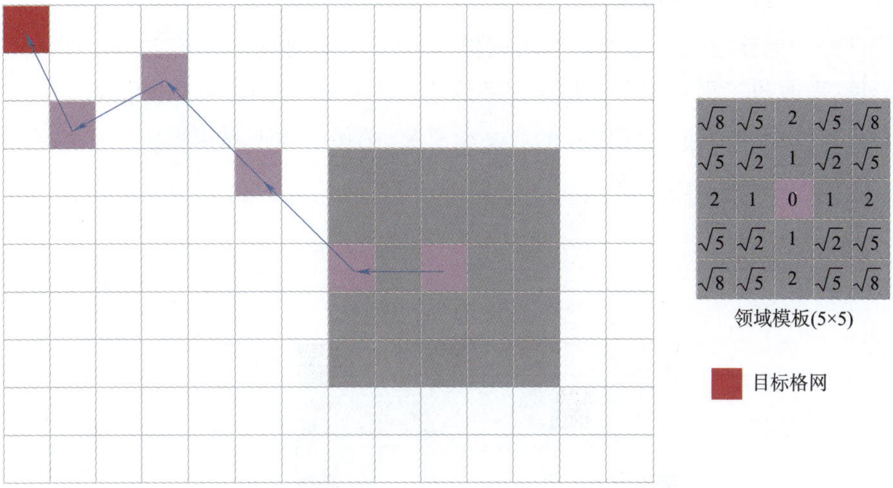


图 7-42　DT 扫描过程

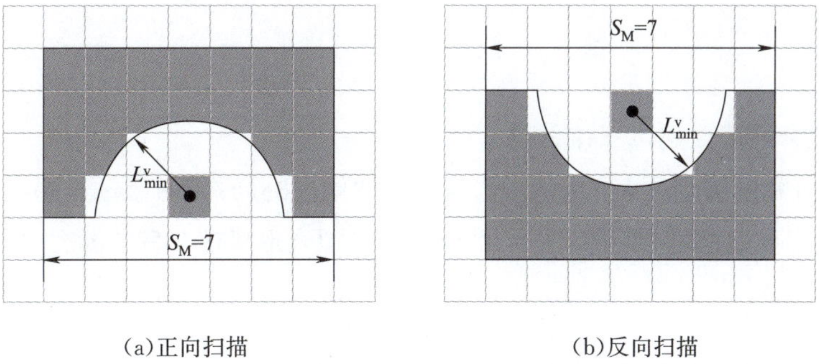


图 7-43　改进的邻域模板

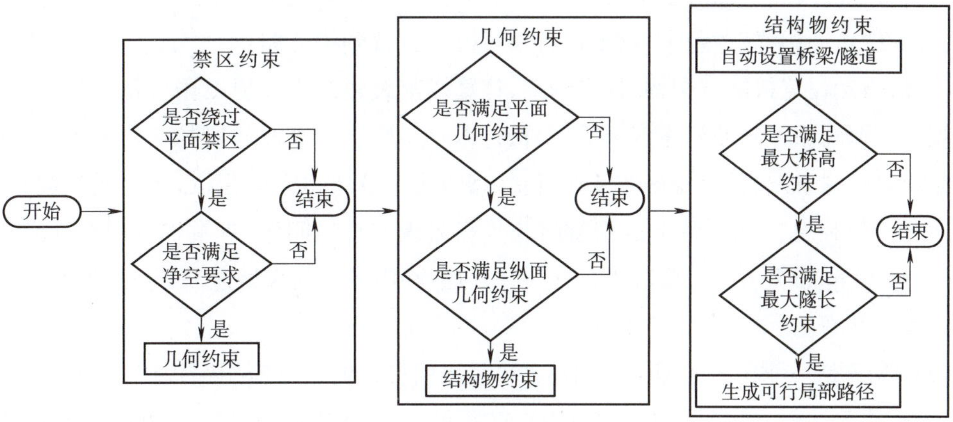


图 7-44　局部路径约束检测过程

步骤③:形成最优局部路径

若局部路径能够通过上述约束检测过程,那么就可以通过公式(7-43)计算局部路径的广义距离值,即改建工程费用。在扫描完邻域模板内的所有格网后,可形成若干条可行的局部 DT 路径。然后,再根据每条路径的广义距离值,选择改建工程费用最少的路径作为最优的局部 DT 路径,如图 7-45 所示。

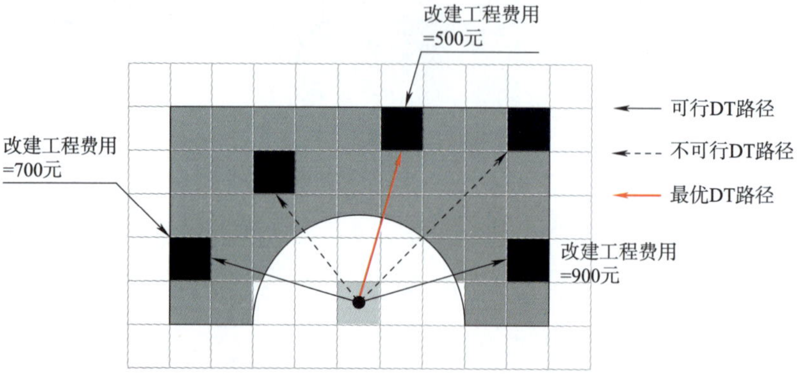


图 7-45 最优的局部 DT 路径选择

步骤④:拟合形成改建段三维线路

在扫描完研究区域中所有的格网后,通过累加最优的局部 DT 路径,则可形成最终的全局 DT 路径。然后,通过弦切支距法[32]将全局路径拟合形成改建段三维线路。

### 3."三层并行"搜索架构

(1)基于 OpenMP 的并行化思想

通过 7.6.2 节,可生成任一改建段的可行起终点集合,然后使用"多向扫描"策略,在集合中寻找最优的线路。面对多个可行起终点,算法需要在研究区域中不断执行"单向扫描"过程。而在"单向扫描"过程中,需要进行邻域模板放置到中心格网、尝试连接其他格网、地面线内插、自动设置桥隧结构物、检测约束、计算局部改建成本和更新中心格网的广义距离值等操作。而对于不同的起终点,都需要执行以上步骤。而当改建段的数量及其可行起终点数量较多时,扫描过程会变得非常耗时。因此,为了解决多个改建段、多个改建起终点以及庞大的三维研究空间所带来的搜索时长呈指数级增长的问题,本章中使用 Open Multi-Processing (OpenMP)[33]对算法进行并行化处理,利用多线程来加速 DT 扫描过程,以提高改建过程的效率。

OpenMP 是一种在多处理机上编写并行程序而设计的一个应用编程接口,用于以 C 语言、C ++或 Fortran 所编写程序的 API。它具有调用与编写方式较为简单、对原串行代码改动较小、便于维护以及良好的可移植性等优点。OpenMP 的基本使用方法[34]如下:

①在头文件中包含<omp. h>,以声明引用 OpenMP 库。

②在需要并行的代码前使用"#pragma omp parallel"指令,以实现代码的并行化。

③通过以上指令即可实现代码并行化。此外,OpenMP中还提供了"#pragma omp parallel for""#pragma omp section""#pragma omp single"和"#pragma omp critical"等指令来提高并行化效率。

(2)3D-DT"三层并行"搜索架构

为提高3D-DT的搜索效率,结合OpenMP的编程优点,本章中基于C++语言与OpenMP,提出了一种3D-DT"三层并行"搜索策略,来生成所有最优的三维改建线路。该搜索策略包括了所有改建段的并行搜索、某一改建段中所有可行起终点并行搜索和邻域模板中的并行搜索在内的三层并行搜索框架(图7-46)。该搜索策略的具体实施步骤如下:

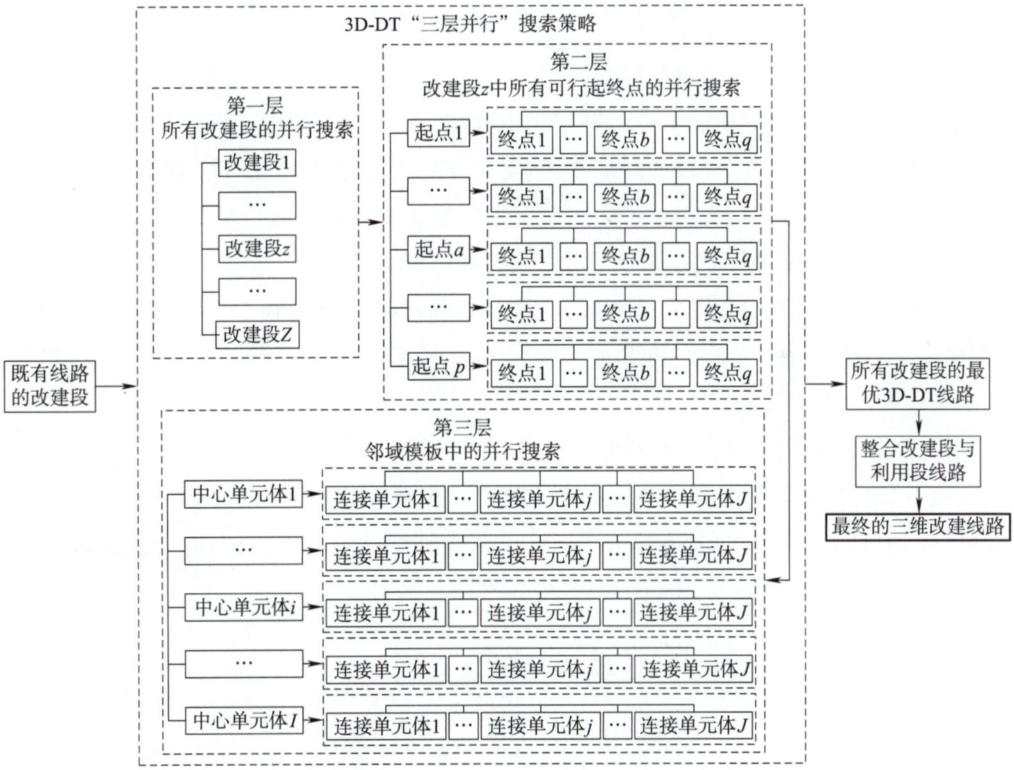


图7-46　3D-DT"三层并行"搜索策略

并行化3D-DT算法伪代码如下:

```
算法1:并行化3D-DT
输入:所有改建段的可行起终点网格范围
输出:所有改建段的最优DT路径
1:# pragma omp parallel for
```

```
for z ← 0 to Z,do //Z 为改建段数量
    # pragma omp parallel for
    for i ← 0 to I,do //I 为第 z 个改建段的起点格网数量
        # pragma omp parallel for
        for j ← 0 to J,do //J 为第 z 个改建段的终点格网数量
            Generate DT path //生成连接 i 和 j 的“多对多”DT 路径
        end for //确定 J 条连接 i 的“一对多”DT 路径
      end for //确定 I 条“一对一”DT 路径
//从“一对一”路径中选择第 z 个改建段全局最优的 DT 路径
end for //确定所有改建段的 DT 路径
//生成最终的三维改建线路
```

①第一层：所有改建段的并行搜索

获得 7.6.1 节中划分出的既有线路 $Z$ 个改建段落，对每个改建段同时进行搜索，通过 7.6.2 节中描述的 DT“多向扫描”策略，以生成所有改建段的最优 3D-DT 线路。在执行 DT“多向扫描”策略的过程中，又包含了以下两层并行搜索：

②第二层：某一改建段中所有可行起终点的并行搜索

首先输入 7.6.2 节中获得的每个改建段 $p$ 个可行起点位置和 $q$ 个可行终点位置。然后，在第 $a$ ($a=1,\cdots,p$)个起点和第 $b$ ($b=1,\cdots,q$)个终点之间并行地执行“单向扫描”，生成若干条连接 $a$ 和 $b$ 的路径。

③第三层：邻域模板中的并行搜索

在执行“单向扫描”的过程中，当邻域模板放置在某一格网上时，在 $z$ 方向上可获得若干个可行的中心单元体。如图 7-47 所示，对于这些可行的中心单元体，并行地尝试连接邻域模板中其他单元体，生成局部 DT 路径。

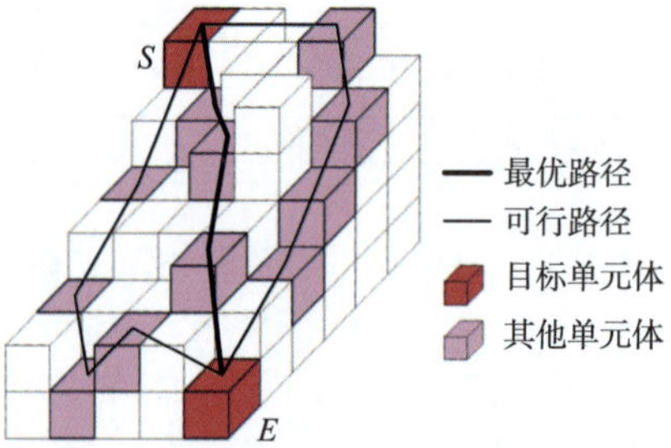


图 7-47　三维 DT 路径

④生成改建段的 3D-DT 线路

经过上述三层并行搜索框架以及结合 DT“多向扫描”策略，可在研究区域中生成所有改建段的 3D-DT 路径，将这些路径通过弦切支距法进行拟合之后，即可获得所有改建段的

最优线路。

⑤形成最终的三维改建线路

最后，将④中生成的所有改建段线路与既有线利用段线路按照里程顺序整合，以形成最终的三维改建线路。

通过结合“三层并行”搜索策略和“多向扫描”策略，可以有效地节省 DT 搜索的时间；同时，使用 3D-DT 可以拓展搜索空间，能够生成更多质量更好的 DT 路径。因此，通过本小节中所提出的改建方法，可以提高改建的质量与效率。

## 参考文献

[1] BEN-ARIEH D, CHANG S, RYS M, et al. Geometric modeling of highways using global positioning system data and B-spline approximation [J]. Journal of Transportation Engineering, 2004, 130(5): 632-636.

[2] BANIHASHEMI M. Using quasi-horizontal alignment in the absence of the actual alignment [J]. Accident Analysis and Prevention, 2016, 95(A): 33-41.

[3] 高鸿剑，缪鹍．基于小波去噪的既有铁路平面重构方法[J]．铁道科学与工程学报，2022，19(12)：3600-3611.

[4] IMRAN M, HASSAN Y, PATTERSON D. GPS-GIS-based procedure for tracking vehicle path on horizontal alignments [J]. Computer-Aided Civil and Infrastructure Engineering, 2006, 21(5): 383-394.

[5] OTHMAN S, THOMSON R, LANNÉR G. Using naturalistic field operational test data to identify horizontal curves [J]. Journal of Transportation Engineering, 2012, 138(9): 1151-1160.

[6] SONG Z, YANG F, SCHONFELD P, et al. Integrating segmentation and parameter estimation for recreating vertical alignments [J]. Computer-Aided Civil and Infrastructure Engineering, 2021, 36(4): 472-488.

[7] UM J H, CHOI I Y, YANG S C, et al. Optimization of alignment considering ride comfort for superimposition of vertical and horizontal curves [J]. Proceedings of the Institution of Mechanical Engineers Part F-Journal of Rail and Rapid Transit, 2011, 225(F6): 649-662.

[8] CAMACHO-TORREGROSA F J, PÉREZ-ZURIAGA A M, CAMPOY-UNGRÍA J M, et al. Use of heading direction for recreating the horizontal alignment of an existing road [J]. Computer-Aided Civil and Infrastructure Engineering, 2015, 30(4): 282-299.

[9] LI W, PU H, SCHONFELD P, et al. A method for automatically recreating the horizontal alignment geometry of existing railways [J]. Computer-Aided Civil and Infrastructure Engineering, 2019, 34(1): 71-94.

[10] 王杰，梁家轩，李伟，等．基于点线一致的既有铁路线路平面整体迭代自动重构方法[J/OL]．铁道科学与工程学报：1-10. https://doi.org/10.19713/j.cnki.43-1423/u.T20220519.

[11] 李伟，张振亚，赵璐，等．基于 GA-MADS 混合算法的既有铁路平面线形自动重构[J]．铁道工程学

报,2021,38(1):19-24.

[12] 孙海富,王秀丽. 既有铁路提速改造的几点体会[J]. 铁道建筑技术,2003(5):25-27.

[13] 何华武,刘增杰,刁晓明,等. 既有线提速 200 km/h 平纵断面技术标准研究与验证[J]. 铁道学报,2007(2):64-70.

[14] 阳运中. 探讨三亚地区既有铁路改造利用方案[J]. 铁道工程学报,2008(10):11-14.

[15] 韦朝. 兰新铁路柳树泉至十三间房段改造工程研究[D]. 成都:西南交通大学,2003.

[16] 杜连涛,高丰农,蒋志华. 巴基斯坦既有铁路扩能改造分期分段实施方案研究[J]. 中国勘察设计,2020(1):89-92.

[17] 舒畅,杨怀志. 既有铁路提速改造及增建二线单元式施工组织方法的应用[J]. 铁道工程学报,2005(4):69-72.

[18] 赵军. 基于系统动力学的线路提速改造施工质量风险控制研究[D]. 成都:西南交通大学,2015.

[19] 杨亚东. 运营条件下既有铁路原位改建施工技术探究[J]. 工程建设与设计,2022(10):158-160.

[20] 曹俊杰. 既有线提速 200 km/h 区段小半径曲线的养护[J]. 四川建筑,2009,29(4):220-221.

[21] 赵桂洪. 既有线路提速后的养护维修探讨[J]. 黑龙江科技信息,2009(26):277.

[22] 国家铁路局. 铁路线路设计规范:TB 10098—2017[S]. 北京:中国铁道出版社,2017.

[23] CELLMER S, RAJDŃSKI J, SKALA M, et al. New approach to arc fitting for railway track realignment [J]. Journal of Surveying Engineering,2016,142(2):UNSP 06015005.

[24] 李伟,周雨,王杰,等. 基于点线一致的既有铁路线路纵断面自动重构方法[J]. 铁道科学与工程学报,2019,16(11):2684-2691.

[25] COELHO A. Optimum Levenberg-Marquardt constant determination for nonlinear least-squares [J]. Journal of Applied Crystallography,2018,51(2):428-435.

[26] GEEM ZW, KIM JH, LOGANATHAN GV. A new heuristic optimization algorithm: Harmony search [J]. Simulation,2001,76(2):60-68.

[27] SIDDIQUE N, ADELI H. Harmony search algorithm and its variants[J]. International Journal of Pattern Recognition and Artificial Intelligence,2015,29(8):1539001.

[28] MANJARRES D, LANDA-TORRES I, GIL-LOPEZ S, et al. A survey on applications of the harmony search algorithm [J]. Engineering Applications of Artificial Intelligence,2013,26(8):1818-1831.

[29] ARAMA ZA, KAYABEKIR AE, BEKDAS G, et al. The usage of the harmony search algorithm for the optimal design problem of reinforced concrete retaining walls [J]. Applied Sciences-Basel,2021,11(3):1343.

[30] KAYHAN AH, DEMIR A, PALANCI M. Multi-functional solution model for spectrum compatible ground motion record selection using stochastic harmony search algorithm [J]. Bulletin of Earthquake Engineering,2022,20(12):6407-6440.

[31] MICHAEL J, SMITH D. Determination of gradient and curvature constrained optimal paths [J]. Computer-Aided Civil and Infrastructure Engineering,2006,21(1):24-38.

[32] LI W, PU H, SCHONFELD P, et al. Methodology for optimizing constrained 3-dimensional railway alignments in mountainous terrain[J]. Transportation Research Part C: Emerging Technologies,2016,

68:549-565.

[33] MIGALLON H, MIGALLON V, PENADES J. Parallel two-stage algorithms for solving the PageRank problem [J]. Advances in Engineering Software, 2018, 125:188-199.

[34] SONG T, PU H, SCHONFELD P, et al. Parallel three-dimensional distance transform for railway alignment optimization using OpenMP [J]. Journal of Transportation Engineering Part A: Systems, 2020, 146(5):04020029.

# 第8章 系统开发及应用

历经40余年的艰辛努力，对接国内铁路建设重大需求，瞄准国际前沿最新成果与发展趋势，针对铁路选线专业面临的综合地理信息模型、智能选线基础优化模型、线路典型地质灾害风险性优化模型、线路廊带智能搜索方法、线路平纵断面整体方案智能搜索方法、既有线智能重构与改建优化等重点难点问题，开展了全方面的铁路智能选线研究，取得了一些理论方法研究成果。以川藏铁路、中巴铁路、新藏铁路、西成高铁等国家“十三五”与“十四五”重大铁路项目为背景，开发了“铁路线路多目标优化系统”，通过大量工程应用验证了理论与方法的有效性。

本章基于前述章节的理论成果，系统介绍铁路线路多目标智能优化系统及其在实际工程案例中的示范应用情况。

## 8.1 软件系统研发

### 8.1.1 系统简介

应用前文所提出的模型、理论和方法，依托国家重点研发计划、国家自然科学基金、国铁集团重大专项、中国中铁重大课题等10余项国家/省部/校企联合级科研课题，同时基于课题组近40年的线路软件研发积累，开发了“铁路线路多目标智能优化系统”，简称RAMO V1.0(图8-1)。线路多目标智能优化系统框架如图8-2所示。

图8-1 铁路线路多目标智能优化系统

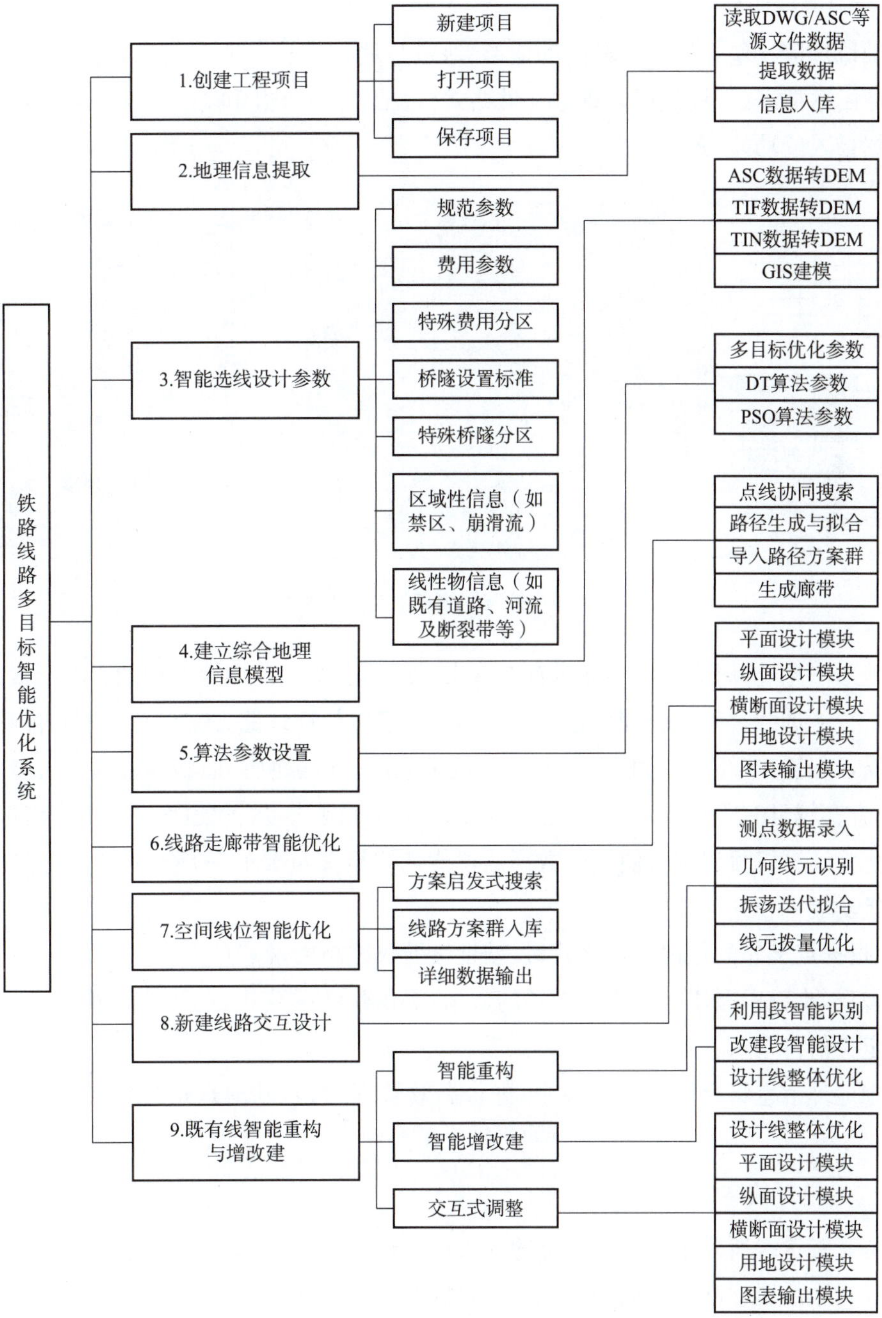


图 8-2　线路多目标智能优化系统框架

## 8.1.2　软件主要功能

RAMO V1.0 软件系统架构及主要功能包括：

### 1. 基础地理信息录入与管理

基础地理信息包含研究区域内的地形、地质与地物信息。地形信息是进行线路设计最基础的原始数据，软件提供以多种源文件格式（包括 . asc、. tiff 和 . tin 等）转化为 DEM 进行地形数据录入的功能（图 8-3）。

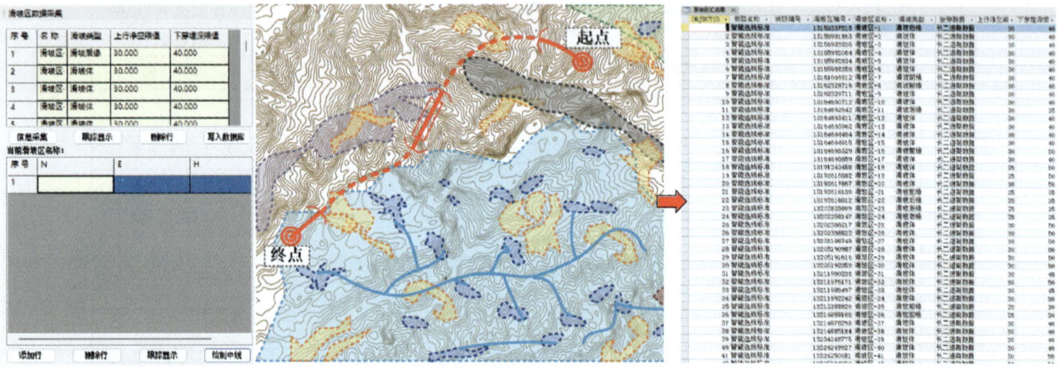


图 8-3　控制因素信息录入与存储

除地形信息外，研究区域中通常存在许多对线路方案起控制性作用的影响因素，称为控制因素。智能选线过程应合理处置这些控制性因素以保证线路方案可行。本软件系统可处理 7 大类，130 余小类的控制因素，包括：环境敏感点；不良地质、地貌；电、油、气、爆、毒等危险源；不宜穿越且有距离要求的控制点；河流、渠道；路网；铁路、轨道交通。如何将以上信息快速转化为计算机可识别且使用的数据是智能选线至关重要的一环。对此，软件提供两种数据采集功能。

（1）根据定义好的数据接口格式，自动批量导入控制因素信息；

（2）对于难以以严格标准进行准备的数据，提供快速采集工具，可实现快速批量人工采集与自定义信息录入。

基础地理信息将存储在数据库中，进行高效管理，为基础地理信息模型构建提供数据来源。

### 2. 选线设计信息录入与管理

支持智能选线所需全部设计信息的录入与管理功能，包括线路起终点数据、规范参数，以及工程费用设置标准、桥隧设置标准等信息（图 8-4 和图 8-5）。

### 3. 快速构建基础地理信息模型

构建基础地理信息模型（CGIM），包括数字地面模型、数字地质模型、数字地物模型等数据和信息的集成和管理（图 8-6），主要包括：

（1）地形类：研究区域的地表高程数据。

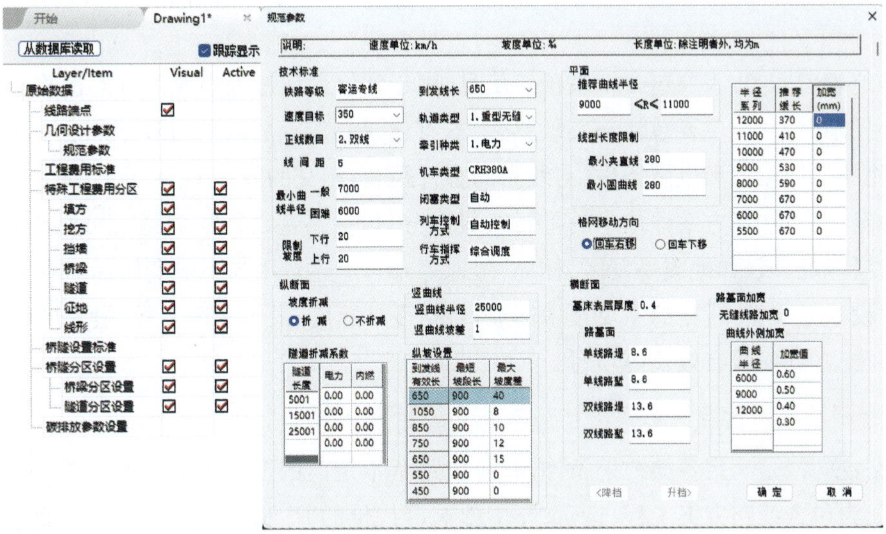


图 8-4　规范设计参数录入

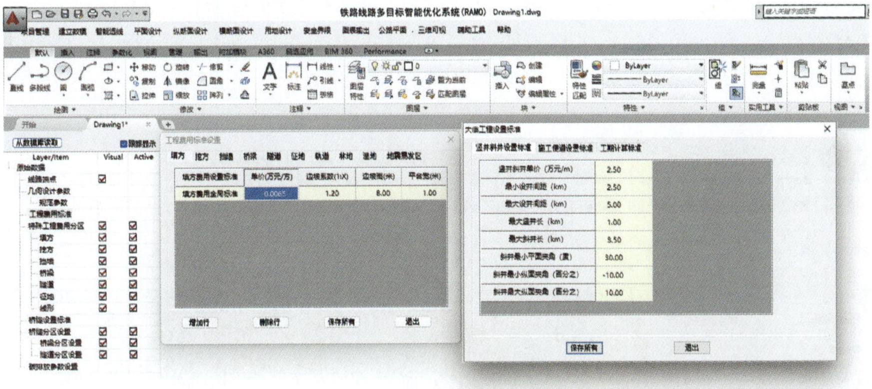


图 8-5　路桥隧设置标准录入界面

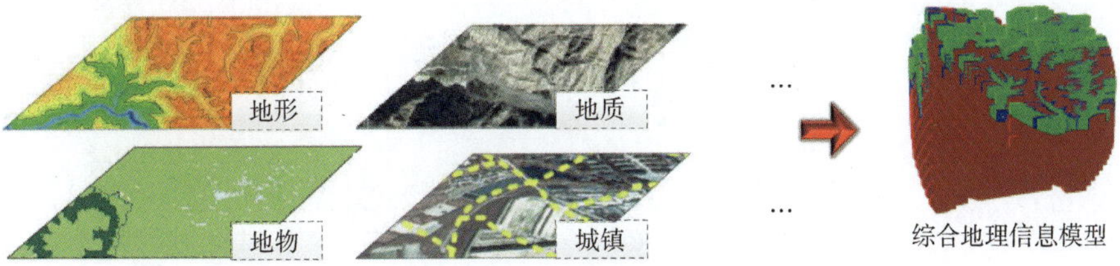


图 8-6　综合地理信息模型

(2)地质类:主要由岩性、产状等构成,用于记录地下地质结构,反映地层的空间分布情况。

(3)地表覆盖类:主要包含植被覆盖信息,用于评价设计过程中线路对生态的破坏情况。

(4)控制因素类:主要包括环境敏感区、既有建筑物等面状地物,既有铁(公)路、沟渠等线状地物的几何信息和控制条件(与线路的容许距离,相交的容许夹角、高差等)。

(5)经济类:线路方案评估中的重要组成部分,包括路基、桥梁、隧道、征地、轨道等工程费用。在特殊区域(如地震易发区、林地、湿地等)内,上述费用与一般费用标准有所差异。

(6)设计标准类:线路的主要技术标准,包括设计速度、最小曲线半径、最大坡度、牵引种类、机车类型、到发线有效长等项目。

### 4. 线路走廊带智能优化模块

线路走向线是满足各类约束条件,表征线路基本走向的三维空间路径。将空间“距离”概念拓展为包含线路方案工程、运营、环境影响等代价的“广义距离”,则走向线的生成可归结为最短路径的搜索问题。在“由面到带”设计阶段,软件提供广域空间范围内铁路廊带中心线(即走向线)的智能搜索功能。搜索过程可实现对以上基础地理信息和设计信息的实时提取,以及对控制性因素的处治,生成满足所有设计要求及约束条件的走向线。此外,支持定向筛选有价值走向方案,并可对走向线拟合生成的走向方案进行空间扩展,构建线路走廊带(图 8-7)。

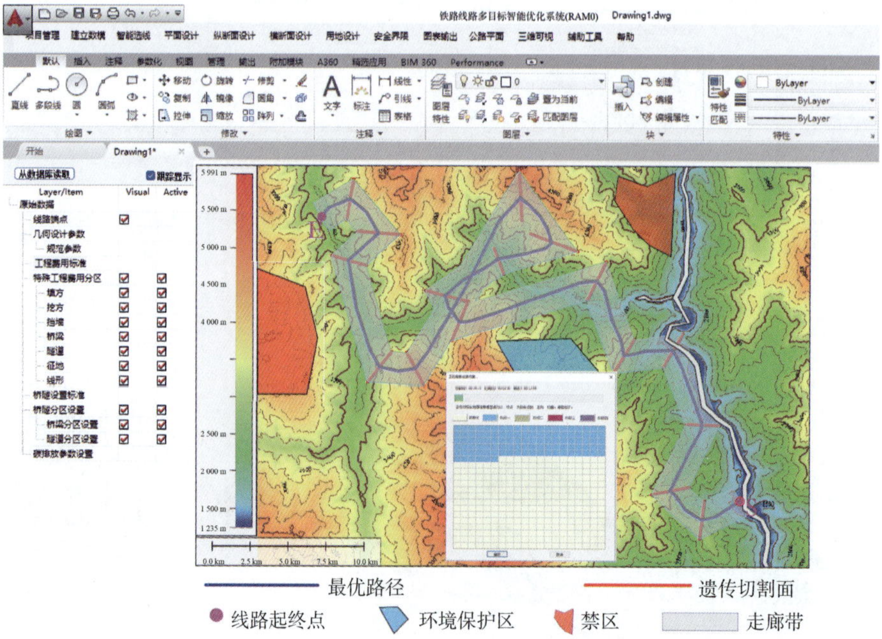


图 8-7　由面到带阶段铁路廊带搜索

### 5. 空间线位智能优化

在“由带到线”设计阶段，选线工作被限定在狭长的带状区域之内，设计人员可以沿廊带进行详细的工程踏勘，以获得高精度的地形、地质等数据信息，用于完成线路的精细化设计。因此，在“由带到线”设计阶段，软件提供廊带内空间线位的多目标启发式精细化优化功能，支持根据用户设定的优化目标（经济，安全，绿色），优化生成满足用户偏好的线路方案，并最终输出并推荐方案结果（图 8-8）。

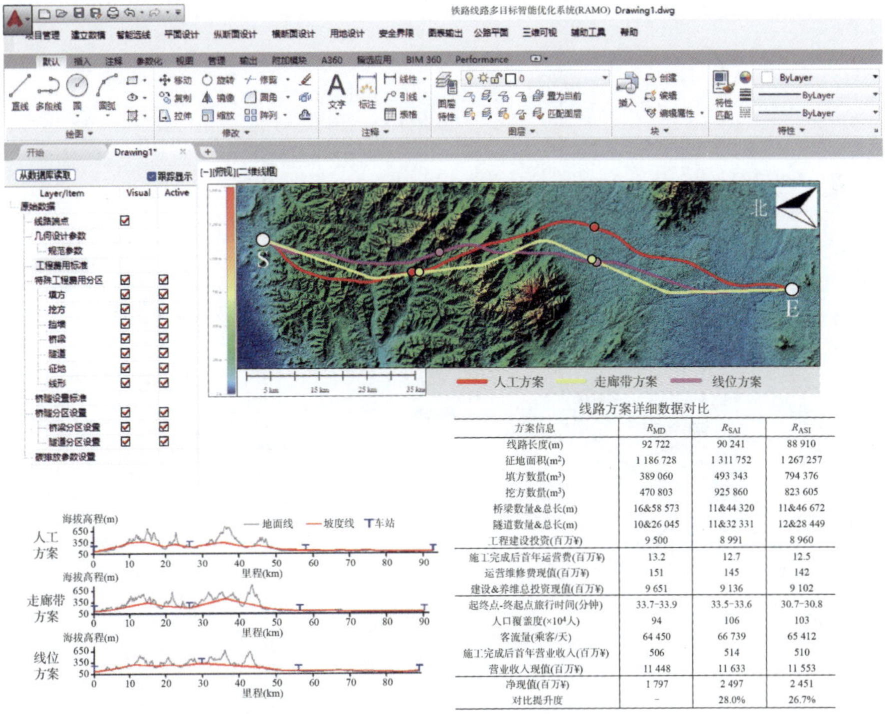


线路方案详细数据对比

| 方案信息 | $R_{MD}$ | $R_{SAI}$ | $R_{ASI}$ |
|---|---|---|---|
| 线路长度(m) | 92 722 | 90 241 | 88 910 |
| 征地面积($m^2$) | 1 186 728 | 1 311 752 | 1 267 257 |
| 填方数量($m^3$) | 389 060 | 493 343 | 794 376 |
| 挖方数量($m^3$) | 470 803 | 925 860 | 823 605 |
| 桥梁数量&总长(m) | 16&58 573 | 11&44 320 | 11&46 672 |
| 隧道数量&总长(m) | 10&26 045 | 11&32 331 | 12&28 449 |
| 工程建设投资(百万¥) | 9 500 | 8 991 | 8 960 |
| 施工完成后首年运营费(百万¥) | 13.2 | 12.7 | 12.5 |
| 运营维修费现值(百万¥) | 151 | 145 | 142 |
| 建设&养维总投资现值(百万¥) | 9 651 | 9 136 | 9 102 |
| 起终点-终起点旅行时间(分钟) | 33.7-33.9 | 33.5-33.6 | 30.7-30.8 |
| 人口覆盖度($\times10^4$人) | 94 | 106 | 103 |
| 客流量(乘客/天) | 64 450 | 66 739 | 65 412 |
| 施工完成后首年营业收入(百万¥) | 506 | 514 | 510 |
| 营业收入现值(百万¥) | 11 448 | 11 633 | 11 553 |
| 净现值(百万¥) | 1 797 | 2 497 | 2 451 |
| 对比提升度 | - | 28.0% | 26.7% |

图 8-8　由带到线阶段线位精细优化

### 6. 既有线智能重构与增改建模块

(1)线路智能重构

本系统读取外业实测的既有线路中线坐标数据，自动完成线路平面和纵断面的智能重构，生成平面拨量和纵面抬落道量。并提供便捷的交互工具对智能生成的方案进行局部调整，调整后的方案可再次提交系统进行二次智能优化，通过不断的人机迭代，产生最终方案。线路智能重构过程如图 8-9 所示。

(2)线路智能增改建

可依据增改建设计标准对重构出的既有线路进行分析，自动确定出需要进行改建的段落，并智能生成工程费用低、运营干扰小的增改建线路初始方案。并提供平面、纵断面、横断面设计工具，对智能生成的线路方案进行调整修改（图 8-10）。

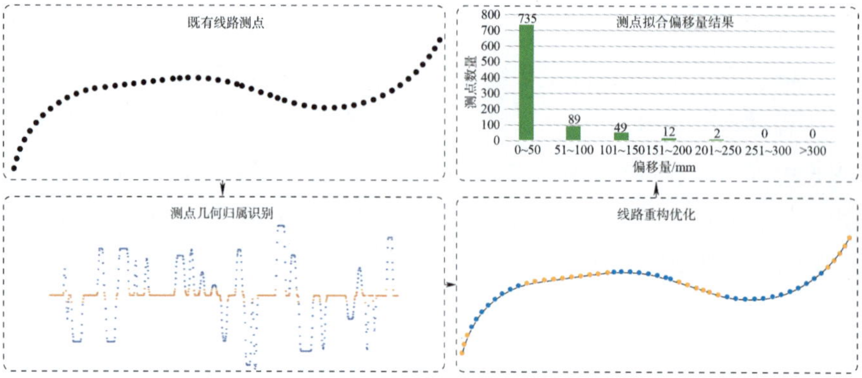


图 8-9　线路智能重构过程

图 8-10　增改建平面对比图

## 8.1.3　推广应用情况

"线路多目标智能优化系统"已在中铁第一勘察设计院集团有限公司、中铁二院工程集团有限责任公司、中铁第四勘察设计院集团有限公司等铁路勘察设计单位推广应用，辅助进行了西成高铁、沿江高铁、川藏铁路、新藏铁路等数千公里铁路线路设计。

根据各单位给出的应用证明表明：该系统能够根据线路设计需求快速生成优质的方案集，并与线路精细设计软件无缝衔接，实现对任意方案的精细化设计，完成线路方案从无到有、从有到精的设计过程，显著降低了方案设计时长，设计效率提升 8 倍以上，节省工程投资和人力成本约 5%～10%，产生了显著的社会效益和经济效益。

# 8.2　工程实例验证 I

## 8.2.1　案例背景

本节选取 H-Y 高铁 S-E 段进行工程实例验证。该铁路设计速度为 350 km/h，起终点航空距为 91.75 km，研究区域规模为 72 km × 82 km。

首先，研究区域的海拔高程从起点至终点不断攀升，如图 8-11 所示。沿着起终点航空线，地势由平原区快速向山区过渡，最大高差达到了 1 902 m，地形条件十分复杂；然后，其他地质、生态敏感性区域信息总结如图 8-12 所示。在本研究区域内，生态敏感性因素主要包括中华鲟繁殖栖息地、15 处水资源保护区，以及长江三峡风景区；地质敏感性因素主要包括 7 处岩溶区、53 处崩塌落石区、37 处滑坡区以及 23 处矿区，这些复杂的环境敏感性因素对于铁路选线提出了大量挑战。

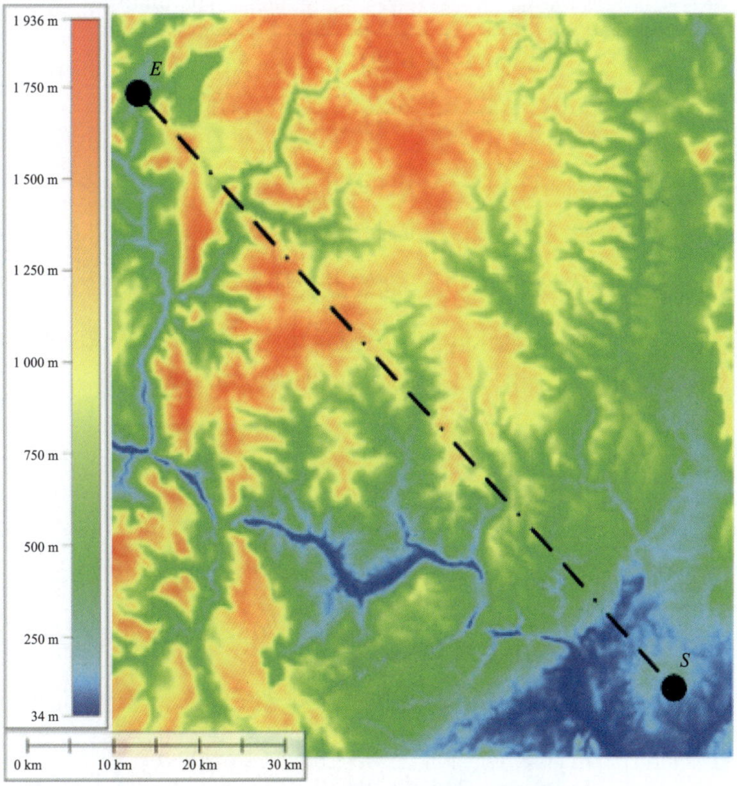


图 8-11　*S-E* 段地形

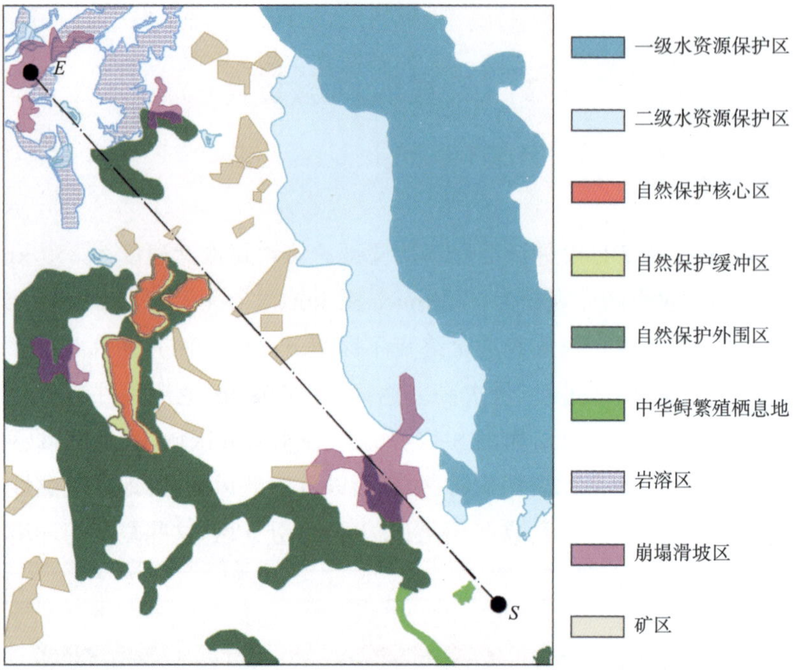


图 8-12　*S*-*E* 段环境敏感区分布

## 8.2.2　结果分析

### 1. 线路空间可达性分析结果

在本案例中，线路的最大坡度为 25‰，起终点设计高程分别为 150 m 和 222 m，则地面自然坡为：(222 m－150 m)/91.75 km＝0.78‰＜25‰，最大展线系数($\gamma_{max}$)设为 1.2。之后，根据 4.3.1 节内容，可生成如图 8-13 所示的铁路线路可达范围图。

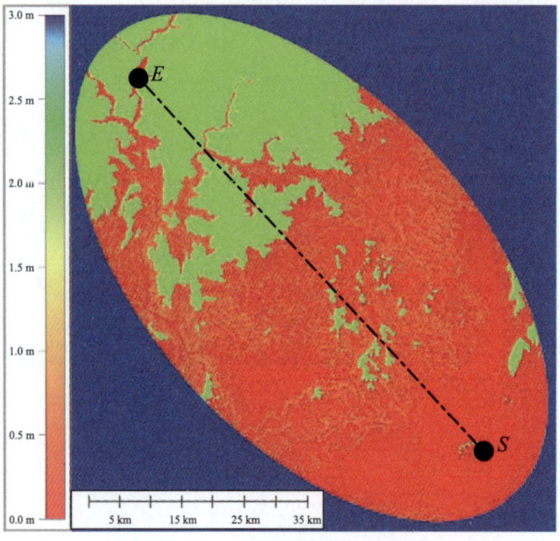


图 8-13　线路可达范围

在该图中，可以看到线路平面可达域为以线路起终点为焦点的椭圆形区域，在选线时该区域范围以外的格网可不予考虑。另外，图中的每个 GIS 格网都被赋予了 0、1、2、3 的可达属性值，分别对应于不同的结构物穿越形式，见表 8-1。根据图 8-13，可以清晰地看出山区主要集中在研究区域的左上角附近，靠近 E 站。更准确地来说，在平面可达域内，30.84%的格网将仅可被隧道通过。

**表 8-1　线路可行域图像解译**

| 值 | 含义 | 颜色 | 占比 |
|---|---|---|---|
| 0 | 铁路不可达区域 | 深蓝 | — |
| 1 | 仅可以隧道穿过 | 绿 | 30.84% |
| 2 | 仅可以隧道和桥梁穿过 | 橙 | 15.89% |
| 3 | 可以路、桥、隧结构物穿过 | 红 | 53.27% |

基于此图，实际工程中的铁路选线过程可以大大简化。通过此图，设计人员可以初步确定应该采用何种结构物形式（即路桥隧）穿越不同的局部区域；一些特殊的工程结构物位置可以快速确定，节省设计时间，比如潜在的隧道洞门位置可以快速定位到图中绿-红（或橙）格网的交接地带；被红/橙色格网所包围的绿色部分将只能以隧道方式通过，因此线路穿行相应区域时造价将不可避免地增高，选线时可供设计人员参考，予以合理绕避。

此外，在智能选线过程中，此图还可有如下优势：首先，它确定了线路优化程序的搜索空间（即椭圆形可行域），从而可避免大量的域外无效搜索；然后，在图中的绿色区域，线路优化程序将跳过路基、桥梁结构物的复杂检测和计算过程，直接进行隧道方案的设置与评价，显著节省计算时间。此外，该图还可与线路通行适应度图相结合，指导后续的线路优化过程，详见下文。

### 2. 线路方案结果

在 8 GB RAM，8 逻辑处理器，Inter(R)Core(TM)i7-7700 CPU@3.60 GHz 环境下，经过 48 min 的 DT 搜索（详见 5.3 节）后，产出最佳机选线路方案，记作 $R_C$。为了验证所述方法的有效性，将 $R_C$ 与人工最优方案（$R_M$）的详细工程结果进行了比较。表 8-2 为铁路建设成本的单位造价。图 8-14 和图 8-15 为 $R_C$ 和 $R_M$的平面和纵断面线路方案的对比。表 8-3 为 $R_C$ 和 $R_M$的详细工程结果比较，线路长度缩短 388 m。从图 8-14 和图 8-15 可以看出，$R_C$ 和 $R_M$ 都主要由隧道段组成，$R_C$ 占 84.10%，$R_M$ 占 84.89%（表 8-3）。此外，$R_C$只有一条 23.27 km 的长大隧道，而 $R_M$有两条 22.10 km 和 24.25 km 的长大隧道。$R_C$减少了长大隧道的数量并缩减了隧道长度 1 113 m，故 $R_C$的建造成本比 $R_M$ 降低 7.2%。上述分析成功验证了 DT 算法在高铁智能选线领域的有效性。

**表 8-2　造价信息**

| 项目 | 费用 | 项目 | 费用 |
|---|---|---|---|
| 铺轨单价（元/m） | 4 700 | 征地(元/$m^2$) | 85 |
| 填方(元/$m^3$) | 25 | 挖方（元/$m^3$） | 27 |
| ($H$<50 m,$L$<500 m)桥梁（×$10^4$ 元/m） | 5.1 | ($H$<50 m,$L$≥500 m)桥梁(×$10^4$ 元/m) | 6.3 |
| ($H$>50 m,$L$≥500 m)桥梁(×$10^4$元/m) | 7.5 | 桥台/洞门(×$10^4$ 元) | 20 |
| ($L$>20 km)隧道（×$10^4$ 元/m） | 18.5 | ($L$>10 km)隧道(×$10^4$ 元/m) | 12.3 |
| ($L$>5 km)隧道(×$10^4$ 元/m) | 8.4 | ($L$<5 km)隧道(×$10^4$ 元/m) | 5.3 |

**表 8-3　$R_C$ 和 $R_M$ 的线路方案详细数据对比**

| 项目 | $R_C$ | $R_M$ |
|---|---|---|
| 线路长度/m | 99 716 | 100 104 |
| 征地 /$m^2$ | 513 894 | 477 771 |
| 填方/$m^3$ | 111 177 | 654 562 |
| 挖方/$m^3$ | 2 849 120 | 1 339 942 |
| 隧道数量-总长/m | 7-83 865 | 8-84 978 |
| 桥梁数量-总长/m | 5-3 196 | 3-1 621 |
| 工程造价/百万 | 798 | 860 |
| 造价节省率 | — | 7.2% |

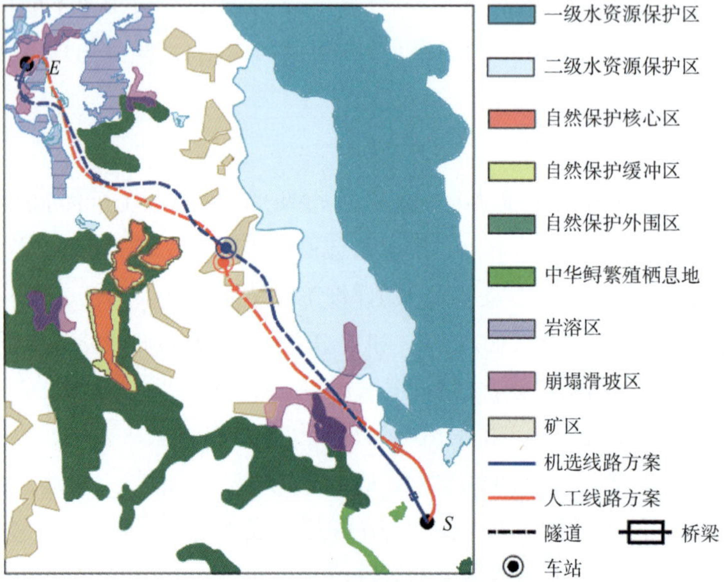


图 8-14　$R_C$ 和 $R_M$的平面方案对比

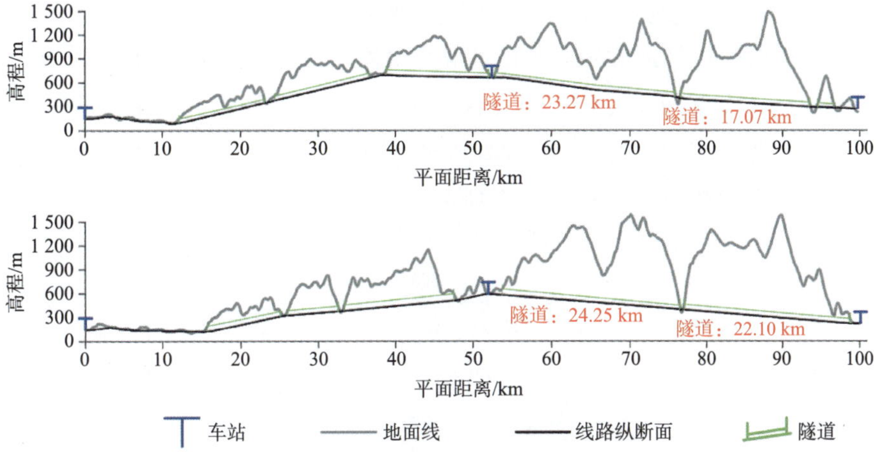


图 8-15　$R_C$ 和 $R_M$ 的纵断面方案对比

# 8.3　工程实例验证Ⅱ

## 8.3.1　案例背景

本节选取某艰险复杂山区铁路中某崩滑流灾害高发区段，在工程运营费基础上重点关注线路所受崩滑流灾害风险，以期对本书所介绍的崩滑流灾害风险目标函数、约束条件以及多目标优化方法进行验证。该案例线路起、终点间地形起伏剧烈，高差 1 070 m，航空距离 36 880.949 m，地面自然坡度 29‰，如图 8-16 所示。

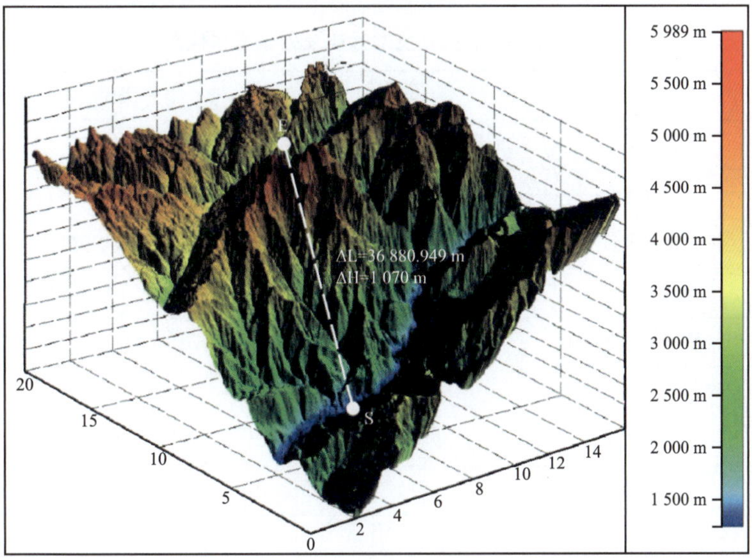


图 8-16　研究区三维地形

该铁路案例行经区域地质条件复杂，主要表现在岩石岩性差异大，包括了从古生代到新生代不同地质年代的地层，地质构造发育且形式多样，岩层破碎。从已有资料可知，沿线背斜、向斜等褶皱构造发育，崩塌、滑坡、泥石流等山地灾害分布密集且频发。经详细的实地勘察，该区域包含崩塌区域 122 处，滑坡区域 56 处，泥石流区域 21 处，此外还包含一处采矿区和两处地热区域，其简化地质图如图 8-17 所示。

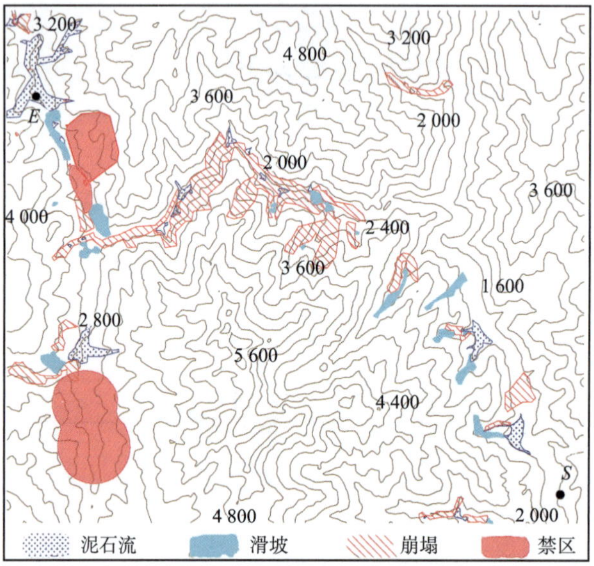


图 8-17　研究区崩滑流灾害分布

该铁路案例采用的主要技术标准、列车基本信息、费用单价信息以及约束条件见表 8-4～表 8-6。

**表 8-4　铁路主要技术标准及列车基本信息**

| 主要技术标准 | 数值 |
| --- | --- |
| 铁路等级 | Ⅰ级铁路 |
| 设计速度 | 200 km/h |
| 正线数目 | 双线铁路 |
| 竖曲线半径 | 10 000 m |
| 路基-桥梁分界填高 | 10 m |
| 路基-隧道分界挖深 | −15 m |
| 列车质量 | 474 t |
| 牵引功率 | 5 300 kW |
| 载客量 | 670 人 |

**表 8-5 费用标准**

| 项目 | 费用 | 项目 | 费用 |
|---|---|---|---|
| 铺轨单价/(元/m) | 4 300 | 填方单价/(元/m$^3$) | 25 |
| 用地单价/(元/m$^2$) | 75 | 挖方单价/(元/m$^3$) | 27 |
| ($L$≥20 000 m)隧道/(元/m) | 200 000 | ($H$<100)桥梁/(元/m) | 57 500 |
| ($L$≥10 000 m)隧道/(元/m) | 130 000 | ($H$≥100,$L$≤1 000 m)桥梁/(元/m) | 125 000 |
| ($L$≥5 000 m)隧道/(元/m) | 78 000 | ($H$≥100,$L$>1 000 m)桥梁/(元/m) | 140 000 |
| ($L$<5 000 m)隧道/(元/m) | 55 000 | ($H$≥100,$L$>2 000 m)桥梁/(元/m) | 150 000 |
| 单个洞门费用/元 | 200 000 | 单个桥台费用/元 | 200 000 |
| 单位能耗费用/[元/(kW·h)] | 2.5 | 单位时间费用/(元/h) | 7.5 |
| 轨道年养护维修费用定额/(元/km) | 130 981 | 运营周期/年 | 50 |

**表 8-6 约束条件**

<table>
<tr><th>类别</th><th colspan="2">项目</th><th>约束值</th></tr>
<tr><td rowspan="6">几何约束</td><td colspan="2">最小曲线半径/m</td><td>2 200</td></tr>
<tr><td colspan="2">最大坡度/‰</td><td>30</td></tr>
<tr><td colspan="2">最小夹直线长/m</td><td>200</td></tr>
<tr><td colspan="2">最小圆曲线长/m</td><td>200</td></tr>
<tr><td colspan="2">最小坡段长/m</td><td>600</td></tr>
<tr><td colspan="2">坡度代数差/‰</td><td>15</td></tr>
<tr><td rowspan="2">结构物约束</td><td colspan="2">最大桥梁高度/m</td><td>350</td></tr>
<tr><td colspan="2">最大隧道长度/m</td><td>28 000</td></tr>
<tr><td rowspan="2">区域约束</td><td colspan="3">绕避禁区 3 处</td></tr>
<tr><td colspan="3">高程趋势约束</td></tr>
<tr><td rowspan="8">崩滑流灾害约束</td><td rowspan="4">泥石流</td><td colspan="2">绕避形成区</td></tr>
<tr><td colspan="2">以桥梁形式通过流通区,线路走向与泥石流流动方向的交角需为 30°～ 90°,弯曲角度需大于 45°</td></tr>
<tr><td colspan="2">以桥梁形式通过流通区,净空需大于 25 m</td></tr>
<tr><td colspan="2">以隧道形式通过流通区,埋深需大于 35 m,且隧道洞门不能位于泥石流形成区和流通区内</td></tr>
<tr><td rowspan="3">滑坡</td><td colspan="2">在滑坡前缘区域,线路高程需避免位于[$H_g$−30.0,$H_g$+1.0]范围内 *</td></tr>
<tr><td colspan="2">以桥梁形式通过滑坡区,净空需大于 25 m</td></tr>
<tr><td colspan="2">以隧道形式通过滑坡区,埋深需大于 30 m,且隧道洞门不能位于滑坡区域内</td></tr>
<tr><td>崩塌</td><td colspan="2">隧道洞门不能位于崩塌区域内</td></tr>
</table>

注：* $H_g$ 为地表高程。

## 8.3.2 优化过程及结果分析

### 1. 搜索参数设置

该案例在线路工程运营费基础上重点关注线路所受崩滑流灾害风险,其搜索参数见表 8-7。

表 8-7　搜索参数

| 搜索阶段 | 搜索参数 | 参数值 |
|---|---|---|
| 线路走廊带搜索阶段 | 最大展线系数 | 1.2 |
| | 最小邻域半径 | 2 200 m |
| | 最大邻域半径 | 28 000 m |
| | 方向控制半径 | 4 400 m |
| 线路空间位置搜索阶段 | 种群大小 | 100 |
| | 最大迭代速度 | 500 m/次 |
| | 学习因子 | $c_1=c_2=2.0$ |

## 2. 优化结果分析

(1)线路走廊带搜索阶段

线路搜索硬件环境为 16 GB 内存＋Intel(R)Core(TM)i7-6700 CPU。在线路走廊带搜索阶段分别以线路起、终点为目标点扫描研究区内各单元格，生成以起点为目标点的距离图和以终点为目标点的距离图。叠加两幅距离图，根据各单元格所记录的信息生成连接起终点的路径方案集，并根据锦标赛排序值从中选取多目标综合最优路径生成线路走廊带。

(2)线路空间位置搜索阶段

基于所得线路走廊带进行线路空间位置搜索，得到 9 个非支配解方案，其各项目标函数值如图 8-18 所示。

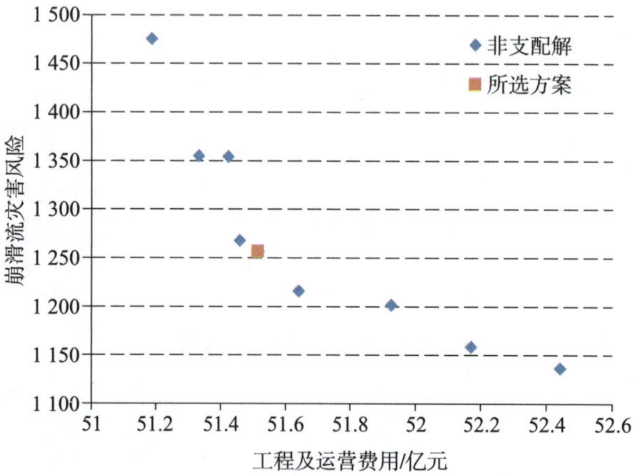


图 8-18　非支配解方案

根据锦标赛排序值从非支配解方案集中选出多目标综合最优方案，并将其与人工方案对比，参考表 8-8、图 8-19 和图 8-20。

**表 8-8　机选最优方案与人工方案数据对比**

| 项目 | | 人工方案 | 机选方案 |
|---|---|---|---|
| 工程及运营费用 | 线路长度/m | 41 500 | 41 403 |
| | 用地面积/$m^2$ | 65 779 | 84 386 |
| | 填方体积/$m^3$ | 12 153 | 47 580 |
| 工程及运营费用 | 挖方体积/$m^3$ | 111 695 | 123 148 |
| | ($H$<100 m)桥梁/(座-m) | 2-730 | 2-1 581 |
| | ($H$≥100,$L$≥1 000 m)桥梁/(座-m) | 1-1 083 | 1-1 082 |
| | ($L$≥20 000 m)隧道/(座-m) | 1-26 481 | 1-21 297 |
| | ($L$≥10 000 m)隧道/(座-m) | 1-11 941 | 1-12 311 |
| | ($L$<5 000 m)隧道/(座-m) | 2-611 | 3-4 028 |
| | 总工程建造费用/亿元 | 72.7 | 65.2 |
| | 全生命周期运营费用/亿元 | 8.99 | 8.96 |
| | 综合费用/亿元 | 81.6 | 74.1 |
| 崩滑流灾害风险 | 崩塌风险值 | — | 144 |
| | 滑坡风险值 | — | 111 |
| | 泥石流风险值 | 1 355 | 700 |
| | 隧道洞门风险值 | 187 | 301 |
| | 总风险值 | 1 542 | 1 256 |

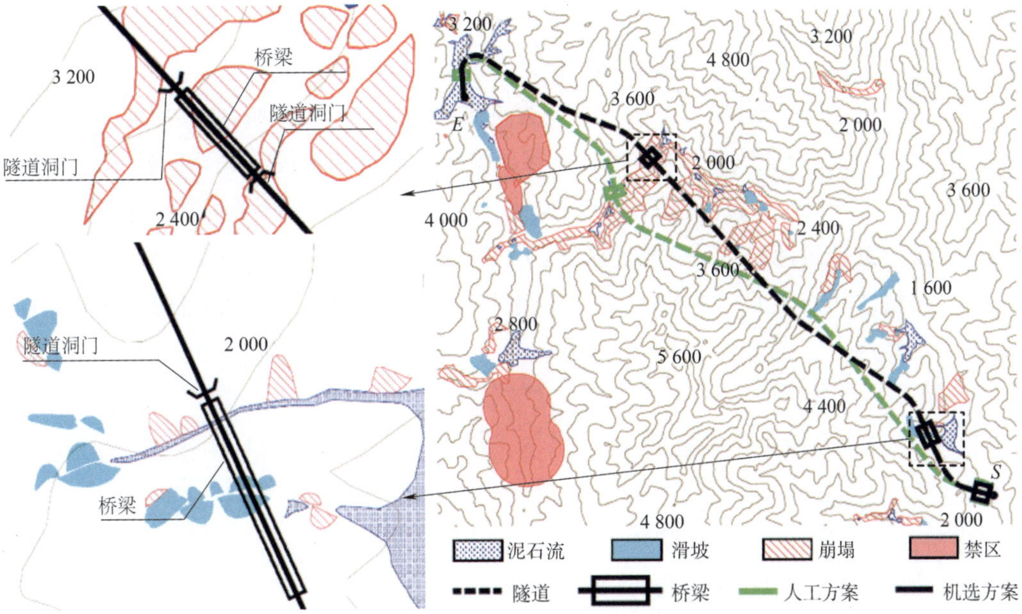


图 8-19　机选最优方案与人工方案

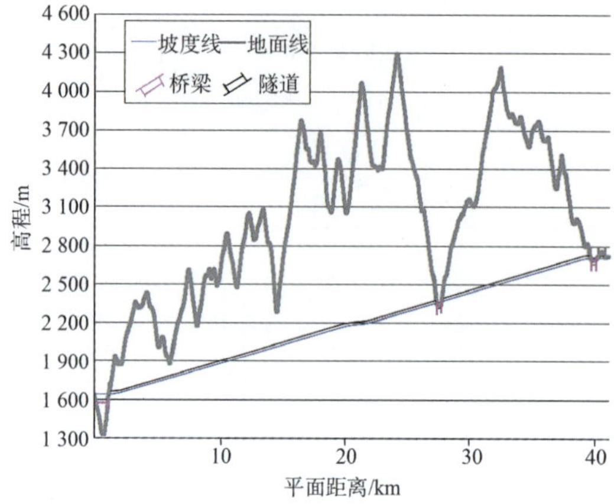

(a)人工方案

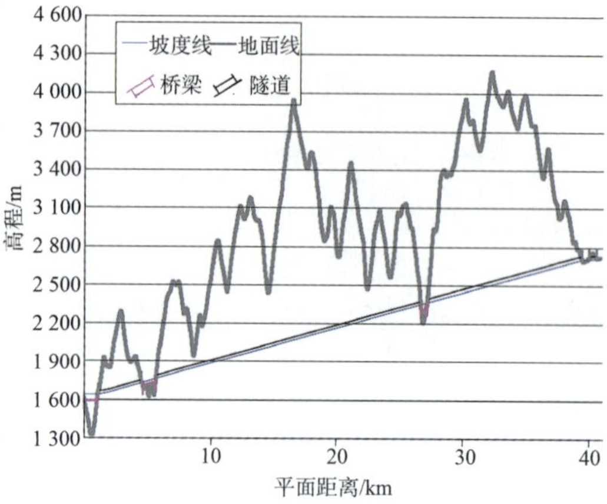

(b)机选方案

图 8-20　线路纵断面

由表 8-8 可知，人工方案的年综合费用为 86.1 亿元，总危险值为 1 542，而根据图 8-18 可知所得 9 个非支配解方案的综合费用均小于 86.1 亿元，并且总危险值均低于 1 542。因此，基于本章所提方法得到的非支配解方案在综合费用和崩滑流灾害风险两方面均优于人工方案。

详细对比机选最优方案和人工方案可得两者的主要区别如下：

综合费用方面：相比人工方案，所得机选最优方案的桥梁长度增加了 850 m，但隧道长度缩短了 1 337 m，且最长隧道为 21 297 m，相比人工方案终最长隧道(即 26 481 m)缩短了 5 184 m，有效降低了长大隧道工程建造费用，总综合费用降低－9.2%。

崩滑流灾害风险方面：尽管人工方案绕避了崩塌和滑坡灾害区域，使其免受崩塌及滑坡灾害影响，但所受泥石流灾害风险较高，灾害风险值相比机选最优方案高出(1 355－700)/1 355＝48.3%。因此，尽管机选最优方案受到了崩塌和滑坡灾害影响，并且隧道洞门风险值相比人工方案较高，但方案总风险仍降低了(1 542－1 256)/1 542＝18.5%。

上述分析成功论证了本书智能选线方法和机选方案在辅助人工选线过程中的有效性。

## 8.4　工程实例验证Ⅲ

### 8.4.1　案例背景

基于第 7 章研究成果，本节将通过某真实既有铁路重构与改建案例来验证第 7 章所提出的重构与改建优化方法。该铁路是位于湖北省的某货运铁路，全长约 23 km，如图 8-21 所示。经过长期的运营，既有铁路已经严重偏移了最初的设计线位。当地政府决定将此条既有铁路改造为城市轨道交通线。因此，工程师需要对此条既有线路完成重构与改建工作，以满足扩能需求。

图 8-21　既有线路平面图

在本案例中，沿既有线轨道中心测量共得到 2 295 个测点。然后，基于 7.2 节和 7.3 节所提出的智能重构与改建方法生成重构线路与改建线路。本案例所使用的程序在具有 8 GB RAM、8 逻辑处理器和 Intel®CoreTM i7-7700 CPU@3.60 GHz 的个人计算机上运行，经过了 79 s，生成了重构线路；经过了 168 s，生成了改建线路。重构线路与改建线路的设计标准见表 8-9。详细的结果分析见 8.4.2 节和 8.4.3 节。

**表 8-9　线路设计标准**

| 项目 | 重构线路 | 改建线路 |
| --- | --- | --- |
| 最小曲线半径/m | 300 | 500 |
| 最小夹直线长/m | 20 | 20 |
| 最小圆曲线长/m | 40 | 40 |
| 限制坡度/‰ | 15 | 18 |
| 最小坡长/m | 200 | 200 |
| 最大坡度代数差/‰ | 18 | 20 |
| 最小竖曲线半径/m | 3 000 | 5 000 |
| 限制拨量/mm | 200 | — |
| 限制抬落道量/mm | 200 | — |

续上表

| 项目 | 重构线路 | 改建线路 |
|---|---|---|
| 最大桥高/m | 50 | |
| 最大桥长/m | 2 000 | |
| 既有桥梁或路网净空要求/m | ≥6 | |
| 禁区要求 | 绕避 2 处禁区 | |

## 8.4.2 重构结果分析

为了说明 7.4 节中所提出的直曲自适应重构算法的有效性，将此算法生成的线路(表示为 $R_{OP}$)与本团队早期提出的震荡迭代重构方法所产生的最优线路(表示为 $R_{TD}$)进行对比。

中南大学数智选线研究团队先期的研究[1-3]通过实际算例验证了震荡迭代重构方法优于人工重构的线路方案。但需要注意的是，在该重构方法中，测点几何归属识别过程和线元拟合过程采用的都是先直线后曲线的顺序。当既有线路曲线路段占比较大时，使用此方法所生成的局部线路重构效果可能会受到限制。因此，将此重构方法与 7.4 节的直曲自适应重构算法进行比较，以验证本文方法的有效性。

该既有线经平面线元初始识别可得，交点、夹直线和曲线个数分别为 54、53 和 52。对于 $R_{OP}$，基于夹直线阈值($f_t=100$ m)，$M^t$ 的所有子集被划分为情况 A 和情况 B，见表 8-10。具体来说，有 16 个夹直线被划分为情况 A，通过先曲后直法重构局部线元。有 37 个夹直线被划分为情况 B，通过先直后曲法重构局部线元。

**表 8-10 夹直线分段结果**

| 情况 | 方法 | 夹直线段落序号 | 数量 |
|---|---|---|---|
| A | 先曲后直法 | 4,6,13,18,20,22-24,28-29,31-32,41-42,45,48 | 16 |
| B | 先直后曲法 | 1-3,5,7-12,14-17,19,21,25-27,30,33-40,43-44,46-47,49-53 | 37 |

接着，$R_{TD}$ 和 $R_{OP}$ 的平面重构结果见表 8-11。$R_{TD}$ 的最大拨量为 404.6 mm，$R_{OP}$ 的最大拨量为 103.3 mm，$R_{OP}$ 的最大拨量比 $R_{TD}$ 降低了(404.6−103.3)/404.6=74.5%。$R_{TD}$ 的拨量平方和为 7 290 511 mm$^2$，$R_{OP}$ 的拨量平方和为 634 855 mm$^2$，$R_{OP}$ 的拨量平方和较 $R_{TD}$ 显著降低了(7 290 511−634 855)/7 290 511=91.3%。以上的重构结果表明，对于曲线占比较大的既有线路而言，仅使用先直后曲法的线路重构效果会受到限制，从而论证了既有线直曲自适应重构方法的有效性。

**表 8-11 线路平面的重构结果**

| 方案 | 最大拨量/mm | 拨量平方和/mm$^2$ |
|---|---|---|
| $R_{TD}$ | 404.6 | 7 290 511 |
| $R_{OP}$ | 103.3 | 634 855 |

$R_{TD}$ 和 $R_{OP}$ 拨量结果如图 8-22 所示，测点分布结果见表 8-12。$R_{TD}$ 超过限制拨量约束(200 mm)的测点数量为 46，而 $R_{OP}$ 为 0。具体而言，对于 $R_{TD}$，其最大拨量(404.6 mm)出现在 No. 1144 测点，通过先直后曲法拟合线元。然而，对于 $R_{OP}$，该测点位于夹直线 No. 22-24 区间(表 8-10)，这部分被划分为情况 A，通过先曲后直法拟合线元，该测点的拨量则降低到了 89.8 mm。这些详细的重构结果再次证明了既有线直曲自适应重构方法优于之前研究中所提出的先直后曲法。

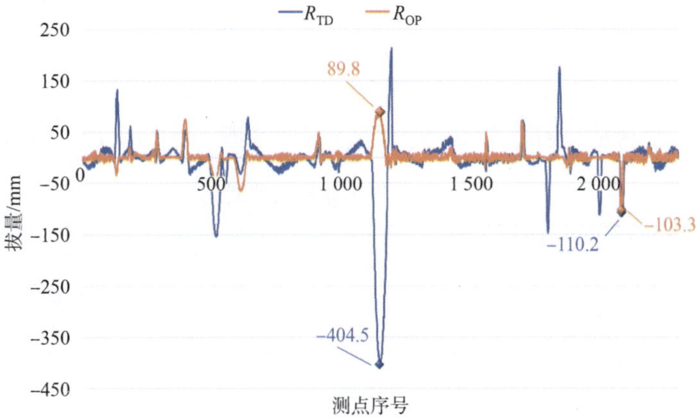


图 8-22 $R_{TD}$ 和 $R_{OP}$ 拨量结果

**表 8-12 测点分布结果**

| 项目 | | 测点数量 | |
|---|---|---|---|
| 偏移量分布/mm | 0-50 | 2 102 | 2 207 |
| | 50-100 | 70 | 84 |
| | 100-150 | 53 | 4 |
| | 150-200 | 24 | 0 |
| | 200-250 | 10 | 0 |
| | 250-300 | 6 | 0 |
| | 300-350 | 8 | 0 |
| | 350-400 | 19 | 0 |
| | 400-450 | 3 | 0 |
| | 450-500 | 0 | 0 |
| | 500-550 | 0 | 0 |
| | 550-600 | 0 | 0 |
| 总数 | | 2 295 | |
| 方案 | | $R_{TD}$ | $R_{OP}$ |

在完成线路平面的重构后，接着进行线路纵断面重构。$R_{TD}$ 和 $R_{OP}$ 设置了相同的坡度变化率阈值($f_v$=0.003‰/m)，将纵断面测点分为了夹直线和圆曲线两种类型。然后，基于直曲自适应纵断面重构方法，$R_{TD}$ 和 $R_{OP}$ 均生成了 77 个变坡点的线路纵断面。纵断面重构结果如表 8-13 和图 8-23 所示。$R_{TD}$ 的最大抬落道量为 433.9 mm，$R_{OP}$ 的最大抬落道量为 183.8 mm，$R_{OP}$ 的最大抬落道量比 $R_{TD}$ 降低了(433.9−183.8)/433.9=57.6%。$R_{TD}$ 的抬落道量平方和为 7 866 984 mm$^2$，$R_{OP}$ 的抬落道量平方和为 1 945 227 mm$^2$，$R_{OP}$ 的抬落道量平方和较 $R_{TD}$ 显著降低了(7 866 984−1 945 227)/7 866 984=75.3%。对于 $R_{TD}$，其最大抬落道量 (433.9 mm)出现在 No. 2153 测点。然而，对于 $R_{OP}$，该测点的抬落道量则降低到了 148.2 mm。

基于以上的数据分析，验证了所提出的方法对复杂既有线路重构的有效性。

**表 8-13　纵断面重构结果对比**

| 方案 | 最大抬落道量/mm | 抬落道量平方和/mm$^2$ |
|---|---|---|
| $R_{TD}$ | 433.9 | 7 866 984 |
| $R_{OP}$ | 183.8 | 1 945 227 |

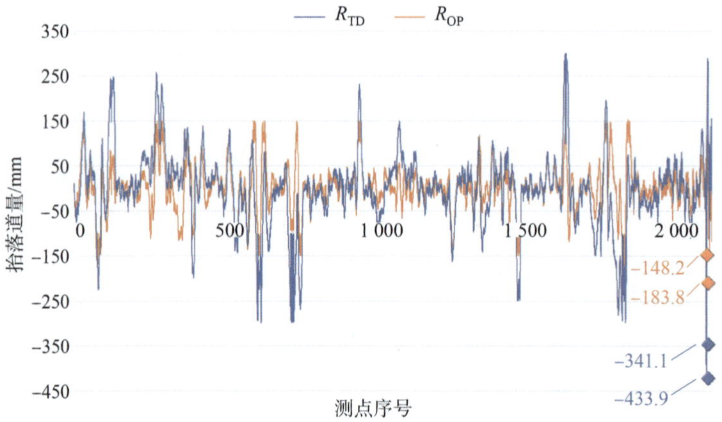


图 8-23　$R_{TD}$ 和 $R_{OP}$ 抬落道量结果

## 8.4.3　改建结果分析

经过 8.4.2 节的重构过程，可获得最优的重构三维线路 $R_{OP}$。接着，为证明基于“多向扫描”策略与“三层并行”搜索架构的 DT 改建算法的有效性，在 $R_{OP}$ 的基础之上进一步验证既有线路的改建过程。在本节中，将提出的改建算法所生成的线路表示为 $A_O$，将人工设计所选出的最优线路表示为 $A_M$。改建工程费用单价见表 8-14。$A_M$、$A_O$ 两个方案的线路平面与线路纵断面分别如图 8-24 和图 8-25 所示。

**表 8-14　改建工程费用单价**

| 项目 | 费用 | 项目 | 费用 |
|---|---|---|---|
| 铺轨费/(元/m) | 5 800 | (a)隧道/(元/m) | 32 500 |
| 填方/(元/$m^3$) | 23 | (b)隧道/(元/m) | 14 790 |
| 挖方/(元/$m^3$) | 25 | (c)隧道/(元/m) | 10 300 |
| 征地费/(元/$m^2$) | 116 | (d)桥梁/(元/m) | 22 710 |
| 单个桥台或洞门/元 | 220 000 | (e)桥梁/(元/m) | 15 700 |

注：(a)$L>600$ m；(b)300 m$<L\leqslant600$ m；(c)$L\leqslant300$ m；(d)$H<50$ m,$L>500$ m；(e)$H<50$ m,$L\leqslant500$ m。

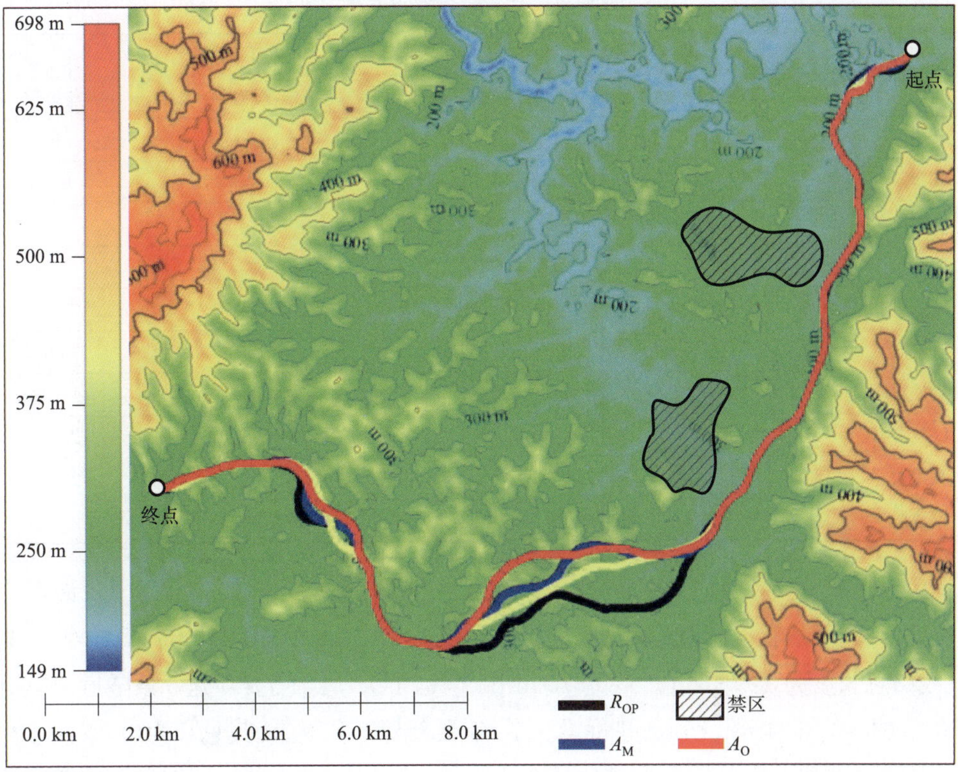


图 8-24　$R_{OP}$、$A_M$、$A_O$ 的线路平面

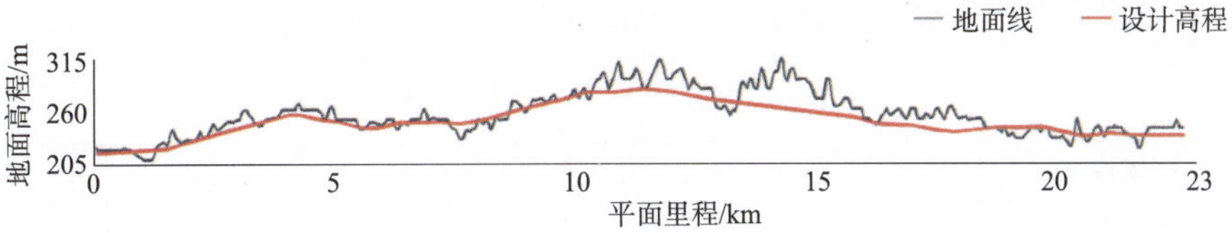


(a)$A_M$

图　8-25

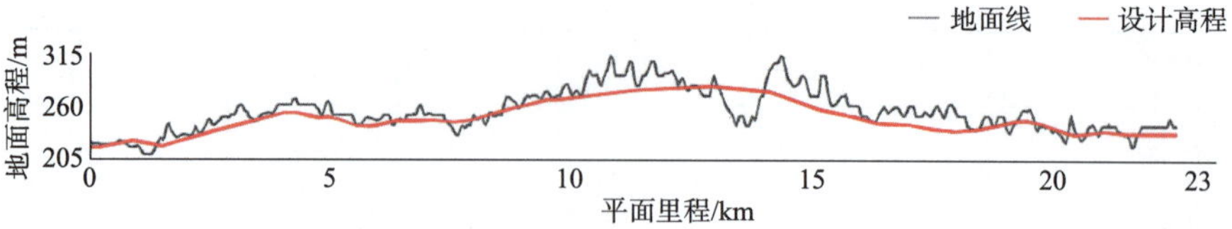


(b)$A_O$

图 8-25 纵断面线路对比

首先，对于 $A_M$，将既有线路划分为 5 个利用段与 5 个改建段(表 8-15)。对于 $A_O$，基于 7.6.1 节的逐层筛选自动分段机制，也获得了相同数量的利用段与改建段。

**表 8-15 既有线路分段结果**

| 类型 | $A_M$ | | $A_O$ | |
|---|---|---|---|---|
| | 起点里程/m | 终点里程/m | 起点里程/m | 终点里程/m |
| 利用段 | 0 | 13 | 0 | 92 |
| 改建段 | 13 | 1 552 | 92 | 1 551 |
| 利用段 | 1 552 | 4 814 | 1 551 | 4 814 |
| 改建段 | 4 814 | 5 587 | 4 814 | 5 587 |
| 利用段 | 5 587 | 9 626 | 5 587 | 9 598 |
| 改建段 | 9 626 | 15 959 | 9 598 | 15 905 |
| 利用段 | 15 959 | 18 097 | 15 905 | 18 027 |
| 改建段 | 18 097 | 20 815 | 18 027 | 20 805 |
| 利用段 | 20 815 | 21 972 | 20 805 | 21 987 |
| 改建段 | 21 972 | 22 928 | 21 987 | 22 928 |

然后，对 $A_M$ 与 $A_O$ 两个方案的改建详细结果进行比较(表 8-16)。对于 $A_M$ 而言，其线路总长度(=利用段长度+改建段长度)为 22 594 m (=10 609 m+11 985 m)。对于 $A_O$ 而言，其线路总长度为 22 531 m (=10 670 m+11 861 m)。$A_M$ 需要新建 6 条隧道，其总长为(4 620+964=)5 584 m；无须新建桥梁。$A_O$ 需要新建 3 条隧道，其总长为(1 552+329=)1 881 m；需要新建 1 座总长为 793 m 的桥梁。与 $A_M$ 相比，$A_O$ 虽然挖方和征地费用较多，但是可以显著减少昂贵的桥隧改建费用。因此，$A_O$ 的改建综合工程费用比 $A_M$ 降低 11.6%。上述的详细结果分析验证了 DT 算法的有效性。

**表 8-16 不同方案的改建结果对比**

| 项目 | $A_M$ | $A_O$ |
|---|---|---|
| 改建线总长/m | 22 594 | 22 531 |
| 利用段长度/m | 10 609 | 10 670 |
| 改建段长度/m | 11 985 | 11 861 |

续上表

| 项目 | $A_M$ | $A_O$ |
|---|---|---|
| 填方体积/$m^3$ | 219 851 | 212 053 |
| 挖方体积/$m^3$ | 938 054 | 2 328 155 |
| 征地体积/$m^2$ | 518 405 | 693 988 |
| (a)隧道/(m-座) | 4 620-4 | 1 552-2 |
| (b)隧道/(m-座) | 964-2 | 329-1 |
| (c)隧道/(m-座) | N/A | N/A |
| (d)桥梁/(m-座) | N/A | 793-1 |
| (e)桥梁/(m-座) | N/A | N/A |
| 费用/百万元 | 325.2 | 287.5 |
| 节省比例/% | — | 11.6% |
| 扫描时间/min | — | 168 |

注：(a)$L>600$ m；(b)300 m$<L\leqslant600$ m；(c)$L\leqslant300$ m；(d)$H<50$ m，$L>500$ m；(e)$H<50$ m，$L\leqslant500$ m。

## 参考文献

[1] LI W，PU H，SCHONFELD P，et. A Method for Automatically Recreating the Horizontal Alignment Geometry of Existing Railways[J]. Computer-Aided Civil and Infrastructure Engineering，2019，34(1)：71-94.

[2] 李伟，张振亚，赵璐，等．基于GA-MADS混合算法的既有铁路平面线形自动重构．铁道工程学报，2021，38(01)，19-24.

[3] LI W，ZHEN SJ，SCHONFELD P，et. Recreating Existing Railway Horizontal Alignments Automatically Using Overall Swing Iteration[J]. Journal of Transportation Engineering，Part A：Systems，2022，148(8).

# 第9章 研究展望

自20世纪60年代至今,国内外针对智能选线技术开展了持续深入的研究,在近年来快速发展进入实用阶段,显著提升了线路设计的质量和效率。但随着我国“一带一路”“交通强国”“西部大开发”的实施与推进,铁路建设的重点从中东部向西部发展并向丝绸之路经济带沿线国家延伸,面临地形地质复杂、气候恶劣、灾害频发、生态脆弱等日益复杂的自然环境,并与客运高速化、货运重载化和行车密集化的复杂运营环境形成叠加效应。铁路选线的“三多”(多维复杂环境、多重耦合约束、多元评价目标)难题愈发突出。如何智能生成与决策铁路全生命周期安全、绿色、经济等多目标综合优化的线路方案,从源头上保证铁路的安全、经济和可持续性,已成为当前交通行业绿色、智能化转型亟待突破的关键瓶颈。与此同时,大数据、大模型、类脑智能、大规模并行计算等人工智能技术的飞速发展也为智能选线提供了新的研究思路,必然推动智能选线理论技术向纵深不断发展。

因此,未来的研究应针对日趋复杂的建设与运营环境,日臻严苛的标准与要求,对接铁路线路不同设计阶段的差异化需求,在现有优化模型的基础上进一步拓展研究线路绿色低碳、减灾、舒适等多目标优化模型,建立广布密集型约束的表征模型与处治方法,研制大模型机器学习智能搜索方法,开发新一代计算更快、更全、更准的智能选线系统,构建全新的“模型-方法-系统”智能选线技术体系,实现超多目标与约束组合的智能优化选线。

## 9.1 面向全流程差异化需求的多层次细节智能选线

铁路选线是一个由概略到精细的层次设计过程,被分为预可行性研究、可行性研究、初步设计与施工图设计等阶段。不同的设计阶段面临不同的选线设计问题:如预可行性研究与可行性研究为宏观选线,重点解决宏观线路走向与主要技术标准的优选问题;初步设计为中观选线,主要确定线路空间位置与结构物协调布设;施工图设计为微观选线,最终实现局部线位的精细化调整。然而,现有的智能选线研究主要集中在中观选线的空间线位搜索,面向单一阶段的需求,建立单一优化模型与搜索方法,忽视了各设计阶段选线的差异化需求,尚不能解决全生命周期多阶段的选线难题。因此,应针对铁路选线不同阶段的差异化需求,开展多层次细节智能选线研究。

### 9.1.1 预可行性研究:大时空跨度下的点-线-网综合智能优化

铁路建设的预可行性研究旨在从宏观层面深入论证拟建线路在路网规划及交通运输中的战略价值。在此阶段,经济据点、接轨点与线路宏观走向选择对路网整体布局产生深远影响,通过合理“布点-穿线-构网”形成的整体方案,应确保路网与国家发展战略、区域经济发展需求相契合。因此,结合宏观选线时空跨度巨大的特点,深入研究复杂环境下点-线-网的耦合作用与协同演进机理,构建点-线-网整体系统的经济、效能、协调、稳健等多目标综合优化模型,并开发适配的搜索方法具有重要意义。

### 9.1.2 可行性研究:大数据驱动的主要技术标准深度优选

在可行性研究阶段,主要技术标准优选是最重要的先决技术决策之一。铁路主要技术标准是铁路建筑物和设备的类型、能力及规模的基本标准,对铁路能力、运营安全、运输效率、投资规模、经济和社会效益产生极其重要的影响。如果决策失误将造成先天缺陷,给后期的建设与运营带来巨大的灾难和难以弥补的损失。主要技术标准优选的本质是在多维环境因素与主要技术标准构成的多维动态耦合系统中,探求输入端至输出端的作用机理与潜在规律并建立映射。传统方法需预先构造待求规律的模型表达式,再通过有限样本统计回归出模型参数,无法准确全面认知其中的规律。近年来,大数据、机器学习、智能优化、并行计算等技术飞速发展,为实现多维、动态、耦合特征下的铁路主要技术标准优选提供了新的解决途径。

大数据技术无须预先假设任何模型,而是以数据为中心,直接通过对海量数据的分析挖掘,揭示出数据内部蕴含的规律;其次,现代的机器学习方法已经在数据挖掘方面进入了商用阶段。尤其是深度学习方法,通过模拟人脑神经元连接方式建立深层次神经网络,经过海量数据学习,使其具备模拟人脑机制解译数据的能力;此外,目前通过计算机集群、多 GPU 并行等技术可达到单 CPU 数百倍的计算速度,为解决主要技术标准优选中的高复杂计算问题提供了保障。因此,建立选线案例大数据,开展主要技术标准的深度学习方法研究,实现从基于经验的定性决策到基于数据的定量优选,成为重要研究方向。

### 9.1.3 初步设计:基于设计施工一体化思想的“线-临”协同优化

理想的选线设计不仅要满足线路的安全、经济、舒适与环保要求,还应保证铁路工程的顺利建造与如期交付。因此,大型临时性工程(简称大临工程)作为保障铁路顺利建造的基础性服务设施,其设计与选线紧密关联、互相影响,需根据空间线位与桥隧站等结构物分布,结合沿线地形、地质、既有路网等环境特征,合理布设竖井、斜井等施工工点,施工便道,以及制梁场、弃渣场等施工工区,满足铁路建造的工期、质量、投资等建设管理需求。

由于线路与大临工程天然的设计先后顺序,并且大临工程设计主要针对施工期的重要决策，迄今为止，国内外线路-大临工程（以下简称“线-临”）设计通常基于“串行分离式”思想，即先定“线”，再依据线路方案，完成大临工程布设，此时，“线”支配“临”，“临”后置于“线”。在平原、微丘等自然环境不复杂的地区，由于“线”“临”均有充裕的选择空间和调整余地，这一方法尚能产出可行方案。然而，复杂环境下，线路方案中超高的桥隧占比导致大临工程数量增加，且难以满足大临工程尽量采用简易结构的原则；高墩大跨桥梁和超长超大埋深隧道不断涌现，配套大临工程的设计难度显著增加；既有路网匮乏，线路衔接既有路网极端困难，施工运输受到严重限制。上述多种因素形成的叠加效应加剧了复杂环境下大临工程的设计难度。若仍沿用传统“由线定临”的串行分离式设计模式，极易出现线路方案较优，但是基于该线路方案无法选出可行的大临工程方案，此时大临工程的影响显著提升，对线路方案形成反制，导致既定线路方案不可行。

可见，大临工程的设计已强烈影响着线路方案决策，传统的线-临串行分离式设计由于片面地强调线路对大临工程的支配作用，弱化甚至忽视大临工程对于线路的反制作用，已无法适用于复杂环境的铁路线路设计。因此，在复杂环境下，铁路线-临设计必须建立在对线路、大临工程的综合、协同优化配置基础之上，大临工程设计应“前置”并融入选线设计过程当中，线路设计成果不仅应生成最佳的空间线位，还应给出与之匹配的最优大临工程方案，实现线-临协同优化设计。这已成为复杂环境铁路线路设计的必然需求。

### 9.1.4 施工图设计：超强约束下线路智能精细优化

进入施工图设计阶段，桥隧站等结构设计已深入开展，各专业之间协调配合重要性尤为凸显。此时，线路专业常常根据地质路基专业的详勘资料，隧道、桥梁等专业的结构设计，施工工艺等要求，开展局部线位精细化调整。这些要求交织叠加后，形成了精细化选线的超强约束条件。如何在保证设计标准不变的前提下，满足上述所有约束条件，实现线位调整量最优化是此阶段需要解决的关键问题。

## 9.2 超多目标与约束组合的智能选线优化模型

虽然当前的线路优化模型已较好地解决了工程费、运营费等工程经济为主体目标的线路优化问题，并在一定程度上拓展了地质灾害风险，环境保护等优化目标，但随着建设环境的日趋复杂，建设标准的日益提升，选线设计理念也在发生深刻的变革，在当前经济优化目标的基础上，进一步拓展绿色、低碳、减灾、舒适等优化目标，表征与处理广布密集的控制性约束，已成为未来智能选线发展的必然趋势。

### 9.2.1 绿色低碳智能选线

铁路选线设计是从源头上保证铁路经济、安全与环保的核心关键。“碳达峰、碳中和”战略思想确立了我国“生态优先、节约集约、绿色低碳”的发展总方针，也为绿色低碳交通发展提供了根本遵循。然而，目前铁路选线设计中对于“绿色低碳”优化目标的评价，主要依赖于全线生成后的“后评价”方法，以及在线路设计过程中的定性化评价，缺乏针对沿线生态环保需求的定量化评价模型和对铁路线路全生命周期的碳排放预测研究。因此，如何在选线设计阶段兼顾经济效益与绿色低碳发展目标，建立针对“绿色低碳”建设目标的铁路智能选线定量化、预评价优化模型，已成为一个亟待深入研究的重大课题。

### 9.2.2 减灾智能选线

随着铁路建设向纵深方向发展，一大批复杂艰险山区铁路项目纷纷启动，地质灾害成为威胁铁路建设与运营全生命周期的决定性影响因素。选线设计作为从源头上控制地质灾害威胁的总体性工作，从根本上决定着铁路全线宏观地质灾害威胁与潜在风险大小。

当前，铁路减灾选线这一关键课题已引起各大设计院专家和学者的广泛关注，并进行了深入研究，基于人工选线领域积累的大量减灾防灾经验，提出了基于不确定性分析理论的山区铁路选线方案综合评价模型和方法。然而，如何将这些宝贵经验应用至铁路智能选线，是减灾智能选线长期以来面临的巨大挑战。

未来，将减灾选线的经验和原则进行标准化、结构化表达，并进一步挖掘和探索人类尚未充分认知的减灾选线原则，化定性分析为定量评价，构建和完善更加精准、量化的地质灾害风险评价模型，用以引导铁路智能选线做出更加科学、安全的决策，从源头上减少铁路线路可能遭受的地质灾害威胁，对于地质灾害频发的复杂艰险山区的铁路建设具有重要意义。

### 9.2.3 舒适度智能选线

铁路选线设计除需考虑线路与地形、地质、生态等外部环境的适配关系外，还需关注线路与机车车辆间内在的协调匹配关系。现有智能优化选线研究主要关注线路与外在环境的适配程度，通常以线路方案的工程建造费、地质灾害风险、环境影响等为优化目标，在线路优化过程中缺乏对车线系统动力性能的考虑，难以实现机车车辆系统与线路系统的最佳匹配。对此，可将车线系统动力性能评价引入线路优化模型，综合考虑机车车辆-线路-环境三者的相互适应、相互匹配关系，从而实现在节省铁路工程建造成本、降低地质灾害风险、减少环境破坏等目标的同时，提升车线系统动力性能的稳定性，提高旅客乘坐舒适度。

### 9.2.4 稠密约束环境适宜度评价

我国在建或未来将建的铁路普遍面临着广布密集的控制性因素制约。无论是人迹罕至的复杂艰险山区铁路，还是经济发达地区的城市高铁，选线研究区域的地上（如路网、水网、电网、崩滑流地质灾害区、环境敏感区等）及地下（如岩溶、岩爆、软岩、综合管网等）均密布交织着各种约束，线路方案的可穿行空间被极度挤压、分割，分布破碎，在全域空间的占比急剧缩小，线路穿行过程中与各类约束频繁遭遇，并形成耦合叠加效应，选线时“绕、交、并、穿、跨”等约束处治变得异常困难，生成满足约束的线路方案面临巨大挑战。

另一方面，随着设计时速、线路标准的大幅提高，线路设计对平纵断面线形参数（如曲线半径、坡度等）的选用提出了更严苛的要求，不断削弱铁路线路对稠密约束环境的适应能力。同时，高墩大跨桥梁和深埋长大隧道等大型结构物不可避免的大量出现，导致地表上下数千米都成了线路的探索空间。“线形标准的提升→线路对复杂环境适应能力的减弱→搜索空间的巨幅增长”进一步加剧了稠密约束条件下线路一环境的协调匹配难度。

针对上述挑战，现有智能选线方法多采用“先线后评”的搜索策略，即先生成线路备选方案，再进行约束检测、处治及方案调整直至满足各类约束（即方案可行性评价），之后计算目标函数并建立使其下降的累进寻优机制（即方案优质性评价），迭代优化线路方案直至收敛。以上基于“以线搜境”遍历试错（trial-and-error）思想的优化方法在约束种类与数量有限、分布稀疏的情况下尚可产出优化方案，但是在稠密约束环境下，由于不可行区域占据了搜索空间主体，易导致大量计算时间、资源耗散于线路不可行区域的盲目探索中，从而大幅降低了智能选线的搜索效率和优化质量，甚至无法生成满足稠密约束的可行解。

参照人工选线过程，设计师往往采用“先评后线”的设计思想，通过人工经验或知识首先对选线环境开展评估，甄选出线路通行适宜度高的优质区域，从而将选线工作聚焦于特定的优质区域或廊带内，以节省搜索时间并提升设计质量。因此，针对可行空间极度受限的稠密约束环境，应先开展线路通行适宜度预评价研究，从中抽取线路高适配环境区域斑块，起到类似人工定线对广域搜索空间“剪枝”的作用，然后让高适配环境“吸引”线路，即由原来的“以线搜境”转化为“境吸引线”策略、将“无向搜”提升为“有向搜”。

## 9.3 新一代铁路线路智能搜索方法

### 9.3.1 知识图谱驱动的线路优化算法

铁路选线设计是一门涉及勘察、测绘、路桥隧设计等20余专业的跨领域学科，其应用场景复杂多样，知识广博、庞杂，涵盖了对自然（地形、地质、构筑物），经济（工程及运营费用），社会（城市发展及环保要求）等多维度影响因素的考虑。为确保线路方案科学合理，工程师们需要充分学习和掌握这些知识，并在实践中不断积累经验，进而指导选线设计过程。因此，开展智能选线，需要解决如何使计算机理解和掌握选线知识的问题。

然而，铁路选线知识多以非结构化的形式存储于文本资料或人脑中，难以被计算机识别并直接应用于智能选线过程。尽管既有的智能选线研究已经应用了一部分选线知识，但这种应用多呈碎片化，尚未形成标准化、系统化的知识体系，致使无法对选线过程提供知识引领。因此，建立一种结构化、标准化的铁路选线知识表达和建模方法，构建跨领域铁路选线知识图谱，对于实现知识驱动的铁路智能选线具有深远意义。

此外，尽管人类认知水平在不断发展进步，已经提炼总结了不同应用场景下的选线设计经验原则，但仍存在人类未曾认知的新知识。因此，有必要基于铁路选线知识图谱开展知识推理，探寻尚未发现的新知识，并将其不断补充纳入知识图谱中，以期为智能选线提供更加完善的知识储备。

### 9.3.2 铁路线路机器学习智能搜索方法

现有方法在线路智能搜索过程中往往强于局部计算，通常仅能依据前序的已知结果，以及当前的局部状态确定下降或进化方向，缺乏对后续未知以及全局态势的感知能力。这种“大局观”的缺失，导致了现有的空间线位智能搜索方法还无法达到和超越人类水平。

随着我国铁路的建设与发展，已产生了大量的设计案例数据，且并行计算平台算力飞速发展，基于数据驱动的深度学习方法可提升线路优化算法的全局态势感知能力，生成线路优化智能体；近年来，擅长挖掘长距离依赖关系的注意力机制的出现成为培养算法全局态势感知能力的关键，包含千亿参数的 ChatGPT 等大模型不断涌现，这些新方法使选线智能体训练达到接近人类水平成为可能；此外，日益成熟的强化学习、人机迭代方法也为线路优化算法主动探索未知选线规律、与人类协作设计奠定了基础。综上所述，包括深度学习、强化学习、大模型与人机迭代在内的人工智能新方法，有望在未来的工作中填补当前线路优化方法“大局观”的缺失，推动具备全局态势感知能力的线路优化智能体的诞生，形成类脑智能搜索方法体系，为人类工程师在线路规划阶段提供可靠的方案参考。

# 高速铁路基础研究与技术创新丛书

## 第一期(16 册)

### (一)基础理论与基础技术系列

**高速铁路散体道床宏细观力学行为** 赵春发　翟婉明　张　徐　著

ISBN 978-7-113-28857-0

**高速铁路线路系统动力学** 龙许友　时　瑾　王英杰　编著

ISBN 978-7-113-28997-3

**高速铁路弓网关系研究** 韩通新　著

ISBN 978-7-113-28941-6

### (二)动车组系列

**高速列车轻量化设计** 李　明　伊召锋　米莉艳　等编著

ISBN 978-7-113-28972-0

### (三)供电系列

**高速铁路受电弓** 韩通新　编著

ISBN 978-7-113-28975-1

**高速铁路接触网检测技术** 韩通新　著

ISBN 978-7-113-28961-4

### (四)工程设计系列

**高速铁路桥梁抗震设计** 陈兴冲　张永亮　编著

ISBN 978-7-113-28964-5

**高速铁路轨道工程 BIM 正向设计软件开发及实践** 姚　力　刘大园　董凤翔　等编著

ISBN 978-7-113-28934-8

### (五)工程施工与组织系列

**高速铁路桥梁 BIM 技术研究与实践** 盛黎明　苏　伟　刘延宏　宋树峰　编著

ISBN 978-7-113-28938-6

**高速铁路岩溶路基边坡变形与稳定** 白明洲　师　海　田　岗　等编著

ISBN 978-7-113-28880-8

**高速铁路工程地质灾害超前预报图形判别和解译** 李　忠　郝娜娜　等编著

ISBN 978-7-113-28935-5

### (六)通信与列控系列

**高速铁路宽带无线信道测量与建模技术** 周　涛　何睿斯　艾　渤　编著

ISBN 978-7-113-28930-0

### (七)测量与检测系列

### (八)高铁运营与经济系列

**高速铁路社会效益研究**——基于时空经济分析 李红昌　夏璇璇　著

ISBN 978-7-113-28942-3

### (九)现代信息技术系列

**高速铁路物联网技术** 史天运　孙　鹏　张惟皎　陈瑞凤　编著

ISBN 978-7-113-29029-0

### (十)安全·健康·维护系列

**高速铁路道砟飞溅机理及防治** 高　亮　石顺伟　殷　浩　著

ISBN 978-7-113-28906-5

**高速列车多目标均衡综合节能技术** 张　雷　李　明　司志强　等编著

ISBN 978-7-113-28976-8

## 第二期(23 册)

### (一)基础理论与基础技术系列

**高速列车空气动力学数值模拟**——基于 STAR-CCM+软件

李　明　李　田　戴志远　等编著

ISBN 978-7-113-30059-3

**高速铁路沿线地面沉降研究与防治** 李国和　黄大中　尚海敏　王少林　编著

ISBN 978-7-113-30176-7

**高速铁路路基智能填筑技术** 王同军　闫宏业　杨　斌　尧俊凯　等著

ISBN 978-7-113-30047-0

**季冻区高速铁路路基服役性能与孕灾风险研究**

叶阳升　蔡德钩　毕宗琦　李善珍　等著

ISBN 978-7-113-29934-7

**高速铁路隧道内附属设施气动效应及安全性研究**

彭立敏　杨伟超　施成华　雷明锋　著

ISBN 978-7-113-30104-0

**高速铁路钢轨打磨理论与技术**　王文健　郭　俊　周　坤　著

ISBN 978-7-113-30061-6

**高速列车动态性能正向设计**　周劲松　宫　岛　孙文静　著

ISBN 978-7-113-30050-0

**高速列车自动驾驶控制理论**　宿　帅　李开成　唐　涛　袁　磊　等编著

ISBN 978-7-113-30147-7

**高速铁路行车调度与控制一体化**　唐　涛　宿　帅　孟令云　阴佳腾　编著

ISBN 978-7-113-30112-5

**高速铁路无砟轨道结构水泥基材料理论与技术**

龙广成　曾晓辉　马昆林　谢友均　著

ISBN 978-7-113-30056-2

## (二)动车组系列

**高速列车空气动力学设计技术**　丁叁叁　著

ISBN 978-7-113-30055-5

## (三)供电系列

**高速铁路电力牵引供电工程智能建造技术**

胡志华　陈建明　奚金柱　吴命利　等编著

ISBN 978-7-113-30205-4

## (四)工程设计系列

**现代铁路枢纽规划设计**　许佑顶　高丰农　吴学全　李传勇　等编著

ISBN 978-7-113-27468-9

**高速铁路隧道底部结构动力响应特性及设计方法**

彭立敏　施成华　黄　娟　丁祖德　著

ISBN 978-7-113-30133-0

## (五)工程施工与组织系列

**高速铁路工程勘察技术创新与实践**　陈则连　著

ISBN 978-7-113-30189-7

**高速铁路工程质量系统管理(第2版)** 卢春房 等著

ISBN 978-7-113-30108-8

**高速铁路路基沉降分析与控制技术** 宋绪国 郭帅杰 编著

ISBN 978-7-113-30154-5

**深埋高速铁路地下车站施工关键技术** 杨新安 马明杰 李路恒 罗 驰 编著

ISBN 978-7-113-30001-2

**高速铁路施工组织创新与实践** 魏 强 编著

ISBN 978-7-113-30136-1

**高速铁路路基沥青混凝土防水封闭结构** 蔡德钩 闫宏业 楼梁伟 石越峰 等著

ISBN 978-7-113-30033-3

(六)通信与列控系列

**高速铁路信号系统雷电防护技术研究** 向念文 徐宗奇 阳 晋 编著

ISBN 978-7-113-30135-4

(七)测量与检测系列

(八)高铁运营与经济系列

(九)现代信息技术系列

**智能高速铁路图像大数据分析技术及应用** 李 平 李 瑞 赵 冰 编著

ISBN 978-7-113-30134-7

(十)安全·健康·维护系列

**高速列车横风效应及气动安全控制动力学** 毛 军 柳润东 郗艳红 著

ISBN 978-7-113-30028-9

## 第三期(18册)

(一)基础理论与基础技术系列

**高速铁路桥梁抗风技术** 何旭辉 邹云峰 敬海泉 等著

ISBN 978-7-113-31329-6

**高速铁路智能选线理论与方法** 蒲 浩 宋陶然 李 伟 张 洪 著

ISBN 978-7-113-31670-9

(二)动车组系列

**高速列车风阻制动技术** 田 春 周嘉俊 马天和 吴萌岭 编著

ISBN 978-7-113-31648-8

高速列车制动防滑控制基础理论与试验技术　田　春　朱文良　马天和　吴萌岭　编著

ISBN 978-7-113-31585-6

高速铁路轮轨廓形设计及应用　沈　钢　陈迪来　编著

ISBN 978-7-113-31307-4

高速列车辅助供电系统　张立伟　姜东杰　徐海大　编著

ISBN 978-7-113-31574-0

高速列车被动安全系统技术理论　丁叁叁　编著

ISBN 978-7-113-31996-0

## （三）供电系列

高速铁路供电系统电磁暂态分析与防护　刘明光　刘　铁　编著

ISBN 978-7-113-31249-7

## （四）工程设计系列

## （五）工程施工与组织系列

寒区高速铁路隧道低温影响与工程对策　马志富　田四明　杨昌贤　王志杰　等编著

ISBN 978-7-113-31456-9

高速铁路路基边坡生态防护技术与实践　叶阳升　蔡德钩　魏少伟　吕　宋　著

ISBN 978-7-113-31741-6

## （六）通信与列控系列

真空管磁浮高速飞行列车车地无线通信技术　刘　留　艾　渤　编著

ISBN 978-7-113-31382-1

## （七）测量与检测系列

高速铁路运营监测技术　赵　斗　张冠军　王长进　梁　永　编著

ISBN 978-7-113-31182-7

高速铁路精密工程测量技术　王长进　刘　成　张冠军　石德斌　编著

ISBN 978-7-113-31519-1

铁路工程地质遥感技术创新与应用　刘桂卫　著

ISBN 978-7-113-31354-8

## （八）高铁运营与经济系列

高速铁路列车开行决策理论与技术　周文梁　史　峰　徐光明　等著

ISBN 978-7-113-31563-4

(九)现代信息技术系列

**高速铁路数据中心设计技术** 杨德修 樊 艳 赵 耀 崔校玉 编著

ISBN 978-7-113-31126-1

(十)安全·健康·维护系列

**绿色高速铁路技术** 蒋 辉 编著

ISBN 978-7-113-31460-6

**高速列车驾驶人因安全保障理论及方法** 方卫宁 唐 涛 等著

ISBN 978-7-113-31311-1